한반도는 진인의 땅이었다

우리 고대사의 잃어버린 고리를 찾아서

한반도는 진인의 땅이었다

정형진 지음

일 러 두 기

중국의 인명과 지명은 한자어 독음으로 표기하였다. 단, 현대 중국의 인명과 지명은 처음 나올 때 한자 표기 및 외래어표기법에 따른 표기를 병기하였다.

예) 조양(朝陽, 차오양)

한민족의 정체성 파악을 위한 도전

대학을 졸업하고 대한민국 공동체의 뿌리를 찾겠다고 무모하게 도전장을 내민 지 어언 25년이 되었다. 당시 특별한 인연이 있어 나 자신이 가야 할 길을 어렴풋이 알게 되었고, 그 길을 가기 위해 짐을 싸서 남쪽으로 향했다. 신라의 고승 원효가 공부한 양산 천성산 아래에 둥지를 틀었다.

가능한 한 외부와 소통을 줄이며 시간을 보냈다. 조상들의 종교 유적지를 찾아 전국을 돌아다니기도 했고, 멀리는 만주와 중원 지역도 답사했다. 상고시대의 역사와 문화를 이해하려면 문헌자료 이외에 무언가가 더 필요했다. 조상들이 땅에 남긴 글[地文]은 조상들의 종교와 문화를 추적하는 귀중한 단서가 되었다.

15년 정도 독서와 사색을 하거나 유적지를 찾아다니고 나니 한민족 초기공동체에 대한 실마리가 떠오르기 시작했다. 그 실마리를 바탕으로 책을 집필했다. 이번이 다섯 번째 책으로, 초기 한국사의 흐름을 일관되게 파악해보려고 노력했다.

필자는 상고시대 역사와 종교문화에 대해 문제의식을 가지고 끊임없이 독서하고 사색했으며, 역사의 무대를 발로 찾아다녔다. 초원에서 높이 나는 독수리가 그곳의 지형지물을 잘 파악하듯이, 필자도 그러한 시각에서 한국사의 흐름을 파악하려고 노력했다. 그 결과 유라시아 대륙의 역사 흐름 속에서 초기 한민족을 구성한 엘리트 주민들이 어떤 역사의 파도를 타고 한반도로 들어왔는지, 그들이 어떤 종교문화를 가지고 이동했는지 윤곽을 잡을 수 있게 되었다.

필자가 한민족 초기형성사에 관심을 가진 이유는 이렇다. 기록에 따르면 조상들은 삼국시대부터 역사책을 썼다. 고구려는 4세기 후반에 『유기』 100권을 편찬하였고, 이를 바탕으로 600년에 『신집』 5권을 펴냈다. 백제는 375년에 『서기』를 펴냈으며, 그 밖에도 『백제기』·『백제본기』·『백제신찬』 등의 역사서가 있었다. 신라도 545년에 『국사』를 편찬했다. 그러나 아쉽게도 삼국시대에 쓰인 이들 역사책은 한 권도 남아있지 않다.

이들 역사책이 있었다면 초기 한민족 공동체가 어떻게 성립하였는지, 그들의 기원이 어떠하였는지, 종교문화의 특징은 어떤 것이었는지 등에 대해서 어느 정도 알 수 있었을 것이다. 그러나 불행히도 우리는 그러한 정보를 제대로 전달받지 못했다. 하여 우리는 우리 자신의 뿌리에 해당하는 역사와 문화에 대해서 제대로 알 수 없게 되었다.

이런 지경에 처해 있음에도 불구하고 우리 역사학계는 한민족 초기공동체의 뿌리를 밝히는 데 소홀했다. 실증사학이라는 틀에 갇혀 문헌자료의 부족을 탓하며 새로운 연구방법론을 모색하지 않았다. 이에 필자는 새로운 방법론을 총동원하여 초기한민족의 형성사를 새롭게 정립해보기로 하였다.

스스로 역사를 축소하는 우리 학자들

세계 모든 나라가 마찬가지이겠지만, 문자로 기록되지 않은 자신들의 상고사를 연구할 때 직관에 따른 통찰력이 없다면 어떻게 새로이 모색할 수 있겠는가? 그리스인은 그리스신화에서 자신들의 뿌리에 대한 단서를 발견했고, 이스라엘과 서아시아의 역사는 성서를 통해서 복원되고 있다. 중국도 은나라 이전의 역사를 부정하려는 실증사학자들이 득세한 적이 있다. 그러나 지금 그들은 '하상주단대공정(夏商周斷代工程)'을 통해 상나라뿐 아니라 하나라 역사도 사실로 받아들이고 있다.

중국이 국가 차원에서 하상주단대공정을 수행한 것은 중화민족의 자긍심을 고취하기 위해서다. 그것은 하상주단대공정을 처음 건의한 청화(淸華, 칭화)대학 송건(宋健, 쑹젠) 교수가 단대공정을 건의한 배경을 보면 알 수 있다. 이집트·이스라엘 등을 방문한 송건은 이들 고대 문명이 확실하게 기원전 4000~기원전 3000년까지 올라가는 것에 감동받았다. 그는 중화문명이 5,000년을 면면히 이어왔지만 확실한 연대를 밝힐 수 있는 것은 기원전 841년에 그친다는 것을 안타깝게 생각했다. 그는 귀국한 뒤 광범위한 조사를 거쳐서 스스로 삼대의 연대를 밝히려고 노력하다가 하상주단대공정을 건의했다.[1]

중국은 하상주단대공정에 이어 '중화문명탐원공정(中華文明探源工程)'을 진행하고 있다. 중화문명탐원공정에는 고문헌에 보이는 요(堯)·순(舜)·우(禹) 관련 자료의 수집과 연구 성과를 정리한다는 과제가 포함되어있다.[2] 이는 그들이 요순시대까지도 역사 연구의 대상으로 삼음으로써 자신들의 역사 연원을 끌어올리는 데 목적이 있다.

이러한 마당에 스스로 한국사의 영역과 대상을 축소하여 민족사를 위축시키려는 사람들이 있다. 그렇게 하는 것이 마치 학자적 양심에 따라 진실을 말하는 것인 양한다. 보이는 것만 말하고 증명할 수 있는 것만 기록하겠다는 그들의 의지가 잘못되었다고 할 수는 없다. 하지만 자신이 보는 것이 전부가 아닐 수도 있다.

왜 그들은 단군신화에 나오는 조선이나 『위서』에 기록되어있었다는 조선에 관해 긍정적 시각으로 보려 하지 않을까? 왜 중국의 신화·전설에 나오는 내용 중 중국 동북 지역과 관련된 단서들을 좀 더 적극적으로 활용하지 않을까? 중국은 국가와 학자들이 합심하여 전설시대를 역사로 끌어들이려고 노력하는 마당에 왜 우리는 스스로 신화적 내용을 역사로 해석하는 것이 위험하다고 선을 그을까?

홍산문화인과 황하(앙소)문화인의 교류

최근 들어 중국은 초기 한민족공동체를 형성한 주민과도 밀접하게 관련된 '요하문명(遼河文明, 랴오허문명, 홍산문화)'을 자국의 시원문화로 규정하면서 황제와 그의 손자인 전욱(顓頊)이 그 문명을 일구었다고 주장하기 시작했다. 한국항공대학교 우실하 교수의 지적처럼 중국의 그러한 주장을 인정하게 되면 만주 지역에서 홍산문화(紅山文化, 훙산문화)를 계승한 고조선·고구려·부여의 문화는 중국사의 일부가 되고 만다. 그렇게 되면 한국사의 뿌리는 중국사가 되고, 한국은 뿌리 없는 역사를 지닌 나라가 되고 만다.

그러나 백 번 양보하여 중국의 주장을 수용한다 해도 그 주장을 무력화하고 한국의 역사 주권을 회복할 방법이 있다. 그것은 바로 교류와 흐름이라는 관점으로 동북아시아의 역사 흐름을 분석하면서 고대사를 밝히는 것이다. 물리적 자연에 적응하여 살 수밖에 없었던 신석기인의 상황을 감안하면서, 현재까지 밝혀진 고고학 자료를 활용해 역사의 흐름을 파악해야 한다.

상고시대 인류 이동의 근본 원인 가운데 하나는 기후변화였다. 긴 흐름에서 보면 지구의 기후는 상승과 하강을 반복하면서 인류의 생존 조건을 위협했다.

과거 1만 년간 지구의 기후변동에 대해 간단히 정리해보면 그 영향력이 심대했다는 것을 짐작할 수 있다. 지금부터 9,000년에서 1만 년 전까지(기원전 8000~기원전 7000)는 연평균 기온이 지금보다 섭씨 5도 정도 낮았다. 이후 기온은 줄곧 상승하여 지금부터 7,000년에서 3,000년 전까지(기원전 5000~기원전 1000)는 지금보다 오히려 섭씨 3~5도 높았다. 8~10도 정도의 기온 편차가 있었던 셈이다.

기온이 오르자 서요하(西遼河, 시라오허) 지역과 그 주변은 사람들이 생존하기에 적합한 환경이 되었다. 1980년 이후 발견된 고고학 자료만 놓고 보면 중국에서 가장 이른 시기의 신석기문명은 이들 지역에서 이룩되었다. 그러자 중국학계는 요하(遼河, 랴오허) 지역을 '중화문명의 빛이 발하기 시작한 곳'이라고 주장했다. 하지만 이들 문명은 동으로 흘러 한반도로 이어지기도 했고 또 다른 이주세력은 서남으로 흘러 들어가 중원문명에 영향을 미쳤다.

요하 지역에서 홍산문화가 전성기를 이룰 때 또 다른 문명이 황하(黃河, 황허) 중류 지역에서도 발생한다. 우리가 흔히 인류 4대 문명의 하나라고 배운 황하문명(黃河文明, 황허문명)이 그것이다. 이들 황하문명의 주역은 한편으론 요하 지역에서 서남으로 내려온 문화인과 충돌하고, 다른 한편으론 산동(山東, 산둥)과 회하(淮河, 화이허) 지방에서 서진한 동이족과 충돌하면서 사방으로 흩어진다. 그들 중 일부가 현재의 북경(北京, 베이징) 지역으로 이주하는데, 이들이 연산산맥(燕山山脈, 옌산산맥)을 넘어 홍산문화의 공간으로 들어와 한민족 초기공동체를 형성하는 데 주도적 역할을 했다.

따라서 중국의 역사와 한민족의 역사에는 교차하는 무엇이 있다. 교집합적 연결고리가 형성된 셈이다. 우리 속에 그들이 살아있고, 그들 속에 우리가 살아있는 것이다. 이러한 교류와 흐름의 역사를 잘 파악해야 한다. 그러한 관점으로 한민족 초기형성사를 이해하면 중국의 역사공정에 대응할 수 있을 뿐 아니라, 앞으로 다가올 동북아시대에 중국과 통일된 한민족이 공존할 역사적 기반도 마련할 수 있다.

한민족 정신문화의 뿌리는 공공에 닿아있다

한민족의 기원신화인 단군신화에 등장하는 환웅은 중원에서 앙소문화(仰韶文化, 양사오문화)를 일군 주인공인 공공족(共工族)이라는 것이 필자의 가설이다. 중국의 역사 문헌에 보면 공공(共工)은 황제의 후손과 끊임없이 충돌하였다. 염제나 황제가 득세하기 이전 공공은 중원, 특히 황하 중상류의 지배자였다. 그러다가 염제와 황제의 전쟁이 터지고 동방의 치우(蚩尤)까지 그 대전에 휘말리면서 중원에는 구질서가 무너지고 신질서가 성립된다.

이 대전의 최후 승자는 황제였다. 승자인 황제의 원주지는 원래 북방이었다. 황제는 판천대전(阪泉大戰)과 탁록대전(涿鹿大戰)에서 승리한 후 중원으로 근거지를 옮겼다. 황제세력이 중원으로 남하할 때 중원의 실질적 지배자는 공공세력이었다.

중국인은 흔히 자신들이 염황자손이라고 한다. 그들의 전설이나 신화에 기록된 염제와 황제는 미화되어있는 반면에 공공은 늘 그들을 괴롭힌 나쁜 세력으로 그려져 있다. 왜 그들은 공공을 그토록 미워했을까?

중국 상고시대에 황제를 중심으로 모인 세력들에게 가장 적대적이면서도 강력했던 세력은 치우와 공공이었다. 상고시대에는 황제계와 이들 간의 투쟁사가 가장 혹독했다.[3] 황제계에게는 공공과 치우가 가장 무서운 세력이었다. 그러나 역사에는 영원한 패자가 있을 수 없다. 황제세력이 점점 강성해지면서 두 세력은 중원의 패자에서 변방으로 밀리게 된다. 이들 중 공공의 주력이 지금의 북경 북쪽 지역으로 이주했음은 문헌자료나 고고학적으로도 확인된다. 필자는 앞서 펴낸 『천년왕국 수시아나에서 온 환웅』(2006)에서, 중국의 동북방으로 이주한 공공이 한민족의 뿌리인 환웅의 세력임을 밝혔다.

이들 공공족과 동북 지역의 주도세력으로서 후기홍산문화인인 맥족이 결합하여 요서 지역에서 단군신화를 탄생시켰다. 단군왕검계 주민은 후에 요동(遼東, 랴오둥)과 서북한으로 이주하여 고인돌[支石墓]문화를 창조했고, 한동안 한반도 역사에서 주도적 역할을 했는데, 그들이 바로 필자가 진인(辰人) 또는 진인(眞人)이라고 이름 붙인 사람들이다.[4] 이 책은 이들 진인의 역사를 바로 이해하기 위해서 썼다고 해도 지나친 말이 아니다.

동이족은 한국사의 주류가 아니다

심백강은 맹자가 "순(舜)은 동이지인(東夷之人)이라"라고 했다거나, 『서경』에 "은의 주왕은 그 수가 억조에 달하는 동이족의 지도자이다"라고 한 기록을 예로 들면서 동이족이 한나라 이전에 화하족(華夏族)보다 한 발 앞서 중원에 진출하여 황하를 지배했다고 했다. 그는 맹자의 관점을 원용하여 동이족인 한민족이 황하를 지배했다고 주장했다. 그를 포함한 많은 사람이 지금도 동이족이 한민족의 원류라고 생각한다.

하지만 동이족은 한민족공동체를 형성한 주류세력이 아니다. 그러한 주장은 1980년대 이후 요하 지역에서 홍산문화를 포함한 요하문명이 발견되기 이전에는 설득력이 있는 듯했다. 하지만 지금은 사정이 다르다.

최근 주목받고 있는 요서(遼西, 랴오시) 지역의 후기홍산문화는 곰 부족이 주도했다. 이들 곰 부족이 동북아 역사에 등장하는 맥족의 뿌리다. 물론 이들이 후기홍산문화를 주도할 때 새 토템을 가진 종족들도 참여했다는 것이 밝혀지고 있다. 새 토템은 동이족의 토템이다. 하지만 후기홍산문화에 참여한 동이족은 대부분 남쪽으로 이동했다.

단군신화는 분명 외부에서 이주해온 환웅세력과 곰 토템을 근간으로 해서 단군조선이 성립되었다고 전한다. 이들을 동이족이라고 할 수는 없지 않은가. 동이족이 곰 부족이라는 말을 들어본 적이 있는가.

단군조선은 후기홍산문화를 주도한 곰 부족과 중원에서 이주해온 환웅세력인 공공족이 연합하여 세운 나라이다. 이 때문에 순임금이나 은나라 왕족인 동이족은 단군조선의 주류에 편입되었다고 할 수 없다. 단군조선이 일군 하가점하층문화(夏家店下層文化, 샤쟈뎬하층문화)를 동이족의 문화라고 보기 어렵다.

당시 동이족의 거주 지역은 산동반도와 그 이남인 회하(淮河, 화이허) 유역이었다. 이들은 대부분 나중에 중국의 화하족이 확대되는 과정에서 한족으로 편입되었다. 동이족은 한민족이 형성되는 과정에 기층민으로 참여하기는 했어도 특정 '정치체'를 주도적으로 이끈 적은 없다. 따라서 한민족을 이야기할 때 동이족을 지나치게 강조하는 것은 잘못이다.

단군조선과 (고)조선을 구별해서 보자

필자는 이 책에서 한민족 초기사의 흐름을 새로운 시각으로 조명한다. 유라시아 문명의 교류와 흐름이라는 시각으로 단군신화의 환웅에서 박혁거세까지 한민족 고대 '정치체'의 지배집단이 어떤 사람들인지 살핀다. 그들이 언제 어디에서 출발해 다양한 '정치체'의 주역으로 활동하면서 한반도 남부까지 이동했는지 추적할 것이다.

한민족공동체의 최초 국가인 고조선의 역사만 해도 연구의 기본인 역사지리나 주체세력에 대해 아직까지 합의된 결론을 내지 못하고 있다. 고조선의 역사와 문화는 우리 민족문화의 원형이다. 그럼에도 역사의 실체를 제대로 파악하지 못한다는 것은 부끄러운 일이다.

한민족공동체의 정체성을 파악하기 위해서 가장 시급히 해결해야 할 문제는 어떤 것일까. 학계는 아직 단군신화가 전하는 단군조선의 개국 시기와 문헌자료에 등장하는 고조선의 태동 시기 사이에 상당한 시간차가 나는 점을 해명하지 못하고 있다.

따라서 먼저 왜 그러한 혼란이 일어났는지 짚어볼 필요가 있다. 그와 같은 시간적 혼란이 일어난 근본 원인은 기원전 20세기 이전에 시작된 '정치체'의 명칭(필자는 이를 단군숙신으로 규정)과 주나라 초에 단군숙신(조선)의 문화와 혈맥을 일부 계승하고 중원 쪽에서 새로 이주해온 사람들이 주도한 '정치체'의 명칭인 조선을 구별해서 이해하려고 하지 않은 데 있다.

그들 두 세력이 이동하면서 남긴 '정치체'와 지표 문화를 바탕으로 한민족 초기형성사를 정리하면 사료에 나오는 '정치체'의 명칭을 쉽게 이해할 수 있다. 숙신(肅愼)·조선(朝鮮)·진번(眞番)·진국(辰國)·변진(弁辰)·마한(馬韓)·진한(辰韓) 등의 명칭은 두 집단과 이후 새로 유입된 정치세력을 감안하여 파악해야 한다.

진인의 눈으로 한국사를 보아야 한다

그와 같은 한민족의 초기형성사를 설명하려면 새로운 관점으로 '한국사의 흐름'을 정리해야 한다.

첫째, 한민족 초기공동체인 단군신화와 고조선을 다루면서 고조선 전사에 해당한다고 할 수 있는 환웅세력에 대해서 알아본다. 환웅은 유전적으로 한민족의 원형을 형성한 집단이다. 환웅집단이 가지고 있던 정치·종교·문화는 단군을 거쳐 오늘날까지 계승되고 있다. 그러나 정작 그들이 어디에서 왔으며, 그들의 종교문화가 어떤 것인지는 제대로 연구된 적이 없다.

둘째, 단군신화가 성립된 무대와 단군으로 대표되는 세력을 어떻게 규정해야 할지 다룬다. 필자는 단군신화를 탄생시킨 초기 주민은 중원세력 동북쪽에 있던 정치체로, 숙신으로 불리던 사람들이라고 보고 이들을 '단군숙신'으로 규정했다.[5] 이들이 전조선 사람들인데, 이들은 기원전 13세기 은나라 무정기의 정치파동 때 멸망하고 요동과 서북한 지역으로 이주했다. 단군숙신계 지도자들이 빠져나간 요서 지역에는 잠복기가 상당히 지난 뒤 조선이란 나라가 등장한다. 이전 단군숙신계의 땅에서 일어난 조선에는 전조선의 단군숙신계와 혈맥이나 문화적으로 일정한 관계가 있는 사람들이 많이 참여했다. 이 때문에 문헌기록에 숙신과 조선이 동일한 정치체인 것처럼 기록된 것이다.

동으로 이동한 단군숙신계는 요동과 서북한 지역에서 고인돌문화를 창안했는데, 이들의 이주 흐름에서 나타나는 정치체로는 숙신·진국·진번·진한·변진 등이 있다. 필자는 이들을 진인(辰人)들의 역사공동체로 명명하고자 한다.

셋째, 단군숙신계 주민들이 동으로 이주한 후에 대릉하(大凌河, 다링강) 유역에서 비파형동검과 다뉴경문화를 창안한 사람들이 고조선을 이끌었다. 춘추전국 시기에 그들을 이끈 지도자는 한(韓) 씨로, 그들을 한씨조선으로 불러야 한다. 이들이 기원전 3세기 초에 연나라 장군 진개(秦開)의 공격으로 대동강 유역으로 이주했다. 대동강으로 이주했던 한씨조선이 위만에게 망한 뒤 남으로 이주하는데, 이들이 한강 이남으로 진출함으로써 한과 관련된 정치체가 나타난다.

따라서 초기 한국사의 흐름에서는 이들 두 집단, 즉 진인(辰人)과 한인(韓人)들이 어떤 정치체를 만들었으며 그들이 어디로 이동했는지 파악하는 것이 중요하다.

진국의 후예인 신라는 한국사의 맥을 이었다

유라시아 문명사의 흐름이라는 측면에서 보았을 때 신라의 삼국통일은 자연스러운 역사의 흐름이었다. 필자는 이 책에서 신라정통론을 제기하고자 한다. 다시 말하면 신라는 한민족 초기 구성원의 혈맥과 정신세계를 가장 잘 계승한 집단이었음을 설명하려 한다.

많은 사람이 고구려가 통일했더라면 한민족의 역사가 더 영광스럽게 되었을 것이라고 생각한다. 물론 반도국으로 전락한 이후 받은 설움이나 주변 열강들의 틈바구니에서 서러움을 당한 20세기 관점으로 보면 그렇게 생각해보는 것도 이해는 간다. 그러나 역사에는 가정이 있을 수 없기도 하지만, 실제로 그렇게 되었더라도 그것은 일시적 영광이었을 뿐 더 비참한 결과를 가져왔을지도 모른다.

잘 알다시피 중국 역사에서는 대부분 신석기 이래 북방의 유이민이 남하하여 정복왕조를 이루었다. 하지만 정작 북방에서 발원한 종족들은 중원을 장악한 뒤에는 중원문화에 동화되어 자신들의 정체성을 잃었다. 그뿐만 아니라 종족들은 대부분 흔적마저 희미해졌다. 요나라를 건국한 세력은 흔적조차 찾기 어렵다. 한민족과 피를 나눈 만주족은 청나라를 세우고 한동안 중원을 지배했지만, 현재 그들의 흔적은 너무도 미미하지 않은가.

만약 고구려가 삼국을 통일했다가 중원과 대결하는 과정에서 멸망했다면 어떻게 되었을까? 반대로 삼국을 통일한 대고구려가 중원을 지배했다면 어떻게 되었을까? 두 경우 모두 한민족의 독자적 정체성을 잇기 힘들었을 확률이 높다. 어쩌면 지금 우리도 중국말을 쓰는 중국인이 되었을지 모른다.

그런 면에서는 신라가 삼국을 통일한 것은 다행스러운 일이다. 다행스러울 뿐 아니라 신라는 한민족 초기공동체의 혈맥과 정신을 계승한 집단으로 오늘의 한민족을 있게 한 나라다. 진국을 계승한 진한사로국을 모태로 출발한 신라가 한국사의 정통 맥을 이었다는 것이 필자가 이 책에서 새롭게 주장하는 핵심내용이다.

필자가 새롭게 제기하는 신라정통론은 고구려정통론을 주장하는 북한과 통일하는 과정에서 의미 있는 구실을 할 것이다. 북한은 통일신라를 진정한 통일국가로 인정하지 않는다. 그들은 한국사의 정통 맥이 고조선 → 고구려 → (발해) → 고려 → 조선 → 북조선으로 흐른다고 주장한다. 그들이 '고려연방제'를 통한 통일론을 들고 나오는 것도 이런 맥락에서다. 신라정통론은 북한과 통일을 논의하는 과정에서 중요한 구실을 할 뿐만 아니라 통일 후 한민족의 정체성을 통합하는 과정에서도 중요한 구실을 할 것이다.

필자가 정리한 관점에서 보면 고구려에도 삼한, 즉 진한·마한·변한인이 참여하였고, 백제에도 진한·마한·변한인이 참여하였으며, 신라 또한 그러하다는 것을 알 수 있다. 신라가 삼국을 통일할 무렵 제기한 '삼한일통론'은 그러한 맥락에서 보면 '삼국통일론'이 된다. 따라서 '삼한일통론'은 삼국을 하나로 통합하자는 통합론이었다는 것을 이해할 수 있다.

고구려·백제·신라에는 각기 삼한의 종족이 삼태극의 원리처럼 '셋이면서 하나'를 이루고 있었다. 한민족공동체라는 원 속에는 삼한인이라는 삼태극이 존재했고, 그들은 삼국 속에 각기 머물며 세 개의 삼태극을 형성하였다가 신라가 삼국을 통일함으로써 하나의 공동체로 완성된 것이다.

차례

III 단군숙신과 고조선을 구분해야 한다

I

제5문명 요하문명과 한민족

1부에서는 1980년대 후반 대대적인 고고발굴로 드러난 요하문명을 소개하고 그것이 한민족의 역사와 어떻게 연결되는지를 개괄적으로 설명한다. 중국 요령성 서부와 내몽고 동부에서 발생한 요하문명이 구체적으로 드러나기 전에는 중국이나 한국 모두 이들 지역에 크게 주목하지 않았다.

그러나 요하문명이 천산(天山) 동쪽의 신석기문명 중에서 가장 앞선 문명이라는 것이 밝혀지자 태도가 달라졌다. 요하문명 중에서도 후기에 속하는 홍산문화가 상당한 수준의 문명단계에 이르렀다는 것이 밝혀지자, 중국은 야만족의 땅이라던 그곳이 황제나 전욱고양씨의 발원지라고 주장하기 시작했다. 한국 또한 그곳이 한반도 신석기문화와 연결될 뿐 아니라 단군신화에 등장하는 웅녀와 관련 있다고 보기 시작했다.

이런 상황에서 중국 동북 지역에서 드러나고 있는 요하문명, 특히 홍산문화를 이해하지 않고는 이제 한·중 양국의 선사시대 역사를 이해하기 어렵게 되었다. 조금 과장해서 말하면 1980년대 이전 역사지식으로는 양국의 선사시대 역사를 풀 수 없게 되었다.

이 때문에 동북아시아의 모태문화이기도 한 요하문명에 대한 이해를 바탕으로 한·중 양국의 역사와 문화가 어떻게 연결되는지 이해할 필요가 생겼다. 요하문명은 중국 동북 지역에서 발원해 한 줄기는 서남으로 내려가 중원문화를 일구는 데 큰 역할을 했고, 다른 줄기는 동남으로 이동하여 한민족의 문화를 일구는 데 중요한 역할을 했다.

특히 1부에서는 단군신화에 등장하는 곰 부족의 선조이기도 한 후기홍산문화의 주도세력이 황제와도 연결된다는 중국학자들의 주장을 어떻게 이해할지도 다루었다.

01

요하문명이 한반도와 중원으로 이주했다

동북 지역에서 문명의 서광이 비치다

상고시대 중국인의 생각이 가장 많이 스며 있는 『주역』에서는 "물시어간(物始於艮)하고 종어간(終於艮)"이라 했다. 만물이 시작하는 곳이 간방인 동북방이고 끝맺는 곳도 간방이라는 뜻이다. 물론 이 말은 천문시계인 태양의 움직임과 관련해 표현한 것으로 짐작한다. 그러나 최근 고고학적 성과가 쌓이면서 황하 중류 지역의 관점에서 보았을 때 간방인 중국 동북에서 가장 이른 신석기문화가 태동했다는 것이 밝혀지고 있어 주목된다.

동북 지역에는 기원전 7000년까지 거슬러 올라가는 신석기문화인 소하서문화(小河西文化)를 필두로 해서 흥륭와문화(興隆窪文化)·사해문화(查海文化)·조보구문화(趙寶溝文化)·홍산문화(紅山文化)·부하구문화(富下洵文化)·상택문화(上宅文化)·신락문화(新樂文化) 등이 있었다. 이들 문화가 꽃피울 때 동북 지역은 대부분 지금의 요하 남쪽 혹은 하북(河北, 허베이)의 기후와 비슷하여 농업생산에 유리한 조건을 갖추고 있었다.

중국고고학회의 대부로 불리는 소병기(蘇秉琦, 쑤빙치)를 비롯한 대부분의

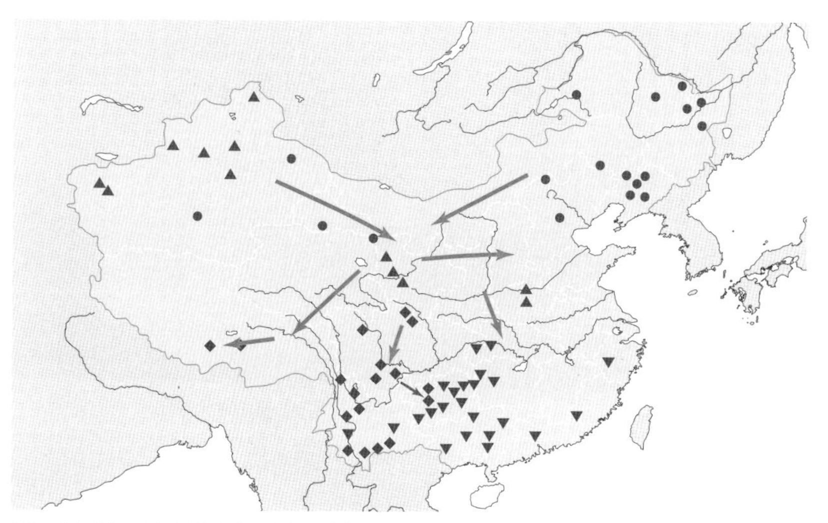
중국과학원의 Y염색체 분석 연구에서 제시된 중국인의 형성도

학자들은 이 지역이 경제·문화적으로 발전할 수 있었던 이유로 중원 지역과 교류한 점을 든다. 즉 중원 지역과 교류가 늘면서 농업·목축업·수렵 경제의 장점이 상호 보완되며 비교적 빠르게 발전했다는 것이다.[1]

요하문명인은 현재의 중국인을 형성하는 데 크게 영향을 미친 사람들 중 하나라는 것이 유전학이나 고고학으로 밝혀지고 있다. 중국 유전학학자인 등굉괴(鄧宏塊, 덩훙쿠이)는 남성에게만 전달되는 Y유전형 염색체를 연구하여 중국 북부와 서부에 주로 분포하는 O형은 중앙아시아와 시베리아, 유럽인에서 주로 발견되는 L·P형과 밀접하다는 사실을 발견했다.[2] 이러한 결과는 중국인 조상의 한 부류가 서북부와 천산(天山, 톈산) 너머에서 왔다는 것을 말한다. 지도에서 보듯이 등굉괴는 중국인의 주류를 서북과 동북 두 방면에서 내려온 사람들이 형성했음을 유전학적으로 설명하였다.[3]

중국학자 반기풍(潘基風, 판지펑)은 은허의 중소 귀족 무덤에서 출토된 상나라 사람의 인골은 대부분 '북아시아 몽골인종과 동아시아 몽골인종이 혼

홍산문화를 비롯한 중국의 신석기문화 발상지

합된 형태'였다는 연구 결과를 발표했다. 이는 상나라 사람들이 고대 동북 지역의 주민과 친연성이 있었다는 말이다.[4]

신석기 후기가 되면 요하 상류와 대릉하 상류에 찬란한 옥기문화가 빛을 발한다. 바로 홍산문화이다. 중국학계에서는 이 문화에서 '중화문명의 서광'이 발하기 시작했다고 선언하였다. 그들은 홍산문화를 포함한 이들 지역의 신석기문화를 '요하문명'이라고 이름 붙였다. 요하문명이 발생한 지역은 앞으로 펼쳐질 동북아시대에 새로운 문명의 중심지로 떠오를 것이다. 따라서 통일을 앞두고 있는 한국인으로서 요하문명의 역사와 문화를 이해하는 것은 과거가 아니라 미래를 대비하는 것이다.

적봉시의 홍산

요하문명을 바로 보자

최근 들어 중국은 '요하문명'에 대해 대대적으로 연구하여 홍보에 나서고 있다. 홍보의 핵심은, ① 이 지역이 중화문명의 시발점이고, ② 이 지역의 요하문명을 주도한 세력은 신화적 인물인 황제(黃帝)집단이며, ③ 특히 요하문명의 꽃이라고 할 홍산문화는 황제의 손자라는 전욱고양씨 계통의 문화이고, ④ 이후 모든 동북방 소수민족은 전욱고양씨와 제곡고신씨의 후예라는 것이다(우실하 정리).

과거 우리는 세계 4대 문명의 발생지로 이집트문명·메소포타미아문명·인더스문명·황하문명이 있었다고 배웠다. 황하 중류의 신석기문화인 앙소문화를 토대로 한 문명이 우리가 일반적으로 알고 있는 '황하문명'이다. 그런데 최근 중국은 요령성(遼寧省, 랴오닝성) 서부 지역에서 신석기문화, 특히 기

우하량의 천단

원전 4500~기원전 3000년경의 '홍산문화'가 발견되자 이 지역을 제5의 문명 발생지로 여기기 시작했다.

그렇다면 홍산문화는 어떤 문화인가. 홍산문화에 처음 관심을 둔 학자는 20세기 초 일본의 고고학자 도리이 류조(鳥居龍藏)이다. 그 후 1919년 프랑스 신부 에밀 리상(Émile Licent)이 내몽고(內蒙古, 네이멍구) 적봉(赤峯, 츠펑)·조양(朝陽, 차오양) 등을 방문해서 그곳의 신석기 유적에 주목했다. 중국인 학자로 이들 지역에 관심을 둔 사람은 양사영(梁思永, 량쓰융)이다. 그는 미국 하버드대학교에서 고고학을 공부하면서 앞선 두 사람이 쓴 적봉 지역의 고고학 조사 관련 논문과 책을 읽었다.

그 후 이들 지역의 문화를 '홍산문화'라고 이름 붙인 학자는 중국학자 윤달(尹達, 인다)이다. 그는 1955년 발표한 『중국신석기시대』란 책의 「적봉홍산후의 신석기시대 유적에 대하여」에서 처음으로 '홍산문화'라는 명칭을 사용했다. 그는 황하 지역의 신석기문화인 앙소문화와 북방의 세석기문화가

북경의 천단

상호 영향을 미치면서 만리장성 지대에 새로운 유형의 고대문화가 생겼다고 보고, 그것을 홍산문화라고 불렀다.

홍산문화라는 명칭은 '붉은 산'이라는 뜻의 '홍산(紅山)'에서 따왔다. 홍산은 내몽고자치구인 적봉시 동북방에 있는 산으로, 그곳 몽골인은 그 산을 '우란하따'라고 부르는데 이 역시 '붉은 산'이라는 뜻이다.

홍산문화는 내몽고와 요령성의 접경 지역인 적봉, 조양, 능원(陵源, 링위엔), 객좌(喀左, 카줘), 건평(建平, 젠핑) 등 요하와 대릉하 주변에서 꽃피웠다. 이 문화가 세계인의 주목을 받게 된 것은 1980년대 이후 대대적 발굴을 진행했기 때문이다. 발굴 결과 이들 지역에서 정교한 옥기를 비롯해 수준이 대단히 높은 신석기문화가 발견되었다.

특히 후기홍산문화(기원전 3500~기원전 3000)의 우하량(牛河梁, 뉴허량) 유적은 거대한 제단(祭壇), 여신묘(女神廟), 돌무지무덤[積石塚]을 갖추었다. 이는 이들 지역에 상당히 발달된 사회가 존재하였음을 의미한다. 중국고고학회 회장을 지낸 소병기는 우하량 유적이 이미 '초기국가단계' 혹은 '초기문명 단계'에 진입했다고 주장했다. 홍산문화를 포함한 요하문명의 중요성에 대해서는 중국고고학회 상임이사장인 곽대순(郭大順, 궈다순)이 2012년 발표한 「우하량유적지 발굴보고서」에 잘 나타나 있다.

"중국 5,000년 문명의 기원이 요하 유역에 있음이 유적으로 확인됐다. 특히 우하량 돌무지무덤 제16지점에서 발견된 옥풍(玉風=玉鳳)·옥인(玉人) 등을 비롯해 각종 제단과 묘, 이들의 배치는 북경의 천단(天壇), 명나라 황제를 모신 13릉과 비슷해 '예(禮)'의 원형을 찾아볼 수 있다. …… 요하 유역은 중국문명의 발상지 가운데 하나임이 분명하다."[5]

홍산문화의 발견은 단군신화를 건국신화로 삼고 있는 한국인에게도 참으로 반가운 일이다. 후기홍산문화를 주도한 세력이 곰 부족으로 드러나고 있기 때문이다.

야만의 땅에 숨겨졌던 문명

중국인이 그토록 야만인의 터전으로 인식했던 동북 지역에서 이미 기원전 3000년경에 초기국가단계의 사회가 있었다니 얼마나 놀라운 일인가. 1950년대까지 중국 땅에서 나고 자란 지식인 어느 누구도 이들 지역에 이런 어마어마한 문명이 있었다고 주장한 사람은 없었다.

그런데 최근 중국학자들은 이민족의 땅으로 야만시하던 그 땅이 자신들의 진정한 조상인 황제의 고향이라고 주장한다. 정말 놀라운 반전이다. 그런데 그렇게 주장하는 글을 보면 참 어처구니가 없다. 과거 자신들의 주장을 180도 바꾸면서도 변명이나 해명 하나 없이 홍산문화 지역이 황제와 그 후손의 땅이란다. 그들은 홍산문화를 포함한 요서 지역이 모두 신화시대부터 황제의 영역이었고, 이 지역의 모든 고대 민족은 중화민족의 일원으로 황제족의 후예라는 논리를 펴고 있다. 황제 집단도, 동이족인 상나라의 조상도 모두 요하 상류 지역에서 발원했단다.

이들 지역에선 최근에도 고고학계를 놀라게 하는 유물들이 속속 발굴되고 있다. 중국사회과학원과 내몽고 오한기박물관의 합동발굴팀은 2012년 7월 초 내몽고 적봉시 오한기(敖漢旗, 아오한치)의 흥륭구(興隆溝, 싱룽거우) 유적에서 5,300년 전의 것으로 추정되는 '흙으로 구운 남신상'을 발굴했다. 홍산문화 유적에서 남신상이 발견된 것은 이번이 처음이다. 중국은 이를 "5,300년 전의 조상 발견", "중화조신(中華祖神)을 찾았다"라는 내용으로 대대적으로 보도했다.

그러나 남신상이 발견된 적봉시 오한기 부근은 단군조선의 공간이며, 이후 부여족, 예맥족 등의 활동무대였다. 한국항공대학교 우실하 교수는 현장을 방문해 유물을 확인하고는 "이번에 발견된 남신상은 이 지역에 뿌리내리고 살아온 '우리 민족의 조상신'으로도 볼 수 있다"라고 했다. 어쩌면 중국 학자들이 '무사(巫師) 혹은 왕자(王子)'일 것이라고 하는 이 남자는 한국인의

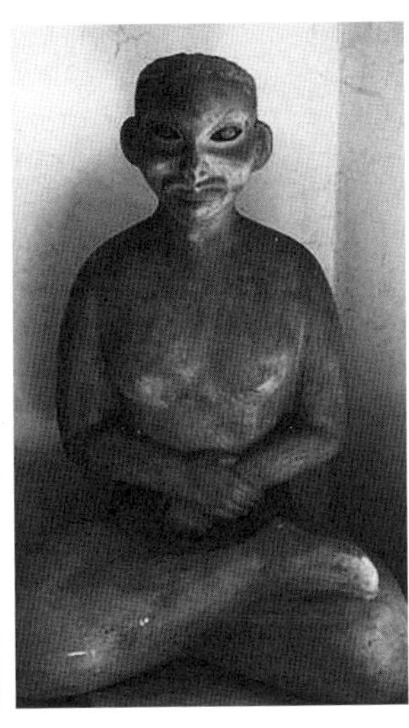

좌 홍산문화 유적에서 출토된 흙으로 구운 남신상
우 우하량 여신 복원상

조상일 수도 있다.

남신상을 보면 당시 홍산인이 어떤 모습을 했는지 짐작할 수 있다. 전형적인 몽골인 모습을 했으며, 머리카락은 정수리를 중심으로 가지런히 한 다음 끈으로 묶었다. 새끼와 같은 끈으로 몸을 묶는 유물은 이전에 발굴된 객좌현(喀左縣, 카줘셴) 동산취(東山嘴, 둥산쥐)의 여신상에서도 볼 수 있다. 우하량 여신전에서 나온 여신의 모습이 반가부좌를 한 형태였는데, 이 남신상도 반가부좌를 하였다. 이로써 좌식문화가 이미 이때부터 발전하고 있었음을 알 수 있다. 이는 중요한 문화정보로, 현재 중국인은 입식문화에 익숙하다.

중국은 중화문명탐원공정과 동북공정 등을 통해 요하 지역에서 일어난 문명이 자국의 문명이며, 특히 황제계의 문명이라고 주장한다. 한국학자들은 중국의 그러한 주장이 사실로 받아들여지면 만주 지역에서 일어난 고조선, 부여, 고구려, 예맥의 역사는 중국사의 방계역사가 된다며 우려하고 있다.

하지만 중국의 그러한 주장을 무시할 수만은 없다. 그들도 나름대로 근거를 제시하기 때문이다. 과거에 그들이 그곳을 야만의 땅이라 했다고 해서, 그곳이 그들 조상의 연고지일 가능성이 없는 것은 아니다. 후대의 그들도 잊힌 조상들의 역사를 잘 몰랐을 수 있기 때문이다. 따라서 우리는 우리 나름대로 한민족의 역사와 요하문명, 특히 홍산문화와 그 뒤를 이은 하가점하층문화가 어떻게 연결되는지 연구해서 대응논리를 개발해야 한다.

동북아시아 공동의 문명요람

홍산문화를 포함해서 그보다 빠른 요하 지역의 문화를 개략적으로 살펴보면 그 문화인이 어디로 이동했으며, 어떤 지역의 역사와 관련이 있는지 짐작할 수 있다.

흥륭와문화 유적에서 출토된 빗살무늬토기

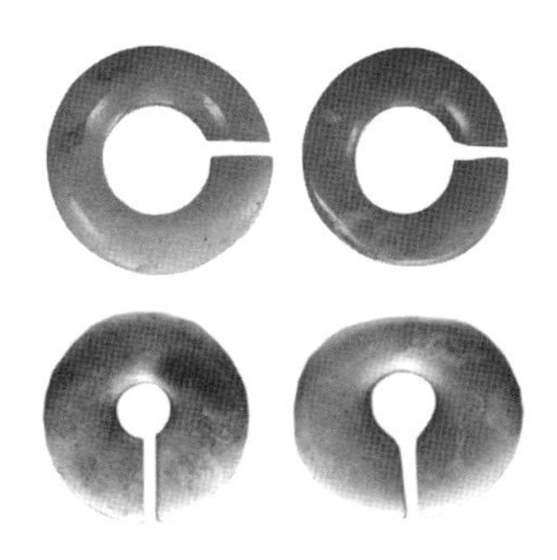

상 흥륭와문화 유적에서 출토된 옥귀걸이
하 강원도 고성군 문암리에서 출토된 옥귀걸이

먼저 요하 지역에서 가장 이른 시기의 신석기 유적으로 소하서문화(기원전 7000~기원전 6500)가 있다. 소하서문화는 1987년 내몽고 적봉시 오한기의 소하서촌에서 유적이 발견되어 그 이름을 얻었다. 동북아시아에서 가장 오래된 신석기 유적으로 판명된 이 유적에서는 각종 도기, 뼈제품, 석기 등이 300여 점 발견되었다. 이 출토품들 가운데 '동북아시아에서 가장 이른 시기에 흙으로 만든 사람 얼굴상'이 있는데, 5센티미터 정도의 이 유물은 제사나 종교적 숭배에 사용된 것으로 보인다.

다음으로 적봉시 오한기 보국토향(寶國吐鄕) 흥륭와촌(興隆洼村)에서 발견된 흥륭와문화가 있다. 흥륭와문화는 1982년 겨울 대릉하 지류인 망우하(牤牛河) 상류 오른쪽 연안 구릉에 있는 흥륭와촌에서 최초로 발견되었다. 이 문화의 기원은 기원전 6000~기원전 5700년까지 거슬러 올라간다. 이 유적에서는 세계에서 가장 오래된 옥귀걸이가 발견되었으며, 조개껍질에 새긴 사람 얼굴, 석금(石琴) 등의 유물이 나왔다. 특히 이곳에서는 동북아시아에

사해문화 유적에서 발굴된 석소룡. 사진 가운데에 돌무지로 길게 만든 조형물이 석소룡의 흔적이다.

서 가장 오래된 빗살무늬토기가 발견되었다.

빗살무늬토기가 한반도 신석기문화를 대표하는 유물인 점을 감안하면 요서 지역과 한반도는 동일문화권이었음을 짐작할 수 있다. 흥륭와문화기 이후 신석기문화 유적지에서도 지속적으로 빗살무늬토기가 출토된다.

더욱이 강원도 고성군 죽암면 문암리 유적에서 나온 옥귀걸이는 흥륭와의 그것과 모양이 유사할 뿐 아니라 제작 시기도 거의 같은 것으로 추정되고 있다. 문암리 옥귀걸이는 흥륭와문화의 그것과 동일하게 압록강에서 가까운 요동의 수암옥으로 제작되었음도 밝혀졌다. 이는 두 문화 지역이 광역문화권으로 연결되어있었음을 의미한다. 이러한 사실은 요하문명이 동남으로 흐른 흔적으로 이해하면 된다. 흥륭와 유적에서는 '짐승의 뼈로 만든 피리[骨笛]'가 나왔는데 이러한 유물도 동남으로 이어져 한반도에서도 나온다.

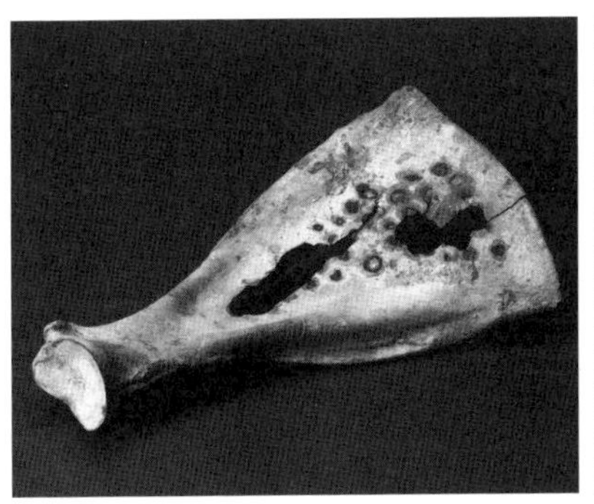

좌 상나라 이리두 복골 / 우 경남 사천시 늑도에서 발견된 복골

다음으로 요서 지역에서 발견된 신석기문화는 기원전 5600년까지 올라가는 사해문화이다. 사해문화는 요령성 서부 의무려산(醫無閭山, 이우뤼산) 동쪽의 부신(阜新) 몽골족자치현에서 1982년에 발견되었다. 의무려산은 고조선의 주산(主山)으로 추정되는 곳이기도 하다. 이 문화에서도 옥기가 다양하게 출토되었다. 사해문화의 가장 특징적인 유물은 돌로 쌓은 용형상물인 석소룡(石塑龙)이다. 이를 두고 중국인은 '화하제일용(華夏第一龍)', '옥룡고향(玉龍故鄕)'이라고 한다.

중국인은 스스로 '용의 후손'이라고 한다. 그런 그들에게 사해문화에서 발견된 용 형상물은 대단히 중요한 의미가 있다. 홍산문화 발굴에 적극적으로 참여한 소병기는 용의 고향은 바로 요하문명 지역이라고 선언했다. 그들의 뿌리가 이곳에 있음을 선언한 것이다.

골복의 발생지 부하구문화

그다음 신석기문화는 적봉시 북쪽에 있는 통료시(通辽市, 퉁랴오시) 파림좌기(巴林左旗, 바린좌기) 지역에서 발견된 부하구문화(기원전 5200~기원전 5000)이다.

조보구문화 유적에서 출토된 채도와 봉황형 도기

이들 지역에서도 요서 지역의 다른 신석기문화와 마찬가지로 빗살무늬토기, 지자문토기 등이 모두 발견된다.

부하구문화에서는 동물의 견갑골에 구멍을 뚫고 불에 구워서 점을 치던 복골(卜骨, 점을 치던 뼈)이 발견되었는데 중국에서 가장 오래된 것이다. 과거에 골복은 북방에서 시작되어 상나라 조상이 중원 지역으로 전파했다고 추정했다. 그런데 그 증거가 이곳에서 발견된 것이다. 상나라 초기만 해도 골복이 유행했는데, 후기로 가면 우리가 잘 아는 거북의 배 껍질에 점을 치는 갑골점으로 바뀐다.

이곳에서 시작된 골복의 전통은 한반도의 백두대간 동쪽을 타고 내려와 동남해안 일대와 서부해안 지역에서도 행해졌다. 해남 군곡리 패총에서는 사슴의 어깨뼈를, 그 밖의 지역에서는 멧돼지 뼈를 사용한 흔적이 보인다. 이러한 점복의 습속은 일본까지 전파된다. 『삼국지』「동이전」 왜인조에 보면, "뼈를 살라서 길흉을 점치며 일을 행하거나, 길을 오갈 때 점을 친다"라는 기록이 있다. 그러나 한반도와 일본에서 보이는 골복의 흔적은 고고학적으로 상나라보다 훨씬 늦은 것이다. 이는 골복문화의 주류가 내몽고에서 서남으로 내려갔음을 말한다.

부하구문화 다음으로는 적봉시 오한기 조보구촌(趙寶溝村)에서 발견된 조보구문화가 있다. 이 문화는 기원전 5000~기원전 4400년경에 형성되었다. 여기서도 빗살무늬토기, 지자문토기, 세석기 등 요서 지역 신석기에서 보이는 일반적 특징이 모두 나타난다. 봉황(닭) 형태의 도기와 채도가 발견된다는 점이 특이하다.

지금까지 간략하게나마 초기 요하문명을 살펴보았다. 신석기문명이 태동하던 시기 대륙의 동북 지역이 그 요람이었다는 것이 차근차근 밝혀지고 있다. 왜 『주역』에서 시작과 끝이 동북간방에서 이루어진다고 했는지 알 것 같다. 환경의 변화와 문명의 흐름은 하나의 궤적을 그리며 달린다. 이제 한민족의 기원신화와 관련 있는 것으로 짐작되는 요하문명의 꽃, 홍산문화에 대해서 살펴보자.

02

후기홍산문화는 중원 앙소문화와 교류한 산물

중원과 홍산 지역의 교류

홍산문화 이전의 유적지를 살펴보면 사해와 부하구문화를 빼고는 대부분 적봉시 동쪽에 분포해 있다. 이는 이 지역이 신석기 초기부터 요하 지역에서 물질적 에너지가 가장 많았다는 것을 말해준다. 이 지역에서는 조보구문화에 이어 홍산문화가 꽃피운다. 기원전 7000년경 싹트기 시작한 요서 지역 신석기문화는 홍산문화기에 활짝 피었다.

홍산문화는 농경과 어렵 그리고 수렵생활을 하기 적합한 환경에서 탄생했다. 요하문명은 기후의 혜택을 받았다고 해도 지나친 말이 아니다. 당시 기온은 지금보다 3도 정도 높았다는 것이 학계의 정설이다.[6] 홍산문화 이후 기온이 조금씩 내려가기 시작해 하가점상층문화 시기가 되면 이 지역은 유목민의 땅이 된다. 기온이 내려가 농사를 짓고 정착문화를 영위하기가 어렵게 된 것이다.

고고학의 연구 성과에 따르면, 이들 지역은 후기홍산문화기인 기원전 3500년경부터 황하 중류 지역의 신석기문화인 앙소문화와 교류하고 융합

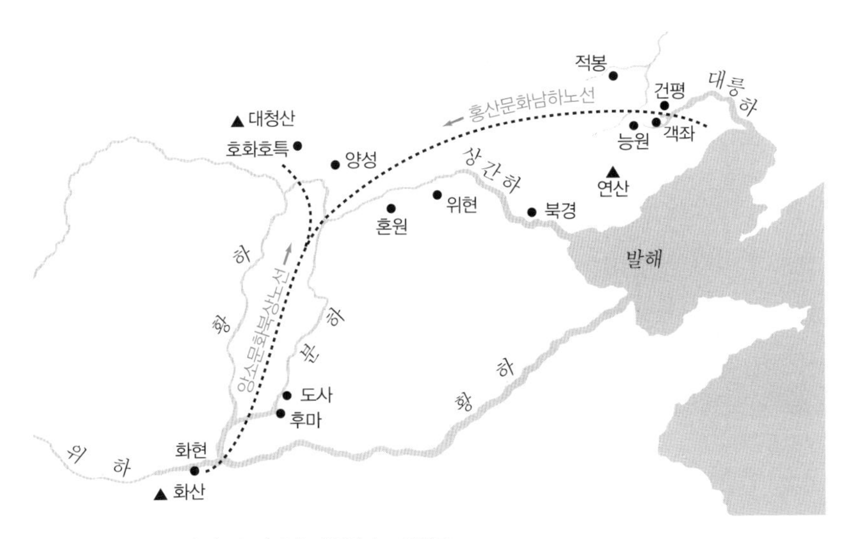

Y형 문화 벨트를 따라 앙소문화와 홍산문화가 교류했다.

했다. 앞에서 홍산문화라는 명칭을 제시한 윤달도 황하 지역의 신석기문화인 앙소문화와 북방의 세석기문화가 상호 영향을 미치면서 장성지대(長城地帶)에 새로운 유형의 고고학 문화가 생겼다고 지적했다. 이러한 현상은 1980년대 이후 이 지역에 대한 대대적 발굴로 다시 한 번 확인되고 있다. 두 지역의 문화가 교류해서 융합문화가 일어난 것이다. 이러한 사정을 중국 고고학계의 원로 소병기는 다음과 같이 설명했다.

> 앙소문화 묘저구유형의 문화와 요서주랑(遼西走廊) 지역과 연산(燕山) 이북의 서요하와 대릉하 유역의 홍산문화는 각자 독자의 문화를 형성한다. 이들이 하나는 남으로 확장되고 하나는 북으로 확장되어 종국에는 하북성 서북부에서 만나게 된다. 그 후 다시 요서의 대릉하 상류에서 중첩되어 용문양과 꽃문양이 결합된 새로운 채도가 생긴다. 홍산문화의 단(壇), 묘(廟), 총(冢)은 바로 두 문화가 만난 이후 만들어진 것으로 '불꽃'같이 비약적으로 발전한 것을 보

여준다. 이 새로운 문화는 앙소문화와 홍산문화가 가지고 있던 두 경제유형과 문화유형이 혼합된 것이었다.[7]

요서 지방과 중원의 앙소문화를 이어주는 연결통로가 이른바 'Y'자 형상으로 이어져 'Y형 벨트'로 불리는 고대의 문화 전파 경로이다. 'Y형 벨트'를 황하 중류 앙소문화 지역에서 북쪽으로 타고 가면, 왼쪽으로는 몽골 초원의 대청산(大青山, 다칭산) 아래로 해서 천산(穿山, 촨산)과 아이태산(阿尔泰山, 알타이산) 지역으로 이어진다. 오른쪽으로는 대흥안령 남단을 통해 요서 지역으로 연결되는데, 이 길은 문화와 민족의 이동 통로였다. 두 길로 이동한 문화 흔적이 실제 고고학에서 증명되고 있다.

중원 앙소문화의 북상

후기홍산문화에서는 중원 앙소문화의 요소가 많이 발견된다. 특히 홍산문화 유지에서는 채색도자기가 많이 출토되는데, 형태와 채색한 문양이 앙소문화의 그것과 유사하다. 채색도자기는 앙소문화의 영향을 받아 제작되었다는 것이 중국학자들의 일반적 견해다.

우하량 출토 채색도기

기원전 4000~기원전 3000년에 걸쳐 중원 앙소문화와 요서 홍산문화가 서로 교류한 흔적을 이해하면 한민족의 초기형성사를 이해하는 데 도움이 된다. 중원 지역과 요하를 비롯한 동북 지역의 문화가 독자적으로 형성되어 발전하다가 이 시기가 되면 처음으로 교류하면서 충돌한다. 이렇듯 문화교류가 활발하던 시기에 두 지역은 정치·경제적으로 안정되었을 것으로 추정된다. 그 후 안정되었던 상황이 틀어지면서 황제·염제·치우가 서로 투쟁하는 시대로 접어든다.

홍산문화 후기가 되면 기온이 갑자기 내려가기 시작한다. 그러자 홍산문화 지역에 살던 주민들이 대거 남하하는데, 이는 생존을 위한 집단적 몸부림이었다. 우리가 익히 들어서 알고 있는 염제와 황제의 충돌, 황제와 치우의 충돌이라는 대변혁은 그 과정에서 일어났다. 그 결과 중원 지역의 주도세력이 북방에서 내려온 황제계로 교체된다.

황제와 치우족이 투쟁한 역사적 배경을 북경대학 전백찬(翦伯贊, 젠보짠) 교수는 이렇게 설명한다. 염제(신농)시대 말에 이르면 중국대륙에서 활동하던 여러 종족이 움직이기 시작하여 인종적·문화적 교류가 광범위하게 이뤄진다. 한 방면에서는 하족(夏族)이 동남쪽으로 이동했고, 다른 방면에서는 묘족의 선조들이 서남쪽에서 중원으로 이동했다. 이 과정에서 두 종족은 중원에서 충돌하는데, 황제와 치우가 북경 서북쪽에 있는 탁록에서 큰 전쟁을 벌였다는 탁록대전 전설은 이러한 역사적 사실을 암시한다.[8]

전설에 따르면, 치우계를 물리친 황제계는 중원 지역의 중심세력이 된다. 북방에서 남하한 황제계가 중원에 정착한 뒤 시간이 어느 정도 지나면 요순시대가 펼쳐진다. 이 과정에서 한민족 초기공동체의 주역인 환웅세력은 동북방으로 밀려난다.

황제 이후 우임금 시기까지 자료를 분석해보면, 중원 지역인 황하 중류 지역에서 후기 신석기문화인 앙소문화(일명 황하문명)를 일구고 살던 공공족과 황제족은 끊임없이 충돌하였다는 것을 발견할 수 있다. 우리가 주목해야 할 점은, 황제족이 중원을 차지하는 과정에서 끊임없이 충돌했던 공공족은 황제의 후손들에게 밀릴 때마다 북쪽이나 동북쪽으로 이동했다는 사실이다.

중국학자들의 주장처럼 홍산문화 지역과 앙소문화 지역의 문화가 서로 교류하고 융합했다면, 요서 지역에서는 앙소문화인과 기존의 홍산문화인이 연합하여 후기홍산문화를 창조한 셈이 된다. 그런데 필자는 『천년왕국 수시아나에서 온 환웅』에서 공공족이 바로 단군신화에 등장하는 환웅족이라는 가설을 발표한 바 있다. 그들은 중원에서 앙소문화를 일구는 데 주도적 구실을 한 사람들이다.

공공족은 『사기』, 『서경』, 『순자』, 『논형』, 『열자』, 『회남자』, 『산해경』 등 많은 문헌자료에 나온다. 공공은 이들 문헌에서 대부분 황제계와 충돌하는 적대세력으로 그려졌다. 기록에 따르면 그들은 요임금 말년 순이 섭정할 때부터 계속해서 북쪽과 동북쪽으로 쫓겨난다. 요, 순, 우 모두 이들과 투쟁하면서 중원을 안정시켰다. 이와 같이 황제 이후 화하족이 중원을 장악하는 데 최대 걸림돌이 된 종족이 엄연히 있었고, 그들이 북방으로 이주하였다는 기록이 분명히 있는데도 역사학계에서는 이들을 짐짓 무시해왔다.[9]

동북 홍산문화는 서남으로

앙소문화가 동북으로 전파되던 시기에 홍산문화 또한 앙소문화 지역으로 전파되고 있었다는 것이 고고학적으로 증명된다. Y형 벨트에 있는 산서성(山西省, 산시성) 성도 태안(泰安, 타이위안)에는 산서성박물관이 있다. 그곳에 가면 홍산문화가 서남쪽으로 전파되었음을 알 수 있는 유물이 있다. 산서성 진남(晋南, 진난)에 있는 도사

용산문화 유적 출토 반룡문 접시

홍산문화 유적 출토 옥룡

(陶寺, 타오쓰)에서 발견된 용산문화(龍山文化, 룽산문화) 시기의 세련된 접시와 옥벽이 그것이다.[10] 접시에는 붉은색으로 반룡문(蟠龍紋)을 그려놓았다. 옥벽 중앙에는 하늘을 상징하는 둥근 구멍을 뚫어놓았다. 곽대순은 이들 유물의 연원이 홍산문화에 있다고 했다.[11]

요서 지역에서 발생한 용이 북경 서북 지역에 있는 위현을 지나 중원 용산문화의 핵심 지역인 도사에 이르면 대형 고분에서만 출토된다. 그뿐만 아니라 다른 동물상들과 섞이지 않고 독립적으로 나타난다. 다시 말하면 용무늬 접시는 왕의 무덤에만 부장한 것으로 추정되는데, 이는 용과 왕을 동일시하는 사고가 형성되고 있었음을 의미한다. 용은 왕을 상징하는 신성한 영물이었던 것이다.[12] 그래서 도사 발굴지 설명문에서는 도사에서 출토된 반룡을 당시 요임금이 통치하던 방국의 '상징 문양'이라고 했다.

홍산문화 이전의 문화인 사해 유적에서 발견된 용은 현재까지 중국에서 발견된 가장 오래된 것으로 인정받고 있다.[13] 사해 시기의 용보다 조금 늦은 용이 사해보다 서쪽에 있는 요령성 호로도시(葫蘆島市, 후루다오시) 장가와 유지에서 발견되었다. 이욕(李浴, 리위)은 이러한 고고유물을 근거로 동북에서

앙소문화 묘저구 유적 출토 꽃잎무늬 채도

발생한 용문화가 중원을 거쳐서 남방으로 전해졌다고 했다.[14]

이러한 사실은 중국인이 상식적으로 가지고 있던 문명관이 잘못되었음을 말해준다. 다시 말하면 중국의 문명과 문화가 중원 지역에서 발생하여 사방으로 퍼져나갔다는 상식은 이제 수정되어야 한다.

소병기는 우하량에서 발굴된 '여신은 홍산인의 조상일 뿐 아니라 중화민족의 공동조상'이라고 했다.[15] 이러한 그의 주장은 필자가 홍산문화 지역을 한민족의 동북 지역 초기 거점으로 보려는 의견과 충돌하는 면이 있다. 그러나 두 지역의 역사와 문화가 상호 교류하고 융합했다는 관점으로 이해하면 문제될 것이 없다.

즉 앙소문화 지역에서 홍산문화 지역으로 이주한 사람들은 한민족의 초기공동체를 형성하는 데 지대한 영향을 미쳤고, 홍산문화 지역에서 앙소·용산문화 지역으로 이주한 사람들은 중원문화를 창조하는 데 크게 기여했다고 보면 된다. 그렇게 보면 중국인과 한국인은 홍산문화를 고리로 일정 부분 혈맥·문화적으로 친연성이 있다. 이러한 사실을 잘 활용하면 앞으로 동북아시대를 주도할 한민족과 중국인이 상호 협력·공존하는 역사인식의 토대를 만들 수 있을 것이다.

소병기는 그러한 사정을 다음과 같이 정리했다. 중국인이 스스로를 '화인(華人)' 혹은 '용의 후예(龍的傳人)'라고 자연스럽게 생각하게 된 것은 두 문화인이 융합한 결과이다. 앙소문화의 꽃(花)과 홍산문화의 용(龍)문화가 결합해 중국인의 원형을 이루었다는 말이다.[16]

우리는 황하 중류 및 서쪽의 앙소문화와 연산 이북 및 요서 지역의 홍산 문화가 중화문명의 양대 뿌리라는 소병기의 주장에 주목해야 한다. 필자는 이 두 지역 문화의 상호 영향과 경쟁이 바로 한민족과 중국 역사의 중심 흐름을 형성했다고 생각한다.

단군신화에 보이는 천손세력의 이주와 그들의 천손의식을 고려할 때 적어도 그들은 당시 동아시아의 선진그룹과 관련이 있어야 한다. 그리고 이주한 천손세력과 현지세력이 연합하여 그 지역에서 정치·경제·문화 면에서 주도적 역할을 하였다면 그들은 분명 주변국의 문헌에 흔적을 남기고 고고학적으로 그에 합당한 유물을 남겼을 것이다.

이러한 점들을 고려하면 한민족의 기원과 관련된 단군신화의 무대는 동북 지역의 홍산문화와 새로운 문화요소를 가지고 홍산문화를 계승한 하가점하층문화 지역일 확률이 매우 높다. 필자는 이들 지역이 바로 단군신화의 무대였다고 본다.[17]

03

홍산문화, 황제의 고향인가 웅녀의 땅인가

야만의 땅이 황제의 고향으로

중국인은 전통적으로 자신들의 정통성을 중원 지역에서 활동했던 염제신농이나 황제와 연결하는 데서 찾았다. 그들은 중원에서 활동하면서 점차 주변 지역으로 확산된 사람들을 화하족이라고 부르며 자부심을 가졌다. 반면에 동북 지역이나 황하 하류 지역과 남쪽의 장강(長江, 창장) 유역 주민과 그 문화는 부수적으로 생각했다. 그들을 북적(北狄), 동이, 만이(蠻夷)라고 부르면서 자신들과 계통이 다른 주민으로 이해했다. 동이와 만이가 화하족에 편입된 것은 주나라가 중원의 패권을 장악한 이후다. 북경 동북 지역은 전국시대를 지나 진한 이후에나 중원의 실질적 세력권에 편입되기 시작한다.

그와 같은 이유로 화하족이나 한족이라는 개념을 가지고 살았던 중원의 지식인은 진한 교체기(기원전 206~기원전 202) 이후에도 동북 지역을 별로 중시하지 않았다. 그것은 어느 정도 독자적인 문화를 가지고 있는 이들 지역의 주민들이 자신들과는 다른 종족이라고 생각했기 때문이다.

그들의 그러한 지적 전통은 20세기 후반 들어 무너지기 시작했다. 동북 지역에서 1980년대부터 고도로 발달된 신석기시대의 유적과 유물이 계속 발굴되고, 이 문화가 매우 발달했을 뿐 아니라 중원문화에 상당한 영향을 미친 것으로 밝혀지자, 이 지역을 중화문명의 서광이 발한 곳으로 생각하기 시작했다. 그들은 이 지역을 상족의 원주지로 보려는 시각을 뛰어넘어 황제 집단의 근원지로 보기 시작했다.

1980년대 홍산문화가 대대적으로 발견되기 전에는 어느 누구도 이곳이 중원 지역에서 활동하던 사람들과 연결되어있다고 주장하지 않았다. 중원에서 활동하던 중국인은 이들 지역을 북적의 근원지로 보거나 한대 이후에는 동이족의 활동 지역이라고 했다. 황제나 전욱고양씨와는 아무런 관련도 없다던 지역이다. 중국인은 늘 야만의 땅이라고 폄하하던 요하 지역을 최근 들어 황제의 고향이라고 주장하기 시작했다. 우리는 이러한 상황을 어떻게 받아들여야 할까.

우리 학계는 중국의 이러한 주장에 대해 이렇다 할 반론을 내세우지 못하고 있다. 중국은 지금도 전설시대의 역사를 끊임없이 재해석하며 자신들의 논리를 정당화하고 있다. 그런데 우리는 어떤가? 최근 발굴되어 각광받고 있는 요하문명, 특히 홍산문화에 대해 심도 있게 연구하는 사학자들을 찾아보기 어렵다. 그들의 연구는 대부분 공간적으로 요동을 넘지 못한다. 요서 지역을 한국사의 무대로 끌어들이는 학자는 매우 드물다. 오히려 일부 학자들은 요동 너머의 세계와 한민족을 연결하는 것을 폄하하거나 무시하기까지 한다. 한민족은 몇천 년 전부터 좁은 한반도와 그 주변에서만 살았을까? 신석기시대 이후 청동기시대까지 상당 기간 세계사는 이동과 교류로 채워져 있다.

중국의 전설시대나 하나라, 상나라만 해도 오늘날처럼 넓은 강역을 경계로 하는 영역국가가 아니었다. 당시의 인구 또한 현재와 비교되지 않았다. 특정 공동체나 국가가 있었다 해도 그 주변에는 항상 빈 땅이 있었다. 그러한 땅은 인구가 늘 때 이동하여 살 수 있는 여백이었고, 특정 지역의 기득권을 놓고 경쟁하다 패한 사람들이 달아날 수 있는 공간이었다.

기원전 6000년경의 흥륭와 시기나 기원전 4000년경의 홍산문화 시기의 추정인구를 보면, 흥륭와의 인구는 1만 명이었고 홍산문화 지역의 인구는 5~8만 명이었다. 상당히 광활한 지역에 인구가 그 정도만 있었다면 현재 시각으로 볼 때 대부분 빈 땅이나 마찬가지였다는 얘기다. 따라서 우리는 상고시대 역사를 이해하려 할 때 당시 상황에서 보려고 노력해야 한다. 학자들의 추정에 따르면, 상나라 초기 인구는 약 540만 명이며 상(은) 말기의 인구는 850만 명 정도였다고 한다.[18]

이러한 정황을 이해하고 상고시대의 역사와 종족들의 이동과 교류를 생각해야 한다. 한민족을 형성한 초기공동체 역시 상고시대의 역사파동 속에서 점차 태동했을 테니 말이다.[19]

동북 지역의 역사 연고권은 황제에게

앞에서도 설명했듯이 신석기시대 말기인 기원전 3000년경이 되면 중국 대륙의 동서남북에서 어느 정도 독자적 문화를 가지고 성장하던 여러 세력이 충돌하면서 새로운 시대로 접어든다. 충돌 과정에서 중원의 주도세력으로 성장한 집단이 황제족이다.

그렇다면 황제집단은 어디에서 발생해 중원의 주인이 되었을까. 1980년대 이전까지 중국의 지성인은 황제의 고향이 섬서성(陝西省, 산시성) 서북부의 황토고원이라고 생각했다. 고향을 떠난 황제족은 처음에 동으로 이동하여 북경 서북 지역인 판천과 탁록 지역에서 활동했다. 그들은 이곳에서 염제와 치우족을 만나 전쟁을 벌였다. 그리고 전쟁에서 승리한 뒤에는 중원으로 남하했다.

우하량 여신묘 남쪽에 위치한 곰산

그러나 최근 요서 지역에서 홍산문화 유적이 대대적으로 발굴되고, 후기 홍산문화기인 기원전 3000년경에 이미 초기국가단계에 들어선 것으로 파악되자, 이곳을 황제의 고향이라고 주장하기 시작했다. 즉 홍산문화를 대표하는 황제족은 북경 북쪽에 있는 연산남북 지구를 주요 활동 근거지로 하여 어로와 수렵을 주요 경제활동으로 삼았다고 주장하기 시작했다.[20]

이 대목에서 우리는 그들의 주장이 사실인지 따져볼 필요가 있다. 과연 저들도 모르고 우리도 몰랐던 홍산문화 지역이 황제의 근거지일 수 있느냐는 것이다. 학자들은 앙소문화와 홍산문화의 후기에서 용산문화의 전기에 이르는 시기와 오제시대의 상·하한 시기가 대체로 일치한다고 본다. 오제시대는 황제를 대표로 하는 전기와 요순을 대표로 하는 후기로 나눌 수 있는데, 이 전후기를 나누는 경계는 앙소시대가 용산시대로 넘어가는 시기와 대체로 일치한다. 이러한 관점으로 보면 홍산문화 후기에 속하는 우하량 유지는 오제시대의 전기에 해당한다.[21]

옥저룡 중 곰룡

중국인이 홍산문화를 황제족과 연결하는 근거를 정리해보자. 첫째, 전설에 나오는 황제는 일정한 거처 없이 여기저기를 옮겨다니며 생활하던 북방 유목·어렵 민족이었을 거라는 것이다. 둘째, 황제와 염제, 황제와 치우가 전쟁을 벌인 판천과 탁록이 요서 지역에서 그리 멀지 않은 곳이라는 점을 든다. 셋째, 주나라 무왕이 황제의 후손을 북경 동북쪽에 있는 계(薊)에 봉했는데, 그곳이 황제의 연고지였기 때문에 그리했으리라는 것이다. 넷째, 황제와 용문화가 연결되는데, 홍산문화 지역에서 옥저룡이 발견되는 것에서 보듯이 용문화의 발생지가 홍산문화 지역이라는 점을 든다. 다섯째, 옥저룡 중에는 곰을 원형으로 하는 '곰룡[熊龍]'이 있으며, 우하량 여신묘 남쪽에 신령스러운 산이 보이는데 이 산을 현지인은 곰산[熊山]이라고 부른다. 곰룡, 즉 곰을 토템으로 하는 옥기와 곰산이라고 부르는 산이 있는 것은 황제를 유웅씨(有熊氏)라고 부르는 것과 관계가 있을 수 있다는 것이다.[22]

중국학자들은 이러한 간접 근거를 들면서 우하량을 중심으로 한 홍산문화 지역이 황제족의 근원지라고 주장한다.

홍산문화에 보이는 곰 부족과 호랑이 부족

이와 같이 중국학자들은 홍산문화 지역에서 보이는 곰문화를 황제와 연결한다. 만약 그들의 주장대로 황제족이 우하량을 중심으로 한 홍산문화 지역에서 활동했다면 황제를 첫 번째 조상으로 여기는 중국인에게 그곳은 조상의 땅이 된다.

홍산문화 지역이 황제족의 초기 활동무대라는 주장이 사실로 받아들여지면, 최근 중국이 마무리한 동북공정은 상당히 큰 힘을 발휘하게 된다. 그들은 '통일적 다민족국가론'을 근거로 중국 땅에서 벌어진 모든 역사는 중국의 역사라고 주장하기도 하지만, 요하 지역이 황제족의 근거지였다면 통일적 다민족국가론의 관점이 아니더라도 동북 지역에 대한 역사연고권을 자연스럽게 주장할 수 있게 된다.

그렇게 되면 요하 지역과 그 이동 지역에 대한 역사인식을 새롭게 할 근거가 마련된다. 다시 말하면 연산 너머 요하 지역의 땅은 이제 북적이나 동이족의 근거지가 아니라 황제족의 고향이며, 그들이 그곳으로 진출한 것은 고토를 회복한 것이나 다름없다고 주장할 수 있게 된다.

중국학자들의 그러한 주장은 최근 들어 한민족의 조상이 홍산문화를 포함한 요서 지역에서 활동했을 것으로 추정하는 한국학자들이나 국민의 정서와 충돌한다. 그러한 충돌을 합리적으로 해결할 길을 찾기 위해서라도 홍산문화를 포함한 요하문명에 관심을 가져야 한다. 현재까지의 고고학적 성과만 놓고 볼 때 요서 지역, 특히 적봉에서 건평, 능원, 객좌로 이어지는 지역은 오제시대에서 하나라·상나라 시대로 이어지는 동안 동북 지역에서 문화가 가장 발달한 곳이다.

우리가 중국 동북 지역 어딘가를 단군신화의 탄생지로 고려해야 한다면, 홍산문화 지역은 이후 단군신화가 탄생하는 문화적·공간적 무대로 가장 적합한 곳이다. 단군신화는 중국 오제시대의 후기에 속하는 요순시대를 배경으로 성립되었기 때문이다.

지금까지 한국학자들은 대부분 단군세력이 태동한 지역이 요동 또는 평

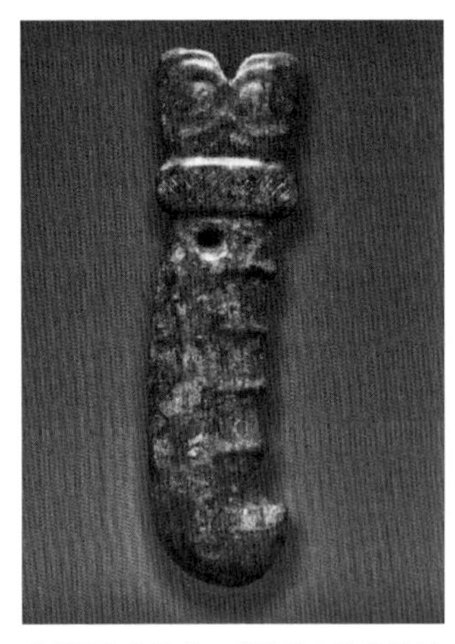
홍산문화 유적 출토 호랑이 모양 옥 장식

양이라고 했다. 그렇다면 백두산 지역이나 묘향산 지역에 오제시대의 중원 지역과 버금가는 문화 유지가 있어야 한다. 어떤 집단의 자긍심은 대체로 현실의 물질문화에 바탕을 두고 생기게 마련이다. 하지만 현재까지 밝혀진 고고학 자료만 놓고 보면 이들 지역에는 그와 같은 문화유적이 없기 때문에 단군신화의 탄생지로 적합하지 않다.

한국학자 중에는 윤내현·이형구·복기대·우실하 등 소수만이 요서 지역이 단군세력의 출발지일 것이라고 본다. 고고학적 정황으로 볼 때 홍산문화 지역은 단군신화가 발생할 수 있는 토양을 충분히 구비하고 있다. 특히 홍산문화의 중심지로 추정되는 우하량 유지에서는 곰과 관련된 유물이 여러 점 나왔을 뿐 아니라, 홍산문화 유적지에서는 호랑이 토템을 표현한 것으로 추정되는 옥기도 발견되었다.

그런데 앞에서 지적한 대로 중국학자들은 그곳에서 나온 곰과 관련된 것들을 황제족의 문화유산으로 이해한다. 과연 그런가. 필자는 홍산문화 지역에서 출토된 곰 관련 유물들을 두 가지 측면에서 규명해야 한다고 생각한다. 하나는 황제족과 연결되는지 알아보는 것이고, 다른 하나는 단군신화에 나오는 '웅녀(熊女)'와 관련 있는지 알아보는 것이다.

만약 황제족이 우하량 지역과 관련이 있고 한민족도 그곳과 관련이 있다면, 홍산문화 지역을 고리로 황제족과 한민족이 연결되는 셈이다. 그렇지만 관계라는 것은 서로 반대방향으로 작용하는 역사의 고리로, 시간이 지날수록 엷어진다고 할 수 있다. 한민족의 영원한 어머니인 웅녀와 중화민족의 영원한 아버지인 황제가 동일한 집단일 수 있다는 말이다. 한·중 모든 구성원에게 충격적인 가설이 아닌가.

우하량 여신묘는 곰 할머니 사당

고고학적으로 우하량 유적지를 포함한 홍산문화 지역은 곰룡[熊龍]을 숭배하는 사람들의 땅이었다는 것이 홍산문화를 연구한 학자들의 대체적 견해이다. 이러한 사실은 웅녀를 건국시조인 단군의 어머니로 생각하는 한국인에게 시사하는 바가 크다.

우하량 지역의 발굴에 주도적으로 참여한 중국고고학회 상임이사장 곽대순은 "우하량 여신묘에서는 흙으로 만든 용 형상물이 두 개 발굴되었는데, 그중 하나는 아래턱 전반부가 길고 뾰족하게 생겼으며 송곳니는 폭이 넓고 위쪽이 구부러진 것이 곰을 닮았다. 다른 하나는 입술 모양이나 두 발 모두 발톱이 네 개인 것이 곰을 닮았다. 따라서 이들 유물을 곰룡으로 보는 것이 마땅하다"라고 했다.[23]

여신묘에서 출토된 곰룡에 주목한 곽대순은 '여신묘에 동물신이 많이 부장되어있었지만 곰룡이 주실(主室) 중앙에 놓여있었던 것'으로 보아, 곰룡이 다른 동물신보다 우위에 있는 주신(主神)이었을 것이라고 했다.[24]

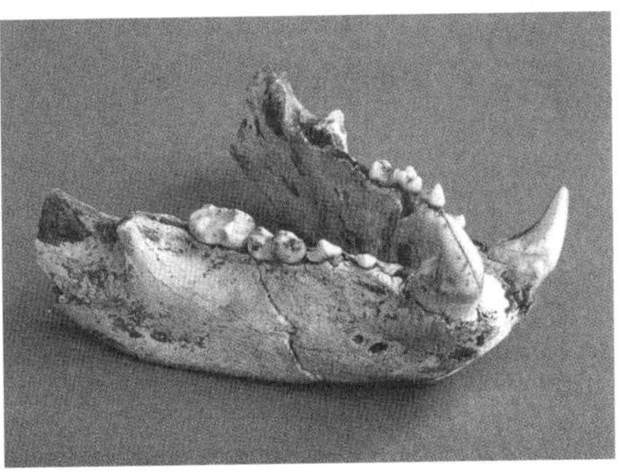

좌 우하량 여신묘에서 출토된 흙으로 만든 곰 아래턱 / 우 우하량 돌무지무덤 출토 곰 아래턱뼈

우하량 출토 짐승머리 삼공기

다시 말하면 우하량 여신묘는 다양한 동물을 토템으로 하는 부족들의 성소였으며, 그 성소를 주도하던 부족은 곰 부족이었으리라는 것이다. 곰 부족의 웅녀가 천신인 환웅과 만나 단군을 낳았다는 건국신화가 있는 우리로서는 이러한 홍산문화에 주목하지 않을 수 없다.

홍산문화를 주도한 것은 곰 부족

홍산문화인이 곰을 숭배했을 뿐만 아니라 곰을 주신으로 삼았을 가능성은 이들 유적지에서 발굴된 많은 곰 관련 유물에서 엿볼 수 있다.

먼저 여신묘에서 500여 미터 떨어진 곳에 있는 돌무지무덤 유적 여러 기에서 곰 뼈[熊骨]가 여러 건 발견되었다는 사실을 들 수 있다. 이 곰 뼈는 홍산문화인에게 곰을 제사하는 습속이 있었음을 보여준다.

또 다른 유물로는 우하량 제16지점 3호묘에서 출토된 '짐승머리 삼공기[獸首三孔器]'를 들 수 있다. 짐승의 생김새가 누가 봐도 곰임을 금방 알 수 있다.

여기서 잠깐 질문을 하나 해보자. 양쪽에 곰 머리를 조각하고 가운데 구멍을 세 곳 뚫은 이 유물은 무엇을 표현한 것일까. 중국학자들도 대부분 이 유물이 어떤 용도로 사용되었는지 모른다. 필자는 이 유물이 삼신(三神)을 상징한다고 본다.

소하연문화 묘지 유적에서 출토된 곰 머리상

이때 구멍 세 개는 삼신할머니의 자궁을 상징한다. 삼신은 산신(産神)으로 세 여신, 즉 할머니 여신, 어머니 여신, 딸 여신 삼대가 대를 이어 끊임없이 아이를 낳는다. 이 세 여신의 자궁을 구멍 셋으로 형상화한 것이다. 우리 민속에서 항아리 세 개로 삼신을 표현하는 것은 홍산문화의 곰(웅녀) 삼신에서 비롯되었다고 할 수 있다.[25]

마지막으로, 홍산문화와 관계가 밀접한 다른 신석기문화 유지에서도 곰 관련 유물이 여러 점 출토되었다. 예를 들면 후기홍산문화를 잇는 소하연문화(小河沿文化, 샤오허옌문화, 기원전 3000~기원전 2000)의 묘지에서 곰을 표현한 채색 동물상이 나왔다. 위 사진의 오른쪽 동물은 한눈에 보아도 곰임을 알 수 있다. 얼굴이 넓적하고 입이 뾰족하며 두 귀가 짧고 목덜미가 두툼한 것이 전형적인 곰의 특징을 가지고 있다.[26]

그리고 소하연문화 초기에 민물조개껍데기로 만든 사람 얼굴 모습을 한 곰 또한 당시 주민들이 곰을 신으로 숭배했음을 보여주는 명백한 증거이다. 이 유물은 지금부터 4,800여 년 전에 제작되었다. 소하연문화 다음에 나타나는 것이 하가점하층문화인데, 단군왕검사회가 이 문화를 일구었다.

이뿐만 아니라 지금부터 7,500년 전인 흥륭와문화 시기에 붉은색 응회암으로 만든 곰 머리도 발견되었다. 이 곰상은 홍산문화 이전 단계부터 이들

홍산문화 유적 출토 곰 머리상

지역에 곰을 토템으로 하는 풍습이 있었다는 것을 증명해준다. 홍산문화 지역에서 곰을 토템으로 했음을 보여주는 곰 형상 옥기는 최근에도 꾸준히 발굴되고 있다.

이상에서 살펴본 바와 같이 홍산문화 지역에서는 그 이전에도, 그 이후에도 곰을 숭배하는 습속이 있었다. 그들은 곰 형상을 만들어 신단에 모시기도 했다. 곰의 머리뼈를 시신과 함께 무덤에 부장하며 제사를 드리기도 했고, 옥으로 곰 태아의 모습을 만들어 죽은 사람이 부활하기를 염원하기도 했으며, 곰 사람을 만들어 가슴에 차고 다니기도 했다.

결론적으로 말해서 홍산문화기에는 곰을 자신들의 조상 혹은 토템으로 모시는 사람들이 있었고, 특히 우하량 여신묘의 여신은 '곰 할머니 여신'으로, 다른 동물을 토템으로 모시는 사람들을 포함해서 전 부족을 대표하는 여신으로 추앙되었다고 볼 수 있다.

홍산문화가 황제의 유산이라면 황제계인 웅녀가 환웅의 부인

그렇다면 과연 우하량을 중심으로 한 홍산문화의 주인공들은 중국인의 시조로 추앙받고 있는 황제와 관련이 있는가. 이 질문에 그렇다 혹은 아니다 자신 있게 답할 수 있는 사람은 없다. 하지만 여러 가지 정황으로 보아 중국 학자들의 그러한 주장을 아니라고 반박하기도 쉽지 않다.

사실 우리 사학계도 한때는 단군신화에 나오는 내용을 부정하는 경향이 강했다. 고조선이라는 국가는 아무리 빨라도 기원전 10세기 전후에 존재했는데, 기원전 24~기원전 23세기경에 고조선이 있었을 리 없다고 했다. 또한 단군신화를 인정하는 학자들 가운데 단군신화의 무대가 요서 지역일 것이라고 주장한 학자는 거의 없었다.

따라서 1980년대 이후 발견되고 있는 홍산문화를 비롯한 요하문명이 한민족의 조상과 관련 있을 것이라고 주장하는 최근 국내의 견해나 홍산문화가 황제 혹은 전욱고양씨가 남긴 문화라는 중국 측의 주장은 별반 다를 것이 없다.

중국인들은 홍산문화 지역에서 발굴된 곰 관련 유물과 황제가 유웅씨인 것을 연관지어 생각하고 있다. 이에 더하여 최근에는 더 많은 신화적 자료와 고고학적 자료를 연결하면서 홍산문화 지역이 황제의 고향임을 입증하려고 한다.

최근 홍산문화 전문가인 뇌광진(雷廣臻, 레이광전) 교수가 "황제문화의 부호가 새겨진 돌판을 홍산문화 유지에서 발견했다"라고 발표한 것이 한 예다. 유물을 보면 '돌판 위에 거북'이 새겨진 것을 알 수 있다. 이 유물은 2010년 가을 우하량 유적지에서 남으로 51킬로미터 떨어진 능원시(凌源市, 링위안시) 전가구촌(田家溝村)에서 발견되었다. 뇌광진 교수는 1년여의 연구 끝에 이 유물이 황제의 토템인 신성한 거북[神龜], 즉 자라[天黿]를 그린 것이라는 결론을 내렸다.

그는 이 자라가 『국어』에 "(황제의 성씨인) 희(姬)씨의 출자는 자라다"라고 한 것과 연결된다고 보았다. 그는 자라가 황제 헌원씨의 족명이요, 씨족의 휘호(徽號)이자 토템이라고 했다. 중국의 저명한 신화학자 곽말약(郭沫若, 궈모루) 또한 자라는 헌원, 즉 황제를 가리킨다고 했다.

사실 거북을 신성시한 문화는 홍산문화보다 앞선 기원전 5600년경의 사해문화 시기에 이미 나타났다. 물론 그 전통은 홍산문화로 이어져 홍산문

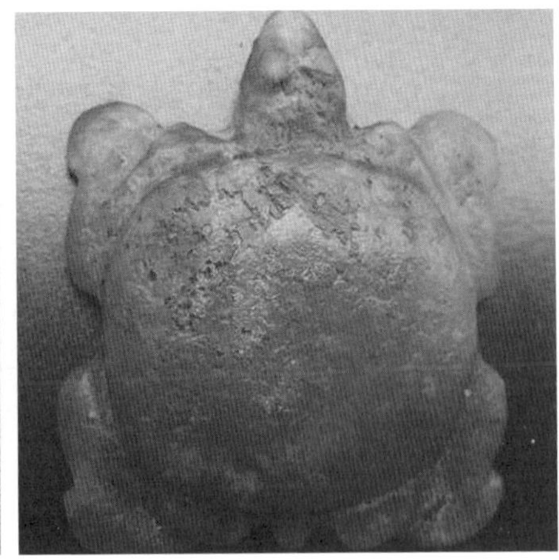

홍산문화 유적 출토 돌판에 새겨진 거북 그림과 옥거북

화인은 옥으로 만든 거북을 주검과 함께 부장했다. 오래전부터 요하 지역에서 살던 사람들은 거북을 생명의 어머니를 나타내는 상징동물로 여겼다. 거북은 대지가 품고 있는 생명의 화신으로 지하세계를 대표했다.[27] 황제계가 하늘 자라에서 비롯되었다는 고사는 어쩌면 요하문명인이 가지고 있던 생각과 맞닿을 수 있다. 중국에서 거북은 원초의 바다, 어둠의 달과 연관되어 재생을 상징하는데,[28] 이러한 사고는 동북 지역 요하문명에서 발생했다.

거북을 신성시하는 문화는 동으로 확산되어 한반도로도 전파되었다. 필자가 직접 답사하여 확인한 결과로도 그러한 사실이 증명되었다. 중국 요령성에서 가장 높은 산인 천산, 우리나라의 북한산, 속리산, 월출산, 천성산 등지에서 인공을 가한 거북형상의 돌거북을 확인할 수 있었다.

또한 상해교통대학 교수이자 중국 신화학회 회장인 엽서헌(葉舒憲, 예수셴)은 2007년 출판한 책에서 "동북 지방에서 출토되는 곰 토템 유물은 문헌에 나오는 황제 유웅씨의 유웅국(有雄國)과 관련이 있다"라고 선언했다.[29] 그는 같은 책에서 '한국의 단군신화에 나오는 곰 토템의 뿌리도 5,000여 년 전

월출산 구정봉 아래에 있는 돌거북

홍산문화와 관련 있을 것'이라고 했다.[30]

엽서헌의 주장은 곧바로 한국인의 주목을 받았다. 이종호는 『과학으로 찾은 고조선』에서 이 내용을 언급했고,[31] 같은 내용을 2008년 동아일보 기자가 기사화하기도 했다. 기자는 엽서헌이 단군신화를 황제로부터 기원한 곰 토템신화의 일부라고 보아 중국신화에 편입시켰다고 비판했다.[32]

이와 같이 중국인은 홍산문화를 포함한 요하문명에서 발생한 주요 토템 모두를 황제와 연결하고 있다. 최근 중국에서 가장 주목받는 역사학자인 역중천(易中天, 이중톈)의 글에 그러한 사정이 잘 반영되어있다. 그에 따르면 중국인 중에는 황제의 토템이 곰일 것이라고 생각하는 사람이 가장 많고, 다음으로는 천원(天黿), 즉 신성한 거북일 것이라고 생각하고, 일부는 『산해경』에서 헌원국 사람들이 사람 얼굴에 뱀의 몸을 가졌다고 한 것을 근거로 뱀이나 용으로 본다고 했다.[33] 이들 토템의 발원지는 요하 지역이다. 따라서 홍산문화를 포함한 요하문명을 일군 사람들은 황제계가 된다.

이런 상황인데 우리 학계는 아직도 과거 지식에 얽매여 중국학자들의 주장을 단순 비판한다. 2007년 동북아역사재단이 발표한 『고조선, 단군, 부여』에서 조법종은 "중국학계가 단군신화도 중국신화의 영향을 받았다고 주장하지만, 단군 관련 사실에서 가장 중요한 내용인 곰 숭배 신앙은 중국 신화와는 소재와 신화구조 형태가 전혀 연결되지 않는다"라고 했다. 그러면서 그는 "단군신화에 나오는 곰 토템은 중국 민족과는 전혀 무관하게 한국의 신석기문화를 담당한 고아시아족의 곰 숭배 신앙과 연결되는 내용이라는 것이 이미 우리 학계의 연구 성과로 확인되었다"라고 설명했다.[34] 과연 그런가. 단군신화의 곰 부족이 고아시아족과 관련 있다는 단순한 주장은 이제 하지 말아야 한다.

현재로선 후기홍산문화를 주도한 곰 부족이 황제와 관련 있고, 또한 단군신화의 곰 부족과도 관련 있다는 새로운 주장을 어떻게 받아들여야 할지 당황스럽다. 지금까지 우리가 알고 있던 상고시대의 역사 틀이 완전히 무너지기 때문이다. 혼란스러운 상황에 빠지지 않을 수 없다. 그러나 어찌할 것인가. 21세기 새로운 문명이 창조되는 시점을 맞이하여 숨어있던 역사의 진

20년에 걸쳐 만들어진 하남성의 황제상과 염제상

실이 드러나는 것을!

필자가 볼 때 요하문명은 그야말로 동북아시아 모태문화의 하나로 한국과 중국 모두에 중요한 의미가 있다. 중국학자들의 주장처럼 홍산문화가 중국의 시조로 추앙받는 황제계가 이루어놓은 문화라면, 그 문화의 핵심이 곰을 토템으로 하는 문화라면, 그 문화가 한민족의 건국신화인 단군신화의 곰 토템과 관련이 있다면, 홍산문화를 고리로 한민족과 중화민족은 피를 나눈 형제이기도 한 것이다. 홍산문화가 곰 토템 부족인 황제계의 유산이라면, 그곳에 남아있던 황제계 웅녀는 환웅의 부인인 셈이다.

그러나 아직은 많은 중국인이 황제의 고향이 홍산문화 지역이라고 생각하지는 않는 것 같다. 그러한 사실은 최근 산서성과 하남성(河南省, 허난성) 정부가 황제 탄생지를 두고 서로 다투는 것에서 알 수 있다. 두 성에서는 각기 거대한 기념물을 조성하고 기념행사를 치르면서 황제의 고향이 자신들의 성내에 있다고 주장하고 있다.

요하문명과 한민족

한반도로 흐른 요하문명의 흔적을 개략적으로 살펴보면 다음과 같다. 먼저 빗살무늬토기를 들 수 있다. 빗살무늬토기는 한반도 신석기문화의 가장 대표적 지표유물이다. 그런데 요하문명이 대대적으로 밝혀지기 전까지 빗살무늬토기는 독일과 러시아 카렐리야(Karelia) 지방에서 오카볼가(Oka-Volga)강 상류 지방에 걸쳐서 유행한 신석기시대의 토기문으로 생각했다. 이들 문화가 우랄산맥을 넘어 계속 동진하다가 만주를 거쳐 한반도에까지 이르렀다고 생각했다.[35]

그러나 이러한 학설은 요하문명이 발굴되면서 모두 사실이 아닌 것으로 판명되었다. 내몽고 적봉시 동쪽에 있는 흥륭와문화(기원전 6200~기원전 5200)

좌 우하량 제13지점의 7층 금자탑 / 우 기단석 2층을 제외하고 7층 피라미드 구조인 장군총

에서 동아시아에서 가장 오래된 빗살무늬토기가 발견되었기 때문이다. 이뿐만 아니라 흥륭와문화 이후의 모든 요하문명에서 빗살무늬토기가 발견되고 있다. 그런데 빗살무늬토기는 중원 지역에서는 발견되지 않고 만주와 한반도 지역에서만 발견된다.

다음으로 옥기를 들 수 있다. 기원전 6000년대까지 올라가는 흥륭와문화기에 최초로 옥귀걸이가 만들어지는데, 강원도 고성군 문암리 신석기 유적에서도 비슷한 시기의 옥귀걸이가 발견되었다. 이들 옥귀걸이에는 요동반도 동부 지역에 있는 수암(岫岩, 슈엔)에서 나는 옥을 사용했다. 당시에 옥을 고리로 요하문명과 한반도가 연결되어있었음을 보여주는 귀중한 자료이다. 한국인은 금문화가 유입되기 전까지는 옥을 가장 귀하게 여겼는데, 그러한 생각은 요하문명에서 비롯되었으며, 요하문명인의 한반도 진출과 연관이 있다.

또한 요하문명의 부하구문화(기원전 5200~기원전 5000)에서 시작된 골복문화도 상나라 조상이 서남으로 전파했고, 한반도로도 전파했다는 것이 고고학적으로 밝혀졌다.

마지막으로 요하문명이 동으로 전파되고 한반도로 확장된 것 가운데 가장 주목할 만한 것으로 무덤양식을 들 수 있다. 홍산문화 지역에서는 돌무지무덤이 다량 발굴되고 있다. 돌무지무덤은 홍산문화 무덤양식의 가장 기본적인 형태였다. 이는 같은 시기 중국의 다른 지역에서 형성된 신석기문화가 토갱묘(土坑墓) 위주인 것과 완전히 다르다.[36] 중원의 한족은 토갱묘를 선호하였으며, 우하량에서 발견된 돌무지무덤은 우리 민족이 만주와 한반도 일대에서 채용했던 고대 무덤양식과 완전히 일치한다.[37]

특히 우하량 제13지점에서는 7층 금자탑이 발견되어 주목되는데, 7층으로 된 금자탑은 바로 고구려 장군총의 모델이라고 해도 지나친 말이 아니다. 그것은 우주생명관이 같은 사람들이 창안하고 조성했다고 볼 수 있기 때문이다.

필자는 고인돌문화 또한 후기홍산문화의 담당자들이 요동으로 진출하여 창안한 것으로 생각한다. 홍산문화 지역에 나타나는 돌널무덤[石棺墓]을 외부로 노출하고 동시에 대형화하면 요동 남부와 서북한 지역에서 보이는 대형 탁자식 고인돌이 된다. 따라서 고인돌문화는 홍산문화를 주도했던 곰부족인 맥족이 동쪽으로 이동하면서 창안한 것으로 보는 것이 타당하다.

일반적으로 한민족의 주류가 예맥족이라고 하는데, 맥족의 뿌리는 홍산문화와 닿아있다. 따라서 홍산문화는 한민족의 원형문화로 중요한 위치에 있다.

II

진인의 눈으로 한국사를 보아야 한다

1부에서 중국 요령성 서부와 내몽고 동부, 하북성 북부 지역의 후기신석기문화인 홍산문화를 다루고, 2부에서 갑자기 '진인의 눈으로 한국사를 보아야 한다'면서 박혁거세의 정체성을 파악하는 것으로 시작했다.
필자가 이러한 구성으로 독자들을 대하게 된 것은 단군신화를 건국신화로 하는 한민족의 초기 정체성을 파악하기 위해서는 새로운 틀이 필요하다고 판단했기 때문이다.
무슨 말이냐면 1980년대 이후 새롭게 밝혀진 후기홍산문화의 주도세력이 단군신화에 등장하는 곰 부족과 연결되고, 그들의 후손과 외부(중원)에서 이주해온 환웅(공공)세력이 결합하여 단군왕검사회를 형성했다. 기원전 24세기경에 시작된 단군왕검사회는 기원전 15세기부터 약화되기 시작하다 기원전 13세기 은나라 무정기에 붕괴되고, 그 사회의 지도자들은 동으로 이동하여 요동과 서북한으로 들어온다.
이들 요동과 서북한으로 들어와서 대형 탁자식 고인돌을 비롯한 석묘계문화를 영위하던 사람들이 바로 필자가 새로운 개념으로 규정한 진인(辰人)이다.
기원전 3세기 초 조선과 진번이 연나라의 공격으로 한반도 서북 지역으로 들어오기 전까지는 한반도 역사는 진인의 역사였다. 이런 이유로 대형 탁자식 고인돌이 남아있는 황해도 구월산 주변과 강화도에는 단군왕검과 관련된 문화가 많이 남게 되었다. 구월산 앞 500미터 전방에 있는 구릉 위에 한반도에서 가장 큰 관산리 고인돌이 있는 것도 그러한 역사적 상황과 맞물려 있다.
이들 한반도로 들어온 진인이 세운 최초의 정치체가 진국(辰國, 기록상으로)이고 그 진국의 후예들이 진한을 세웠으며, 그 진한사로국의 지도자로 옹립된 박혁거세가 바로 단군왕검사회의 문화를 계승한 정통적자라는 관점에서 2부를 구성했다.

01

박혁거세는 단군의 후예

누가 사료를 엄격하게 검증하고 비판하는가

강단사학자들은 근대 역사학이 학문적 토대를 객관적 합리성의 추구에 두며, 엄정한 사료 비판과 실증이 그것을 구현하는 구체적 방법이라고 정의한다. 이 때문에 이것을 바탕으로 하지 않는다면 그 어떠한 주장도 공허한 메아리에 불과하며, 과거에 대한 환상만 불러일으킬 것이라고 한다.[1]

강단사학자들은 재야사학자들이 사료를 엄격히 검증하지 않고 민족의 구심점에만 집착한 나머지 실험과학적 수준에까지 와 있는 현대 역사학을 멋대로 재단한다고 비판한다. 그런 면이 없지 않다. 그렇다고 그들이 재야사학자들이 주장하는 모든 것을 자신들의 잣대로 처단하는 데는 동의할 수 없다. 그들은 자신들의 오류는 반성하지 않고 모든 재야사학자의 의견을 무시하려 든다.

그리고 자신들이 문헌을 수용할 때는 주관적 판단을 허용하면서 재야사학자들이 그것을 활용할 때는 엄격하게 비판한다. 역사는 역사학자의 전유물이 아니다. 조선시대까지만 해도 역사는 역사학자의 전유물이 아니라 인문 지식인의 필수였다.

엄정한 사료 비판과 고고학적 실증을 바탕으로 역사를 기술하는 그들은 왜 고조선에 대해 다양한 견해를 내놓는가? 이는 그들도 사료와 고고학적 자료를 자의적으로 해석한다는 반증이 아닌가? 학자들은 상고사를 연구하면서 문헌자료가 부족하다고 호소한다. 그렇다면 엄정한 사료 비판을 통한 상고사 복원에는 한계가 있다는 의미 아닌가? 그렇기 때문에 적어도 상고사 연구에서만은 신화를 긍정적으로 이해하려는 노력이 필요하고 주변 학문의 업적을 참고해서 실체적 진실에 접근할 필요가 있다. 현재 우리 문화에 남아있는 화석화된 자료를 활용해 고고학적 자료를 해석하는 힘도 길러야 하고, 암각화에 보이는 여러 상징에서 상고시대 조상들의 의식과 계통도 분석할 수 있어야 한다.

고대인의 신화와 종교적 관념을 올바로 이해하는 사람만이 상고시대 고고유물이나 암각화를 바르게 이해할 수 있다. 그러한 자질은 문헌사학을 연구한다거나 단순한 유물 발굴 경험으로만 획득되는 것이 아니다.

이러한 점들을 고려하면 상고사를 연구할 때 문헌사료를 엄격히 비판하고 그것을 실증하기 위해서라도 신화와 전설 연구, 암각화 연구, 언어학적 연구, 고대 종교 연구 등이 필요하다. 무엇보다도 다양한 사료를 하나로 꿰뚫어보는 직관력이 필요하다.

신라가 한국의 오리진인가

필자가 한국 고대 역사문화를 연구하려고 경주로 내려온 지도 벌써 이십몇 년이 되었다. 처음에 필자는 한가하게 즐기며 답사를 다녔다. 상상 속에서 고대 한국인의 삶으로 들어가보고 싶었다.

상상력과 직관력을 동원하여 고대사의 퍼즐을 맞추어보기를 수십 번 수

2000년부터 2005년까지 발굴된 신라 초기의 건물지, 7세기경에 팔각 건물, 회랑(복랑), 정사각형 담장 등이 있었음이 확인되었다. 실제로 나정에 시조 묘가 있었을 가능성을 시사한다.

행한 뒤에야 고대사가 세 파동의 큰 흐름 속에서 형성된 것을 알게 되었다. 필자가 파악한 고대사 흐름으로 볼 때 박혁거세는 한민족 건국신화인 단군신화 주인공들의 혈맥과 문화를 이은 정통 적자다. 2부는 박혁거세가 어떤 혈맥과 문화를 계승한 세력인지 알아보고, 그것을 근거로 그 세력의 뿌리를 역추적하는 방식으로 글을 이끌어가고자 한다.

여러 측면에서 신라는 오늘의 한국을 형성하는 데 결정적인 구실을 했다. 현재 한국인으로 살고 있는 사람들 대다수는 신라에 뿌리를 둔 성씨를 사용한다. 한국인의 성씨 중 고구려나 백제를 본으로 하는 경우는 드물다. 더구나 단군이나 주몽을 본으로 하는 사람은 하나도 없다. 그만큼 현재 한국인의 정체성을 형성하는 데 신라의 역할이 컸다.

1985년 경제기획원의 인구조사에 따르면 4,030만 명이 274개의 성을 가지고 있다. 그중 56% 정도가 신라의 왕을 배출한 박·석·김씨와 신라 건국신화에 나오는 6촌장을 시조로 하는 이·정·최·손·배·설씨, 그리고 김유신을 중시조로 하는 성을 가지고 있다.[2] 이와 같은 성씨 구성을 근거로 이종욱은 '신라가 한국인의 오리진'이라고 주장했다.

그런데도 신라 주민의 형성사에 대해 정리된 견해가 없다. 왜 그렇게 되었을까. 먼저 문헌자료의 부족을 들 수 있다. 단편적 문헌자료만으로는 그들의 뿌리를 추적하기가 어렵다. 다음으로는 초기 신라를 주도한 사람들을 파악해보고자 하는 노력이 부족했다. 문헌자료 부족만 탓하며 방치했던 것도 사실이다. 고대사를 전공하는 학자들은 자신들의 직무유기(?)를 변명할 때마다 '문헌자료가 부족해 상고사를 연구하기가 어렵다'고 한다.

자료에 한계가 있기 때문에 고대사를 복원하기는 쉽지 않다. 그렇다고 포기할 수는 없지 않은가. 그렇다면 다양한 연구방법을 모색해야 한다. 필자는 그러한 문헌자료의 한계성을 뛰어넘기 위해 문헌자료 외에 신화학·고고학·언어학·암각화·유전학적 연구는 물론, 경주 주변에 남아있는 고대 종교 유적 등에 관심을 갖고 연구했다. 그 결과 초기에 사로국을 형성했던 주민들이 어떤 사람들인지 이해하게 되었다.

솔거의 마음에서 살아난 단군

단군에 대한 기억이 신라를 통해 전달되고 있었음을 알 수 있는 대표적 사례로 솔거가 단군화상을 그렸다는 점을 들 수 있다. 다음으로 신라인 안함로(安含老)가 민족의 역사서인 『삼성기』를 저술했다는 것과 눌지왕 때 박제상 혹은 그의 아들 백결 선생이 지었다는 『징심록』의 일부로 전해지는 『부도지』를 들 수 있다.

조선시대 말에 쓰인 책인 『동사유고』는 신라의 솔거가 단군화상을 최초로 그렸다고 전한다. 솔거가 '어느 날 꿈에 나타난 단군을 보고 감격한 나머지 꿈에서 본 단군을 1,000여 장 그렸는데, 그중 하나'가 단군화상의 원본이라고 한다.[3] 솔거가 꿈에 나타난 단군화상을 보고 감격하여 그의 초상을 그렸다는 것은 신라시대에도 단군을 존경하는 마음이 전해지고 있었다는 것을 말한다. 잘 알다시피 솔거는 『삼국사기』 「열전」에 나오는 인물이다. 그가 황룡사 벽에 그린 노송에는 새들이 날아들다 부딪혀 떨어질 정도였다고 한다.

다음으로 신라시대의 인물인 안함로가 한민족의 기원으로 시작하여 단군조선의 건국과 그 역사를 서술한 『삼성기』를 썼다는 기록이 전한다. 이때 『삼성기』의 삼성은 환인·환웅·단군을 가리킨다. 안함로가 신라시대에 실존한 인물이냐는 논란이 많지만, 『삼성기』라는 책이 조선시대까지 전해지고 있었음은 명백하다. 『삼성기』는 1457년(세조 3) 세조가 팔도관찰사에게 수거명령을 내린 책들 가운데 하나다. 일부에서는 안함로를 『해동고승전』에도 나오고 신라의 성인 열 분 가운데 한 분이기도 한 진평왕대의 안함(安含)으로 추정하기도 하나 확실하지 않다.

세조가 수거하라고 명령한 책 중 의상대사의 10대 제자 중 한 사람인 표훈대사의 이름을 딴 책인 『표훈』도 있다. 민족정신을 담고 있던 조선시대의 불온서적(?) 중 신라인이 지었다고 추정되는 『삼성기』와 『표훈』이 있었다는 것은 중요한 의미가 있다. 이들 책이 실제로 신라시대 저작인지 아닌지를 떠나 이 책을 쓴 사람이 신라인의 정신에 단군계열의 정신이 흐른다고 판단했음을 알 수 있기 때문이다.

혁거세에 닿아있는 신명문화

동아시아 신화·전설에서 천계를 오르내리는 문화를 창안한 주인공인 공공족은 단군신화의 환웅과 대응하는 집단이다. 이들 공공의 맥을 이은 신라인 중 하늘을 왕래한 선인(仙人)이자 승려가 바로 표훈대덕(表訓大德)이다.

경덕왕이 어느 날 표훈대덕에게 명했다.

"내가 복이 없어 아들을 두지 못했으니 원컨대 대덕은 상제께 청하여 아들을 두게 하여주오."

표훈이 천제에게 올라가 고하고 돌아와서 아뢰었다.

"상제께서 딸은 얻을 수 있지만 아들은 얻을 수 없다고 하십니다."

"딸 대신 아들을 만들어주기 바라오."

표훈이 다시 하늘에 올라가서 청하니 상제가 말했다.

"될 수는 있지만 아들이 되면 나라가 위태할 것이다."

표훈이 내려오려 할 때 상제는 다시 불러 말했다.

"하늘과 사람 사이를 문란케 할 수 없는 법인데 지금 대사가 하늘과 사람 사이를 이웃 마을처럼 왕래하여 천기를 누설했으니 이후로는 다니지 말아야 한다."

표훈이 돌아와서 천제의 말로 왕을 깨우쳤으나 왕은 말했다.

"나라는 비록 위태하더라도 아들을 얻어 뒤를 잇게 한다면 만족하겠소."

그 후 만월왕후가 태자를 낳으니 왕은 매우 기뻐했다.[4]

표훈대덕이 수행을 해서 천지신명과 소통하는 능력을 가지게 된 것은 단군 이래 선인(仙人)의 능력이었다. 한민족은 지금도 천지신명과의 소통의식을 가지고 있다. 그런데 동아시아에서 그러한 생각을 창안한 집단은 자장스님이 신라 김씨왕조 이전의 지배집단이라고 했던 공공족이다. 공공족은 처음부터 하늘을 숭상하고 하늘과 소통하면서 땅을 다스린 사람들이다. 그런 공공의 권능, 즉 '하늘과 통하는 권능을 부정하고 통로를 차단(絶地通天)'한 사람이 황제의 손자 전욱이다.

뒤에서 자세히 설명하겠지만, 공공족은 요임금 말년에 북경 북쪽에 있는 밀운현(密雲縣, 미원현)의 공공성으로 이주했다가 연산을 넘어 곰 부족과 연합하여 단군왕검시대를 열었다. 이들이 요동으로 이동하여 고인돌문화를 창안하고 한반도로 들어와 진국을 형성했으며, 『삼국지』「동이전」에 '신라는 진국의 후예'라고 한 그 진한사로국 사람들, 특히 박혁거세와 혈맥, 문화가 닿아있다. 사로국 박혁거세는 바로 이러한 역사 흐름의 중심에 있던 인물이라는 것이 이 장의 핵심 내용이다.

박제상이 지었다는 『징심록』의 일부로 알려지고 있는 『부도지』는 바로 박혁거세 가문에 전해 내려오던 비전일 여지가 있다. 물론 그 내용 진부가 역사적 사실에 기반을 둔다고 보기는 어렵겠지만, 그 내용의 대강이 박혁거세 가문에 비전으로 전달되었을 가능성은 있다. 박혁거세 가문이야말로 단군왕검의 혈맥과 정신을 계승한 장자집단이라고 할 수 있기 때문이다.

박혁거세와 곰 신앙

독자들은 경주분지를 중심으로 형성되었던 진한사로국 지역에 단군신화와 관련된 곰 신앙이 있었다고 하면 어리둥절할 것이다. 그러나 그것은 사실이

경주시 석장동 암각화 전경

다. 사로국 사람들은 단군신화와 관련된 곰을 신앙으로 삼았다. 그 자료를 한번 살펴보자.

경주 시내를 흐르는 서천과 북천이 만나는 곳에 예기소라는 큰 웅덩이가 있다. 지금은 보를 막아서 소가 드러나지 않는다. 한때 이곳은 무당들이 무속행위를 하던 명당이었다. 김동리의 소설 『을화』에 나오는 무녀 을화도 이곳에서 굿을 했다. 예기소 서북쪽에는 높은 바위절벽이 솟아있는데, 그 절벽 윗부분에 선사시대 유적인 암각화가 새겨져 있다. 학계에서는 이들 암각화가 대체로 청동기 후기 어느 시점에 제작되었을 것으로 추정한다.

이곳 석장동 암각화에는 다양한 형태의 그림이 그려져 있다. 그중에도 여러 개 있는 곰 발자국과 사람 발자국이 주목된다. 탁본을 보면 오른쪽 중앙과 왼쪽 아래에 사람 발자국과 곰 발자국이 있다. 석장동 암각화에서 보이는 이들 발자국을 호랑이 발자국으로 보는 사람도 있다. 그러나 이 발자국은 곰 발자국을 나타낸 것으로 보아야 한다.

그것이 곰 발자국임을 알 수 있는 단서를 동몽골 암각화에서 찾을 수 있

석장동 암각화 탁본 부분. 오른쪽 중앙에 사람 발자국과 곰 발자국이 보인다.

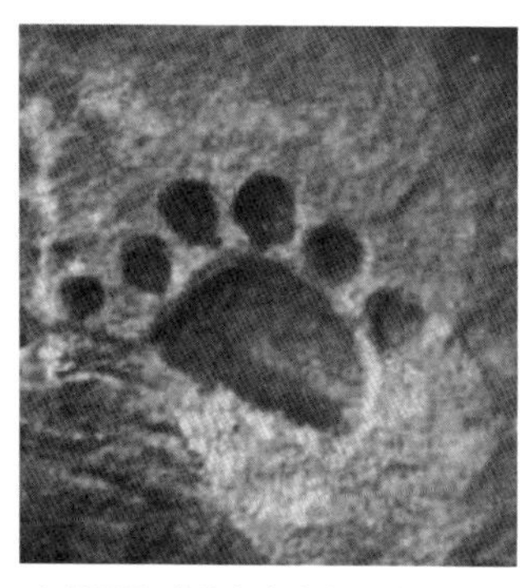

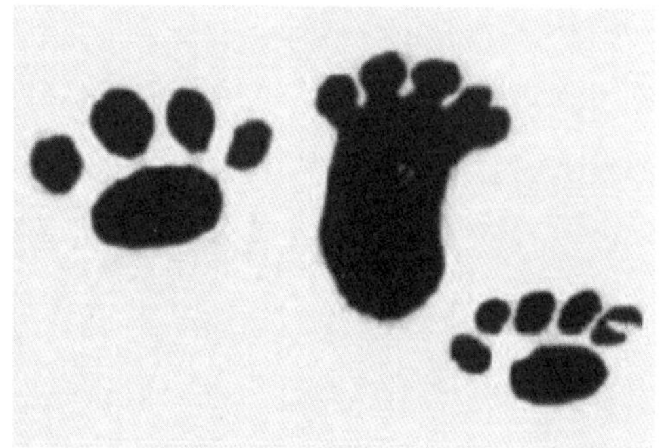

좌 동몽골 헨테이 아이막 곰 암각화 / 우 동몽골 아르샨-하드 암각화의 모사그림

다. 동몽골 암각화의 곰 발자국과 석장동의 맹수 발자국(115쪽 사진 참고)을 비교해보면 석장동의 그것이 곰 발자국임을 알 수 있다. 특히 아르샨-하드 암각화처럼 석장동 암각화도 곰 발자국과 사람 발자국을 함께 그렸다.

그렇다면 석장동 암각화에 곰 발자국을 새긴 사람들은 누구일까. 필자는 그들을 단군왕검사회에 뿌리를 둔 진인(辰人)들로 경주분지와 그 주변에 고인돌과 돌널무덤을 남긴 사람들이라고 본다. 그들에게 웅녀에 대한 기억이 남아있었던 것이다.

진한사로국 사람들이 곰 신앙을 가지고 있었음은 문헌자료에서도 찾을 수 있다. 『일본서기』에 그 단서가 남아있다. 스이닌(垂仁)천왕 3년 「신라 왕자 천일창」조를 보면, 신라 왕자인 천일창(天日槍)이라는 인물이 일본으로 망명하면서 가져간 예물 중 '웅신리(熊神籬)'라는 것이 있다.

'웅신리'가 무엇일까. 그것이 매우 의미 있는 물건이기 때문에 천일창이 선물 목록에 넣었을 것이다. '웅신리'는 곰신을 신주(神主)로 모신 휴대용 곰 신단이다. 휴대용으로 부처님이나 불보살을 모시는 '불감(佛龕)'을 생각하면 이해하기가 쉬울 것이다. 일본의 고증학자 도테이 칸(藤貞幹)은 그것이 신라에서 유래한 곰 신단이라고 했다. 그는 『충구발』에서 "히모로기(神籬)는 후세의 신사이다. 어느 것이건 그 사람의 몸을 받들어 모시는, 즉 신령을 수장(收藏)하는 것이다. 이것을 '히모로기'라고 훈독하는 것은 원래 신라의 말이기 때문이다"라고 했다.[5] 일본에서 히모로기는 휴대용 신단만이 아니라 숲에 있는 신단을 이르기도 한다.

휴대용 불전인 불감

홍윤기는 천일창이 일왕에게 바친 곰 신단을 통해 단군신앙이 일본으로 전파되었으며, 곰 신단은 일본 신도의 시초라고 주장하였다.[6] 이러한 주장은 홍윤기뿐 아니라 일본인도 제기했다. 일본의 저명한 작가 마쓰모토 세이초(松本清張)는 '고대 일본의 히모로기는 한반도의 소도(蘇塗) 같은 것'이라고 했다.[7] 또 홍윤기는 곰 신단을 초대 단군왕검의 모친인 웅녀의 신줏단지로 추정했으며, 일본 천황의 신맞이 축문에 나오는 아지메 여신도 웅녀신일 수 있다고 주장했다.[8] 그러면서 그는 "신라 왕실에서 제사를 모시던 신들 중에는 단군의 어머니 웅녀신도 들어있었다"라고 했다.[9]

아직 더 연구해야 하지만 단군왕검의 후예들이 일본으로 건너가 단군 관련 신앙을 일본에 전파한 것은 사실이다. 지금도 규슈 북부 후쿠오카현과 오이타현의 경계에 있는 히코산의 히코산신궁(英彦山神宮)과 가고시마현의 다마야마신사(玉山神社)에서는 단군과 환웅을 모시고 있다.[10]

그렇다면 곰 신단을 들고 일본으로 망명한 신라 왕자 천일창은 누구인가. 그에 관한 단편적 기록은 여기저기에 보이지만, 그가 정확히 신라 어느 왕의 아들인지는 확인할 수 없다. 다만 『일본서기』에는 그가 스이닌천왕 때의 인물이라고 나온다. 그렇다면 그는 비슷한 시기인 사로국 초기의 왕자였다고 추정할 수 있다. 아마도 그는 박혁거세 계열로 이성 왕, 즉 탈해왕이 권력을 장악하면서 일본으로 건너갔을 확률이 높다. 3대 유리왕의 아들일 수도 있다. 그런 그가 곰 신단을 휴대하고 갔다. 왜 그랬을까. 그를 비롯한 초기 사로국의 주도세력이 단군계열의 후손이었기 때문이라고 추론할 수 있다. 그러한 추론이 타당하다면 박혁거세는 단군왕검의 후예가 된다. 적어도 그는 단군시대 문화를 계승한 집단의 지도자임이 틀림없다.

거서간은 진인의 수장인 거수를 의미

『삼국지』「한전」은 "진한은 옛날의 진국이다(辰韓者, 古之辰國也)"라고 하였다. 이 기록이 사실이라면 진한사로국을 주도한 박혁거세는 진국과 관련이 있는 인물이다. 그가 진국 혹은 필자가 광의로 사용하는 진인(辰人)이었음은 『삼국사기』「신라본기」 박혁거세 원년조에서 "진인은 호를 박이라 하며…… 거서간은 진언(辰言)으로 왕을 뜻한다"라고 한 데서도 알 수 있다. 박혁거세 거서간은 진인으로서 진인이 자신들의 지도자를 부르던 왕호를 사용하였다. 그렇다면 '-거서간'이란 왕호는 어떤 의미가 있을까.

'-거서간'을 『삼국유사』에서는 거슬한[居瑟邯]이라고 했는데 이병도는 '-거서'와 '-거슬'은 음과 뜻이 같은 말이라고 했다. 또한 삼한시대 군장의 칭호를 중국 측에서 음사한 '건길지(鞬吉支)'의 길지와 일본 측 음사인 コニキシ의 'キシ'(기시)와 같다고도 했다.[11]

이병도가 '-거세'의 의미를 이해하기 위해서 인용한 '-길지'는 백제에서 부여 계통의 왕족이 아니라 그 이전에 그곳에 들어와 생활하던 진인 계통의 선주민[辰國人]이 지도자 혹은 왕을 부르던 명칭이다. 그것은 『주서』「백제전」에서 "왕의 성씨는 부여씨이고 호를 어라하라 하며, 백성들이 부를 때는 건길지라 하니 중국말 왕과 같다"라고 한 것에서 알 수 있다.

결국 이병도의 설대로 '-거세'가 '-길지(일본음 기시)'와 같은 말이라면 '-거세'가 왕을 나타내는 말임이 확실하다. 그렇다면 진인이 왕을 '-거세'·'-길지'라고 한 것은 어디에서 유래했을까? 이 말에 어떤 의미가 있으며, 어디에서 어떤 사람들이 주로 사용했는지 안다면 진인의 조상을 추정하는 데 도움이 될 것이다.

필자는 그 답을 한반도에서 일본으로 건너가 북규슈 지역에 터를 잡은 사람들이 동쪽에 있는 본토를 정벌한 뒤 서울로 삼았던 가시하라(橿原, kasi hara)라는 지명에서 찾았다. 진무천왕(神武天皇)이 도읍한 가시하라의 어원에 대해서 일본 학자들은 여러 가지 설을 제시했다. 그중 야스다 도쿠타로(安田德太郎)는 산스크리트어 käsi(太陽)와 para(最大)가 결합한 말, 즉 '최대의 태양'이라는 뜻이라고 하였다.[12]

그런데 언어학자 이병선은 지명에 쓰인 hara(原)는 글자 그대로의 뜻, 즉 벌[原]이라고 했다.[13] 그렇다면 진무천왕이 도읍한 가시하라는 가시+하라의 합성어로, 가시는 태양을 뜻하는 산스크리트어이고 하라는 '벌'을 뜻하는 말이 된다. 즉 가시하라는 '태양의 벌(땅)'이란 의미다.

그렇다면 '-거서간'은 '태양+간(干) 혹은 한(邯, 韓)'이 된다. 이는 박혁거세를 '태양왕, 즉 태양의 아들'이라고 한 셈이다. 박혁거세를 그렇게 부른 것은 그의 탄강신화(誕降神話)와 연결해도 이해가 간다. 이뿐만 아니라 이병도의 말처럼 혁거세의 거세도 왕호인 거서간의 거서와 음과 뜻이 같다면[14] 혁거세는 '혁(광명)+거세(태양)'가 된다. 즉 혁거세는 '밝은 태양왕'인 것이다.

박혁거세의 왕호로 사용된 거서간의 '-거서' 혹은 '-거세'는 바로 『삼국지』나 『후한서』 등에서 삼한과 관련된 지도자의 명칭으로 자주 등장하는 거수(渠帥)와 같은 말이다.[15] 그들 자료에는 삼한의 지도자를 '주수·거수·신지' 등으로 기록하였는데 이 중 거수와 신지는 진인의 왕호이다. 박혁거세는 진국에서 이주한 진인 계통의 수장으로, 박혁거세라는 명칭은 '밝은 태양왕', 즉 '혁(밝은)+거수(渠帥=거세=태양)+한(왕)'이었다.

그렇다면 태양을 나타내는 산스크리트어 käsi가 어째서 진인 지도자의 명칭이 되었을까. 그것은 진인의 먼 조상이 천산을 넘어 중원으로 이동한 공공족과 관련이 있기 때문이다. 공공족과 후기홍산문화를 계승한 곰 부족이 만나서 단군왕검시대를 열었고, 그 후예들이 바로 진인이다. 박혁거세는 그 진인의 문화를 계승한 것이다.

사로국은 이주민이 주도했나

박혁거세는 사로 6촌으로 구성된 진한사로국 국읍의 천군, 즉 단군 출신으로 파악된다. 그러한 정황에 대해서는 뒤에서 자세히 검토한다. 그가 천군, 즉 단군이었다고 주장하려면 먼저 그가 속한 집단을 이해해야 한다. 기록상으로는 박혁거세가 어느 집단에 속했는지 뚜렷하게 드러나지 않는다. 그런 그가 무슨 연유로 사로국의 초대 거서간, 즉 왕으로 추대되었을까. 또 박혁거세를 왕으로 추대한 사로국은 어떤 사람들로 구성되었을까.

첫 번째 고려 대상으로는 경주 지역에서 살면서 고인돌문화를 가지고 있던 사람들을 들 수 있다. 경주 주변에서는 고인돌과 민무늬토기, 간석기 등의 유적·유물이 풍부하게 발견된다. 고고학자 김원룡은 이들을 기원전 몇 세기에 걸쳐 이 지역에 거주하던 주민집단으로 파악했다. 이현혜도 청동기 문화 단계에 고인돌을 조성한 수많은 소규모 단위집단이 경주 주변에서 거주하였다고 했다.[16]

두 번째 고려 대상은 고인돌 축조 집단이 살고 있던 공간에 들어온 고조선이나 중국 동북 지역에서 온 망명객들이다. 『삼국지』「동이전」 한조나 『후한서』「동이전」은 "진한 노인들이 스스로 말하기를 진(秦)나라에서 노역을

피해 한국으로 도망쳐 왔는데, 마한이 그들의 동쪽 지역을 분할하여주었다"라고 기록하고 있다.[17]

이 기록은 역사적 사실을 있는 그대로 반영했을까. 여러 가지 정황을 고려할 때 기록을 액면 그대로 받아들일 수는 없다. 당시 진나라 유민이 경주지역으로 들어왔다 해도 그들은 소수에 지나지 않았을 것이고, 사로 6촌의 주도세력으로 성장하지도 못했을 것이다. 그렇게 판단할 수 있는 근거는 그들이 진나라에서 노역을 피해 온 사람들이라는 데 있다. 노역을 피해 온 사람들이 망명지에 와서 주도권을 장악할 수 있었을까. 그들에게는 그럴 만한 정치력이나 물질적 기반이 없었을 것이다. 만에 하나 그들이 사로 6촌의 주도층으로 성장했다면 진인(秦人)의 문화 흔적이 초기 신라에 상당히 남아 있어야 할 텐데 그러한 정황이 보이지 않는다.

중국 측 기록을 인정한다 해도 그들은 난하(灤河, 롼허강) 서쪽 지역 사람들이 아니라 동쪽에서 살던 사람들일 확률이 높다. 다시 말하면 그들은 요서와 요동에 걸쳐 있던 조선과 진번 지역에 살던 사람들일 것이다. 주보돈도 『삼국지』 한조에서 그들을 진인(秦人)이라고 하지 않고 진한(秦韓)이라고 표현한 것에 착안하여 진나라의 노역을 피해 온 사람들을 진의 정치적 지배를 받던 조선계로 파악했다.[18]

그런데 조금 엉뚱한 주장을 하는 학자도 있다. 김병모는 진나라의 노역을 피해 경주로 들어온 사람들을 중국 서북방 지역에 살던 유목민이라고 주장했다. 알타이어를 사용한 그들이 진한을 주도했으며, 진한이 신라가 되었고, 신라가 한반도를 대부분 장악했으며, 신라 통치계급이 사용하던 언어가 계승되었기 때문에 한국어가 알타이어가 되었다고 했다.[19] 그의 이러한 주장은 근거가 빈약해 받아들이기 어렵다.

필자가 볼 때 진나라의 노역을 피해 도망 온 사람들은 사로국의 주도세력이 될 수 없었다. 그것은 중국 측 문헌기록에서 유추할 수 있다. 진나라에서 노역을 피해 온 사람들의 후예라고 말한 이들은 진한의 노인[耆老]들이었다. 다시 말하면 그 말을 전한 사람은 관직이 없는 평범한 노인들이었다. 따라서 『삼국지』 「한전」이 편찬된 3세기경 '진한의 늙은이들이 전한 말' 때문에 진한의 주도세력이 진역을 피해 온 사람들이라고 단정하는 것은 무리다.[20] 다만 진한 교체기에 위만조선으로 망명한 진나라 혹은 요서 지역에 있던 고조선계 유민이 위만조선 말에 조선상(朝鮮相) 역계경(歷谿卿) 무리에 섞여 들어왔을 가능성은 배제할 수 없다.

세 번째로 조선에서 남하한 사람들이 있다. 『삼국사기』 혁거세즉위조에는 "앞서 조선(위만조선)의 유민이 산곡지간에 나뉘어 살면서 6촌을 이루었다"라고 기록되어있다.[21] 그렇다면 이들 유민은 조선에서 언제 내려왔을까? 고조선 사람이 한강 이남으로 이주한 적은 크게 보아 두 번 있었다. 하나는 조선왕 준(準)이 위만에게 망하고 궁인들과 함께 후대의 마한 지역으로 내려온 사건이고, 또 하나는 위만조선이 망하기 전 한과의 외교정책에서 왕과 의견이 맞지 않아 2,000호를 이끌고 진국(辰國)의 동쪽으로 내려온 역계경의 망명사건이다.[22]

두 사건 중 경주 지역으로 들어와 사로 6촌을 형성한 사람들은 역계경 무리로 추정된다. 역계경 무리가 경주에 들어왔는지는 정확히 고증할 수 없다. 그러나 상(相)의 벼슬에 있던 역계경이 자신을 따르는 많은 무리를 데리고 이동하면서 진국에 투항하지 않았다면 그는 신천지, 즉 꿈을 이룰 새로운 땅을 찾았을 것이다. 그 땅은 그가 '진국의 동쪽(東之辰國)'으로 갔다고 한 데서 찾을 수 있다.

당시 위만조선의 남쪽에는 진번이, 그 남쪽에는 진국이 있었다. 진국은 충청도 지역에 있었다는 것이 학계의 중론이다. 따라서 그들이 이주했을 후보지는 진국의 동남쪽에 있으면서 고고학적으로 뒷받침되는 경상도 지역이다. 기원전 2세기 말경에는 남부 지역에 철기문화가 보급된다. 특히 대구, 경주, 김해 등지에서는 후기 양식의 청동기와 이를 모방한 철기가 출토된다. 이들 고고학 자료는 역계경과 그를 따르는 무리(위만조선의 유민)가 이곳으로 이주했음을 의미한다.[23]

따라서 사로 6촌을 주도한 주민은 위만조선의 귀족관료이면서 조선의 토착인[24]이었던 역계경 무리로, 이들이 경주로 들어와 산곡지간에 흩어져 산 것으로 볼 수 있다. 물론 이들이 들어온 산간에는 청동기 이래 고인돌을 축조하던 토착세력이 있었다.[25] 신라사를 전공한 이종욱은 "신라의 모체가 된 사로 6촌 지역에는 조선의 유민들이 이주할 무렵, 고인돌을 축조하던 세력집단이 있었다"라고 했다.[26] 그러니까 사로 6촌은 청동기시대 이래의 토착주민과 조선계 유민이 섞여 살던 공동체이다.[27]

진국 유민의 후손 박혁거세

주보돈은 "진한의 노인들이 스스로 진나라의 부역을 피해 도망 온 사람들이다"라고 했다거나 "고조선 유민들이 내려와 산곡지간에 흩어져 살았다"라고 한 기록으로 보아, 당시 진한인은 진한을 토착인들이 아니라 유이민이 성립했다고 생각했다고 했다.[28]

그러나 위에 인용한 기록들에서 진한사로국을 주도한 박혁거세 집단의 흔적은 찾을 수 없다. 이 때문에 진한을 그들이 주도했다고 보는 것은 잘못이다. 진나라의 노역을 피해 온 사람들이 있었다는 사실이나 역계경이 인솔해 온 사람들이 초기 신라의 중추세력이 되었다는 점은 수긍할 수 있으나 그들 중에서 박혁거세가 나온 것은 아니다.

그렇다면 박혁거세 집단은 어떤 사람들로 이루어졌을까. 박혁거세 집단이 어떤 집단인지는 두 가지 측면에서 생각해볼 수 있다. 하나는 경주 지역으로 유이민이 들어오기 이전에 살던 고인돌 축조세력을 고려해보는 것이다. 둘은 역계경 파동 때 충청도 지역에 있던 진국의 주도세력이 역계경 파동 혹은 직전에 경주 지역으로 들어왔을 가능성을 고려해보는 것이다.

필자는 이들 중 후자그룹에 속하는 사람들을 박혁거세 집단으로 본다. 그 단서는 『삼국지』「한전」에 "진한은 옛날의 진국이다(辰韓者, 古之辰國也)"라고 한 데서 찾을 수 있다. 그렇다면 박혁거세를 이해하기 위해서는 진국을 알아야 한다. 그런데 진국에 대한 연구가 상당히 미진하다. 다음에서 진국에 대해 자세히 다루겠지만, 진국은 진인 계통의 혈맥과 문화를 계승한 사람들이 주도하던 나라다.

『삼국지』「한전」에서 "진나라 혹은 조선의 유민들이 내려오자 그들에게 마한의 동쪽 경계, 즉 소백산 동쪽 지역을 분할해주었다"라고 한 것은 이들 지역이 마한의 관할 아래 있었다는 것을 말한다.[29]

그런데 엄격하게 말하면 위만조선이 멸망할 때까지 충청도를 중심으로 한 소국연합체는 진국이었다. 그들은 기원전 3세기 이래 청동기문화를 기반으로 중남부 이남 지역의 주도권을 장악하고 있었다. 그 뒤 위만조선이 멸망할 즈음 지금으로서는 자세히 알 수 없는 이유로 진국연맹체는 와해된다. 이어 충청도와 전라도 일부를 포함한 중부 지역에는 진국의 정치적 공백을 메운 마한연맹체가 등장한다. 이들 마한세력은 이전에 진국이 그랬던 것처럼 경상도 지역에 대한 정치·경제적 통제권을 가지고 있었다. 『후한서』에서 "경상도 지역을 포함한 삼한 전체가 과거 진국이었다"라고 한 것은 그러한 사정을 반영한 기록이다.[30]

그런 상황에서 위만조선은 한나라의 공격을 받고 멸망하는데, 그 혼란 중에 유민이 다수 발생한다. 그들 중 상당수가 경상도 지역으로 들어왔고, 그들의 영향으로 진한의 소국들이 형성된다. 경주를 포함한 경상도 지역 고고학 자료를 분석해보면 기원전 2세기 이전에 이미 진국의 물질문화가 이곳으로 전파되었음이 확인된다.[31] 이는 이들 지역이 이미 충청도 지역에 있던 진국과 일정한 관계를 맺고 있었음을 말한다.

따라서 다음과 같이 추론할 수 있다. 진국을 주도해온 일부 구성원이 과거 연고권이 있던 경주 지역으로 이주했고, 그들의 후예 중에서 박혁거세 집단이 탄생했다.

이렇게 추론할 수 있는 근거는 우선, 충청도 지역에서 진국을 주도하던 세력은 이후 마한이 주도할 때 영향력을 잃었다는 점을 들 수 있다. 마한연맹체를 이끌던 국(國)의 수장을 관례대로 진왕이라고 했지만, 마한연맹체를 이끌던 진왕은 이전 진국을 주도하던 충청도 지역에서 나오지 않았다. 이는 진국을 주도하던 진왕과 마한을 주도하던 진왕이 명칭은 같지만, 다른 세력이었다는 것을 말한다.

다음으로 충청도 지역에 있던 진국의 문화가 경상도 지역에서 계승되고 있었다는 점을 들 수 있다. 다음에서 자세히 설명하겠지만, 경상도 지역 암각화에서 보이는 도상은 진국을 주도하던 사람들이 가지고 있던 도상을 계승한 것이다.

진인의 문화를 계승하다

새로 등장한 마한은 상당 기간 경상도 지역의 진한과 변진에 정치적 영향력을 행사했다. 『삼국지』 한조에 따르면 당시 진한과 변한은 마한에 정치적으로 신하로서 예속되어있었다. 진한 통제권은 사로국에 혁거세거서간이 등장할 때까지 이어졌다. 그러한 사정은 혁거세 38년에 마한에 사절로 파견된 호공과 마한 왕의 대화에 잘 나타나 있다. 마한 왕은 호공에게 "진·변 2한은 우리 속국이면서도 근년에 공물을 바치지 않고 있다"라고 꾸짖었다.[32]

정치·문화적 상황을 고려할 때, 사로 6촌의 추대를 받은 혁거세 집단은 과거 진국의 주도세력과 혈연적 또는 문화적 배경을 공유하던 집단으로 판단된다.

어째서 그런 추론이 가능한가. 그것은 기원전 3세기 이후 박혁거세가 등장할 때까지 한반도 남쪽에서 벌어진 정치상황을 분석해보면 알 수 있다.

먼저 진국의 진왕 호칭이 마한연맹체의 수장을 부르는 칭호로 그대로 계승되었다는 점에 주목하자. 이는 정치체의 명칭은 바뀌었지만, 마한연맹체에 소속되었던 다수는 진국을 구성하던 사람들이었음을 의미한다. 다시 말하면 정치체의 명칭만 바뀌었지 진국을 주도하던 진왕계를 빼고는 그대로였다는 말이다. 이 때문에 마한으로 바뀐 뒤에도 그들을 주도하는 왕은 진왕이라는 명칭을 그대로 사용했다.

이런 상황을 염두에 두고 박혁거세가 등장하는 과정을 추정해보자. 『삼국지』나 『후한서』 등은 진나라에서 온 유민이나 조선계 유민이 진한의 중추세력이었던 것처럼 기술하였다. 거기에는 박혁거세 세력에 대한 언급이 없다. 그러나 사실에서 진나라 유민이나 사로 6촌을 이끌던 조선계 유민은 신라사에서 정치적으로 성장하는 데 한계가 있었다. 신라사를 주도한 것은 박·석·김 3성씨이지 6촌 세력이 아니다. 왜 그런 상황이 펼쳐졌을까.

그 이유는 앞에서 설명한 진국에서 마한으로 이행하는 정치상황과 삼한이 성립되는 전체 문맥에서 찾아야 한다. 사로 6촌은 조선계 유민이 이끌었지만 마한과의 관계를 고려했을 때 그들 중에서 왕이 탄생하기는 어려웠을 것이다. 마한이 견제했기 때문이다. 그런 정치적 상황을 고려해서 선택한 것이 진국계 유이민 출신인 박혁거세를 옹립하는 것이었다. 그래야만 현실적으로 마한의 진왕과 원활한 관계를 도모할 수 있었기 때문이다.

따라서 박혁거세는 진국계 유이민으로 사로국에서 주도적 역할을 하던 가문 출신으로 보는 것이 옳다. 삼한사를 연구한 이현혜도 혁거세는 사로국 국읍인 고허촌의 신지(臣智, 진인의 수장에 대한 칭호, 거수=거세와 함께 사용)였을 것이라고 했다.[33] 이는 박혁거세가 사로국의 중심 읍락인 국읍의 제의적 권한을 가진 수장이었다는 것을 의미한다.

그가 제정일치적 수장이었음은 왕호로 사용된 '-거서간'이 진인의 언어였다는 것에서도 알 수 있다(『삼국사기』 혁거세조). 이뿐만 아니라 그의 아들 남해의 왕호를 '차차웅' 혹은 자충(慈充)이라고도 한 데서도 찾을 수 있다. 왕호를 그렇게 부른 이유를 통일신라시대의 김대문(金大問)은 『화랑세기』에서 다음과 같이 설명하였다. "방언으로 무당을 이르는 말이며 무당이 귀신을 모시고 제사를 올리는 까닭에 사람들이 무당을 두려워하고 존경하다가, 마침내 존경받는 어르신을 자충이라 부르게 되었다."

종교학을 전공한 최준식도 제정일치의 제사장이었던 단군시대의 전통이 토속신앙이 가장 강하게 남아있던 신라에서 목격된다고 했다. 그는 박혁거세도 심증적으로 무당이었을 것으로 추단할 수 있다면서 남해차차웅을 비롯한 초기의 신라왕은 모두 무당이었다고까지 했다.[34]

이와 같이 문화적 코드로 박혁거세가 누구인지 추론해보면, 그는 진인의 제정일치적 문화를 계승한 인물로 사로국 국읍의 수장이었다는 것을 알 수 있다. 그를 6촌의 장들이 옹립해서 사로국이 탄생한 것이다. 이 때문에 사로국은 단군왕검의 정통 맥을 계승한 나라라고 할 수 있다.

박혁거세는 신라 말까지 시조로 모셔졌다

이종욱은 한국인 가운데 단군을 시조로 모시는 사람들이 없는 것으로 보아 단군조선의 자손은 명맥을 유지하지 못했다고 했다. 또 주몽, 온조를 시조로 하는 사람도 없다는 점을 지적하면서 현재 한국인을 만든 역사적 출발점은 고조선, 고구려, 백제가 아니라 신라이며, 그중에서도 내물왕 이전의 신라라고 했다.[35]

이종욱의 이러한 주장을 어떻게 받아들여야 할까. 한국사를 신라사 중심으로 논하고, 현대 한국인이 만들어진 역사적 출발점을 신라로 삼는 것이 옳은가.

필자는 이러한 주장에 문제가 있다고 본다. 이 책에서 다루는 논점에 따르면, 신라의 모태인 사로국은 기원전 3세기경부터 충청도 지역에 존재했던 진국의 후예인 혁거세 집단과 고조선계라 할 역계경과 그를 따르는 유민들이 힘을 합해 세웠다. 두 집단은 기원전 2333년경에 시작된 난군왕검(단군숙신=진인)과 그를 이은 고조선의 명맥을 잇는다.[36] 그러니 두 집단이 중심이 되어 건국한 신라는 한민족의 정통혈맥과 문화를 잇고 있다. 따라서 신라정통론은 이종욱이 주장하는 관점 때문이 아니라 한국사의 흐름으로 볼 때 가장 자연스러운 귀결이다.

박혁거세에게 전승된 한국사의 맥은 신라를 거쳐 고려, 조선으로 이어져 오늘에 이른다. 박혁거세가 신라사에서 차지하는 위치는 대단하다. 일반적으로 왕조시대에는 왕의 성이 바뀌면 그 국가의 시조도 바뀐다. 그런데 신라는 예외다. 성씨가 석씨로, 김씨로 바뀌었어도 신라의 시조는 그대로 혁거세였다. 그러한 사정은 신라사만의 특징이다. 그만큼 신라에서 박씨족의 위상은 높았다.

신라 시조인 박혁거세는 신라라는 국가 자체가 바뀌지 않는 한 현재 왕권의 주체가 누구이든 간에 국가의 이념적 상징으로 받아들여졌다.[37] 김씨 왕들이 박혁거세를 시조로 모신 단서는 『삼국사기』「신라본기」 지증마립간 4년조에서 찾을 수 있다. 거기에는 "시조께서 나라를 창업하신 이래로 국호가 정해지지 않아 혹은 …… 이제 여러 신하가 한 뜻으로 삼가 '신라 국왕'이라는 칭호를 올리나이다"라고 하는 국호제정 기사가 보인다. 이는 김씨가 김씨세습체제를 이루었지만 김씨 왕들이 이념적으로는 신라 시조 혁거세의 정통성을 잇고 있음을 뚜렷이 천명한 것이다.[38]

신라 시조 혁거세의 묘(廟)는 남해왕 3년에 세워졌고, 소지왕 대에는 시조가 탄생한 나을에 신궁을 설치했다. 신궁이 설치된 이후에도 시조묘에 대한 제사는 신라가 멸망할 때까지 끊이지 않았다.[39]

어째서 왕의 성씨가 바뀌었는데도 박혁거세는 신라의 시조로 계속 모셔질 수 있었을까. 정연식은 "박혁거세는 혈연개념에 입각한 단순한 성씨집단의 시조가 아니라 신라 전체의 관념적·신화적 시조신이었다"라고 설명했다. 그러나 필자는 그보다 현실적인 이유가 있었을 것이라고 본다. 그것은 신라 조정에서 박씨계와 왕비인 알영계가 차지하는 위상 때문이었을 것이다. 박씨계는 사로 6촌 중에서 가장 강력한 집단인 국읍의 거수, 즉 거서간이었고, 왕비인 알영은 천관우의 가설대로 김씨였을 가능성이 있다. 이들 두 집안의 결합으로 사로(신라)국이 탄생했다. 나중에 김씨계가 왕권을 획득하지만 왕비는 대부분 김씨 아니면 박씨였다. 그들에게 혁거세왕 부부는 당연히 자신들의 조상이자 국가의 시조가 된다. 박혁거세를 통해서 계승되던 진인의 화랑도를 김씨 왕들이 계승하고 살린 연유에도 그와 같은 배경이 작용했을 것이다.

02

나정 주변에 남겨진 문화유산으로 혁거세 이해하기

국읍 주변에서 함께 산 박혁거세·알영·소벌공

여기에서는 혁거세의 탄강지, 그가 13세까지 성장한 현 창림사지, 그가 죽어서 묻힌 사릉(오릉), 어린 그를 거두어 기른 고허촌장 소벌공이 살던 곳, 거서간이 되어 머물던 초기 왕성인 금성과 박혁거세 집단의 신앙 유적을 살펴보려고 한다. 이들 혁거세 관련 유적이 어떻게 연결되어있는지 공간적으로 살펴봄으로써 사로국 탄생의 비밀을 풀어보고, 그가 진인(辰人)의 혈맥을 이었음을 확인해보고자 한다.

먼저 『삼국사기』 「신라본기」 시조 박혁거세조와 『삼국유사』에 실린 박혁거세 출생담은 다음과 같다.

> …… 고허촌장인 소벌공이 하루는 양산 밑 나정 곁에 있는 숲 사이를 바라본즉, 말이 무릎을 꿇고 울고 있으므로 가보니 말은 간데없고, 다만 있는 것은 큰 알뿐이었다. 알을 깨어본즉 어린아이가 나왔다. 곧 소벌공이 데려다 길렀더니, 나이 10세가 되니 유달리 숙성하였다. 6부 사람들은 그 아이의 출생이 이상하

였던 까닭에 높이 받들더니, 이때에 이르러 그를 세워 임금을 삼았다. 진인은 호(瓠)를 박이라 하였는데 처음에 큰 알[大卵]이 박과 같다 하여 박(朴)으로써 성을 삼았다. 거서간(居西干)은 진인의 말[辰言]에 왕이란 뜻이다(혹은 귀인을 이르는 말이라 한다).[40] -『삼국사기』

(6부의 촌장들이) 높은 곳에 올라 남쪽을 바라보니 양산 밑 나정(蘿井) 곁에 이상한 기운이 전광처럼 땅에 비치는데 흰말 한 마리가 꿇어앉아 절하는 형상을 하고 있었다. 그곳을 찾아가 살펴보니 붉은 알 한 개-혹은 푸른 큰 알이라고도 한다-가 있는데, 말은 사람을 보고는 길게 울다가 올라가버렸다. 그 알을 깨어보니 사내아이가 나왔는데 모양이 단정하고 아름다웠다. …… 몸에서 광채가 나고, 새와 짐승이 따라 춤추며, 천지가 진동하고, 해와 달이 청명해지므로, 그 일로 인하여 그를 혁거세왕이라 이름했다. -아마 우리말일 것이다. 혹은 불구내왕(弗居內王)이라고도 하니 밝게 세상을 다스린다는 뜻이다. 해설하는 이[일연]는 말한다. "이는 서술성모(西述聖母)가 낳은 바니, 그러므로 중국 사람들이 선도성모를 찬양한 말에 현인을 낳아 건국했다는 말이 있음은 이것이다." -위호(位號)는 거슬한(居瑟邯)이라고 했다. 혹은 거서간(居西干)이라고도 하니 이것은 그가 처음 말할 때에 스스로 알지거서간(閼智居西干)이 한번 일어났다고 했으므로 그 말로 인해서 부른 것인데 이로부터 왕자의 존칭이 되었다.[41] -『삼국유사』

먼저 박혁거세 탄생의 비밀부터 풀어보자. 그러려면 알에서 태어난 혁거세를 발견한 소벌공부터 이해할 필요가 있다. 그는 돌산 고허촌의 촌장으로 소벌 혹은 소벌도리로 불렸다. 신화를 살펴보면, 6촌장 중에서도 소벌공이 혁거세 옹립에 결정적 역할을 했다. 그는 혁거세 집단과 동일한 공간 혹은 이웃 공간에 살았음이 분명하다.

김유신묘 쪽에서 바라본 금오산과 돌산(우측 끝 봉우리)

돌산 고허촌은 32년(유리왕 9) 육촌을 육부로 개편할 때 새로운 이름을 얻어 사량부(沙梁部)가 되었다가 고려 건국 직후에는 남산부가 된다. 즉, 사량부는 돌산 고허촌을 모태로 한 사로 6촌 가운데 하나였으며 고려시대에는 남산부로 바뀐 셈이다. 그럼 고허촌은 어디일까. 고허촌은 오늘날 경주 남산의 서편인 내남면 일대라는 것이 중론이다.

그렇다면 박혁거세를 비롯한 박씨 집단은 고허촌에서 살았을까? 그렇지는 않다. 신화에 보이는 양산 주변, 그러니까 현재의 금오산 서북에서 북쪽 일대가 박씨 집단의 본거지이다. 필자는 여기서 새로운 관점 하나를 제시하고자 한다. 혁거세가 탄생하고(나정), 13세까지 자라고(현 창림사지), 죽어서 묻힌(오릉) 곳은 양산(楊山)주변이다. 이때의 양산은 현재의 금오산을 이르고, 소벌공과 관련된 돌산은 현재의 고위산이라는 것이다. 그러니까 현재 일반적으로 남산이라고 하는 곳이 바로 양산이었다는 것이다.

『삼국사기』에서는 알천 양산촌(楊山村)이 있었는데 유리 이사금 9년(32)에 양산부를 양부(梁部)로 고쳤다고 했고, 『삼국유사』에서는 알천 양산촌이 급량부(及梁部)가 되었다고 했다. 박씨 집단은 바로 양산인 현재의 금오산 서쪽과 서북 일대를 장악하고 있었으며 남쪽으로 너른 들판을 차지한 고허촌과 이웃하고 있었다.

경주분지를 공간적으로 살펴보았을 때 박씨 집단이 살았던 금오산 서쪽과 내남들에서 울주군 두동면 천전리 암각화가 있는 곳까지 이어지는 공간에 가장 넓은 경작지가 분포한다. 천전리 암각화는 고허촌 세력의 종교 유적일 개연성이 있다.[42] 다음으로 넓은 지역은 동남산에서 남쪽 울산으로 내려가면서 펼쳐지는 공간이다. 그다음으로는 경주분지와 어느 정도 거리가 있는 건천 지역과 안강 지역에 넓은 들이 있다. 경주분지를 이들 지역의 중심권으로 이해할 때 양산과 고허촌 지역이 경제적으로 가장 우월한 위치를 점했다고 볼 수 있다.

양산과 고허촌 주변에는 박씨 집단, 알영 집단 그리고 고허촌의 소벌공세력 등이 포진하고 있었다. 경주분지의 중심권을 장악하고 있던 이들 세력이 서로 연합한 결과 박혁거세는 사로국의 수장이 될 수 있었다. 혁거세 집단과 알영 집단은 혼인하였고, 소벌공은 그들의 후원세력이 되었다.[43]

박혁거세와 소벌공의 역학관계

그렇다면 박혁거세 집단은 양산 지역으로 언제 이주했으며 소벌공과의 역학관계는 어떠했을까. 최광식은 소벌공이 혁거세를 양자로 데려다 기른 뒤 거서간으로 받들었다는 사실을 들어 유이민세력과 토착세력이 일정한 관계를 맺으며 사로국이 형성되었다고 했다.[44]

그렇다면 박혁거세 집단은 소벌공 집단보다 늦게 경주분지로 이주해왔다는 말인가. 학자들은 박혁거세를 새로 유입된 유이민세력이라고 하면서도 이들이 언제 들어온 어떤 세력인지에 대해서는 합의를 보지 못하고 있다.

이현혜는 유이민인 혁거세 집단이 혼인함으로써 토착세력과 결합했거나 대두 과정에서 소벌공이라는 선주집단과 관계가 밀접했을 것으로 보아 그 자체가 유이민으로 간주되기보다는 유이민과 결합한 토착읍락 출신으로 해석될 여지가 있다고 했다. 그러면서 박혁거세의 아들인 남해차차웅이 제사장 출신인 것으로 보아 혁거세의 출신지는 토착 읍락집단이었을 확률이 더 높다고 했다.[45] 그러나 이현혜가 박씨 집단을 유이민보다는 토착세력일 확률이 높다고 보면서도 '혁거세 집단을 위씨조선계 철기문화의 소유자'로 추정한 것은 모순이다.[46]

박혁거세가 제정일치적 리더십을 지닌 토착 읍락집단의 수장이었다면, 위씨조선계 철기문화를 가지고 이주한 사람일 수는 없다. 위만조선계 이주민은 이미 제정일치적 통치방식에서 벗어나 제정을 분리해 통치하는 문화에 익숙했기 때문이다.

필자는 박혁거세 집단을 이해할 때 그들이 제정일치문화를 계승한 집단이었다는 것이 그들을 이해하는 핵심요소라고 생각한다. 그것은 그의 지위를 가리키는 '-거서(거세)'가 진인의 지도자 명칭이라는 것과 그의 아들이 무당을 의미하는 '차차웅'이라는 왕호를 사용한 것에서 확인할 수 있다. 이는 그들이 진인의 제정일치문화를 계승하였음을 의미한다.

경주 지역에서 그러한 제정일치문화를 계승한 집단으로는 청동기시대 이래 고인돌을 축조하던 집단과 위만조선 말엽 충청도 지역에 있던 진국의 유민이 있다.

그중 혁거세는 어떤 집단에 속했을까. 필자는 후자로 본다. 위만조선 말엽 조선계 유민이 남하할 무렵 또는 그 직전에 진국에서 남하한 진인으로 추정하는 것이 이후 정치상황을 고려했을 때 합리적이기 때문이다.

이러한 관점에서 보면, 소벌공은 위만조선 말에 경주 지역으로 들어온 조선계 유민이고, 박혁거세는 비슷한 시기에 경주 지역으로 들어온 진국계 유민이라는 것을 알 수 있다.

혁거세 신단의 명칭에서 사로 탄생

혁거세가 탄생하고 성장한 나정 주변과 창림사지 일대는 사로 6촌의 국읍이었다. 앞에서 박혁거세나 남해차차웅은 진인의 제정일치적 지도자 명칭을 사용했다고 했다.

그렇다면 국읍에는 제정일치적 권력의 수장이 제의를 행하던 곳이 있었을 것이다. 양산 그러니까 현재의 금오산에 그런 곳이 있다면 그곳을 찾아서 사로국의 비밀을 밝히는 단서로 삼아야 한다.

혁거세와 알영이 탄생한 뒤 궁궐을 짓고 13세까지 살았다는 곳이 서남산에 있다. 이곳에는 통일신라시대에 창림사가 세워졌는데, 지금은 절터와 삼

해목령 정상 부근의 바위. 호랑이를 새겨놓은 것처럼 보인다.

해목령 정상 부근의 바위. 중앙에 글자 문양이 새겨져 있으며 신묘한 느낌이 든다.

층석탑만 남아있다. 창림사 터로 내려오는 산자락을 거슬러 올라가다 보면 경주시를 한눈에 볼 수 있는 작은 봉우리가 나타난다. 해발 281미터인 이곳은 멀리서 보면 게의 눈 같다고 해서 오래전부터 해목령(蟹目嶺)이라고 한다. 해목령 정상에는 상형문자처럼 보이는 글자를 새긴 바위와 호랑이를 표현한 바위가 있다. 이곳이 언젠가 신성한 공간이었음을 짐작할 수 있다.

해목령에 올라 서남쪽을 내려다보면 '해를 품은 구렁이'의 모습을 빼닮은 바위를 볼 수 있다. 필자는 이 신성한 바위가 바로 '사로'라는 명칭이 생겨난 제의장소라고 생각한다.

진한 6촌은 혁거세가 등장하면서 서나벌, 서라벌, 서벌 등으로 불리는 정치집단으로 성장했고, 국명이 신라로 바뀌기 전에는 사라(斯羅) 또는 사로(斯盧)로 불렸다. 이러한 사실은 『삼국사기』 지증왕 4년조나 「울진봉평신라비」, 「영일냉수리신라비」의 기록으로 알 수 있다.[47]

그렇다면 '사로'라는 명칭은 어떻게 해서 생겼을까. 언어학자 이병선은 '고허촌장 소벌공의 소벌(蘇伐)이 사로, 서벌, 서라벌 등의 국명과 같은 뜻'이라고 했다. 또 그는 혁거세 대에 축조한 금성(『삼국사기』 혁거세 21년조)도 서벌, 소벌과 같은 계통에 속하는 명칭으로 풀이했다.[48] 과연 그럴까. '사로'라는 명칭이 탄생한 비밀을 풀어보자.

해를 품은 구렁이 신단

필자는 '사로'라는 명칭이 혁거세 집단이 신앙하던 신단과 관련해서 유래했다고 추정한다. 그들의 신단은 '해를 품은 구렁이 신단'이라고 명명할 수 있다. 그 모양이 마치 태양을 품은 구렁이와 같기 때문이다.

이것이 박혁거세 집단의 신단이라고 주장하는 이유는 박혁거세가 진인의 후예라고 보기 때문이다. 진인은 태양의 정(精)을 구렁이로 이해했다. 자장스님은 신라 김씨왕계 이전의 주민을 동이공공이라고 했는데, 필자는 『천년왕국 수시아나에서 온 환웅』에서 이들 공공족이 바로 단군신화의 환웅족이라고 주장한 바 있다. 단군왕검사회에 스며든 환웅족의 우주생명관은 진인의 이동과 함께 경주까지 전달되었다.

신단을 자세히 살펴보자. 신단은 커다란 바위 위에 조성되었다. 자세히 보면 '알'로 표현된 태양이 있고, 그 태양을 구렁이가 감싸고 있다. 필자가 이것을 종교적 상징물이라고 이해하는 이유는 진인이 가지고 있던 우주생명관을 반영했다고 보기 때문이기도 하지만, 근접 촬영한 사진에서 보듯이 구렁이를 표현하려고 인공적으로 바위를 파낸 흔적이 보이기 때문이기도 하다(화살표). 자세히 보면 구렁이 머리를 강조한 흔적도 알 수 있다.

'해를 품은 구렁이 신단'을 만든 사람들은 태양의 빛과 그 빛살이 생명의 근원이라고 이해했다. 이러한 의식을 면면히 이어온 이들은 공공족의 후예이다. 진인은 바로 공공족과 웅녀족이 결합한 단군왕검사회의 후예이고, 박

경주 남산(양산)의 제단으로 추정되는 '해를 품은 구렁이 신단'

혁거세는 그 문화를 계승한 사로국 최초의 왕이다. 뱀이 생략되긴 했어도 이러한 형태의 '알 바위(용알 바위라고도 함)' 유적은 전국 곳곳에 있다.

게눈바위에 있는 '해를 품은 구렁이 신단'이 진인, 특히 박씨 집단이 주도한 사로국 국읍의 신단이었다는 것은 문헌자료로도 알 수 있다.

중국 문화사를 읽다보면 '구룡(勾龍)'이라는 말이 나온다. 그런데 『춘추좌전』 소공 29년조를 보면, 구룡은 공공의 아들이자 토지신이라는 것을 알 수 있다.[49] 중국에서는 구룡을 태양을 사리고 있는 용(=구렁이)으로 표현했다. 중국 전설시대의 종족인 공공은 사람의 얼굴에 뱀의 꼬리를 가졌다는 '인면사신(人面蛇身)'으로 표현된다. 그것은 공공족이 태양과 뱀을 생명의 핵심 상징으로 생각했기 때문이다. 그런 공공의 아들인 구룡이 '해를 품은 구

주나라 때의 옥구룡 그림

렁이(용)'로 표현되는 것은 당연하다. 그러한 공공족의 우주생명관이 진인을 거쳐 전달되어 박혁거세 집단이 경주 남산에 구룡, 즉 (토)지신을 상징하는 신단을 만들고 신앙의 대상으로 삼은 것이다.

그렇다면 왜 (토)지신인 구룡이 태양을 감싸고 있는 구렁이로 표현되었을까. 그것은 고대인의 사고에서 비롯했다. 그들은 태양과 그 빛살인 구렁이(뱀)가 지하세계에 속한다고 생각했다. 고대인은 저녁이 되면 태양이 지하세계로 내려간다고 믿었다.

사라기의 비밀

그렇다면 과연 '해를 품은 구렁이 신단'에 '사라'라는 명칭의 비밀이 숨어있을까. 진인이 가지고 있던 태양과 관련된 구렁이 신앙을 설명할 수 있는 자료는 의외로 일본 지명에서 찾을 수 있다.

일본 고세시에 가면 사라기라는 곳이 있는데 한자로는 사혈(蛇穴)로 표기한다. '蛇穴'은 훈(訓)으로는 [hebi-ana]로, 음(音)으로는 [dʒaketsu](자케스)라고 읽는다. 그런데 현지인은 이 지명을 [sara-gi]로 발음한다.

필자가 주목하는 것은 '蛇穴'로 표기하고는 왜 [sara-gi]로 발음하느냐는 것이다. 그런데 일본 고대지명을 연구한 언어학자 이병선에 따르면 "이 지명을 사용하는 사람들이 하내국(河內國)에서 왔으며, 그곳에는 사총(蛇塚, 사라쓰카)이 있다"라고 한다.[50] 그렇다면 蛇穴(사라기)로 이주해온 사람들이 지명을 [sara-gi]라 한 것은 그들이 이주하기 전 살던 곳에 있던 사총과 관련되었을 확률이 높다.

일본 땅에 사총을 만든 사람은 누구일까. 필자는 그들이 신라에서 이주한 진인의 후예가 아닐까 생각한다. 박혁거세의 능을 사릉(蛇陵)이라고 하는데, 사총은 생명관이 같은 진인이 자신들의 지도자 무덤에 붙인 이름 같다.

경주 남산 해목령에서 바라본 혁거세 관련 유지

혁거세의 능을 사릉이라고 이름 붙인 전설이 『삼국유사』에 전한다.

> (혁거세가) 나라를 다스린 지 61년이 되는 해에 왕이 하늘로 올라갔는데 7일 후에 유체가 땅에 흩어져 떨어졌다. 왕후도 역시 세상을 떠났다. 나라 사람들이 이들을 합장하려고 했으나 큰 뱀이 나타나 쫓아다니면서 방해하므로 다섯으로 분리된 몸을 각각 장사지내어 다섯 개 능을 만들었다. 또한 이 능을 사릉(蛇陵)이라 하였다.[51]

필자는 하내국 사람들이 사총을 만들었다는 것과 박혁거세의 무덤을 사릉이라고 부르는 것 사이에는 모종의 관계가 있다고 본다. 사총은 신라로 먼저 확산되었던 진인이 일본으로 이주해서 만든 무덤일 가능성이 있기 때문이다.

필자가 그렇게 추정하는 근거는 앞에서 지적한 대로 사라기 주민이 쓰는 '蛇穴'의 발음에 있다. 그들은 '蛇穴'을 일본어의 훈(訓)이나 음(音)으로 읽지 않고 한국말 '사리다'를 빌려서 읽었다. 이병선은 이케다(池田末則)가 '뱀[蛇]이 둥글게 구멍[穴]을 만든 것을 [sara] 혹은 [saraki]라 한다'고 한 것에 주목했다. 그는 [sara]는 한국어 '뱀이 사리다'의 '사리'와 비교된다면서, [sara-ki](-ki는 접미사)를 '蛇穴'로 표기한 것은 한국의 뜻을 빌린[借義] 것이라고 했다.

이병선의 주장은 신빙성이 있다. 그렇지 않았다면 일본인이 사혈을 자신들의 방식대로 훈이나 음으로 읽었을 테니 말이다. 사총을 만든 곳에서 'sara-ki'(蛇穴)로 이주한 사람들은 신라계였을 것이다.

그런데 이병선은 이 사라기를 '수읍(首邑)' 또는 '수촌(首村)'에서 유래한 것으로 보았다. 그에 따르면 일본 지명 중에는 'sara'가 수(首)의 뜻으로 쓰인 예가 많다. 이는 모두 고대 군소 읍락국시대에 군장이 있었던 수읍에서 유래한 이름이라고 한다.[52]

사로국의 '사로'도 사혈로 표기된 '사라'와 의미가 같은 지명으로, '천상의 태양신이 화신하여 머무는 곳(거서간이 머무는 곳)'이라는 뜻이었을 것이다. 이는 태양빛을 뱀으로 여기던 우주생명관을 지닌 사람들이 남긴 문화이다.

혁거세 탄생신화의 무대는 현재도 그대로

그러한 믿음이 있던 사람들은 동양문화사에서 공공족과 그 문화를 계승한 진인이다. 필자가 단군왕검의 후예로 보는 숙신 혹은 진국, 진번 등 진인이 그 문화를 계승했다. 숙신의 후예인 만주족도 뱀을 태양과 태양빛의 상징으로 생각했다. 그들도 햇빛이 뱀이 된다고 여겼다.[53] 따라서 경주 남산의 '해를 품은 구렁이 신단'은 진인이 조성한 문화유산으로 추정할 수 있다. 그것은 곧 진국의 후예인 박혁거세 집단의 신단이다.

울주군 두동면 천전리 암각화에 보이는 용. 구렁이는 왕의 혼을 뜻한다.

'해를 품은 구렁이 신단', 즉 '사로' 신단이 가지고 있는 상징코드는 이집트에서도 볼 수 있고, 일본 신사에서도 만날 수 있다. 이집트인도 뱀을 태양의 원초적 생명에너지의 상징으로 생각했다. 일본 신사 입구에는 뱀 두 마리가 교미하는 것을 상징하는 시메나와(注連繩)를 걸어둔다. 사로 6촌 시기 소벌공의 관할구역이었다가 후에는 김씨왕족과 관련된 사량부에 속했던 울주군 두동면 천전리 암각화에 보이는 용도 왕의 영혼을 상징하는 것으로 이해할 수 있다.

진인의 관점으로 보면, 박혁거세는 태양의 빛이 대지의 자궁인 나정으로 쏟아져 내려와 잉태되어 탄생했다. 신화학자 황패강이 혁거세의 탄생장면을 천지교합의 신혼(神婚)을 상징한다고 한 것이나,[54] 정신과의사 김광일이 고대인의 마음에서 광선은 사정(射精)을 의미한다고 한 것은 모두 태양의 정(뱀)을 남성적 생명에너지로 이해한 것이다.[55] 이 때문에 몸속에 있는 그의 영(靈)은 태양빛이 변화한 화신인 구렁이였다. 사릉 전설에 담긴 구렁이 설

이집트 태양신 레(Re)의 모습

화에는 그러한 진인의 사고가 담겨 있다. 7일 뒤 조각난 채 떨어진 유체를 수습하려 하자 방해한 구렁이는 바로 '혁거세의 영혼'이었다.

16세기 독일 주화에는 모세가 광야에서 들어올렸던 치유의 뱀과 예수가 동일자의 다른 양태로 표현되어있다. 제정일치의 제사장으로 온 누리를 밝게 하고자 했던 박혁거세의 상징성은 주화에 표현된 예수나 치유의 뱀과 다를까.

16세기 독일 주화

이제 결론을 내보자. 박혁거세의 탄강신화와 그가 죽어 묻힌 사릉 전설에서 당시 사로인의 신앙의례를 이해할 수 있고, 그것을 바탕으로 그들의 생명관을 읽을 수 있다.

혁거세신화의 무대를 종합적으로 설명하면 다음과 같다. 먼저 국읍인 양산 중심에는 대지의 자

궁인 나정이 있다. 이곳에는 늘 생명의 물이 넘쳐흐른다. 지모신단이다. 다음으로 하늘에서 내뿜는 생명에너지의 원천인 태양을 받드는 '사로(해를 품은 구렁이) 신단'이 나정과 마주 보는 해목령 정상 부근에 마련되어있다. 천신단이다. 마지막으로 하늘의 빛과 대지의 물이 교합할 수 있도록 중계하는 푸른 말이 천신단과 지모신단을 바라보며 무릎을 꿇고 앉아있다.

눈을 감고 이들 무대에서 펼쳐지는 박혁거세의 탄생 장면을 상상해보라. 환영 속에서 펼쳐지는 장엄한 탄생의 순간을!

03

진한은 옛적 진국이다

진한 지역의 진인

『삼국지』「위지동이전」 한조에 "진한자고지진국야(辰韓者古之辰國也)"라는 구절이 보인다. 이 사료를 그대로 수용하면 진한의 모태는 진국(辰國)이다. 『삼국지』 내용을 참고한 『후한서』에는 진국이 진한에만 한정되는 것이 아니라 삼한 전체의 모태라고 기록되어있다.

여기에서는 진한의 모태가 과연 진국인지와 조선계 유민과 진나라의 노역을 피해서 온 사람들을 어떻게 이해해야 할지 알아보려고 한다.

앞에서 경주 남산의 '해를 품은 구렁이 신단'은 진인이 조성한 문화유산으로 박혁거세 집단과 관련이 있다고 했다. 그렇다면 그들은 언제 사로 지역으로 들어온 진인의 후손일까. 진인이 경주 지역으로 들어온 과정은 세 가지로 추정해볼 수 있다.

첫째는 한반도에 고인돌을 축조한 집단을 들 수 있다. 이들은 후기홍산문화의 석묘계문화를 계승했는데, 요동 지역을 거쳐 한반도로 들어왔다. 이들이 가장 이른 시기에 한반도로 이주하여 전국으로 퍼져나간 진인이다.

둘째는 『삼국지』 「한전」이 '진한은 진국의 후예'라고 지적한 진국의 진인을 들 수 있다. 이들은 한반도 중부 지역에서 소백산을 넘어 경상도로 진출했다. 이들에 대해서는 뒤에서 자세히 다룬다.

셋째는 『후한서』 「한전」에서 '삼한은 모두 진국의 후예(三韓 …… 皆古之辰國也)'라고 한 진국의 진인을 들 수 있다. 이때 진국은 일찍이 남한 전역에 퍼져 살고 있던 고인돌 축조세력인 진인을 바탕으로 형성된 광역의 진국을 상정한 것이다. 이 경우 한반도 중부 지역에 중심을 두었던 진국은 첫 번째 단계에 중부 이남 지역으로 들어왔던 사람들이 성장하여 주도했다. 그들이 남한 전역에 살던 진인과 느슨한 형태의 결속관계를 맺고 있으면서 동질성을 가지고 있었다고 볼 수 있다.

이럴 경우 사로국을 주도한 혁거세세력의 뿌리는 두 측면으로 추정할 수 있다. 하나는 중부 지역에 있던 진국의 진왕 영향권에 있던 경주 지역 진인의 후예일 개연성이다. 다른 하나는 선주한 진인사회에 영향을 미치던 진국의 지도자들이 위만조선이 멸망하는 시점을 전후하여 경주로 이주했을 개연성이다. 필자는 후자일 확률이 높다고 본다. 다시 말하면 혁거세세력은 경주 지역의 고인돌 축조집단이 아니라 그들보다 늦게 이주해온 진국 출신의 신흥세력이었을 것이다.

이러한 관점으로 사로국의 역사를 이해하면, 사로국에는 일찍부터 진인 계통의 문화가 뿌리내리고 있었고, 그 바탕 위에 진국을 주도하던 새로운 진인이 들어왔다. 그리고 비슷한 시기에 위만조선이 멸망하면서 남하한 조선계 유민이 들어와 산골짜기에 나뉘어 살았다. 그들 무리 속에는 진·한 교체기에 중국에서 망명해 위만조선에 머무르던 사람들도 섞여있었다. 그렇게 해서 사로 6촌이 형성되었으며, 그들이 서로 연합하고 경쟁하는 과정에서 사로국이 탄생했다.

그러나 기존 연구에서는 위와 같이 간략하게 정리할 수 없었다. 그것은 진인이 시간차를 두고 경상도로 이동한 사실을 간과했기 때문이다. 필자가 아는 한 기존 연구에서 사로 지역을 구성한 주민과 그 주도세력에 대해 명쾌하게 답을 제시한 경우는 없다. 그것은 사서의 기록이 부정확했기 때문이기도 하지만 한국 상고사와 고대사를 연구하면서 진인의 흐름을 놓쳤기 때문이다.

삼한 모두가 진국의 후예일까

그러나 학계에서는 『삼국지』 「한전」에서 '진한은 진국의 후예'라 하고, 『후한서』에서 '삼한은 모두 진국의 후예'라고 한 것을 다르게 해명해왔다. 둘 중 하나는 기록이 잘못되었다는 것이다.

우선 학자들은 두 사서의 편찬 시기를 거론하며 두 사서 중 어느 쪽이 더 진실을 기록하였는지 따진다. 왕조 발생 순서로 보면 후한이 삼국보다 먼저다. 그러나 『삼국지』는 삼한이 존속하던 시기에 편찬되었고, 『후한서』는 삼한이 소멸하고도 한참 지난 뒤인 5세기 중엽에 범엽(范曄)이 편찬했다. 따라서 학자들은 편찬 순서로 볼 때 『삼국지』 쪽이 「동이전」 한조에 관한 한 사료적 가치가 월등히 높다고 본다(천관우, 1976; 전해종, 1980).

다음으로 학자들은 그 내용에서 『후한서』의 한조는 『삼국지』 기사를 그대로 옮긴 것이 아니라 내용을 고쳤기 때문에 믿을 수 없다고 본다(천관우, 전해종, 윤용구). 그와 같은 『후한서』 불신론은 일제강점기에 제기되어 해방 이후에는 정설이 되었다.[56]

삼한과 관련해 『후한서』에서 내용을 고쳐 실은 대표적 예가 바로 '진한은 진국의 후예'라고 한 것을 '삼한은 모두 진국의 후예'라고 한 것이다. 말하자면 『삼국지』는 오직 진한만이 진국의 후예라고 한 데 비하여 『후한서』는 삼한 전부를 진국의 후예라고 확대 해석한 것이다. 『후한서』는 한 걸음 더 나아가 마한 맹주국의 진왕이 "삼한 땅 모두에서 왕 노릇을 했다(盡王三韓之地)"라고 단정함으로써 진왕이 마치 삼한 전체의 왕인 듯이 서술하였다. 이는 범엽이 삼한 전부를 진국의 후신이라 단정한 이상 당연한 귀결이었다.

두 사서의 이러한 차이점을 우리는 어떻게 받아들여야 할까. 학자들은 『삼국지』 내부에 그렇게 해석할 소지가 충분히 있었는데, 범엽이 그런 문제점을 나름대로 명쾌하게 정리하는 과정에서 지나치게 확대 해석했을 것이라고 한다.[57] 과연 그럴까.

진한도 삼한도 모두 진국의 후예

필자는 두 사서 모두 사실에 기반을 두고 기록하였지만, 관점의 차이로 마치 한쪽이 잘못된 것처럼 인식되고 있다고 판단한다. 두 사서의 관점을 모두 긍정하는 관점으로 역사를 복원해보자.

먼저 『후한서』의 견해를 수용한 북한학계의 주장이 옳은지 살펴보자. 북한학계에서는 진국을 북방의 고조선에 버금가는 남방의 유일한 정치체로 인식한다.[58] 일제강점기에 어윤적도 이러한 견해를 표했다. 그는 『동사연표』에서 단군조선의 강역을 말하면서 단군조선의 강역이 남쪽으로는 진국에 접해 있으며 남쪽은 모두 진국의 영역이라고 보았다.[59]

그렇다면 고조선에 버금가는 한강 이남의 진국은 어떤 나라였을까. 이때의 진국은 남한 지역 전체의 고인돌사회를 기반으로 하고 중부 지역에 중심 세력이 있던 정치체다. 진국의 주민들은 요동과 서북한 지역에서 발생한 고인돌사회의 구성원이 남으로 확장되는 과정에서 형성되었다. 그들은 단군왕검계 제정일치적 문화를 계승한 진인(辰人)이다. 그들을 기반으로 하고, 기원전 4세기 말에서 기원전 3세기 초 연나라 장수 진개(秦開)의 공격으로 대고조선의 서부 2,000여 리를 연나라에 빼앗겼을 때 발생한 유민 중 일부가 중부 이남으로 내려와 섞여 살면서 이들 지역에 나라가 형성되기 시작했다. 얼마 후 금강 유역의 특정 지역에 중심을 둔 나라가 이들을 연합하여 느슨한 형태의 진국연맹체를 만들어 진국(辰國)이라는 국호를 사용했다.

『후한서』를 편찬한 범엽은 당시까지 전해오는 역사 정보를 바탕으로 진국뿐 아니라 삼한 전체가 진인이라는 인식을 가지고 있었던 것 같다. 진국이 망한 뒤 성립된 마한 맹주국의 수장이 스스로 진왕이라고 칭한 것도, 마한 성립 직후 생긴 진한이나 변진이 진왕의 신하라 한 것도, 마한이 한강 이남의 진인을 기반으로 한 진국을 승계했기 때문으로 볼 수 있다. 물론 정치경제적 이해관계에 따라 그러한 질서가 형성된 점을 부정할 수는 없다. 어쨌든 고조선 이남의 정치체를 크게 보아 진국이라고 보는 관점은 틀리지 않았다.

그렇다면 '진한은 진국의 후예'라고 한 『삼국지』의 견해는 어떻게 이해해야 할까. 『삼국지』의 찬자가 그와 같이 기록한 것은 초점을 진국과 진한에 맞추었기 때문이다. 진한의 맹주국을 이끈 주도층이 진국을 이끈 주도층과 연결되어있다고 본 것이다. 주보돈도 '진한이 진국의 후예라고 한 표현은 진한의 맹주국 지배세력과 진국의 주도세력이 서로 연결된 데서 나온 것'이라고 했다.[60]

그렇다면 진국은 언제, 왜 멸망했을까. 현재로선 그 이유를 자세히 알 수 없지만 위만조선이 멸망할 무렵 멸망한 것은 분명하다. 주보돈이나 노중국은 진국의 소멸을 위만조선 말기에 진국으로 이주했다는 조선상 역계경과 관련하여 설명한다.

『삼국지』 한조는 역계경이 위만조선 말기에 우거(右渠)에게 정책을 간언하였으나 받아들여지지 않자 무리 2,000여 호를 거느리고 진국으로 갔다고 했다. 역계경이 거느린 2,000여 호는 대략 1만여 명에 달했을 것이다. 이는 당시로는 상당히 큰 규모이다. 이들의 이동은 기존 사회를 크게 요동시키는 계기가 되었을 것이며, 그러한 혼란 속에서 진국도 온전하지 못했을 것이다.[61] 이렇게 되자 진국사회를 이끌어가던 핵심세력은 소백산맥을 넘어 영남 지역으로 이동했다. 선진문화를 가지고 있던 이들이 토착세력을 아울러서 연맹체를 형성한 것이 진한연맹체이다.

『삼국지』「한전」에 '진한은 진국의 후예'라 하여 진한의 전신이 진국으로 나오는 것은 진국의 핵심세력이 진한을 성립하였다는 것을 반영한 기록으로 이해하면 된다.[62]

한 가지 짚고 넘어가야 할 것은 권오영의 비판이다. 그는 『삼국지』 편찬자가 진국과 진한을 직접적 계승관계로 파악한 것은 '辰'자의 공통성에서 말미암은 착오라고 하였다.[63] 하지만 한국 고대사의 실마리를 푸는 데 '辰'자야말로 매우 중요하다. 왜냐하면 '辰'자는 단군왕검계의 혈맥과 문화를 이은 동북아시아 여러 집단과 관련 있기 때문이다. 숙신, 진번, 진국, 변진의 '진'자는 모두 동일한 혈맥과 문화를 계승한 집단을 가리키는 말이었다.[64] 발해의 대조영이 처음에 스스로 '진국(震國)'이라 한 것도 그들의 정통성이 숙신과 진번에 있다고 믿었기 때문이다.

진한 지역의 진나라 유민

그런데 『삼국지』 진한조에는 "진한은 마한의 동쪽에 있다. 그곳의 노인들이 대대로 전하는 말에 따르면, 옛날에 진나라의 부역에서 도망쳐 나와 한국에 이르자 마한이 그 동쪽 경계의 땅을 그들에게 내어주었다"[65]라고 하여 마치 진한을 주도한 사람들이 진나라의 노역을 피해 온 유민인 것처럼 기록하였다. 많은 학자가 이 기록과 '진한은 진국의 후예'라는 기록의 모순을 해명하려고 노력했으나 설득력을 얻지 못하고 있다.

주보돈은 두 기록의 모순을 해결하려고 다음과 같은 가설을 세웠다. "문현상으로 볼 때 진국이 등장하는 것은 우거왕 때다. 진국은 위만이 등장한 이후 우거왕 이전에 성립되었다. 따라서 진나라의 노역을 피해 온 사람들이 준왕이 남하한 뒤 얼마 되지 않아 임진강에서 한강에 이르는 지역에 이르러 진국이란 정치체를 따로 성립시켰을 것이다. 즉 진국은 남쪽에서 한왕 출현과 비슷한 시기에 성립되었으며, 함께 남북으로 양립하는 두 세력을 이루고 있었다." 그는 후에 이들 진국인이 경상도 지역으로 들어와 진한을 성립했다고 보았다.[66]

그는 『삼국지』 한조와 진한조의 기록을 합리적으로 설명하려고 노력했다. 하지만 현재까지 나온 고고학 자료에서는 논리적 타당성을 발견할 수 없다. 기원전 3세기경의 전국계 유물이 이들 지역에서 발견되지 않았기 때문이다.[67]

이현혜는 두 사료를 서로 다른 사실을 전하는 기록으로 간주한다. 그는 『삼국지』의 서로 다른 두 기록이 진한 소국의 맹주격인 사로국, 그리고 이들과 밀접한 관계를 맺으며 일정한 영향권을 형성한 대구 등지 소국들의 성립과 발전 배경에 대한 전승을 진한 소국 전체의 사실로 확대한 것이라고 이해했다. 그럴 경우 위씨조선계 유물이 이들 지역에 집중 분포하는 이유가 설명된다는 것이다. 이런 관점을 피력한 그는 '고지망인(古之亡人)'을 위씨조선화한 전국계 유민 및 그 후예로 추정할 수 있으며, 이들을 넓은 의미의 위씨조선계 유민으로 간주할 수 있다고 했다.[68]

필자는 이현혜가 진나라 유민을 넓은 의미의 위씨조선계 유민으로 볼 수 있다고 한 것에 동의한다. 그렇게 되면 『삼국사기』 혁거세조에서 "옛적 조선 유민이 산골짜기에 나뉘어 살았는데, 그들이 진한 6부가 되었다"라고 한 기록에 담긴 의미를 해석할 여지가 생긴다. 즉 넓은 의미의 위씨조선계 유민인 조선인과 진나라 유민이 경주 지역의 산골짜기에 나뉘어 살면서 사로 6촌을 형성했다고 볼 수 있다.

넓은 의미의 위만조선계 유민

그렇게 볼 수 있는 근거가 진나라 유민이 마한의 동쪽으로 들어와 진한을 성립했다는 기사 다음에 이어진다. "진한인의 말은 마한과 달라서 나라를 방이라 하고, 활을 호라 하며, 도적을 구라 하고, 술잔을 돌리는 것을 행상이라 한다. 서로 부르는 것을 모두 도라 하여 진나라 사람들과 흡사하니, 단지 연나라, 제나라의 명칭만은 아니다. 낙랑 사람을 아잔(阿殘)이라고 하였는데, 동방 사람들은 나라는 말을 아라 하였으니, 낙랑인은 본디 그중에 남아있는 사람이라는 뜻이다"라고 기록하고 있다.[69]

이 기록에서 찬자가 말하고자 하는 핵심 내용은 ① 진한인의 말과 마한인의 말에 차이가 있다는 점, ② 진한인의 말에는 연나라, 제나라의 말도 있지만 진나라의 말이 많이 보인다는 점, ③ 진한인이 낙랑인을 아잔, 즉 그들과 같은 계통으로 남아있는 사람들을 이른다고 한 점이다.

이때 '진한인의 말과 마한인의 말에 차이가 있다'는 것은 진인과 조선계의 한인이 합친 마한의 말과 진인계와 전국계 주민, 즉 연·제·진 나라 유민과 조선계 유민이 섞인 진한의 말에는 차이가 있음을 의미한다.

또한 연·제·진 나라 말이 진한인의 말에 들어있었다고 한 것은 『사기』 「조선전」이나 『삼국지』 한조에 인용된 『위략』에서 "진·한 교체기의 대란 중에 연·제·조 나라 백성이 준왕에게 망명했고, 준왕은 나라의 서쪽 지역에 그들을 살게 했다"라고 한 기록과 부합된다. 그들은 나중에 위만조선에 참여했을 것이고, 그들 중 일부가 위만조선 말에 역계경과 함께 진한 지역으로 이주했을 것이다.[70]

마지막으로 진한인이 낙랑인을 아잔이라고 한 것은 두 가지 측면에서 이해할 수 있다. 문맥상으로 보았을 때는 진나라 유민을 의식하고 한 말처럼 보인다. 그러나 역계경을 비롯한 조선계 유민도 그곳에 남은 낙랑인을 아잔으로 부를 수 있었을 것이다.

어쨌든 편찬자는 이 기록에서 진한을 구성한 주도세력 가운데 진나라 유민이 있었다고 말하고 싶어했고, 그들이 위만조선에 머물다 진한 지역으로 이주했음을 암시하려고 했다. 하지만 앞에서 편찬자 자신이 말한 '진한은 진국의 후예'라는 말과 모순되는 것에서 드러나듯이 진한, 특히 사로국을 주도한 사람들은 진국의 후예인 진인이었고, 조선계와 진나라 유민은 보조 역할을 하였다.

결론적으로 말하면 두 기록의 모순은 다음과 같이 해결할 수 있다. 두 기록 가운데 『삼국지』 한조의 총설 서술 부분에 해당하는 앞의 기록을 주로 보고, 뒤의 기록인 진나라 유민의 진한 주도설은 부수적으로 보아야 한다. 다시 말하면 진국 계통의 이주민이 진한, 특히 사로국의 주도세력인 왕족으로 성장하였고, 범 위만조선계는 사로 6촌의 주도세력이 된 것이다.

조선 유민은 들어오지 않았다

정중환은 진나라 유민설은 고조선 유민설의 중국적 기록양식이라고 비판하면서 그 내용은 취할 바가 못 된다고 했다.[71] 하지만 김병모는 진시황의 중국 통일 전쟁 과정에서 발생한 유민이 한반도로 이주했고, 진나라 유민도 한(韓)인과 섞여 살면서 진한인으로 동화되었다는 점을 인정한다.[72]

그런데 윤내현은 위만조선계 유민이 진한 지역에 유입되었다는 사실 자체를 부정한다. 그는 『삼국사기』 「신라본기」 '시조혁거세거서간'조의 "예전에 조선의 유민(遺民)이 산골 사이에 나뉘어 살아 여섯 마을을 만들었는데 이들이 진한 6부로 되었다가 신라건국의 중심세력이 되었다"라고 한 것에서 조선의 유민은 위씨조선계 유민이 아니라 경주분지에 살던 원래의 고조선 주민이라고 한다.

그는 6부를 형성한 진한인이 대동강 지역에서 이주해온 이들이 아니라 고조선이 망한 뒤에도 그곳에 살던 사람들이라고 본 것이다. 즉 과거 신라 지역이 고조선 지역이었다는 것이다. 그 근거로 그는 『삼국사기』에는 '남겨진 백성[遺民]'이라 표현되어있으며 '흘러 들어온 백성[流民]'이라고 표현되어있지 않다는 점을 지적했다. 이 때문에 그들을 대동강 유역에서 이주해온 사람들이라고 속단하는 것은 잘못이라는 것이다. 그들은 경주 지역에서 오래전부터 살았던 토착세력이며, 경주 지역 또한 원래 고조선 땅이었다고 했다.[73]

윤내현의 이러한 주장을 받아들이는 사람은 별로 없을 것이다. 그는 『삼국사기』에 보이는 유민(遺民)에 착안해서 그러한 주장을 하지만, 역사 흐름을 전체적인 맥락으로 보았을 때 수용하기 어렵다.

진한의 암각화는 진국의 문화

이현혜는 기원전 3세기경 중남부 지역에 있던 진국세력의 일부가 어떠한 이유로 경상도 방면으로 이주하게 되었는지, 어떻게 이들이 진한의 중심세력으로 성장하게 되었는지에 대한 설명이 논리적으로 입증되지 않았기 때문에 '진한은 진국의 후예'라는 기록은 성립되기 어렵다고 했다.[74]

물론 문헌기록은 『삼국지』가 전부이다. 따라서 그 사실을 문헌학적으로 논증할 수는 없다. 하지만 진국의 중심국이 있었다고 보는 대전 괴정동·충남 아산 등지에서 보이는 괴정동계 유물의 일부가 경주와 김해 지역에서도 출토되거나 괴정동계 유물에서 보이는 청동의기가 진한 지역에서 주로 보이는 암각화에 등장하는 것은 진국인 또는 그들의 문화가 이들 지역으로 확산되었음을 방증한다. 진국을 주도하던 사람들이 가지고 있던 물질문화와 정신문화가 이들 지역에서 계승된 것은 분명한 사실이다.

충남 아산시 신창면 남성리 출토 검파형동기

청동기시대 후기 혹은 초기철기시대로 편년되는 한국의 암각화는 대부분 경상도 지역에 분포한다. 이들 암각화는 진한이 성립되는 시기에 이 지역에만 보이는 독특한 문화현상이다. 암각화에는 대부분 석검과 석촉 그리고 그것의 변형으로 보이는 검파형동기와 방패형을 그렸다. 특별히 윷판과 사람 발자국도 그렸다. 돌검과 돌살촉은 고인돌에도 그려져 있어 그 전통이 상당히 오래되었음을 짐작할 수 있다. 고인돌에 그려진 돌검과 돌살촉은 다른 지역에서도 볼 수 있지만, 암각화의 양식으로 발전한 것은 경상도 지역에 한정된다.

이 지역에만 보이는 암각화를 연구할 때 특별히 고려해야 할 점은 그것이 제정일치적 문화를 반영하였다는 것이다. 한국사의 큰 흐름을 고려할 때 제정일치적 문화는 단군왕검계의 문화전통을 계승한 진인의 흐름과 궤를 같이한다. 이현혜도 의식용구를 많이 부장한 대전 괴정동계 주인공을 제사장을 겸하는 지배자로 이해했고, 그들을 좀 더 토착성이 강한 세력집단으로 보았다.[75] 한반도 남부의 경우 기원전 10세기 이후 등장한 고조선계 유민이 권력을 장악한 지역에서는 제정이 분리되는 것을 볼 수 있다. 마한 지역에서 군장과 천군(天君)이 분리된 현상은 그러한 상황을 반영한다.

	방패형동기	방패형동기 (농경문동기)	검파형동기
암각화 유형			
유적	영천 보성리	경주 석장동	전 유적
청동의기			
출토지	아산 남성리	대전 괴정동, 傳 대전	대전 괴정동, 예산 동서리, 아산 남성리

암각화와 대전 지역 청동의기 비교(이하우, 2008)

반면에 진한에서는 박혁거세나 남해차차웅 때까지도 제정일치적 군장이 나라를 다스렸다. 진한 지역 암각화는 이러한 문화전통을 반영한다. 따라서 암각화에 보이는 가면형(패형) 신상은 무(巫)의 신체 혹은 신의 얼굴을 형상화한 것으로 볼 수 있다(이하우). 박혁거세거서간의 거서간이 제정일치시대의 군장 칭호 거수(渠帥)와 관련이 있고, 남해차차웅의 '차차웅'이 무당을 의미하는 우리말이었듯이 당시 진한 지역에서는 무의 영향력이 절대적이었다.

경상도에서 발견되는 암각화는 기본적으로 문화의 두 흐름이 만나서 형성되었다. 즉 암각화는 오래전부터 이곳에 들어와 고인돌을 축조하며 살던 사람들의 문화와 진국의 중심권인 금강 유역권 의례에서 검파형동기나 방패형동기를 쓰던 사람들이 만나서 만들어진 문화이다. 물론 주도권을 행사한 측은 새로 이주한 진국인이다.

김권구도 경상도 지역의 암각화에 나타나는 문양 중에는 대전 괴정동, 아산 남성리, 예산 동서리 등지에서 출토된 검파형동기와 유사한 문양이 많이 나타나고 있음을 지적했다.[76] 검파형동기와 방패형동기 같은 청동제의구는

경주 석장동 암각화. 오른쪽에 고깔 형태가 보이며 중앙에는 곰 발자국이 선명하게 보인다.

금강 유역에서만 보이는 독특한 양식이다. 그래서 고고학자인 김원룡이나 김정배는 이들 지역을 독자적인 청동기문화권으로 설정할 필요가 있다고 주장한다.[77] 그런 독특한 문화가 경상도 지역으로 전파된 것이다.

한국선사미술연구소의 이하우는 금강 유역권의 검파형동기나 방패형동기가 경상도 지역의 암각화에 보이는 검파형 혹은 방패형과 유사하다는 데 주목했다. 그러나 그는 암각화가 먼저 유행했고, 기원전 4~기원전 3세기경 한반도 남쪽 지방으로 새롭게 도래하는 세형동검문화기를 맞이하여 표현 재료가 바위에서 청동기로 바뀌면서 청동의기로 제작되었을 것이라고 했다.[78] 그러나 물질문화의 전파 방향으로 보나 『삼국지』에서 '진한은 진국의 후예'라고 한 점을 고려하면 그 반대방향으로 이해하는 것이 합리적이다.

진국계 문화가 경상도 지역으로 전파되었음은 고고학적으로도 증명된다. 대전 괴정동 계통의 유물인 검은간토기[黑陶長頸壺]와 세형동검세트가 경주와 김해 지역에서도 출토된 것이 한 예이다. 김해시 내동 1호 고인돌에서 민무늬토기, 세형동검, 검은간토기가 출토되었다. 김정학은 이들 유물이 대전

경주 죽동리 간두령(기원전 1세기)

괴정동 유적에서 나온 것과 공통점이 있다고 했다(1976).[79] 또한 경주시 조양동 유적 중 기원전 1세기 후반으로 편년되는 널무덤[土壙墓]에서도 민무늬토기, 검은간토기, 다뉴세문경이 출토되었다.

고고학자 이성주는 심양(瀋陽, 선양) 정가와자(鄭家窪子, 정자와쯔) 유적 등 요동 지역에서 완성된 검은간토기가 세형동검과 세트로 한반도 남부까지 확산된 것은 그러한 물질문화를 지닌 주민들이 이주한 결과라고 했다.[80] 따라서 경주와 김해 지역에서 출토되는 검은간토기와 세형동검은 요동 지역에서 대전 괴정동 지역으로 들어온 사람들이 경상도 지역으로도 이주했음을 보여주는 물증인 셈이다.

괴정동계 유물군에서 보이는 간두령 또한 경상도 지역으로 문화 혹은 주민이 이주했음을 보여주는 단서이다. 진국 시기에 등장한 청동의기인 간두령은 시간이 지나면서 중서부 지역이나 금강 이남 지역에서는 거의 보이지 않고 낙동강 유역의 대구, 경주를 중심으로 분포밀도가 상대적으로 높아진다.[81] 이러한 사실은 중부 지역에 있던 제정일치적 지도자들이 어떤 연유로든 경상도 지역으로 이주했을 개연성을 말해준다. 일부 학자들은 경주 석장동 암각화에서 보이는 고깔 형태가 간두령을 표현한 것이라고도 본다.

이와 같이 진국의 중심지 문화와 진한 지역의 문화가 상호 연결되어있다는 것은 두 지역 사이에 교류나 주민 이동이 있었다는 것을 의미한다. 문화적으로 보아도 '진한은 진국의 후예'라는 말이 어느 정도 방증되고 있음을 알 수 있다.

04

한국사 이해의 중심에 있는 진국은 어떤 나라인가

한반도 역사에서 진국의 위치

진국이라는 정치체를 이해하지 않고는 한반도 중부 이남 지역에서 형성된 주민과 그들의 물질문화를 제대로 파악할 수 없다. 그러나 문헌기록상 진국은 명칭만 나타날 뿐 다른 구체적인 내용은 거의 없다. 따라서 진국을 알려면 기원전 3~기원전 2세기경 한반도 중남부 지역에서 존립한 세력집단의 정치·문화적 성격을 파악함으로써 진국에 대해 더 깊이 있게 이해해야 한다.[82]

역사학계는 대체로 한반도에서 나라를 연 세력은 북방에서 이주해왔을 것이라는 데 동의한다. 현재 역사책에서는 대부분 한반도 초기국가 형성기의 이주민 집단을 크게 둘로 나눈다. 하나는 고조선 계통이고 다른 하나는 부여-고구려 계통이다.

진국의 형성에는 고조선 계통 주민이 참여했을 것이다. 그들이 한반도 서북 지역과 그 이남으로 확장되는 역사적 사건은 서너 차례 있었다. 그 사건들은 다음과 같이 정리할 수 있다.

첫째는 기원전 3세기 초 연나라 장수 진개의 공격으로 고조선이 서쪽 땅

2,000여 리를 잃으면서 그 주도세력이 한반도 서북 지역과 그 이남으로 내려온 사건이다. 둘째는 위만이 고조선의 왕권을 찬탈하자 고조선의 준왕과 궁인들이 한반도 중부 지역으로 내려온 사건이다. 셋째는 조선상 역계경이 2,000여 호를 거느리고 진국의 동쪽, 즉 경상도 방면으로 남하한 직후 위만조선이 멸망하고 그 지역에 한의 군현이 설치되면서 발생한 이주민이 남하한 사건이다.[83]

그런데 진국은 위만조선 당시 한반도 중남부 지역에 있었던 것으로 기록되어있다. 정황상 고조선에서 내려온 유민이 진국을 주도하려면 첫 번째인 진개파동 때 내려왔어야 한다. 고고학자 박순발도 진국의 유력한 나라로 추정되는 대전 괴정동의 동검묘 피장자를 고조선 계통의 사람으로 파악했다.[84] 고고학자 이성주도 남부 지역 물질문화의 변동을 주도한 세력은 고조선계라고 보았다.[85]

학계 일반의 이러한 주장에는 문제가 많다. 만약 진국을 주도한 사람들이 고조선계라면 위만조선 시기에 남북에는 북의 위만조선과 남의 고조선계 진국이 있었던 셈이 된다. 또 『삼국지』나 『후한서』 한조에 따르면 '진한 혹은 삼한 전부가 진국의 후예'라고 했다. 그렇다면 진한 혹은 삼한 전체가 고조선 계통의 국가라는 말이 성립된다.

이와 같은 결론에 도달하면 좀 이상하지 않은가. 진국을 파악하기가 얼마나 어려우면 고고학자 이희준은 "진국의 실체와 성격이 아주 불분명한데다가 그것이 삼한의 국들과 어떻게 연결되는지 거의 짐작이 안 된다"라고 토로했나.[86]

우리는 한국사를 이해하는 데 무언가 중요한 것을 빠뜨리고 있음이 틀림없다. 위만조선 시기에 조선의 유민들이 중심이 되어 국가를 형성했다면 그 명칭이 조선과 관련되었을 것이다. 그런데 그 국가의 명칭은 '진국'이다. 진국이라 부른 데는 그만한 이유가 있었을 것이다. 그렇다면 우리는 그 이유를 찾아서 문제를 해결해야 한다.

진국은 어떤 혈맥과 문화를 가진 정치공동체였을까. 진국은 요동과 서북한 지역에 탁자식 고인돌과 돌널무덤·돌무지무덤을 만든 사람들의 후예가 세웠고, 그들의 조상은 1부에서 살펴본 요하문명의 꽃인 홍산문화를 계승한 하가점하층문화의 주인공이다. 그들은 단군숙신, 즉 최근 대중에게 많이 운위되고 있는 '대쥬신족' 공동체의 뿌리이다. 그들은 한국 상고사와 관련된 정치세력 중 숙신·진번·진국·진한·변진 등에서 보이는 진(辰)·진(眞)으로 불린 사람들이다. 그들을 필자는 '진인(辰人 혹은 眞人)'이라고 한다. 일본 천황가의 성씨를 『신찬성씨록』에서 진(眞)이라 하고 '마히토'로 읽는 것도 진인의 혈맥과 문화가 이동한 결과다.

지금까지 학자들은 고조선이라는 정치체와 명칭에 지나치게 비중을 두어왔다. 이 때문에 진국이라는 명칭이 붙은 공동체를 이해하는 데 어려움을 겪었다.

진국이란 국명은 어떻게 탄생했을까

진국이란 국명의 의미를 추론하려면 『삼국지』「동이전」 한조에서 동이를 기술할 때 사용한 용법을 참고할 필요가 있다. 「동이전」에서 '한국(韓國)'이라고 했을 때 그것은 '한의 나라'라는 의미이다. 다시 말하면 한족으로 구성된 읍락국가를 일반적으로 통칭한 것이다. 같은 책 왜조에서 사용된 '왜국' 또한 '왜인으로 구성된 수십 개 읍락국가'를 통칭하는 '왜의 나라'라는 뜻이다. 그렇다면 같은 「동이전」에 기술된 진국은 '진(辰)의 나라'라는 의미일 것이다.[87]

따라서 진국은 '진인(辰人)의 혈맥을 계승한 자들의 나라'라는 의미로 이해하는 것이 옳다. 주보돈은 '진(辰)의 용례로 진국(辰國) 외에도 진왕(辰王), 진한(辰韓) 등이 있다면서, 진(辰)이 지역명이나 종족명과 관련이 있을 것'이라고 했다.[88] 옳은 지적이다. 진은 초기 한민족공동체를 이해하는 데 조선보다도 더 중요한 종족명이다.

하지만 주보돈은 진국을 '진(辰)의 나라'라고 추론했으면서도, 진국을 주도한 세력을 진한 교체기에 진나라의 노역을 피해 온 조선계로 파악함으로써 진인의 실체에 접근하려는 노력을 피해 갔다.[89] 진나라에서 노역을 피해 온 사람들을 어떤 근거로 '진인'이라고 할 수 있을까? 그는 아마도 『삼국지』 진한조에서 진나라에서 노역을 피해 온 사람들과 진한을 결부해 진한을 진한(秦韓)이라고도 한다(今有名之为秦韓者)고 기록한 것을 의식한 듯하다.

그의 그러한 주장이 모순인 것은 진국연맹체의 왕이었던 진왕의 용례로도 알 수 있다. 진왕은 원래 진국의 연맹장이었는데 진국이 소멸하고 마한이 성립된 이후에는 마한의 연맹장을 부르는 말로 사용했다. 그의 주장대로라면 진국과 마한 지역의 주민들이 자신들을 다스리는 왕을 진(秦)왕이라고 부른 것이 된다. 하지만 역사 전개의 흐름상 그러한 상황이 일어났다고 보기는 어렵다.

필자가 보기에 진국의 명칭에 어느 정도 다가선 학자는 정중환이다. 그는 진국을 남부 지역에서 존립한 여러 부족집단군 전체에 대한 범칭, 즉 '신지의 나라'라는 뜻의 집합명사로 이해했다.[90]

이때 신지는 바로 진인공동체에서 수장을 가리키는 말이다. '신지의 나라'는 신국(臣國)이라는 뜻인데, 이때 신(臣)을 필자는 단군왕검계가 이동하면서 사용한 집단명인 숙신, 직신, 식신, 주신, 진번, 진한 등에서 보이는 '진' 혹은 '신'을 한자로 표기한 것으로 이해한다. 그리고 '-지'는 고구려 재상 '막리지'가 마리(머리)[91]와 사람(지)의 합성어로 사람들의 우두머리를 나타내듯이 또는 '알지'에서처럼 사람 또는 존장자를 나타내는 우리 고유의 말이었다. 따라서 신지는 '진인의 존자, 즉 우두머리'를 나타내는 말이다.

『삼국지』 한조에 보면 대소 읍락국 중에서 큰 나라의 지도자를 신지라고 한다고 했다. 여기서 신지라는 명칭은 바로 진인의 지도자를 가리키는 말이다. 따라서 나라 이름이 진국으로 형성된 문화적 배경은 진인의 이동과의 결합에서 찾아야 한다. 진국이 성립되는 역사적 흐름을 간략하게 다음과 같이 정리할 수 있다.

기원전 3세기 초에 일어난 진개파동 때 고조선인, 즉 한씨조선인 중 일부가 황해도 이남 지역까지 이주한다. 이주한 그들이 이들 지역에 살던 고인돌·돌널무덤계 진인과 섞여 살면서 소국이 태동한다. 동시에 대전 괴정동을 비롯한 금강 유역권에는 대고조선 연맹에 참여했던 진번계 진인이 이주한다. 이들 진번계 진인과 역시 해당 지역에 살던 고인돌·돌널무덤계 진인이 섞여 살면서 소국들을 형성한다. 이렇게 한반도 남부에도 소국들이 형성되기 시작한다.

고고학자 이현혜는 중남부 지역에서 기원전 3~기원전 2세기 이래 고인돌 또는 돌널무덤계 소집단을 다수 통합하여 지역적 지배기반을 토대로 하는 좀 더 확대된 정치집단이 대두하였으며, 이러한 정치집단은 주로 충남·전라 지역을 중심으로 분포되기 시작하는데, 그들이 바로 『사기』에 나오는 진국(辰國)일 것이라고 했다.[92]

필자도 이 의견에 동의한다. 다만 충남·전라 지역에 새롭게 대두한 정치집단에는 세 부류의 세력이 주도하는 나라들이 있었다고 보아야 한다. 첫째는 선주하고 있던 고인돌세력인 진인이 힘을 길러 주도권을 장악한 나라, 둘째는 한씨조선계 한인이 주도권을 행사한 나라, 셋째는 진번계 진인이 주도한 나라가 있었다. 이들이 연합하여 진국을 형성했다. 진국연맹체의 주도권을 행사한 진왕은 진번계 혹은 해당 지역의 진인이 주도하던 대국의 수장 가운데 한 사람이었을 것이다. 그들이 한국이 아니라 진국이라는 국명을 사용한 것은 바로 그들 소국연맹체에 참여한 사람들 상당수가 진인 계통이었기 때문이다.

학계는 진국을 어떻게 이해해왔나

『사기』「조선전」은 "진번에 이웃해 있는 진국(眞番旁辰國)이 천자를 알현코자 하는 것을 방해하였다"라고 하여,[93] 진국이 황해도 지역에 있던 진번과 접하고 있었다고 기록했다. 또 『삼국지』「동이전」 한조에 인용된 『위략』은 "위만조선 말기에 역계경이 우거에게 간하였으나 받아들여지지 않자, (역계경은) 동쪽의 진국으로 갔다"[94]라고 하여, 위만조선의 우거왕 때 조선상이었던 역계경이 진국으로 갔다고 기록하였다. 문헌기록으로 볼 때 진국은 위만조선 시기 남쪽에 있던 정치체였음이 분명하다.[95]

이와 같이 문헌기록에 분명히 드러나는 진국의 실체를 파악하려면 먼저 지금까지 학자들이 진국을 어떻게 이해해왔는지 알아보는 것이 중요하다.

먼저 이웃 나라인 중국인의 견해를 보자. 중국 인민출판사에서 출간한 『세계통사』에는 "한무제는 위씨조선을 멸한 후 구토에 군현제를 실행하였다. 진국이 쇠약해져 분열된 뒤 이어서 신라, 백제, 금관(가야) 삼국이 형성되었다"라고 기술하였다.[96] 삼한을 빼고 진국에 이어서 신라, 백제, 가야가 형성된 것처럼 이야기하면서 고구려를 제외한 것이다. 이러한 기술에는 삼한과 삼국의 연결고리를 끊으려는 의도가 숨어있다.

2005년 중국사회과학원 '열국지' 편집위원회가 출간한 『열국지-한국』 속의 「고대사-삼국시기편」에는 "고조선과 진국이 멸망한 이후 고구려, 백제, 신라의 중요한 세 나라가 출현했다"며 "이를 사시에선 '삼국'이라 부른다"라고 적었다.[97] 역시 진국 다음의 정치체인 삼한을 제외하고 기술하였다. 동북공정을 실행하는 과정에서 쓴 책에 고구려를 한국사에 넣은 것이 특이하다.

이와 같이 중국학계에서는 한국 고대사를 인식하면서 북쪽에 위만조선이 있을 때 그 남쪽에는 진국이 있었다고 본다. 이는 북한의 견해를 수용한 결과로 보인다.

그렇다면 한국학계에서는 진국을 어떻게 이해해왔을까. 학계는 아직 진국의 국명이 어떤 의미로 사용되었는지, 그 나라의 중심이 어디에 있었는지에 대해서도 합의를 보지 못했다.

먼저 진국의 국명을 어떤 의미로 이해했는지 보자. 이병도는 진국을 삼한으로 분립되기 전에 존재했던 광역의 국명으로 이해했다. 김정배는 진국을 단일한 국명으로, 노중국은 한강 유역에 위치한 연맹체로 이해했다. 그리고 정중환은 진국을 여러 부족집단을 범칭한 집합적 호칭으로 이해했다.[98] 이현혜도 『사기』에 진국이 중국(衆國)으로 표현되기도 한 점을 들어 진국을 남한 지역 단위집단 대부분에 대한 범칭으로 이해했다.[99] 이와 같이 학자들마다 진국의 정치체를 이해하는 방식이 달랐다.

필자도 진국은 기본적으로 남한 지역 대부분에 대한 범칭으로 보는 것이 옳다고 본다. 그러한 관점은 『사기』에 진국 혹은 중국으로 기록한 것에서 실마리를 얻을 수 있다. 진국 혹은 중국이라고 기록한 것은 남부 지역에 소국이 여럿 있었는데, 그 나라들을 범칭해서 진국이라 불렀다고 해석할 여지가 있다. 범칭으로 사용했다고 해서 그 지역을 대표하는 연맹장이 없었다고 단언하기는 어렵다. 여러 소국, 즉 중국 가운데 발언권이 있는 중심 집단이 있었다고 보는 것이 합리적이다. 다시 말하면 범칭으로 사용했지만 그들 중에는 중심세력이 있었으며, 그 중심세력을 중심으로 결합된 집단을 진국이라 하지 않았을까 생각한다.

그렇다면 진국의 중심은 어디였을까. 학계에서는 진국이 광역의 국명이든, 단일한 국명이든, 범칭이든 중심권이 어디에 있었는지도 합의를 보지 못하고 있다. 진국의 후보지로는 ① 한강 유역, ② 낙동강 유역, ③ 금강 유역, ④ 익산 지역 등이 거명되고 있다.

먼저 한강유역권을 주장하는 학자로는 천관우, 주보돈, 노중국 등이 있다. 그들은 『사기』 등 문헌사료에서 진국은 진번 곁에 있다고 한 것에 주목해 황해도 일대에 있었던 것으로 추정되는 진번과 인접한 한강 지역을 진국의 후보지로 비정(比定)했다.[100] 특히 천관우는 요하 하류 유역에 있던 북진한과 북변한이 황해도 이남으로 남하하여 한무제를 전후한 시기에 잠시 한강 하류 방면에 자리 잡았는데 이들이 진국이며, 뒤에 부여계인 백제에 밀려 경상도 지역으로 이주해 사로국과 구야국의 중심세력이 되었다고 했다.[101] 하지만 이들의 주장은 최근까지의 고고학적 성과로 볼 때 성립하기 어렵다. 한강 유역에서 진국의 중심국에 해당하는 유적·유물이 발굴되지 않았기 때문이다.

낙동강유역권을 주장한 학자로는 정중환과 박순발이 있다.[102] 박순발은 충남 지역에는 위만조선의 영향을 받은 유적이 없고, 전부 대구·경주 등 영남 지역에서 확인되기 때문에 고고학적으로만 놓고 보면 진국은 낙동강 유역에 있었다고 보아야 한다고 했다.[103]

이와 같은 주장에 대해 금강유역권을 주장하는 이현혜는 위만조선하고 병존하던 시기와 위만조선이 멸망하고 위만조선에서 사용하던 유물이 영남 지역에서 나온 것과는 양상이 다르다고 지적하면서, 고조선 준왕 대부터 위만조선 시기에 걸치는 유적인 당진 소소리나 장수군 남양리 같은 유적을 진국의 유적으로 보는 것이 옳다고 했다.[104] 이병도는 충남 천안시 직산(稷山)에 진국이 있었다고 보았다.[105]

익산 지역을 주장하는 전영래와 김정배는 익산 일대에 있던 고조선 준왕계 진국이 경상도 지역으로 이동해 진한의 일부를 구성했다고 주장한다.[106] 그러나 진국을 준왕과 연결짓고 그들이 진한 지역으로 이동하였다는 것은 받아들이기 어렵다. 준왕세력의 이동은 한(韓)과 연결되기 때문이다.

이와 같이 진국의 위치에 대한 설이 여럿 있지만, 문헌자료나 고고학적으로 볼 때 천안에서 대전 괴정동을 잇는 어딘가에 진국연맹체의 중심인 진왕이 이끌던 나라가 있었다고 보는 것이 합리적인 추론이다.

진국의 도읍은 어디인가

앞에서 살펴보았듯이 진국이 어떤 형태의 정치체인지, 진국의 중심이 어디에 있었는지에 관한 논란이 끊이지 않고 있다. 그만큼 현재로선 진국의 실체에 다가서기 어렵다는 이야기다. 문헌자료가 부족한 것은 앞으로 아무리 세월이 흘러도 보충되지 않을 것이다. 다만 고고학적 자료가 더 많이 발굴되면 어느 정도 윤곽이 드러날지 모른다.

현재의 자료만 가지고 진국의 중심을 추론하면 두 가지 측면으로 접근할 수 있다. 하나는 문화적 관점이고, 다른 하나는 고고학적 관점이다. 여기서 필자가 말하는 문화적 관점이란 진국을 주도했던 사람들의 핵심문화를 추정해 그 문화코드가 잘 드러난 곳을 진국의 수도로 이해하자는 것이다. 이러한 관점으로 접근하는 이유는 자료의 한계성을 극복하기 위해서다.

먼저 문화적 관점으로 접근해보자. 앞에서도 간략하게 언급했지만 진국은 기본적으로 단군왕검계 문화를 계승한 적통자들이 모여서 만든 정치체이다. 그들을 필자는 진인이라고 규정했다. 진인이 가지고 있던 종교문화에는 영혼 혹은 생명에너지의 상징을 구렁이(뱀)와 연결하는 것이 있었다. 단군의 아들 부루와 업신(業神)인 구렁이가 연결되는 것도 한 예이다. 업신은 직신(稷神)과도 연결된다.

이러한 진인의 문화를 가지고 진국의 중심, 즉 수도를 추적하려고 할 때 가장 먼저 고려해야 할 곳이 바로 충남 천안시의 직산이다. 이곳은 이병도가 진국으로 파악한 곳이다. 윤내현도 마한 54개국의 맹주였던 목지국의 초기 도읍이 직산이라고 했다.[107] 직산을 가장 일찍 주목한 인물은 일연이다. 그는 직산을 백제의 첫 도읍인 위례성으로 보았다.

이들의 견해에 모두 찬성하는 것은 아니지만, 이러한 주장을 근거로 가설을 세우면 직산은 우선 진국의 수도였다가 진국이 소멸하면서 중서부 지역의 주체세력으로 등장하는 마한의 수도가 되었다. 그리고 윤내현의 주장처럼 목지국이 익산 월지국으로 옮겼다면, 그 빈자리에 온조왕이나 그와 관련된 왕족이 터를 잡았을 수도 있다. 일연의 『삼국유사』 이후 『고려사』·『조선왕조실록』 등의 사서와 고지도는 이곳을 백제의 첫 도읍으로 기술하였다. 이러한 생각은 조선 중기까지 이어진다.

그와 같은 인식을 바탕으로 세종대왕은 직산에 온조왕의 사당을 짓고 봄 가을에 제사 지내게 한다. 그러나 사당은 1597년 임진왜란 때 왜군에 의해 불타고 만다. 병자호란(1636)으로 인조가 남한산성에 머무를 때 꿈에 온조왕이 나타나 격려하자 인조는 천안 직산에 있던 온조왕의 사당을 남한산성으로 옮겼다.

이러한 정황을 들어 이곳을 백제의 초기 도읍인 위례성으로 보려는 시각이 있으나 『삼국사기』의 문맥으로 볼 때 하남 위례성이나 하북 위례성이 직산에 있었을 개연성은 희박하다. 그러나 여전히 진국이나 마한 목지국의 초기 수도였을 개연성은 있다.

직산이 진국의 수도였을 개연성은 직산이라는 명칭과 직산의 주산인 사산(蛇山)의 의미를 풀어봄으로써 짐작할 수 있다. 먼저 직산이라는 이름을 살펴보자. 직산은 직(稷), 즉 농사의 신이 있는 산이라는 의미를 가지고 있다. 그런데 직산의 주산 명칭이 사산이다. 이 둘의 관계에서 진국인의 의식을 엿볼 수 있다.

삼국시대에 고구려는 직산을 점령한 뒤 사산현(蛇山縣)이라고 불렀다. 이곳을 왜 사산현이라고 했는지는 알 수 없지만, 사산현은 고려 초에 직산현으로 바뀐다. 사산이 직산으로 바뀐 이유와 사산으로 불리기 전 우리말 지명에 담긴 비밀은 진인의 문화코드로 풀 수 있다. 직산은 진국 시기에 배암메 혹은 배암들, 즉 뱀과 관련된 지명으로 불렸을 것이다.

그러한 정황은 『열하일기』에서 찾을 수 있다. 『열하일기』에서는 고구려의 백암성이 원래는 사성(蛇城)이었는데 고구려 말 배암을 한자로 표기해서 백암성(白巖城)으로 고쳤다고 했다. 그런데 고구려는 직산 지역을 점령한 뒤 지명을 사성으로 고쳤다. 이전에 배암과 관련된 지명이었다는 뜻이다.

직산의 진산인 사산성

정리하면, 직산의 원래 지명은 배암메 혹은 배암들이었다가 사산이 되었고, 이것이 다시 직산으로 바뀌었다. 배암메 → 사산 → 직산으로 변화한 데는 연유가 있었을 것이다.

먼저 직산이라는 지명에 대해서 풀어보고 사산으로 넘어가자. 직산이라는 명칭은 백제의 사직(社稷)인 위례성이 있었기 때문에 생겼다는 설과 곡식 중 하나인 피[稷]가 무성하여 그리 부르게 되었다는 설이 있다. 이 두 설 가운데 후자에서 의미를 찾는 것이 좋을 듯하다. 직산이 백제의 첫 도읍지라는 견해는 『삼국유사』 이후 나왔는데, 직산이라는 지명은 고려 초부터 있었기 때문이다. 따라서 직산이라는 명칭은 이전 지명인 사산의 의미를 고려해서 만들어졌다고 보는 것이 타당하다.

그렇다면 '옛날 피[稷]가 무성하여 부르게 되었다'는 것에서 직산이라는 명칭이 발생했다는 것과 진국을 어떻게 연결할 수 있을까. 그것은 직산을 직신(稷神)인 구렁이(뱀)가 머무는 곳으로 볼 수 있기 때문이다. 진국을 주도했을 진인의 문화와 구렁이가 연결된다는 점은 2부 2장에서 이미 언급했다. 사산 정상에도 땅속에 묻힌 뱀이 머리를 내밀고 있는 '뱀 머리 바위(사두암)'가 있다.

직신(稷神)과 직신(稷慎)으로 푼 직산(稷山)

공공족이 사용했던 족휘

왼쪽 그림은 필자가 환웅족이라고 주장한 공공족이 자신의 종족을 나타내는 상징문양이다. 도안 중앙의 공(工)자는 삼한 소도에 세워졌던 신목이 천지를 연결하는 것을 나타내며, 양 옆에는 태양과 뱀이 그려져 있다. 공공족은 태양과 태양의 빛살이 변화해서 생긴 뱀을 신성시했다. 이때 뱀은 태양의 빛을 상징한다. 그 빛은 모든 생명의 영(靈)이다. 빛살인 뱀이 대지에 스며들어 식물이 되어 솟아난다. 뱀이 곡령(穀靈)인 셈이다. 진인인 박혁거세의 신화에 태양과 뱀이 등장하는 이유도 그가 환웅인 공공족과 관련된 문화를 계승하였기 때문이다.

이러한 정신문화를 지닌 공공족이 중원에 있을 때 직신(稷神)신앙을 탄생시켰고, 그들이 동북 지역으로 이주했을 때 직신(稷慎), 즉 숙신·식신이라는 정치체 혹은 조선으로 불렸다.[108]

그러나 『춘추좌전』에는 "열산씨의 아들이 있어 주(柱)라고 불렀는데, 직(稷, 농사의 신)이 되었다. 하나라와 그 이전 시기에 주(柱)를 직신(稷神)으로 모셔 제사 지냈다"라고 하여 직신을 염제신농계의 곡령신으로 기록하였다.[109]

기록으로 보면 직신이 신농계와 관련이 있지만, 황하 중류 지역에서 농경문화를 주도한 세력은 분명히 공공족이다. 농사의 신이 직신이란 이름을 얻은 것은 황하문명을 일으킨 앙소문화의 주식이 조[粟]였기 때문이다. 조의 옛 명칭은 '화(禾)', '직(稷)', '곡(谷)'이며, 고문헌에서는 "직(稷)은 오곡의 장(長)이다"라고 기록하였다.[110] 중국에서 농업의 신을 직신이라고 한 것도 조를 가장 일찍 식량자원으로 삼았기 때문이다. 그런데 중국학자 강의화(姜義華, 장이화)는 『중화문화독본』에서 앙소문화 지역은 조를 주로 하는 농업지대로 공공씨가 주도하던 사회였다고 설명했다.[111] 또 상나라 문명을 연구한 세계적 학자 장광직(張光直, 장광즈)은 "앙소문화기 주민들은 기장[黍]을 경작했다"라고 밝혔다.[112]

이들의 주장대로 당시 주요 작물은 조와 기장이었음이 고고학적으로 밝혀졌다. 중국학자 우성오(于省吳, 위싱우)는 점복기록 가운데서 서(黍)자와 직(稷)자를 확인하였다. 당시 직은 조였고 서는 기장이었다. 상나라 사람들은 조상숭배 제사용으로 직을 서보다 더 자주 사용하였다.[113]

이상의 내용을 종합해보면 중국 중원 지역에서는 신석기시대 이래 직인 조와 기장인 서를 주로 재배했다. 특히 우리가 황하문명이라고 하는 신석기 문화를 주도했던 종족은 공공족이었으며, 그들과 이웃하여 염제신농씨가 살았다. 중국문화사에서는 염제의 아들이 농업의 신인 직신이 되었다고 하나, 역사적 사실을 고려하면 농업의 신은 공공족이 창안했을 확률이 더 높다. 고문헌에서 염제는 우수인신(牛首人身)으로, 공공은 인면사신(人面蛇身)으로 기록된 것으로 보아도 뱀은 공공족과 관련이 있다.

정리하면, 직산은 원래 배암메 혹은 배암들로 불리던 곳으로 진국을 주도한 진인이 자신들의 지도자가 머물던 곳에 붙인 이름에서 유래했다고 볼 수 있다. 직산과 관련하여 '옛날에 피[稷]가 무성하여 그렇게 부르게 되었다'고 한 것은 단순히 피가 많아서가 아니라 직신이 관할하는 대표적 작물인 피, 즉 조가 많이 나는 곳이라는 의미였다고 추론할 수 있다. 이와 같이 진국을 주도한 진인의 문화코드로 풀어볼 때 직산은 진국의 수도였을 확률이 높다. 이러한 진국의 문화는 『삼국지』에서 '진한은 진국의 후예'라고 한 진한사로국으로 전파되어 '사로'라는 명칭이 생기는 문화유산인 '해를 품은 구렁이 신단'을 남긴다.

만주와 한반도에서 조는 신석기시대부터 재배되었으며, 우리나라도 기원전 7세기 이전에 조·기장 농사가 행해졌다는 것이 고고학적으로 밝혀졌다.[114] 기록에 따르면 조는 삼국시대에도 주식이었으며, 특히 고구려에서는 오곡 가운데 조가 가장 많이 재배되었다는 기록이 있다(『계림유사』). 이러한 상황은 고려시대까지 이어진다. 『해동역사』에 보면 고려에서 재배하는 오곡 가운데 차조가 가장 많았다고 한다. 고려시대까지도 쌀보다 조의 생산량이 많았다.

고고학적 관점으로 본 진국의 도읍

이제 고고학적 관점에서 진국의 중심이 어디였는지 살펴보자. 고고학적 자료를 검토해보면 만주를 포함한 서북 지역에서 동남으로 문화영역이 시간 추이에 따라 재조정되었다는 것을 확인할 수 있다. 이는 문화가 서북 지역에서 동남으로 전파·이동되었다는 것을 의미한다. 당시 그러한 문화의 전파와 이동은 주민의 이동과 함께 이루어졌다.[115] 한반도 남부에 진국이 형성될 때도 서북 지역에서 주민과 물질문화가 전파되었다.

기원전 5세기 이전부터 한반도 남부 지역에는 비파형동검을 사용하는 일정한 수준의 지배권력이 형성되어있었다. 당시 지배계층의 무덤인 돌널무덤이나 돌널무덤계 하부구조를 지닌 고인돌에서는 요령식동검이 한두 점 출토된다. 이들은 민무늬토기사회의 전통적 혈연관계를 토대로 성립된 소규모집단이다.[116] 필자는 이들을 단군왕검계 문화를 계승한 진인으로 본다.

이들 진인이 주도하던 고인돌사회는 기원전 300년을 기점으로 한 차례 사회변동을 맞는다. 이때가 되면 한반도 남부 지역에는 덧띠토기[粘土帶土器]와 세형동검문화 등 이전과는 전혀 새로운 물질문화가 등장해서 고인돌사회를 재편한다.[117] 일반적으로 새로 등장한 이들 문화의 기원을 요동 지역으로 본다.[118] 요동 중에서도 심양 일대의 정가와자유형과 대련 일대의 윤가촌(尹家村, 인지아촌)유형에 주목한다. 그것은 이때 새로 등장하는 문화인 돌덧

널무덤[石槨墓], 널무덤, 검은간토기, 덧띠토기 등이 이들 유적지에서 확인되기 때문이다.[119]

학자들은 이러한 현상을 설명하기 위해 '소규모민족이주가설'이 필요하다고 보았다. 즉 이들 문화는 특정 지역 주민들이 이동해서 남긴 문화라는 것이다. 이와 같이 주장하는 학자들은 특히 금강유역권의 초기 세형동검유물군에서 발견되는 나팔형동기나 거친무늬거울[粗紋鏡] 등에 주목한다. 그러한 유물들이 심양 정가와자 유적에서 나타나기 때문이다.[120]

그렇다면 이들 유물군은 언제 이들 지역으로 전파되었을까. 일반적으로 기원전 3세기 초 연나라 장수 진개가 고조선을 공격하여 서부 지역 2,000여 리를 빼앗은 전쟁에 주목한다(윤무병, 1972). 전쟁 결과 고조선의 중심지가 주민집단과 함께 이동하고(노태돈, 1990) 그 여파로 세형동검문화가 한반도 중서부 지방으로 파급되었다는 설명이다.[121]

좀 더 구체적으로는 진개파동으로 발생한 고조선 유민이 한반도 서해안을 통해 내려왔고 이들이 강을 거슬러 올라가면서 확산되었다고 본다. 박순발 교수는 그 근거로 요령 지역의 무순(撫順, 푸순) 연화보(蓮花堡, 롄화부)와 심양 정가와자에서 출토된 덧띠토기가 한반도 중서부인 보령 교성리와 아산 남성리 등에서 출토된 사실을 든다.[122]

학계의 이러한 설명이 옳다면 진개파동 때 요동 지역에서 출발한 일단의 주민들이 대전 괴정동·아산 남성리·보성 교성리 등지에 정착해 살았다. 그렇다면 요령성 서남단이나 대련(大連, 다롄) 지역에서 이주해온 이들은 구체적으로 어떤 혈맥과 문화를 계승한 사람들일까. 이들을 단순히 고조선계로 설명하면 될까. 필자는 그렇지 않다고 본다. 그들을 알려면 좀 더 세밀하게 검토해야 한다.

왜 그런가. 우선 그들이 단순히 정가와자에서 내려온 주민들이라고 속단할 수 없다는 것이다. 그 이유로 대전 괴정동계 청동유물군이 출토되는 묘제와 정가와자 유물군의 묘제가 다르다는 점을 들 수 있다. 괴정동 계통은 돌널무덤 혹은 돌덧널무덤인 데 반해 정가와자의 족장묘는 중원 지역의 묘제인 수혈목관 혹은 목곽계 묘제다(고모도 마사유키(甲元眞之), 1997).[123] 묘제가 다르다는 것은 중요한 의미가 있다. 일반적으로 특정 집단이 전통적으로 사용하는 묘제는 쉽게 변하지 않기 때문이다.

그렇다면 괴정동계 유물을 부장한 수장들은 정가와자문화를 접했던 다른 사람들일 수도 있다. 그러한 조건에 맞는 사람들로 당시 요동 지역에 있었던 진번세력을 들 수 있다. 진개파동 무렵 대고조선은 고조선과 진번이 하나의 정치공동체처럼 운용되는 느슨한 형태의 연맹왕국이었다.

그러한 사정은 『사기』에 '조선진번'으로 기록된 데에서 짐작할 수 있다. 『사기』「조선열전」의 주석에서는 진번(眞番), 임둔이 동쪽의 소국이라고 했고, 『한서』「지리지」에서는 진번이 고조선의 소국이라고 하였다.[124] 이때의 진번은 천관우도 지적했듯이 진·변한(辰·弁韓)족을 합해서 칭한 것이다.[125] 다시 말하면 진한인과 변한인이 섞여 살던 공동체였다.

이들 진번계 주민이 진개파동 때 해로를 거쳐 금강 유역으로 들어왔고, 그들이 정가와자유형의 청동기와 덧띠토기문화를 이 지역에 남겼다.

필자는 이들 진번계 주민들이 이전부터 금강 유역에 살던 고인돌·돌널무덤계 진인과 연합하여 만든 나라가 진국이라고 본다. 그들이 나라 이름을 진국이라고 한 것은 선주한 진인계와 뒤따라 들어온 진번계 진인이 새로 형성된 정치체를 주도했기 때문이다.

이러한 정황은 고고학적으로도 증명된다. 이들 지역에 있는 토착적인 고인돌의 분포구역은 기본적으로 세형동검단계의 청동기 밀집분포 구역과 서로 다른 것이 확인된다. 고인돌은 차령산맥 남쪽 보령 지역에 밀집·분포하고 청동기부장묘가 없는 반면, 아산만의 예산, 아산에는 청동기부장묘가 분포하는 대신 고인돌 숫자는 드물다. 이들 지역에는 상호 일정한 기간 각각

동경부장묘로 대표되는 나라와 고인돌로 대표되는 일반읍락 혹은 촌락이 병존한 것이다.[126]

당시 진국에 속하는 소국에는 진번계·조선계·토착진인이 각기 주도하는 소국이나 촌락이 있었다. 이들 중 조선계 유민은 한씨조선의 문화를 계승한 사람들로, 남한사회에 '한'이란 명칭의 정치공동체를 잉태시키며 성장하기 시작했을 것이다. 이들과 고조선의 마지막 왕 준과 함께 남하한 사람들이 진국이 소멸한 뒤 마한사회를 주도하게 된다.

따라서 진국을 주도한 진왕이 살던 도읍은 금강 유역의 대전 괴정동·아산 남성리·예산 동서리 주변에서 찾아야 한다. 당시 이 지역은 대동강 유역과 함께 한반도 청동기문화의 양대 중심지였다.[127]

이러한 고고학적 자료는 당시 남북으로 대치하던 두 정치체, 즉 위만조선과 진국의 중심지가 어디인지를 말해준다. 충남 지역에 중심을 둔 특정 정치세력은 주변의 소국들을 정치경제적으로 결속해 하나의 정치체를 이루고 대외적으로 통일적 기능을 발휘하게 된다. 그러한 상황에서 정치경제적 독자성을 확보하려는 진국과 위만조선이 충돌하는 상황을 『사기』 「조선열전」은 "진국이 중국의 천자에게 가고자 하나 위만조선이 방해하여 통하지 못하게 한다"[128]라고 적었다. 한반도 중남부 지역을 결속한 진국이 자신들의 이익을 극대화하려고 한과 직접 통교하고자 한 것이다. 이현혜는 진국이 청동기 제작능력을 갖추고 있었으며, 이미 강력한 지배권력이 성립되어있었을 것으로 추정했다.[129]

05

거대한 탁자식 고인돌은 진인이 만들었다

세계문화유산 고인돌

학자들은 대부분 고인돌을 고조선의 문화유산으로 생각한다. 고인돌은 실제로 고조선의 문화유산일까. 어쩌면 고인돌이 고조선의 문화유산이 맞느냐고 질문하는 것 자체를 생뚱맞다고 할 것이다. 그러나 동북 지역의 신석기시대 말과 청동기시대의 역사 흐름을 제대로 살펴보면 그렇지 않다는 것을 금방 알 수 있다. 고인돌을 고조선의 문화유산으로 삼는다면 기원전 8세기 무렵 조성되기 시작한 한강 남쪽의 고인돌 축조집단도[130] 고조선에 포함되어야 하지 않는가.

북한을 방문했던 한 학자는 대동강 유역에 있는 대형 탁자식 고인돌에 주목하고, 그곳이 단군조선의 중심지일 것이라고 했다.[131] 그렇다면 남한에 있는 고인돌 유적도 고조선의 유적이 되어야 맞지 않을까. 윤내현을 빼고는 요동 고조선설을 주장하는 사람이나 평양 고조선설을 주장하는 사람 모두 남한의 고인돌사회가 고조선이라고 인정하지 않는다. 모순이지 않는가.

그러한 모순은 춘추전국시대 문헌에 처음 등장하는 고조선과 그 이전에 요서 지역에서 활동하다 요동과 서북한 그리고 한강 이남으로 이주하면서 활동한 사람들을 구별해서 인식하지 않았기 때문에 생긴다. 춘추전국시대 조양 지역에 중심을 두고 활동하던 조선은 비파형동검문화와 관련이 있고, 조선 이전에 요서에서 활동하다 요동과 서북한 지역으로 이주한 사람들은 고인돌문화와 관련이 있다.

여기에서는 고인돌이 후기홍산문화의 석묘계문화를 계승한 단군왕검계 진인(辰人·眞人)의 문화라는 것을 여러 관점에서 제시하려고 한다. 진번·진국·진한·변진 등과 연결되는 진인의 흐름은 문헌에 기원전 10세기 전후 등장한 것으로 기록된 고조선 계통의 흐름과 구별하면서 이해할 필요가 있다.

고인돌에 대한 개괄적 이해를 바탕으로 고인돌사회와 한국 고대사가 어떻게 연결되는지 알아보자. 고인돌은 지중해 연안, 중동지방, 아프리카, 프랑스, 영국, 스위스뿐만 아니라 동남아시아와 인도 등지에도 있다. 특히 유럽에서 고인돌이 집중 분포하는 지역은 브르타뉴를 중심으로 한 북대서양 연안과 리베리아반도, 영국과 아일랜드 지방이다. 아일랜드에는 고인돌이 1,500기 정도로 비교적 많이 있다.[132]

유럽의 고인돌은 신석기시대에서 청동기시대로 넘어가던 기원전 2500년

좌 아일랜드 켈트족의 고인돌 / 우 서부 코카서스(조지아)의 고인돌

대에 발생했다.[133] 이는 요동과 서북한 지역보다 빠른 것이다. 그렇다면 인류는 왜 고인돌을 축조했을까?

콜린 렌프류(Colin Renfrew)는 고인돌과 거석기념물이 주민들 간의 충돌을 방지하기 위한 것이었다고 했다. 북대서양 연안을 예로 들면 그 지역으로 확산되어 들어오는 농경민집단과 그 지역에서 채집생활을 영위해온 집단이 공존하며 인구의 압력을 받게 되자, 자신들이 차지한 영역의 표지(標識, territorial mark)로 거석묘를 축조하게 되었다는 것이다.[134] 이언 호더(Ian Hodder, 1979)도 렌프류와 비슷한 견해를 보인다.[135] 고고학자 이성주도 한반도 고인돌을 유럽의 거석기념물처럼 영역의 표지로 이해한다.[136]

공동체의 제단 기능을 한 고인돌

그렇다면 고인돌이 분포한 한국과 중국에서는 고인돌을 어떻게 불러왔을까. 중국에서는 대형 탁자식 고인돌을 고수석(姑嫂石)·선인당(仙人當)·비래석(飛來石)이라고도 하고, 석붕(石棚)·대석개묘(大石蓋墓)라고도 했다.[137] 『삼국지』「위서」는 관석(冠石)이라고 하였으며, 『압강행부지』에는 오늘날 중국 학자들이 사용하는 석붕이란 말이 처음 나온다.[138] 탁자식 고인돌을 탁석(卓石)·관석·관면식(冠冕式)이라고도 불렀다.[139] 우리나라에서는 고인돌을 괸돌, 지석묘 또는 탱석(撑石)이라고 부르며, 마을 이름에도 괸마을, 괸돌마을, 지석리 등이 있다. 영어로는 돌멘(Dolmen)이라고 한다.

고인돌은 세계에서 우리나라에 가장 많이 분포하고 있는 독특한 유적으로 2000년 세계문화유산으로 등록되었다. 이는 한반도에 분포하고 있는 고인돌문화가 세계적으로 보존 가치가 있는 인류의 문화유산임을 공인받은 것이다.

고인돌은 중국 요동과 길림성(吉林省, 지린성) 그리고 서북한과 전라남도 지

요동 남단 웅악성 개주 석붕산에 있는 고인돌. 웅악 8경 중 하나이며, 청대에 절로 사용되기도 했다.

역을 잇는 광대한 지역에 퍼져 있다. 특히 대동강 유역에는 1만 5,000여 기, 전라도 지역에는 2만여 기가 집중 분포하고 있다. 중국에서는 앞서 말한 지역을 제외하면 황하 이북에는 산동반도에만 몇 기 남아있고, 장강 이남에도 있다. 학자들은 산동반도의 고인돌은 요동반도에 살던 고인돌문화인과 관련이 있는 것으로 본다. 고인돌의 분포 지역과 한민족의 조상들이 활동하던 공간이 겹치는 것을 알 수 있다.

따라서 누가 고인돌을 조성했는지 아는 것은 한민족의 상고사를 연구하는 데 매우 중요하다. 특히 요동 남부와 서북한 지역에 있는 대형 탁자식 고인돌 문화를 누가 일궜는지 파악하는 것이 중요하다. 요동 개주(蓋州, 가이핑)의 석붕산(石棚山, 스펑샨)이나 황해도 은율 고인돌은 뚜껑돌이 8미터가 넘는다.

탁자식 고인돌은 대부분 평지나 구릉지에 있다. 이 중 높다란 구릉지나

황해도 은율 관산리 고인돌

산마루에 있는 고인돌은 조망을 고려하여 주변을 한눈에 바라볼 수 있는 곳에 축조했다. 서북한 지역의 탁자식 고인돌 입지조건도 이와 비슷하다.[140]

필자도 10여 년 전 요동 지역에 있는 대형 고인돌을 답사해 현장의 지세를 살펴보고 고인돌의 제반 사항을 측량했다. 요동 지역의 탁자식 고인돌은 대부분 주거지보다 높은 구릉에 단독으로 분포하였는데, 신성한 제단과 같은 인상을 받았다. 고인돌에서는 마을이 한눈에 들어온다. 독수리가 창공에서 들판을 바라보는 것과 같다. 고인돌은 천신이 하늘에서 내려와 마을을 굽어보고 지켜줄 것 같은 공간에 정좌하고 있다.

마을을 한눈에 볼 수 있는 고인돌은 어떤 역할을 했을까. 농경사회였던 당시 주민들은 일 년 중 특정한 날 이곳에 모여 천제를 올리고 마을의 평안과 풍농을 기원했을 것이다. 따라서 대형 고인돌은 무덤 기능보다는 의례를 수행하는 성소, 즉 제단의 성격이 강했다고 보아야 한다.[141] 또 대형 고인돌은 공동체의 권역을 나타내는 상징이자 수호의 상징이기도 했으며, 마을 구성원 전체가 벌이는 축제의 장이기도 했을 것이다.[142] 대형 고인돌은 죽은 조상들, 특히 대대로 촌락공동체를 지도하던 군장들의 혼령이 왕래하는 곳이기도 했을 것이다. 당시 현직에 있는 군장은 특정한 의식을 진행하면서 조상 군장들의 신탁을 받아 마을공동체를 이끌었을 것이다.

북한학계에서는 규모가 큰 탁자식 고인돌을 소국(小國)의 지배자와 관련짓고,[143] 그중에서도 특별히 큰 탁자식 고인돌을 단군조선왕의 무덤으로 해석하기도 한다.[144]

그렇다면 고인돌은 요동과 서북한 지역에서 독자적으로 발생했을까. 고고학적으로 판단해보면 고인돌은 요서 지역에 있던 후기홍산문화인이 가지고 있던 석묘계문화와 연결된다. 그들은 기본적으로 돌널무덤이나 돌무지무덤 묘제를 사용했는데, 요동과 서북한 지역의 묘제와 대동소이하다. 필자는 돌널무덤을 지상으로 드러내어 대형 상징물로 만든 것이 탁자식 고인돌이라고 생각한다.

그런데 고인돌이 남방에서 기원했다고 주장하는 학자도 있다. 고고학자 김병모가 그렇다. 김병모는 고인돌이 발견된 지역과 아시아 원주민들 중 난생신화를 믿는 종족이 살고 있는 지역이 일치한다는 데 주목했다. 그는 이러한 인식을 바탕으로 벼농사가 남방으로부터 전래될 때 남방에서 이주해온 사람들이 고인돌을 가지고 왔다고 생각했다. 그는 한반도에서 고인돌이 유행하던 기원전 5세기 전후보다는 인도의 고인돌문화가 몇 세기 앞선다면서, 인도 → 인도네시아 → 한반도 순으로 고인돌문화가 전파되었다고 했다.[145]

이에 대해 정수일은 벼농사 문화의 원류에 해당하는 양자강(楊子江, 양쯔강) 유역과 회하 하류에서는 고인돌이 거의 발견되지 않고, 고인돌에서는 주로 청동기가 출토된다는 점 등을 들어 남방기원설을 일축한다.[146] 다른 학자들도 고인돌이 한반도보다 요령 지방에서 훨씬 빨리 출현했다는 이유를 들

어 고인돌 남방기원설을 수용하지 않는다.[147]

대형 탁자식 고인돌은 특정 지역을 중심으로

중국 동북 지역과 한반도 서북 지역을 대상으로 했을 때, 고인돌은 요동 남단, 길림성 휘발하(輝發河, 휘파허) 유역, 그리고 서북한 지역 세 곳에 특히 밀집되어있다.[148] 이들 세 지역 중 고인돌이 발생한 지역은 어디일까. 학자들은 대부분 요동 남단이나 서북한 지역의 대형 탁자식 고인돌은 비슷한 시기에 조성되었을 것으로 본다. 그러나 요동 북부 지역이나 길림성 지역은 이들보다 늦게 조성되었음이 확인되고 있다.

요동 중부 지역인 혼하(渾河, 훈허강) 유역이나 더 북쪽에 있는 길림성 휘발하 지역의 고인돌은 대부분 탁자식보다 후대의 것으로 판단되는 개석식이다. 이들 지역의 고인돌에서는 요동 남부보다 이른 시기의 유물 자료가 나오지 않는다. 이러한 정황은 고인돌이 요동 남단에서 발생하여 북으로 전파되면서 변형되었다는 것을 말해준다.[149,150]

그렇다면 고인돌은 요동 남단 또는 서북한 지역에서 발생했다고 할 수 있다. 현재로서는 두 지역 중 어느 지역에서 고인돌이 발생했다고 확정할 만한 자료를 찾을 수 없다.

요동반도에 있는 대형 탁자식 고인돌은 주변을 한눈에 바라볼 수 있는 권위 있는 자리에 있을 뿐 아니라, 대단히 공들여 축조했다. 해성(海程, 하이청) 석목성(析木城, 시무청) 고인돌을 비롯하여 장하(莊河, 좡허) 백점자(白店子, 바이뎬즈)와 대황지(大荒地, 따후앙띠), 개주 석봉산 고인돌은 굄돌과 마구리를 튼튼하게 맞추기 위하여 굄돌에 홈을 파기도 했다.[151] 이러한 사실은 고인돌을 축조할 때 계획을 치밀하게 세워 체계적인 과정에 따랐음을 일러준다.[152] 또 고인돌을 축조한 세력의 권위가 상당했고, 노동력을 상당히 동원할 수

해성 석목성 고인돌

있었음을 의미한다. 그들은 대형 고인돌을 축조함으로써 자신들의 위력을 과시하려 했던 것 같다.[153]

고인돌의 크기나 밀집분포도, 조성의 선후 시기 등을 보면 탁자식 고인돌을 축조한 사람들의 초기 중심지는 개주 지역으로 판단된다. 개주 석봉산 고인돌은 웅악(熊岳) 8경 중 하나인데, 그 지명이 예사롭지 않다. 왠지 곰 부족의 중심지였을 것이라는 심증을 떨칠 수 없다.

어쨌든 요동 남단에서 시작된 고인돌문화의 한 갈래는 요동 북쪽을 지나 길림성 휘발하 상류 유역으로 이동했으며, 또 하나는 서북한 지역으로 이동했다. 그렇지 않았다면 비슷한 시기에 요동 남단과 서북한 지역으로 단군왕검사회 혹은 홍산문화의 곰 부족이 이주해왔고, 두 지역의 주민들이 동일한 문화의식을 바탕으로 고인돌을 창안하고 공유했다고 볼 수 있다.

장하 백점자 고인돌

고인돌은 고조선의 문화유산인가

북한 지역을 직접 답사한 어느 학자에 따르면 북한 지역에 남아있는 고인돌이 규모나 조영의 정교함에서 고조선의 초기 중심지로 비정하는 요동 남단의 대형 고인돌보다 더 뛰어나다고 했다. 대형 탁자식 고인돌은 요동 남단보다 서북한 지역에 집중적으로 분포되어있다고 전했다. 그 학자는 그러한 것들을 근거로 한반도 서북 지방 일대가 청동기시대 고인돌 축조의 중심지였고, 평양 대동강 일대에 커다란 정치세력이 존재했을 것이라고 했다.[154]

북한을 직접 답사한 학자의 그러한 견해는 곧 평양 일대가 고조선의 중심이었다는 말인데, 과연 그런가. 평양 일대가 고조선의 중심지였다면 요동 남부 지역은 고조선의 영역에 속했을까. 만약 그러한 주장이 옳다면 요동 지역뿐 아니라 고인돌문화가 확산된 남부 지역도 고조선의 영역에 편입되어야 한다. 윤내현의 관점이 옳다는 이야기다. 만주와 한반도를 포함하는 대고조선 말이다.

윤내현은 평양을 중심으로 40킬로미터 안에 고인돌이 수천 개 있어 한국에서 고인돌이 가장 많이 분포하고 있다는 점과 초기부터 중기와 후기의 것들이 망라되어있으며 특히 평양 지역에서 발견되는 초기 고인돌을 다른 지역에서 볼 수 없다는 점을 들어 평양 지역이 고조선의 초기 중심이었을 것으로 본다.[155] 그가 이러한 관점을 유지하는 것은 고조선이 한반도와 평양에서 건국되어 만주로 영역을 넓혀갔다고 보기 때문이다.[156] 많은 학자가 고인돌은 고조선 주민들이 창안하고 발전시켰으며 고조선의 중심이 평양이었을 것이라는 견해를 밝혀왔다.

이병도도 요동반도와 한반도의 서북해안지대는 동일한 문화권으로, 고인돌문화는 민족의 서식처였으며 그중 고조선의 중심지는 평양 일대라고 했다.[157] 김정배는 이들 고인돌문화권은 동일한 문화생활을 하던 예맥조선인이 남긴 유물이라고 했다.[158,159] 송호정도 이들 지역에 있는 전형적인 고인돌의 경우 발굴되는 유물들로 보아 동일한 시기에 같은 계열의 주민집단이 거주했다고 했다. 그는 이들 지역을 관통하는 하나의 정치체로 고조선 외에 다른 것이 없다고 했다.[160,161]

북한학계에서도 그와 같이 주장한다. 그들은 요동과 서북한 지역의 탁자식 고인돌을 초기 고조선의 문화로 보기 시작했으며, 그 중심지는 평양이라고 주장한다.[162]

이와 같이 많은 학자가 요동반도와 한반도 서북 지역의 고인돌문화를 고조선의 문화로 본다. 그렇다면 길림 지역과 한반도 남부로 확산된 고인돌문화도 고조선으로 보아야 하지 않는가. 하지만 학자들은 대부분 한반도 남부까지 포함하는 대고조선을 부정한다. 그렇다면 요동 남단과 서북한 지역에서 대형 탁자식 고인돌을 축조한 집단에 대해 다른 각도로 이해하는 것이 옳지 않은가.

서북한 지역이 고조선의 중심이었다면 비파형동검을 창안하고 더 많이 사용한 요서 지역이나 요동 중부 지역의 주민은 어떻게 이해해야 하는가. 초기 비파형동검 대부분이 돌널무덤이나 탁자식 고인돌보다 늦은 개석식 고인돌에서 출토되는 것은 어떻게 이해해야 하나. 학계에서는 비파형동검 또한 고조선의 지표유물로 보지 않는가. 비파형동검문화와 고인돌을 모두 고조선의 지표유물로 삼으면 요서와 요동, 길림과 한반도 전체를 포함하는 그야말로 대대고조선이 성립되어야 한다. 그런데 현실은 그렇지 않았잖은가.

심백강의 지적은 귀 기울일 만하다. 그는 평양 지역이 고조선의 발상지가 되려면 고인돌만 가지고는 부족하다고 비판한다. 고조선이 평양 지역에서 건국됐다면 그 지역에 요서 지역의 홍산문화 유지에서 발견되는 제단·여신묘·돌무지무덤 같은 건국 전야의 국가적 기본형태를 보여주는 유물·유적이 있어야 한다는 것이다.[163]

고인돌은 누가 만들었나

그렇다면 요동 남단과 서북한 지역의 대형 탁자식 고인돌을 만든 주인공은 누구이며 그들은 역사상 어떤 명칭으로 불린 집단인지 알아야 한다. 그래야만 한국 상고사의 흐름을 제대로 파악할 수 있다. 동북 지역 고인돌 축조 집단에 대해서는 동이족, 예맥족, 예족 등 여러 견해가 있다. 그중 맥족, 즉 곰 부족이 단연 우세하다.

중국학자 허옥림(許玉林, 쉬위린)은 요동 남부는 동이족, 요동지구와 길림 지역의 통화(通化, 퉁화)지구는 맥족이 주체가 되어 축조하였다고 보았다.[164] 이병도는 원래 중국 북방에 살던 맥족이 중원의 민족들과 투쟁하는 과정에서 요동반도와 한반도 서북해안 지대로 이주해와 고인돌을 조성했다고 했다.[165] 김정배도 예맥인이 고인돌을 만들었다고 했다.[166] 정한덕은 동북 지역의 고인돌은 예족이 조성하였고, 비파형동검과 미송리형 토기가 나오는 돌널무덤은 맥족의 문화유산이라고 했다.[167] 고인돌을 주로 연구하는 하문식도 고인돌과 본계 지역의 동굴무덤은 요동 지역의 청동기문화를 이룩한 같은 주민집단인 예맥족이 축조한 것으로 이해했다.[168] 송호정도 탁자식 고인돌은 동일계열의 주민집단인 예맥족이 거의 같은 시기(기원전 8~기원전 7세기경)에 만들었다고 주장했다.[169,170]

앞에서 살펴본 바와 같이 중국학자 허옥림이 요동 남부의 고인돌이 동이족의 문화유산일 거라고 보기는 했지만, 학자들은 대부분 고인돌문화를 담당한 주민을 맥족 혹은 예맥족으로 본다.

그러나 필자는 예맥족 중에서도 맥족이 주도하여 고인돌을 만들었고, 예족은 부수적인 처지에 있었거나 맥족의 고인돌문화를 받아들였을 것으로 본다. 왜냐하면 기본적으로 맥족이 서쪽에서 석묘계문화를 가지고 동으로 이주했고, 그들이 일부 예족을 기반으로 해서 공동체를 주도했을 것으로 짐작되기 때문이다. 동북아역사재단이 펴낸 『고조선, 단군, 부여』라는 책에는 이러한 사실이 잘 요약되어있다. 책에서는 "원래 예 계통의 주민집단이 살고 있던 요동 지역에 요서나 중국 북방으로부터 맥 계통의 주민집단이 이주하여 상호 융합해 구별이 없는 예맥이라는 종족집단을 형성한 것으로 보는 것이 가장 합리적 이해라 생각한다"라고 정리했다.[171]

맥족과 단군왕검계의 산물

그렇다면 서쪽에서 이동해온 맥족은 어떤 종족인가. 우선 문헌자료상 맥족은 중국 동부와 북부 그리고 동북부에 살았음이 확인된다. 맥족에 관한 가장 이른 자료는 『시경』「한혁편」이다.[172] 『시경』「한혁편」은 현재 북경 아래 고안현 지역에 있던 한국(韓國)의 제후가 그 북쪽에 있는 맥족을 다스렸다고

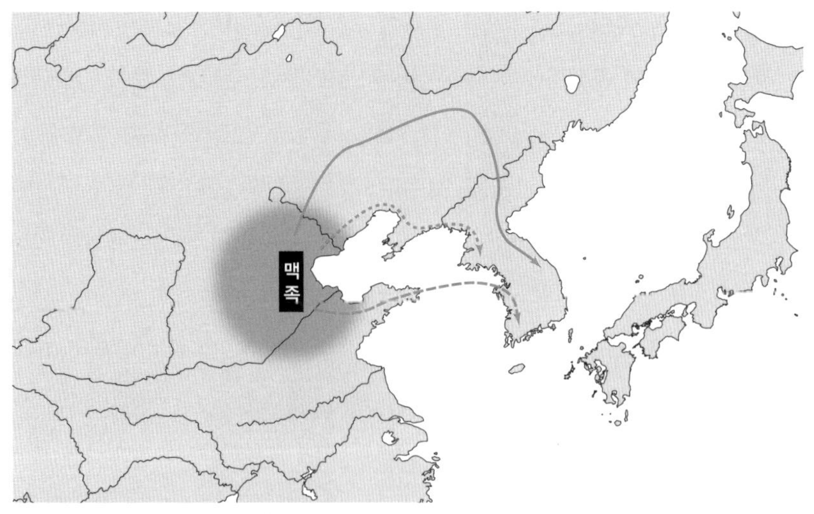

이병도의 연구에 따른 고조선의 맥족 이동로

했다. 같은 책 비궁편에는 "회이(淮夷)와 만맥(蠻貊)이 노나라 제후를 받들고 따랐다"라고 나온다. 노나라 주변에도 맥족이 있었다는 것이다. 또 『설원』 하 권모편은 "춘추시대 진(晉)나라 문공이 위나라를 공격하려 하자 후방에서 맥인이 진나라를 공격했다"라고 했다.[173] 기원전 7세기 중반에 재위한 문공 때 진나라 주변에 맥족이 살았다는 것을 의미한다.

이러한 기록들을 종합해보면 맥족은 주나라에서 춘추전국시대에 이르는 시기에 중원의 북부나 동쪽 지역에도 살았다. 이병도는 이들 맥족이 중원세력과 투쟁하면서 동쪽으로 이동했기 때문에 중국인이 그들을 동이 또는 이맥(夷貊)으로 불렀을 것이라고 했다.[174]

맥족이 연나라 동쪽 지역에 있었다는 기록도 보인다. 『관자』 「소광편」에는 난하 주변에 있던 종족을 예맥으로 칭하였고, 『산해경』 「해내서경」에는 연나라 주변에 맥국이 있다고 나온다. 중국학자 원리(苑利, 위안리)는 이때의 맥국(貊國)이 현재의 난하 동북에 있었다고 해석한다.[175]

문헌사료에는 맥족이 연나라 주변과 그 남쪽에도 보이고 요서·요동에도 있었던 것으로 나타난다. 북한학자 리지린은 이병도와 다른 관점으로 맥의 이동을 설명한다. 그는 맥족은 원래 요동과 요서에 근거하였는데, 그 일부가 기원전 1000여 년 전부터 서쪽으로 진출하여 오늘의 난하 상류로부터 연나라의 서북부와 노(魯)의 북방에까지 진출하여 활동하다가 흉노세력과 연나라세력에 밀려 활동영역이 요동 지역으로 국한되었다고 했다.[176]

이와 같이 맥족의 발생 지역과 활동영역에 대한 견해가 엇갈린다. 그러나 20세기 후반 요서 지역에서 홍산문화가 대대적으로 발굴되고, 그 문화의 성격이 드러남으로써 맥족에 대한 실마리가 풀리게 되었다.

1부에서 다루었듯이 후기홍산문화를 주도한 이들은 곰 부족이었다. 이때 곰 부족이 바로 맥족이었음은 『후한서』의 기록으로 알 수 있다. 『후한서』는 "맥이(貊夷)는 웅이(熊夷)이다"라고 명백하게 기록했다.[177] 또한 맥족과 곰 부족의 연관성은 언어학자 이병선도 제기했다. 그는 중국과 한국 문헌에 나오는 '맥(貊)'은 우리말 'kɔma'를 표기하기 위해 차용한 것이라고 했다.[178] 이병도도 이와 비슷한 주장을 했다. 그는 '貊'의 유래에 대하여, "맥(貊)과 웅(熊)을 신성시하여 이를 수호신, 조상신으로 숭배하던 토템사상에서 생겼다"라고 했다.[179]

신석기시대 후반에 황하 유역의 앙소문화 못지않게 찬란한 문화를 이룬 사람들이 홍산문화인이다. 후기홍산문화를 주도한 곰 부족이 바로 동북아시아 맥족의 뿌리다. 그들이 돌무지무덤, 돌널무덤 등과 같은 석묘계문화를 영위했다는 것은 이미 고고학적으로 밝혀졌다. 따라서 후기홍산문화인이 어디로 이동했는지를 추적하면 맥족의 역사를 이해할 수 있다.

일찍이 이들 중 한 무리는 서남으로 이동하여 화북성 북부와 산동 이남까지도 진출했다. 그리고 홍산(洪山, 홍산) 지역에 남았던 사람들은 하가점하층문화기에 중원에서 이주해온 공공족과 만나 단군왕검시대를 연다. 그 후

홍산문화 우하량 유적지에서 발견된 돌널무덤

단군왕검 말기에 일부 주민이 정치적 혹은 경제적 이유로 요동 지역과 한반도 서북 지역으로 이주한 것으로 추정할 수 있다. 이들이 홍산문화 지역의 석묘계문화를 동으로 가져왔고, 석묘계문화를 바탕으로 탁자식 고인돌을 만들었다. 학자들이 고조선의 표지유물이라고 한 비파형동검과 미송리형 토기가 폭넓게 발견되는 돌널무덤이 요동의 청원, 개원, 무순, 요양 등지에서 많이 발견된다.[180] 홍산문화 지역의 돌널무덤이 동으로 전파된 결과로 볼 수 있는 대목이다. 대형 탁자식 고인돌은 돌널무덤을 지상화하고 대형화하면서 만들어진다.

일찍이 홍산 지역에서 서남으로 이동했던 맥인들 중 일부도 후에 중원세력에 밀려 동으로 이동했다. 이들이 이병도가 말한 맥족이라고 이해할 수 있다. 그리고 리지린이 말한 요동과 요서 지역의 맥족은 단군왕검사회 후기에 동으로 이동한 맥족으로 이해하면 된다. 하지만 리지린의 주장처럼 요동으로 이동했던 맥족이 서쪽으로 진출했다가 다시 돌아온 것은 아니다.

탁자식 고인돌은 언제 만들어졌나

요동 남단과 서북한 지역에서 고인돌이 발생하고 대형 탁자식 고인돌이 조성된 시기를 아는 것도 중요하다. 그래야만 맥족 혹은 맥족이 포함된 고인돌 축조세력의 이동시점을 추정할 수 있다. 앞에서 살펴본 대로 고인돌 등 거석문화는 정착농경이 발달해 인구가 증가하면서 발생했다. 그렇다면 요령지방과 서북한 지역에는 언제 그러한 일이 일어났을까.

고인돌 축조 시기에 관해서는 학자들마다 자신에게 유리한 관점을 취한다. 이 때문에 요동 혹은 서북한에서 단군왕검시대가 시작되었다고 보고 싶은 사람, 단군왕검 초기인 기원전 2000년경에는 고인돌이 없었다고 생각하는 사람, 남방에서 고인돌이 전래되었다고 주장하고 싶은 사람들 사이에 시간차가 많이 난다.

북한학계는 대형 고인돌이 단군의 무덤이라고 주장하기 위해서 기원전 30세기와 기원전 25세기에 만든 고인돌이 있다고 발표했다. 함경남도 함주군 지석리와 원화리 고인돌이 그것이다. 그들은 이들 고인돌에 알터(고인돌 위에 구멍을 파놓은 것)가 새겨진 시기를 세차운동을 이용해 추정했다고 한다.[181] 그러나 송호정은 고인돌 주변에서 나온 유물의 연대가 대부분 기원전 10세기 이후라는 점을 지적하면서 북한에서 고인돌 축조연대를 기원전 2000년까지 올려 잡은 것은 잘못이라고 했다.[182]

북한은 단군신화에 고조선이 개국했다고 하는 시기에 이미 고인돌이 있었으며 대형 탁자식 고인돌은 단군왕검의 무덤이라고 주장하고 싶은 것이고, 송호정은 평양 고조선설을 인정하면서도 고조선은 기원전 10세기 이후에나 있었다고 주장하고 싶은 것이다. 주보돈도 기원전 10세기 무렵에는 고인돌이 만들어졌으며, 이때 초기국가가 태동했다고 했다.[183] 남한 지역에서는 그보다 조금 늦은 기원전 8세기 무렵부터 고인돌이 조성되었다.[184]

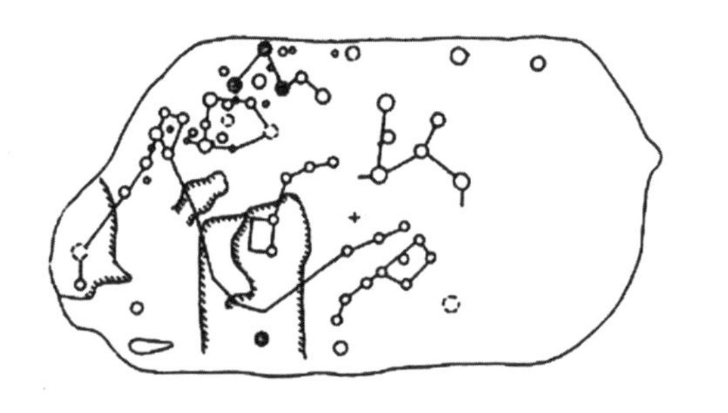
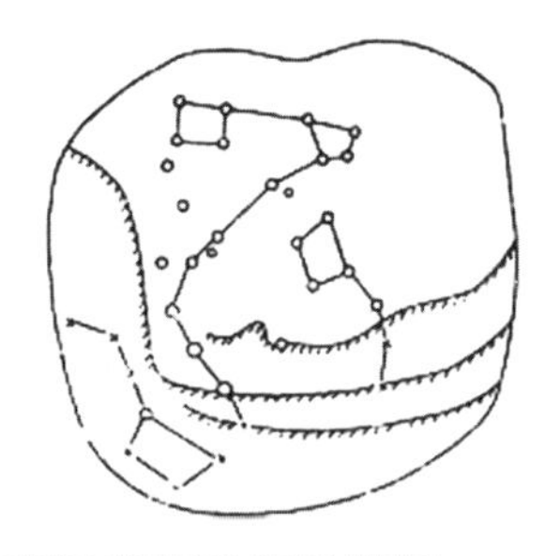

함경남도 함주군 지석리(왼쪽)와 평안남도 평원군 원화리(오른쪽) 고인돌의 덮개돌에 새겨진 별자리

요동 지역 고인돌이 고조선 유적이라고 하는 하문식은 이들 고인돌이 대체로 기원전 15~기원전 14세기 무렵에 축조되었다고 본다. 그에 따르면 이들 지역의 고인돌 중에는 장하 양둔(楊屯, 양툰) 탁자식 고인돌처럼 기원전 20세기경까지 축조 시기가 올라가는 것도 있다고 한다.[185] 반면에 그는 북한 지역의 고인돌은 기원전 10세기 무렵부터 조성되었다고 하여 두 지역의 고인돌 발생 시기를 다르게 보았다.[186] 그러나 그의 이러한 주장은 요동 남단과 서북한 지역의 고인돌을 같은 시기에 동일계열의 사람들이 축조했다는 일반적 견해와 충돌한다.

이와 같이 각자가 취하는 견해에 따라 고인돌 발생 시기를 달리 본다. 이는 고인돌이 언제부터 조성되었는지 아직 확실한 결론에 이르지 못했다는 것을 반증한다.

그렇다면 어느 정도 객관적 처지에 있는 중국학자들은 어떤 생각을 할까. 요령성문물연구소(1994)에 따르면, 요령 지방에서 정착농경이 본격적으로 발전하기 시작한 기원전 1500~기원전 1100년에 고인돌과 돌무지무덤 등이 발생했다고 한다.[187]

이러한 견해를 종합해서 판단해보면 요동 지역에서 고인돌이 발생한 시기는 기원전 15세기에서 기원전 12세기로 판단할 수 있다. 특히 요령반도 남단의 대형 고인돌 중 가장 큰 개주 석봉산 고인돌의 경우 현장 안내판에는 기원전 12세기경 조성된 것으로 기록되어있다.

진인의 흐름을 알아야 한다

고인돌만 두고 볼 때 다음과 같이 판단할 수 있다. 고인돌을 만든 시기는 기원전 2333년 무렵인 단군왕검 시기와는 관련이 없다. 그렇다면 초기 단군왕검사회는 다른 공간에 있었을 것이다. 그 후보지로는 최근 많은 사람이 주목하는 하가점하층문화 지역을 들 수 있다. 필자는 초기 단군왕검사회가 붕괴되고 동으로 이동한 후 요동 남단과 서북한 지역에 고인돌사회가 태동하기 시작한 것으로 추정한다.

그렇다면 그들은 언제 동으로 이동했을까. 그 시기는 이승휴가 『제왕운기』에서 지적한 전조선 멸망과 연결해보면 알 수 있다.[188] 『제왕운기』는 전·후 조선의 공백기가 시작되는 은나라 무정 8년에 단군이 아사달산으로 이주했고, 그 뒤 164년의 공백기가 지난 뒤 후조선이 성립되었다고 전한다. 『제왕운기』의 기록을 신뢰하면 단군왕검사회는 은나라 무정기의 정치적 격랑 속에서 동으로 이동했다.

혹 그들보다 앞선 시기에 요동 남단에서 고인돌이 발생했다면 그것은 후기홍산문화를 주도하던 맥인(곰 부족)들이 석묘계문화를 가지고 이들 지역으로 일찍 이동한 결과로 추정할 수 있다. 그러한 사실은 요동과 서북한 지역에서 고인돌이 조성되던 무렵의 묘제를 살펴보면 알 수 있다. 당시 청동기를 부장한 특별한 무덤의 주인공과 달리, 토착 지역 사람들은 대부분 처음에는 돌로 짠 무덤(돌널무덤)에 묻히거나 돌무더기를 쌓아올린(돌무지무덤) 무덤에 묻힌 예가 요동 지역 여러 곳에서 확인된다(이청규).[189] 이러한 묘제는 후기홍산문화인이 사용하던 것이다.

동산취 원형 제사 유적

고고학자 이형구는 '한국학계에서 돌무지무덤과 돌널무덤의 기원을 시베리아로 보는 것은 잘못'이라고 지적했다. 그 근거로 그는 홍산문화 지역에서는 그보다 2,000년 앞선 시기에 이미 돌무지무덤과 돌널무덤을 사용하였다는 점을 지적했다. 그러면서 그는 홍산문화인과 한민족이 같은 묘제를 썼다는 것은 문화 및 종족의 동질성까지 유추할 수 있다고 했다.

그뿐만 아니라 한반도로 이동한 홍산문화인과 고인돌 집단이 연결되어 있음을 보여주는 유적도 있다. 양평군 신원리에서는 기원전 10~기원전 7세기경에 조성된 것으로 추정되는 고인돌과 결합된 이중 환상(環狀)구조의 의

식장소가 발견되었다. 최몽룡은 이 유적을 요령성 동산취(東山嘴, 둥산쭈이) 홍산문화 유적과 연계된다고 했다.[190] 고인돌문화인들이 홍산문화와 연결되는 고고학적 증거인 셈이다.

이제 앞에서 설명한 내용을 근거로 고인돌사회를 어떻게 이해해야 하는지 결론을 내리자. 요동 남단과 서북한 지역의 고인돌사회를 고조선으로 보려면 고조선의 성립 시기는 고인돌이 축조되기 시작한 기원전 15세기 이후로 잡아야 한다. 그런데 강단의 주류학자들은 고조선이 기원전 10세기 이후에나 성립되었다고 한다. 그렇게 되면 단군신화에서 주장하는 기원전 24세기와 차이가 많다.

그러므로 필자의 가설처럼 고인돌사회는 초기 고조선사회가 아니라 요서 지역에서 기원전 24세기경에 발생하여 기원전 13~기원전 12세기경까지 유지된 단군왕검사회의 주민이 동으로 이주한 뒤 형성된 것으로 이해할 필요가 있다.

지금까지는 이와 같은 관점으로 역사의 흐름을 이해하지 않고 문헌자료와 고인돌사회를 억지로 연결하려니 모순이 발생한 것이다. 단군신화를 인정하자니 고인돌 축조연대와 시기가 맞지 않고, 문헌사료를 인정하자니 단군신화의 개국연대를 부정해야만 했다.

그렇다면 요동반도와 서북한 지역에 고인돌을 축조한 사회는 문헌기록에 어떻게 기록되었을까. 문헌기록으로 보면 초기 단군왕검사회는 숙신으로 기록되었고, 이들이 요동과 서북한 지역에서 대형 고인돌사회를 형성했을 때는 진인(眞人) 또는 진인(辰人)으로 불렸다. 그러다가 서쪽에 새로운 이주집단인 고깔모자를 쓴 사람들, 즉 변인(弁人, 후에 변한이 되는 사람들의 조상)들이 들어오자 진번(眞番)이라는 정치체가 형성된다.[191] 이들이 남한 지역으로 이동하면서 진국·진한·변진이라는 공동체 명칭이 탄생했고, 길림 지역으로 이동한 사람들은 숙신으로 불렸다.

06

홍산문화인과 환웅의 만남으로 탄생한 단군숙신(쥬신)족

기록상 동북 지역 최초의 국가는 숙신

고고학자 이성주는 "고고학적으로 민족과 그 문화의 기원을 막연히 북방으로 설정한 것은 민족의 아이덴티티를 중국과는 다른 어떤 것으로 설정하려는 일종의 인종주의적 자기규정"이며, "북방문화 혹은 북방민족이라는 개념은 실체가 극히 의심스러운 것"이라고 비판했다. 그러면서 "문헌사의 고증으로 나온 동이족의 기원과 이주에 대한 견해는 고고학적인 북방계 민족 문화기원설과 상반된다"라고 지적했다.[192]

한민족 초기공동체는 한편으로는 중원 지역과 끊임없이 교류하고 이동하는 과정에서, 다른 한편으로는 서쪽에서 동쪽으로 이동한 동호 무리에 섞여있던 종족과 결합함으로써 형성되었다.

20세기 후반 주목받기 시작한 요서 지역의 요하문명은 동북 지역이 동북아문명의 발상지 중 하나라는 사실을 확인해주었다. 요하문명은 늘 중원 지역의 황하문명이 동아시아문명의 발상지라고 배워온 우리에게 새로운 관점을 제시해준다. 1980년대 이후의 연구 결과에 따르면 황하문명을 대표하는 앙소문화와 요하문명을 대표하는 홍산문화가 이미 교류하고 있었다. 기원전 3500년을 전후한 시기에 이미 두 지역의 주민과 문화가 교류하였다는 사실이 밝혀진 것이다. 그렇다면 두 지역의 교류는 그 이후에도 지속적으로 이어졌다고 보는 것이 합리적이다. 그러한 인적·물적 교류과정에서 동북 지역에 초기정치체가 등장했을 것이다.

문헌기록으로 볼 때 중국 동북 지역 최초의 정치체는 숙신이다. 2000년 이후 중국에서 출판된 역사책에는 대부분 동북 지역의 연표를 작성할 때 홍산문화를 제일 앞에 둔다. 다음으로는 홍산문화와 비슷한 시기에 길림성 장춘(長春, 창춘) 지역에 숙신족이 신개류문화를 영위했으며, 그들은 순임금 25년인 기원전 2130년에 희도(喜都, 지금의 장춘)에 정도했다고 설명한다.

중국학자들이 숙신족을 지금의 길림 지방에 있었던 고유한 종족으로 파악하는 것은 그들의 일방적 주장이다. 기원전 2130년인 순임금 25년에 나라를 세웠다는 것도, 『죽서기년』 순임금 25년조에 따른 것이다. 그 책에는 "식신(息愼=肅愼)이 조근(朝覲)을 왔는데 예물로 활과 화살을 가져왔다"라고 했다.

중국의 문헌을 보면 상고시대에 중국의 북쪽에 있던 최초의 정치체는 숙신이다. 숙신과 상고시대 중원왕조는 서로 상당히 교섭한 것으로 여러 문헌에 기록되어있다. 만약 이러한 기록이 사실이라면 숙신은 중원왕조와 가까운 동북 지역에 있어야 한다. 당시 숙신은 대다수 중국학자나 일부 한국학자의 생각처럼 백두산 북쪽이나 흑룡강 이남 어디인가에 있을 수 없다.

상고시대 중원세력의 직간접적 통치영역을 고려하면 그렇게 멀리 있는 숙신이 중원의 정치세력에 내조할 이유가 없었다. 고고학적으로 밝혀졌듯이 하가점하층문화 같은 발전된 정치집단이 있었는데도 후방에 있는 정치집단이 중원집단에 내조할 이유가 있었겠는가? 외교적 행위를 하려면 어떤 정치·경제적 이유가 있어야 한다. 일반적으로 이해하는 것처럼 중원왕조와 그렇게 멀리 떨어져 있었다면 숙신이 중원왕조와 정치적 관계를 맺을 아무런 이유가 없지 않은가. 둘 사이에 전쟁의 위협이 있는 것도 아니고, 당시로는 몇천 리 떨어진 두 지역이 경제교류를 했을 리도 없지 않은가.

중원왕조의 사가들은 자신들과 인접한 동서남북의 세력에 대해 기술하는 것이 관례였다. 그렇다면 적어도 하나라나 상나라 시기 숙신은 중국의 동북 지역인 요서 지역 어딘가에 중심을 두고 하북 북부까지 영향력을 행사한 집단으로 보아야 한다.

필자는 숙신을 단군신화에 나오는 조선으로 이해하고 그들을 단군조선이 아니라 단군숙신이라고 불러야 한다고 보았다. 앞에서도 언급했지만 이들이 바로 동북아 역사에서 숙신·진(辰)·진(眞)이 들어가는 정치체의 원조가 된다. 대쥬신족의 원류인 셈이다.

여기에서는 중원 신석기문화의 주인공 역할을 했던 공공족에 대해 간략하게 알아보고, 그들이 동북 지역으로 이주한 역사적 사실을 살펴보고자 한다. 이들 공공족이 후기홍산문화를 주도한 맥족인 곰 부족과 만나서 하가점하층문화를 영위했는데, 그들을 단군숙신으로 규정하고 단군신화를 이해할 필요가 있다는 것이 필자의 주장이다.

환웅은 어떤 세력인가

많은 사람이 단군신화에 등장하는 환웅세력이 어떤 세력인지 고민해왔지만, 해답을 찾지 못했다. 어떤 사람들은 환웅이 북서쪽에 있는 바이칼호수 주변이나 알타이산 등지에서 이주해왔을 것으로 생각한다. 하지만 단군신화를 분석해보면 그러한 생각이 잘못되었다는 것을 금방 깨달을 수 있다. 환웅은 곰 부족보다 앞선 문명 지역에서 이주해왔다. 환웅이 신시를 열고 곰 부족들을 교화하는 데서 그러한 사정을 짐작할 수 있다.

환웅이 앞선 문명에서 왔어야 한다는 조건을 고려한 이종욱은 망한 은

나라 유민이 요서 지역으로 들어왔고, 그들 중에 환웅세력이 있었다고 주장한다.[193] 그러나 이종욱의 주장은 단군왕검이 기원전 24세기경에 성립되었다는 단군신화와 충돌한다.

그렇다면 환웅은 기원전 24세기 무렵, 동북 지역보다는 문명적으로 앞섰거나 비슷한 지역에서 이주해왔다고 보는 것이 합리적이다. 그런 조건에 부합하는 환웅을 찾아야 한다. 그런 조건에 맞는 환웅을 찾을 단서는 의외의 곳에 숨어있다. 『삼국유사』 황룡사9층탑조에 보이는 '동이공공족'에서 환웅의 단서를 찾을 수 있다.

> 너희 국왕은 인도의 찰리종족의 왕인데 이미 불기(佛記, 약속)를 받았으므로 남다른 인연이 있으며, 동이공공의 족속과는 같지 않다(汝國王是天竺刹利種族五受佛記 故別有因緣 不同東夷共工之族).[194]

이 기록에서 우리가 추정할 수 있는 것은 신라 김씨왕족 이전에 신라를 주도하던 세력이 동이공공(東夷共工)이라는 것이다. 그렇다면 신라의 전신인 사로국을 주도한 세력이 동이공공인 셈이다. 사로국을 주도한 세력이 누구인가. 그들은 박혁거세 집단 아닌가. 그런데 그들을 『삼국지』 한조에서는 '진국의 후예'라고 했다. 바로 진국·진한으로 이어지는 진인이 공공족과 관련 있다는 뜻이다.

이 이야기는 자장스님이 중국에 유학 가서 문수보살과 감통해 얻은 정보다. 문수보살은 불교에서 지혜를 상징하는 보살이다. 그런 보살이 자장스님에게 신라 이전의 사로국을 주도한 사람들이 중국 중원에서 활동하던 공공족의 후예라고 했다는 것은 중요한 의미가 있다.

역사를 연구하면서 감통으로 얻은 정보를 활용한다는 것에 대해 실증주의 역사학을 연구하는 사람들은 터무니없다고 할 것이다. 하지만 이 정보는

통도사 자장암의 자장스님 영정

자장스님이 가지고 있었던 지적 정보를 감통이라는 형식을 빌려 전했을 개연성이 있다는 측면에서 연구할 필요가 있다.

사실 이 이야기는 두 측면으로 이해해야 한다. 하나는 실제로 문수보살과 감통했을 개연성이다. 이 부분은 불교적 진리를 믿을 때 가능한 것이다. 의식의 기저에 있는 초의식이 발현되어 그와 같은 상황이 의식 속에서 벌어졌을 수도 있다. 둘은 자장이란 인물 자체가 신라 최고 지성인이었다는 데서 찾을 수 있다. 그는 재상자리를 마다하고 출가했다. 그런 그가 국내에 있을 때나 당나라에 갔을 때 많은 책을 접했고, 그 책에서 얻은 정보를 문수보살이 감통해서 얻은 정보처럼 포장해서 유포했을 수 있다.

어쨌든 자장스님이 지적한 공공족을 한민족을 형성한 주요 종족으로 보았을 때, 한민족 구성원이 그 뿌리에 대해 자존심을 가지고 있었던 것은 과장된 의식이 아니었다. 한민족은 후기신석기시대 중원과 동북 지역에서 각기 최고 문명을 구가하던 집단이 만나서 탄생했기 때문이다.

그 뿌리의 핵심세력인 공공은 중국의 전설적 제왕인 전욱(황제의 손자)과 천하의 주인자리를 놓고 다투었으며, 그 여파로 하늘과 땅이 기울어질 정도였다. 그들은 전설시대에 천하 절대지존의 자리에 있었으며, 그 지존의 자존심은 후예들에게 그대로 이어졌다. 그러한 자존심은 황제족과 끊임없이 갈등을 일으킨다. 그러다 요임금 말년에 지금의 북경 북쪽에 있는 밀운현으로 쫓겨난다.

한민족이 의식·무의식적으로 가지고 있는 자존심의 연원은 유라시아 대륙에서 초기 문명을 일으킬 때 참여했다는 데까지 연결된다. 그러나 아직도 김부식과 같이 민족의 역사를 왜소화하려는 사람들이 득세하는 것 같아 안타깝다. 상고사를 연구하면서 상상력의 고갈처럼 무서운 독은 없다. 일부 학자들은 신화나 전설을 꾸며낸 이야기로 치부해버리고 어쩌면 사실의 1~2퍼센트도 되지 않는 기록만을 근거로 역사를 설명해야 한다고 주장한다. 역사를 복원하려면 다양한 노력이 필요한데도 그들은 자신들의 단순한 논리만 반복하고 있으니 안타까운 일이다.

1980년대 이후 중국에서 진행되고 있는 고고학적 성과를 보라. 특히 동북 지역에서 발굴되는 요하문명과 그 문명의 후기에 이룩된 홍산문화는 실로 대단하다. 그런데 그 문명에 대한 기록이 한 구절이라도 남아있었는가. 후기홍산문화를 주도했던 사람들이 곰 부족, 즉 맥족이었다는 사실이 밝혀지지 않았다면 우리는 단군신화의 역사상을 복원하는 데 상당한 애로를 겪어야 했을 것이다.

후기홍산문화를 주도한 곰 부족을 황제의 문화로 보는 중국의 신화학자 엽서헌은 '황제집단의 곰 토템이 단군신화의 뿌리'라고 했다(2007).[195] 이제 문헌만으로 상고시대 역사를 복원할 수 있는 단계가 지났다는 것을 보여주는 대목이다. 따라서 새로운 관점으로 동북아 역사의 흐름을 이해해야 한다.

황하문명의 주인공 공공족

그렇다면 자장스님이 지적한 공공족은 어떤 사람들일까. 중국의 신화·전설을 면밀히 검토해보면 공공은 분명히 삼황오제에 들어갈 자격이 있다. 그들은 전설시대 중원 지역의 실세였으나 염제와 황제계가 중원을 주도하면서 입

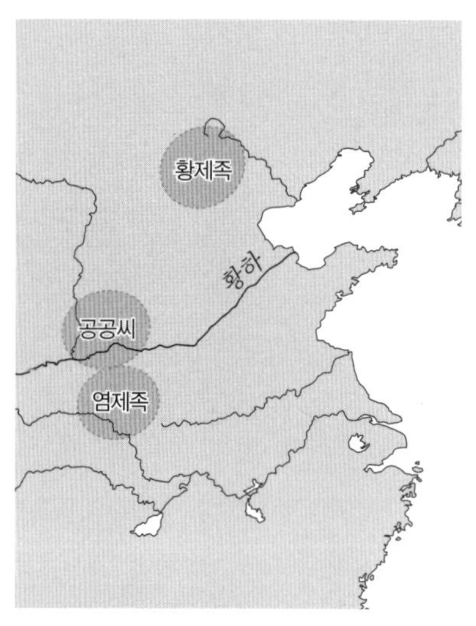

공공씨의 위치(『중국역사지도집』 참조)

지를 점차 상실한다. 대부분의 문헌에서 공공은 전설시대의 삼황에서 배제되었다. 공공은 송나라 때 유서가 쓴 『통감외기』에서 복희·신농과 함께 삼황으로 평가받기도 했지만, 문헌 대부분에서 그는 실세로 대접받지 못했다.

중국인은 중원문화의 정통성이 오제에 있다고 생각한다. 하지만 오제가 어떤 인물인지에 대한 의견도 다양하다. 중국인은 대부분 사마천의 의견을 따른다. 사마천은 『대대례』 등의 문헌에 근거하여, 황제, 전욱, 제곡, 요와 순이 같은 혈통을 계승했다고 보았다. 그는 중국인에게 중국 민족이 황제의 혈통을 계승했다는 생각을 하게 했다.[196] 그러나 전설시대에 중국에는 다양한 민족이 살았고, 각 시대를 이끌었던 주도 종족은 시대에 따라 달랐다. 따라서 삼황오제가 일맥으로 이어졌다는 동일 혈통설은 심리적인 것이지 사실적인 것이 아니나.

중국의 신화·전설에 등장하는 공공족만 해도 그렇다. 그들은 늘 황제계와 맞서는 종족으로 그려졌다. 이 때문에 그들은 중국인에게 사랑받지 못했다. 그러나 상고시대 신화·전설의 행간을 객관적으로 읽어낸 학자들은 그들이 중원에서 대단한 역할을 했다는 것을 인정한다. 몽문통(蒙文通, 멍원통)은 상고시대 중국 민족을 셋으로 분류했다. 하나는 강한민족(江漢民族), 둘은 하락민족(河洛民族), 셋은 해대민족(海岱民族)이다. 그중 공공씨가 주도한 강한민족은 여왜씨를 계승했다고 보았다. 공공이 주도한 강한민족에 염제, 치우, 곤이 속했던 것으로 파악했다. 또 그는 황제계를 하락민족으로, 복희

이후의 태호와 소호족을 해대민족으로 분류했다.[197]

공공족이 황하 중류와 그 남쪽 지방의 역사와 문화를 주도했다고 주장한 몽문통의 견해는 중국에서는 이단이다. 사실 황제계는 치우와 탁록에서 전쟁을 치르고 나서 남하한 이후 황하 지역을 주도했다. 황제계가 남하하기 전에 공공은 분명 황하 중류 지역에서 살았다. 『중국역사지도집』에 실린 전설시대의 지도로 그러한 정황을 이해할 수 있다.

여왜씨를 계승하다

문헌기록을 보아도 공공이 여왜씨를 계승했다는 것을 알 수 있다. 이는 중국 중원 지역에서 모계사회에서 부계사회로 넘어가는 과정에 공공이 있었다는 것을 말한다.

공공은 『한서』, 「고금인표」에는 여왜씨의 제후로 나오고, 『태평어람』에 인용된 『황제세기』에는 여왜씨 말기의 제후로 나온다. 그리고 『열자』나 『회남자』 등에는 공공이 전욱 혹은 고신(高辛)씨와 싸웠다고 나온다.[198] 중국의 신화·전설에서 복희와 여왜는 가장 오래된 신이다. 이는 공공이 신석기 초·중기사회에서 후기사회로 넘어가는 과정에 등장했다는 것을 의미한다.

『회남자』, 『열자』, 『논형』 등에 기록된 것을 보면 공공이 신석기시대 후기에 새로 부상한 황제계와 얼마나 격렬하게 투쟁했는지를 알 수 있다.

> 옛날에 공공이 전욱과 다투어 황제가 되려고 했을 때 노하여 부주산(不周山)에 부딪혀 하늘의 기둥이 부러지고 땅의 벼리가 끊어져 하늘이 서북쪽으로 기울어졌으므로 일, 월, 성, 신이 서북쪽으로 옮겨지고 땅이 동남쪽으로 내려앉아서 물, 빗물, 티끌이 동남으로 돌아갔다(共工與顓頊爭爲帝).[199]

> 옛날 여왜씨가 오색의 돌을 달구어 그 구멍을 메웠고 자라의 다리를 잘라 사극을 세웠다. 그 후 공공씨와 전욱이 재위를 쟁탈하다가 노하여 부주산을 건드려 천주를 부러뜨리고 땅을 매고 있던 끈을 끊어버렸다. 그래서 하늘이 서북으로 기울어 일월성신이 그리로 가며 땅은 동남쪽이 차지 않아 모든 강물이 그리로 흘러간다(其後共工氏與顓頊爭爲帝).[200]

> 공공이 전욱과 천자 자리를 두고 다투었으나 이기지 못하자 화가 나서 부주산을 쳐서 하늘을 받치는 기둥을 부러뜨리고 땅에 이어진 밧줄을 끊었다. 여왜는 오색 돌을 녹여서 푸른 하늘을 받치고, 자라의 발을 잘라서 네 가장자리를 받쳤다. 하늘은 서북쪽이 비었으므로 해와 달이 그쪽으로 옮겨가고 땅은 동남쪽이 비었으므로 온갖 하천이 그쪽으로 흘러 들어갔다(共工與顓頊爭爲天子).[201]

위에 인용한 신화들을 보면 공공족과 황제족이 투쟁하는 과정에서 현재의 세상, 그러니까 황제계가 중국 역사를 주도하는 세상이 되었다는 것을 알 수 있다. 또 신화가 전해주는 행간을 읽어보면 황제계가 중원의 패자가 되려고 얼마나 극심한 투쟁과정을 거쳤는지 알 수 있다.

대부분 신화에서 공공은 황제의 자손을 괴롭히는 흉악한 신으로 묘사된다. 스스로 황제의 후손이라고 생각하는 중국인은 공공을 항거와 반역의 영웅으로 묘사하였다. 역사는 승자의 기록이라는 말이 있다. 황제가 등장하면서 공공은 중원 역사의 패배자가 되었다. 그가 황제계를 끊임없이 괴롭혔다는 것은 역설적으로 한동안 중원 지역의 패자였다는 것을 말한다. 공공족은 황제계 이전 상고 씨족사회의 영수였던 것이다.[202]

그러한 사실을 뒷받침하는 것이 공공이 등장하는 여왜보천신화이다. 공공과 관련된 기록을 전하는 대다수 중국 고전은 어김없이 공공신화와 여왜보천을 비롯한 홍수신화를 병기하였다.[203] 이는 세계 도처에 대홍수시대 이후 세계를 여왜와 공공이 주도했다는 기억을 전하는 것이다. 또 『예기』 제법은 "공공씨는 구주의 패자였다. 그에게는 후토(后土)라는 아들이 있었는데, 구주를 평정했으므로 토지의 신으로 제사 지낸다"라고 기록했다.[204]

이러한 자료들이 전하는 내용을 객관적으로 살펴보면, 중국인이 그토록 미워한 공공족이 사실은 중원의 신석기문화를 주도적으로 이끈 종족이었다는 것을 눈치 챌 수 있다. 그들은 황제에 앞서 중원을 장악했다. 그들이 황제보다 먼저 중원을 장악했다는 것은 황제가 치우와 전쟁을 치르고 난 뒤 중원으로 이주해 정착하는 과정에서 천자 지위를 두고 공공족과 투쟁한 것으로도 알 수 있다. 황제계는 공공족을 쉽게 제압하거나 물리칠 수 없었다.

황제족이 처음 중원으로 내려갔을 때 무력으로는 공공족보다 우위에 있었다. 그럼에도 그들은 공공족을 일거에 내칠 수 없었다. 황제족은 유목민족이었기 때문에 농경을 해야 하는 중원의 풍토에 적응할 시간이 필요했다. 그래서 황제족은 상당 기간 공공족과 공존하는 방식을 선택했다. 공공족이 가지고 있던 치수를 비롯한 농사 기술을 활용할 가치가 있었기 때문이다.

앙소문화 채색토기 중 인면화병

공공족이 앙소문화기 농경민이었다는 것은 『관자』에 나오는 기록으로도 알 수 있다. 『관자』 「규도편」은, "물가에 사는 사람의 7할, 육지에 사는 사람의 3할이 공공에 속했다. 그는 하늘의 세력을 타고 천하의 요충지를 제압했다"라고 기록했다. 왜 이렇게 공공족의 활동영역이 광대했을까. 그것은 공공의 자손들이 사는 부락은 모두 관례에 따라 공공씨라 했고, 각지에 흩어져 있던 그들의 동맹부락 역시 공공이란 이름을 사용했기 때문이다.[205] 이 또한 공공씨가 고대 부락사회의 최강자였음을 말한다.

유목민이었던 황제계는 초기 적응 과정에 공공족의 협조가 필요했다. 그리고 필요가 충족되어 자신들이 그 생활에 익숙할 때까지는 공공족과 공존할 수밖에 없었다. 그러면서도 두 세력은 갈등을 키워갔고, 갈등이 확대되자 중원의 지배권을 놓고 다투게 되었다. 요·순·우 임금을 거치면서 구시대 주역이었던 여왜와 공공족은 중원에서 퇴장하고 황제계가 새로운 주역이 되었다.

천산 너머에서 중원으로

그렇다면 공공족은 원래부터 중원 지역에서 살았을까. 그렇지 않다. 그 증거는 여러 방향에서 찾을 수 있다. 문헌기록에서 공공은 여왜를 계승했다고 했고, 중국학자 몽문통도 그러한 관점에 동의한다.

그렇다면 여왜는 누구인가? 복희와 여왜는 중국의 전설시대 중 가장 오래된 연맹집단으로, 섬서와 감숙(甘肅, 간쑤) 일대에서 활약했다. 이들에 관한 정보가 앙소문화와 마가요문화(馬家窰文化, 마자야오문화)의 유물에 골고루 표현되어있으며, 이들의 문화는 중원, 서남 그리고 동남 일대에 강력한 영향을 미쳤다.[206] 그렇다면 공공씨는 여왜족이 활동한 영역에서 활동했을 것이다. 이러한 상황을 고려하면 공공씨는 중원 지역에서 우리가 황하문명이라고 배운 앙소문화를 주도하던 세력이었다는 것을 짐작할 수 있다.

서양인의 모습이 표현된 앙소문화 채회도상

앙소문화는 어떤 문화인가. 앙소문화는 스

웨덴의 지질학자이자 탐험가인 안데르손(Johann Gunnar Andersson)이 1921년 하남성 민지현(澠池縣, 민츠현) 앙소촌(仰韶村, 양사오촌)에서 채색토기(도자기에 색깔 있는 문양이나 그림을 그린 것)를 발견하면서 붙여진 이름이다. 그는 이 채색토기가 1903년과 1904년에 미국 지질학자 래피얼 펌펠리(Raphel W. Pumpelly)가 중앙아시아 투르키스탄의 아나우 지역에서 발굴한 채색토기문화와 같다는 것을 알아냈다.[207]

앙소문화 시기의 문자

두 지역에서 나온 채색토기를 비교한 결과 아나우의 채색토기가 앙소채색토기보다 시기적으로 빠르고 문양도 유사하다는 점이 밝혀졌다. 이에 안데르손은 앙소채색토기가 서아시아 채색토기의 영향을 받아 발생했다는 이른바 '앙소채색토기 서래설'을 주장했다. 그의 주장에 따르면, 신석기시대에 문화적으로나 인종적으로 강한 몽골인종의 한 군(群)이 투르키스탄으로부터 중앙아시아를 거쳐 황하 하곡(河谷) 일대인 중원에 채색토기를 전파했다. 또 그는 채색토기문화와 함께 서아시아의 초기 농경문화가 이들 지역으로 전래되었다고 보았다.[208] 앙소채색토기 서래설은 이후 소련학자 바시리예프치 등 많은 학자가 지지하고 있다.[209]

실제로 이후 앙소문화 유적지를 발굴한 결과 이들 지역은 선진적인 농업사회였을 뿐 아니라 중앙아시아 선사시대 역사와도 밀접한 관련이 있다는 것이 드러났다. 앙소문화의 연대는 대략 기원전 5000년에서 기원전 3000년경이다. 거주민은 주로 기장과 조[黍粟] 등의 곡물과 채소를 재배했으며, 가축을 기르고, 어로와 수렵을 병행했다.[210] 앞에서 말한 중원 지역 곡물의 신인 직신은 바로 앙소문화인의 의례에서 발생했다.

중국인 서래설은 중국의 국부로 추앙받는 손문(孫文, 쑨원)도 수긍했다. 그는 중국문화의 발상지에 비추어보면 상고시대 중국을 주도하던 사람들이 서북방에서 이주해왔으며, 총령을 지나 천산에 도달하고 신장을 경유해 황하 유역에 이르렀다는 점이 인정된다고 했다.[211] 1부에서도 설명했듯이 이러한 정황은 유전학적으로도 증명된다.

그런데 앙소나 투르키스탄의 아나우에서 발견된 채색토기와 유사한 채색토기를 19세기 중반 프랑스 인류학자 모르강(Jacques De Morgan)이 페르시아의 고도 수사(Susa)에 위치한 메소포타미아문명의 유적에서 발견했다.[212] 연구 결과 채색토기는 이란 서북부 산간지대에서 발생해 주변으로 확산된 것으로 보인다.[213]

공공족은 이들 채색토기문화와 관련이 있을 뿐 아니라 한민족이 가지고 있는 여러 문화코드, 즉 무당이 쓰는 고깔이나 진한인이 했다고 하는 편두문화는 이들 지역에서 발생했다. 공공족은 투르키스탄이 아니라 그 아래 메소포타미아 지역의 수시아나(수사)의 농경문화를 가지고 천산을 넘어 황하 중류 지역으로 들어왔다.

물을 잘 다룬 농경민

공공이 기원전 4000년 이전 메소포타미아 농경사회와 관련이 있음은 두 지역의 채색토기에 나타난 상징그림으로도 알 수 있다. 수시아나문화와 앙소문화의 그것을 비교해보면 상당히 유사한 면을 발견할 수 있다.

먼저 수시아나에서 발굴되어 프랑스 루브르박물관에 전시되어있는 아름다운 채색토기를 살펴보자. 도자기를 본 느낌이 어떠한가. 마치 현대 도예가의 작품 같지 않은가. 이 작품은 무려 6,000년 전 어느 도공이 제작한 것이다. 이 도자기에는 당시 사회의 문화를 읽을 수 있는 도안이 그려져 있다. 루

수시아나에서 출토된 채도(기원전 5000~기원전 4000)

브르박물관의 설명을 들어보자. 채색도자기 위아래에 그려진 분리된 선 세 개는 관개수로이다. 관개수로 안에는 수로의 물을 막거나 흐르게 할 때 사용하는 공구를 들고 있는 인물(농사의 신 혹은 물의 정령)이 서 있다. 또 도자기에는 지그재그로 표현된 관개수로가 그려져 있다. 이는 당시에 이미 관개농업을 했다는 것을 보여준다.

그런데 수시아나 채색토기에 표현된 관개수로와 '농사의 신 혹은 물의 정령'이 혼합된 형태의 도안이 앙소문화 채색도자기에도 보인다.

앙소문화와 수시아나에서 나온 채색도자기를 비교해보자. 두 그림은 의식이 상당히 유사한 사람들이 그렸다고 볼 수 있다. 시대 선후로 보았을 때

좌 청해성 낙도 출토 채도 / 우 감숙성 영등 출토 채도

앙소문화가 늦다. 그리고 앙소채도에 보이는 도안은 수시아나채도에 보이는 생명의 강과 '농사의 신 혹은 물의 정령'을 합쳐서 그린 것으로 이해할 수 있다. 그 신이 들고 있는 물막이 공구와 비슷한 것이 갑골문에 보이는데, 그 글자가 나중에 '공(工)'자로 바뀌는 것도 흥미롭다.[214]

중국신화에서 공공이 홍수를 일으켰다는 것은 그가 물을 다스리는 임무를 맡았다는 것을 말한다. 중국학자 유이징(柳詒徵, 류이정)은 2002년에 발표한 『중국문화사』에서 공공의 아들 후토(后土)가 토지신이 된 것은 공공씨 시대에 홍수의 환란이 최고로 잔혹했는데, 후토가 구주를 안정시켰으므로 당연히 오랫동안 치수를 잘한 인물로 알려졌기 때문이라고 했다.[215]

하나라를 세운 우(禹)와 그의 아버지 곤(鯀)이 중원의 물을 관리하기 이전에는 공공이 그것을 담당했다. 공공이 물을 관리하던 시대부터 이어진 기나긴 홍수의 환란은 요순시대에도 여전히 골칫거리였다. 이러한 맥락을 이해하고 보면 왜 요임금시대에도 공공이 중요한 지위에서 정치적 영향력이 막강했는지 알 수 있다. 그리고 이러한 공공의 치수 전통은 『한단고기』에서

"우임금이 치수하려고 도산회의를 열었을 때 단군조선에서 부루 태자를 보내어 한 수 가르쳐주었다"라고 한 전설의 바탕이 된다.

하지만 공공과 그를 계승한 우의 치수법은 달랐다. 그에 관해서 살펴보는 것도 흥미롭다. 환웅세력인 공공과 화하족의 조상인 황제계의 운명이 바뀌는 계기가 되었기 때문이다.

『국어』「주어(周語)」는 공공이 중원에서 힘을 잃게 된 이유가 치수에 실패했기 때문이라고 기록하였다.[216] 기록에 따르면 공공은 치수를 할 때 높은 지역의 흙을 파서 낮은 지역을 메우는 방법(墮高堙卑)을 사용하였다. 그 방법으로 치수를 계속할 경우 허약한 지역의 강둑을 계속 높여야 했다. 이 때문에 그 방법으로 계속되는 홍수를 막기에는 역부족이었고 마침내 공공의 치수는 실패할 수밖에 없었다. 그를 이어서 요순 시기에 중원의 치수를 담당한 사람은 곤과 그의 아들 우였다.

하지만 곤도 치수에 실패한다. 곤이 치수에 실패한 것도 전통적 방법인 공공의 치수방식을 답습했기 때문이다. 그가 많은 흙을 이용하여 부실한 곳을 메웠으나 치수에 실패했다는 이야기가 『산해경』「해내경」에 나온다.[217]

전통적인 물막이식 방법으로 치수에 성공하지 못한 곤은 그 죄로 우산에서 죽임을 당했다. 우는 아버지의 실패를 거울삼아 새로운 방법을 동원했다. 그가 생각한 치수법은 운하를 파서 물길을 터주어 물이 한곳으로 집중하여 흐르는 것을 피하는 방법이었다. 우는 새로운 운하를 파서 물길을 2,000여 리나 새로 냈다. 당시 기술로 2,000여 리를 인공으로 준설한다는 것은 거의 불가능했지만 우는 뚝심으로 일을 성취해냈다. 공사를 강행하던 중 자기 집 앞을 3년 동안 지나가면서도 단 한 번도 들어가지 않고 치수에 전념했다. 곤이 노력한 9년과 우가 노력한 13년, 도합 22년 동안 부자가 노력한 끝에 중원의 홍수를 예방할 수 있는 물줄기가 완성되었다.[218]

북경 북쪽으로 이주하다

중원에서 모계사회를 이끌던 여왜씨를 계승해 부계적 질서를 세우던 공공은 북쪽에 있던 황제가 남하하자 지위가 위태로워진다. 경쟁과 협력을 반복하던 두 세력 사이에 균형이 깨지기 시작한 것은 요순시대에 이르러서다.

요순시대에 이르러서야 황제계는 중원 가까이서 활동하던 경쟁 부족들을 사방으로 축출한다. 우임금 시기에 묘족(苗族)과 벌인 전쟁에서 이기고 공공을 북쪽으로 축출한 황제족과 염제족은 황하 중류 양쪽 강가의 중원 지역을 통치하기 시작한다.[219]

황제계와 공공이 투쟁한 사실을 기록한 문헌을 보면 그러한 사정을 잘 이해할 수 있다. 공공과 황제의 손자인 전욱이 다투었다는 기록은 『회남자』·『열자』·『논형』 등에 보인다. 또 황제의 증손인 제곡고신과 공공이 투쟁한 이야기는 『회남자』와 『사기』 초세가 등에 나온다.[220] 그리고 요임금 때가 되면 공공의 실세들은 유주(幽州), 즉 현재의 북경 지역으로 밀려난다.

중원에서 밀려나기 직전까지도 공공은 실세였다. 그러한 사정은 『사기』 「오제본기」와 『서경』 「요전」에 잘 나타나 있다.

『사기』 「오제본기」에는 요임금이 아들이 아닌 다른 인물에게 정사를 물려주고 싶다고 하자, 환두가 공공을 추천한다. 그는 "공공(共工)이 백성을 널리 모아서 여러 가지 업적을 세우고 있으니(共工 方鳩僝功), 그를 등용할 수 있을 것입니다"라고 하면서 공공을 천거한다. 그러자 요는 "공공은 말은 잘하지만 등용하게 되면 사심(邪心)이 나타나 겉으로는 공손한 것 같지만 실은 하늘마저 깔볼 것이므로 쓸 수가 없소!"라고 하며 거절한다.[221]

또한 『서경』 「요전」에 따르면 "(환두가 아뢰기를) 공공이 인심을 모아서 공을 보였습니다"라고 하자, 요임금은 "아니요. 평상시에는 말을 잘하되 쓰면 어기고, 외모만 꾸미고 있소"라고 하며 거절한다.[222]

이는 요임금 당시에 중원에서 공공족의 위상을 말해주는 것이다. 특히 공공을 '방구잔공'이라고 표현한 부분을 주목할 필요가 있다. 선정규는 이 말을 "공공 그 사람이 여러 사람을 통솔할 능력이 있어 여러 가지 일을 맡을 수 있을 것입니다"라고 해석했다. 이 말은 공공족이 능력이 상당해 무시할 수 없었다는 것을 말한다.[223]

당시 백성에게 신망이 두터웠던 공공은 요임금에게는 경계의 대상이었다. 요임금으로서는 자신들이 중원을 공고히 다스리는 데 공공이 방해가 되는 세력일 뿐 아니라 자신들을 공격하여 축출하려 들지도 모르는 세력이었다. 이 때문에 어떻게든 공공의 위상을 약화시킬 필요가 있었다.

그리하여 요임금은 순과 상의하여 앞으로 자신들의 지배에 걸림돌이 될 만한 세력인 공공, 묘족, 환두, 곤 등을 추방하기로 결정한다. 그와 같은 사정은 『서경』·『한비자』·『회남자』·『논형』·『사기』 등에 잘 나타나 있다. 기록을 한번 보자.

> 공공을 유주(幽州)로 귀향 보내고, 환두를 숭산(崇山)으로 내치고, 삼묘를 삼위(三危)에 내몰아 가두고, 곤은 우산(羽山)에 가두어 욕보여, 네 사람을 벌하니 천하가 다 복종하였다. - 『서경』「순전」[224]

위에서 보는 바와 같이 공공이 유주 혹은 유릉으로 밀려난 것은 역사적 사실이다. 요임금 말년에 있었던 권력투쟁에 관해 『한비자』는 더 극적으로 기록하였다. 요임금이 순임금에게 천하를 양도하려고 하자 곤(鯀)과 공공이 "어찌하여 천하를 하찮은 사람에게 양도하려고 하십니까?" 하고 간언했다고 한다. 이에 요임금은 병사를 시켜 우산 근교에서 곤을 죽이고, 유주의 도성에서 공공을 죽였다고 한다.[225]

아직 중원에 살고 있는 공공과 곤을 마치 그들의 추방지로 찾아가서 죽

공공성이 위치했던 밀운현 연락촌의 풍경

인 것처럼 묘사하였다. 한비자 역시 공공이 순에게 천하를 물려주는 것은 부당하다고 간언하다가 죽임을 당한 것처럼 말하지만, 사실은 순과의 권력 투쟁에서 패배하고 변방으로 축출된 역사를 그렇게 묘사한 것이다. 『순자』에 보면 중원에 남아있던 공공은 우임금에게서 또다시 축출된다.[226]

그렇다면 당시 공공이 이주한 유주 혹은 유릉은 어디일까. 유주는 북경을 포함한 화북 일대이다. 당시 공공은 현재 북경 밀운현 연락촌에 있는 공공성으로 이주했다.

공공성은 북경에서 북으로 65킬로미터 정도 떨어진 곳에 있다. 필자는 4,300여 년 전 조상들이 살았던 공공성을 직접 답사했다. 한국인으로는 필자가 처음일 것이다. 그곳은 웅장한 산으로 둘러싸인 분지형 공간으로 산수가 매우 수려했다. 공공족이 머무르던 성터는 북경 시민을 위한 밀운수고(댐)의 수위에 따라 드러났다 사라지기를 반복하고 있었다.

당나라 때의 책인 『괄지지』는 "옛 공성은 단주 연락현 지경에 있다. 전해 내려오기로는 순이 공공을 유주로 유배하자 그가 이 성에 살았다"라고 전한다.[227] 이러한 내용은 『대명일통지』와 『순천부지』에도 실려 있다.[228]

『괄지지』에는 공공성이 있었던 곳을 '단주(檀州)'라고 했다. 한국인이라면 이 '단(檀)'자만 보아도 단군이 떠오를 것이다. 중국인은 왜 북경 지역을 단주라고 불렀을까? 『밀운현지』에 따르면 수나라 초(598)에 밀운현성 안에 단주를 설치했다. 이후 주, 군, 현이 여러 번 설치되고 폐지되다가 명나라 초기(1368)에 단주는 밀운현이 되어 지금에 이르고 있다.

또 밀운현에서 가장 오래된 촌이름이 백단촌(白檀村)인 것도 주목된다.[229] 백단촌은 우리말 박달촌을 표기한 것으로 짐작되기 때문이다. 박달촌과 단주라는 이름은 공공족의 단목(檀木) 숭배와 관련이 있을 것이다. 이 단목은 단군신화에서는 신단수로 나타난다.

후기홍산문화를 계승한 주민과 공공족의 결합

동북 지역에 있던 신석기문화의 요람인 홍산문화의 주체는 일정한 과도기를 거쳐 하가점하층문화로 진입한다(장박천, 1987). 기원전 3500년경 홍산문화는 대단한 문명을 구가하고 있었다. 후기홍산문화 시기에는 이미 금속문화가 태동하고 있었음이 고고학적으로 밝혀지고 있다. 북경과기대의 한여(韓汝, 한루빈) 교수는 1993년 북경대 국제학술회에서 우하량 제13지점 전산자(轉山子, 좐산쯔) 유적의 금자탑 정상부에서 야동감, 즉 청동기를 주물한 흔적으로 보이는 토제 도가니 잔편이 발견되었다고 발표했다. 더욱 놀라운 것은 낚싯바늘 형태의 틈새가 남아있는 거푸집이 1987년 적봉시 오한기의 홍산문화 유적층에서 발견되었다는 것이다.[230] 이렇게 빠른 시기에 이들 지역에서 금속문명이 시작되었다는 것은 놀라운 일이다.

윤내현이 고조선의 수도였을 것으로 추정하는 대전자유지

2000년대 들어 중국학계는 홍산문화를 고국(古國)단계로, 하가점하층문화를 고국단계를 넘어선 방국(方國)단계로 보고 나아가 중원의 상 왕조와 연결되는 선상(先商)문화로 파악하려고 한다.[231] 중국학자들은 어찌되었든 홍산문화나 하가점하층문화를 자국 문화로 편입하려고 한다. 그들은 후기 홍산문화를 주도한 곰 부족을 황제계라고 주장하고, 하가점하층문화를 주도한 사람들은 상나라의 조상이라고 한다.

하지만 성이 70여 개 발견된 하가점하층문화기의 방국이야말로 단군신화에 나오는 고조선일 확률이 높다. 윤내현은 홍산문화가 단군조선의 초기 문화이며, 이들이 청동기시대에 내몽고 오한기에 있는 대전자(大甸子, 다뎬쯔) 지역에 고조선의 도성을 형성했다고 보았다.

그러나 송호정은 윤내현의 주장을 정면으로 반박한다. 홍산문화는 신석기시대 유적으로 청동기시대(기원전 1000년 이래)의 고조선과는 아무런 관련

윤내현이 고조선의 수도로 추정한 대전자와 조양

이 없다는 것이다. 또 홍산문화 다음 단계의 문화인 하가점하층문화도 고조선과 연결되기 어려우며 그 문화의 담당자들은 후대 문헌에 보이는 '융적(戎狄)' 또는 '융호(戎胡)'를 형성하는 사람들의 선조가 분명하다고 했다.[232] 송호정이 하가점하층문화를 융적 혹은 융호의 조상일 것이라고 보는 데는 문제가 있다. 유목을 하는 그들은 기온이 떨어져 이들 지역이 농업지대에서 유목지대로 바뀐 뒤 서북쪽에서 들어온 것으로 보아야 하기 때문이다.

홍산에 전하는 단군전설

아직까지는 홍산문화나 하가점하층문화를 한민족과 연결하는 학자도 있고 전면 부인하는 학자도 있다. 그러나 최근에는 긍정적 시각으로 보려는 학자들이 늘고 있는 것 또한 사실이다. 이형구, 신형식, 우실하, 복기대, 이종

호, 한창균 등은 하가점하층문화와 고조선이 연결된다고 본다.[233]

중국 요령대학과 길림대학에서 고고학을 전공한 복기대는 홍산문화는 고조선의 선대문화, 하가점하층 및 위영자문화(魏營子文化, 웨이잉즈문화)는 고조선시대의 문화로 볼 수 있다고 했다. 그러면서 그는 하가점하층문화의 연대가 고조선 건국연대인 기원전 2333년과 일치하고 출토유물도 단군신화의 내용과 맞아떨어진다고 했다.[234] 한창균도 하가점하층문화 자체를 고조선문화로 보아 단군조선의 건국연대를 소급해야 한다고 했다.[235]

하가점하층문화를 단군조선이라고 볼 때 과연 환웅은 어떤 세력인지 파악하는 것이 매우 중요하다. 서영수는 좀 애매한 관점을 보이고 있다. 그는 고조선사 중 최초 국가인 단군조선은 홍산문화에서 발전된 하가점하층문화를 배경으로 성장한 환웅 등 유이민세력과 곰·호랑이로 상징되는 토착인이 융합하여 요하 유역의 특정 지역에 성립한 신정국가라고 했다.[236]

서영수는 환웅을 하가점하층문화를 배경으로 성장한 세력이라고 보고, 이들 환웅과 요하 특정 지역에 있던 곰 부족과 호랑이 부족이 연합하여 단군조선이 형성되었다고 본다. 그러나 이는 따르기 어렵다. 후기홍산문화를 주도한 사람들이 곰 부족이고 그들의 문화를 계승·발전시킨 문화가 하가점하층문화이므로 하가점하층문화인 중에는 이미 곰 부족이 상당히 섞여있었다고 보아야 한다. 따라서 환웅은 다른 곳에서 이주해온 세력이어야 한다.

천관우는 환웅이 농경을 하는 북몽골인이라고 하며 애매하게 넘어갔다.[237] 이종욱은 환웅이 은나라 유민이라고 했고, 김정배는 환웅이 예맥족 계통이라고 했다.[238]

그러나 이러한 주장은 홍산문화가 명확히 드러나기 이전에 나왔다. 이제는 홍산문화의 성격이 어느 정도 드러났고, 특히 후기홍산문화를 주도한 세력이 곰 부족이라는 것까지 밝혀진 이상 새로운 각도로 단군신화에 접근해야 한다.

한 재중동포 학자는 "중국학자들도 홍산문화의 주인공을 조선 민족, 구체적으로 예맥족의 문화로 본다"라고 잘라 말할 정도다. 따라서 곰 부족이 주도한 후기홍산문화인이 홍산 주변에서 그 문화를 계승·발전시키고 있을 때, 어딘가 외부에서 환웅세력이 들어와 단군조선을 성립했다고 보는 것이 합리적이다.

단군신화의 내용으로 볼 때 환웅세력은 하가점하층문화가 일어나기 직전 그들보다 앞선 문화 지역에서 살던 사람들이어야 한다. 그런 조건에 맞으려면 알타이 지역이나 북몽골 지역은 해당되지 않는다. 그 지역에서 황하문명이나 요하문명보다 앞선 고고학적 자료가 발견되지 않았기 때문이다.

그렇다면 그들은 중원 어딘가에서 왔을 것이다. 단군신화의 환웅에 부합하는 세력으로 공공만 한 종족이 없다. 요임금 말년에 북경 북쪽으로 이주했던 공공족 일부가 연산산맥을 넘어 홍산 지역으로 이주했고, 그들과 현지의 곰 부족이 연합하여 단군조선(단군숙신)을 탄생시킨 것이다.[239]

『사기』「본기」에는 요임금은 공공을 북쪽 유릉(=유주)으로 축출하면서 그곳에 사는 적족을 교화하게 했다고 한다. 이때 적족에는 맥족도 포함된다는 것이 학계의 일반적 견해이다. 『설문해자』에서는 맥을 '북방적(北方狄)', 즉 '북방의 오랑캐'라고 했다.[240] 후한 말 『이아』를 주석한 이순(李巡)도 흉노 등과 함께 예맥을 북적으로 분류했다. 서울대학교 동양사학과의 이성규도 이러한 관점을 지지한다.[241]

요임금 말년에 환웅인 공공족은 북으로 이주하여 곰 부족을 교화하면서 단군왕검시대를 열었다. 단군신화에 이보다 더 부합할 수 있는가. 요임금 말년에 단군왕검이 섰다는 것도 그렇고, 외부에서 온 환웅이 곰 부족을 교화했다고 하는 것도 딱 들어맞지 않는가.

단군신화의 초기 무대는 바로 홍산 주변의 하가점하층문화 지역이었던 것이다. 심백강은 단군신화에 나오는 백악산 아사달, 즉 밝달산이 적봉시에 있는 홍산이라고 주장한다.[242] 또 북한의 강인숙에 따르면 단군이 기마대를 훈련하느라 질푸르던 산의 흙이 말발굽에 파여 붉은 산으로 변해버렸다는 전설이 홍산 주변에 전한다고 한다.[243]

07

기원전 2333년은 환웅이 동북 지역으로 이주한 시기

기원전 2333년경 개국설 부정

송호정은 여전히 단군신화가 만들어진 신화라고 한다. 그는 "고조선의 초기 단계인 소위 단군조선은 국가권력이 형성되고 난 이후 지배층 사이에서 만들어진 신화 속의 역사이며, 그것이 실재했음을 입증할 근거가 없다"라고 주장한다.[244] 기원전 10세기 이후에나 고조선이 있었다고 보는 그의 관점에서는 그렇게 말할 수밖에 없을 것이다.

단군신화를 믿지 않으려는 생각은 이미 오래전부터 있었다. 많은 사람은 단군신화를 부정하는 견해가 일본 제국주의시대 식민사학자들에게서 비롯되었다고 한다. 식민지학자들이 대부분 단군신화를 인정하려 하지 않은 것은 사실이다. 그러나 그보다 먼저 단군신화를 부정한 역사는 우리 내부에도 있었다.

조선 초기에는 역사공동체가 중국과 대등하게 출발되었다는 것을 의미하는 고조선 계승의식이 팽배했다. 이 때문에 조선 초기에는 단군의 역사화, 국조화 작업이 진행된다.

그러나 16세기가 되면 사림세력이 등장하고 중국에 대한 사대의식이 팽배하면서 상황이 바뀐다. 홍여하는 단군조선이 동이족의 네 계열 중 한 흐름일 뿐이며, 나라도 끊어지고 후손도 없었다고 하여 단군조선의 의미를 크게 약화시켰다.[245]

그러다가 17세기 후반 성리학적 지도이념이 한계를 드러내고, 명·청 교체로 전통적 화이관이 흔들리면서 단군에 대한 논의가 다시 일어나 단군조선을 긍정하는 분위기가 잠시 조성된다. 18세기 실학자들은 치밀한 사실 고증과 민족의식 재발견이라는 방향으로 나라의 역사를 연구한다. 이종휘는 우리나라를 '동하(東夏)'로 호칭하면서 단군조선을 중국 황제와 대등하게 본기로 기록한다.

최근에도 실증사학을 표방하는 학자들이 단군신화를 부정적으로 바라보듯이, 19세기 초반 청나라 고증학의 영향을 받은 정약용도 단군신화를 부정했다. 그는 단군 관련 기록을 대부분 신뢰하지 않아서, 우리 문화의 기원을 기자조선에서 출발한 것으로 보았다. 한치윤도 단군 관련 사실은 황당하여 믿기 어렵다고 했다.[246]

안정복은 "동방의 『고기』 등 서적에서 말한 단군의 일들은 모두 허황해서 이치에 맞지 않는다. …… 『고기』에 말한 '환인제석'이라는 것은 『법화경』에서 나왔고, 그 밖의 칭호도 모두 중의 말"이라고 하여 『고기』에 실린 단군 이야기를 부정하였다.[247]

송호정뿐만 아니라 실증사학을 표방하는 학자들은 대부분 단군신화를 부정적으로 다루었다. 그들은 단군신화가 어느 정도 역사를 반영하는 측면이 있다는 점은 인정하면서도 단군왕검의 건국연대에 대해서는 부정적 태도를 취한다.

조인성은 단군신화가 고조선 건국 당시의 역사적 상황을 반영하기는 했지만, 곰이 변하여 여자가 되었다는 것을 믿을 수 없듯이, 단군신화에 전하는 건국연대 역시 믿을 수 없다고 했다. 그러면서 그는 민족주의 사학자 신채호도 고조선의 건국연대를 기원전 2333년으로 볼 수 없음을 여러 차례 지적한 바 있다는 점을 강조했다. 또 기원전 2333년에 단군왕검이 개국되었다고 주장하는 것은 비학문적 태도라고 몰아붙였다.[248]

이기백과 이종욱도 기원전 2333년에 단군왕검이 개국됐다는 설을 부정한다. 이종욱은 단군집단이 고조선을 형성한 시기가 중국의 요임금대까지 거슬러 올라간다는 주장은 단군신화 이외에는 없다고 하면서 신화 속의 시간은 기원을 끌어올리는 특성이 있다는 이기백의 주장에 동의하는 형식으로 부정했다. 그는 고조선의 국가형성 시기도 단군신화에 따르기보다 고고학적 자료와 고조선 지역 역사발전의 대세를 바탕으로 이해해야 한다고 했다. 그러면서 그는 고조선의 국가형성과 관련된 세력인 범과 환웅집단을 은말·주초에 이주한 은나라 유민으로 설정했다. 그들과 고조선 지역에서 살던 곰 부족이 연합하여 고조선을 세웠다는 것이다.[249]

김운회는 단군신화란 철기를 잘 다루는 민족인 예맥족이 시베리아에 광범위하게 흩어져 살던 같은 알타이 계통의 곰 토템 부족과 융합하는 과정(예맥의 등장)을 신화로 표현한 것으로 보았다. 이들이 바로 고대 쥬신(조선)의 실체라는 것이다.[250] 그는 단군신화가 철기시대의 산물이라고 주장하는 셈이다.

그러나 2007년 동북아역사재단에서 나온 책에서는 단군신화가 고조선 당대의 신화라고 규정해 다행스럽다.[251] "단군신화는 환인, 환웅의 천신이 거주하는 신의 세계와 곰과 호랑이로 대표되는 자연의 세계, 그리고 인간 세계가 태백산 신단수(우주목) 아래 신시에서 서로 어우러져 살아가는 전형적인 샤머니즘 문화와 세계관을 보여준다. 이런 모습은 단군신화가 고조선 당대의 산물임을 방증하는 한 근거가 된다."[252]

요임금시대 개국설의 진실

그러나 필자가 기존에 발표한 책에서도 설명하고 이 책에서도 개괄적으로 설명하였듯이, 진한사로국의 주체세력과 관련된 공공족을 환웅세력이라고 가정하면 단군신화의 성립무대는 요서 지역이 되고 단군왕검이 나라를 세운 시기는 요임금 말년경이 된다. 당시에 단군왕검이 성립되었음은 단군 관련 기록을 검토해보면 알 수 있다.

단군조선(단군숙신)이 요임금 때 성립되었음은 일연이 고조선을 기록하면서 인용한 『위서』를 통해서 알 수 있다. 『위서』는 "2000년 전에 단군왕검이 조선을 개국했는데 요임금과 동시대였다"라고 기록하였다.[253]

이 기록은 신뢰할 만할까. 언뜻 요임금 50년에 개국했다는 『고기』의 기록과 차이가 나는 것처럼 보인다. 그러나 그 책에 단군 기사가 어떻게 실리게 되었는지 추정해보면 내용이 사실에 가깝다는 것을 알 수 있다.

현재로선 단군신화를 실은 『위서』가 언제 편찬되었는지 정확히 알 수 없다. 『위서』를 『삼국지』 이전에 쓰인 『위서』라고 보기도 하고,[254] 조위시대 위나라 역사를 대상으로 한 『위서』라고도 한다.[255] 만약 전자에 해당한다면 그 책은 3세기 이전의 문헌이 되고 후자에 해당하면 3세기 중엽에서 5세기 초에 편찬된 것이 된다.

아무튼 지금은 실전(失傳)되었지만 단군왕검에 관한 기록을 전하는 『위서』는 있었다고 보는 것이 옳다.[256] 그리고 『위서』가 전한 내용은 그 책을 쓴 시점과 상관없이 다른 책에서 그 정보를 단순히 인용했을 확률이 높다. 왜냐하면 '지금부터 2,000여 년 전'이라는 표현과 '요임금과 동시대'라는 표현은 동일한 시기를 나타내기 때문이다. 즉 그 책이 3세기 이전에 편찬되었든, 3세기 중엽에서 5세기 초에 편찬되었든 전하려는 핵심은 '요임금과 동시대인 2,000여 년 전'이라는 것이다.

그렇다면 어떤 경로로 단군신화가 중국의 『위서』에 실리게 되었을까? 이에 대해서 북한학자 김병룡은 『위서』의 저자가 남의 나라 건국과 관련한 사실을 제멋대로 꾸며낼 수는 없으며 그럴 필요도 없었을 것이므로 우리나라 역사책이나 사람들의 이야기에서 입수한 자료에 기초하여 쓴 것이 명백하다고 했다.[257]

그렇다면 그들은 단군조선에 관해 다룬 우리 역사책을 언제 입수했을까? 246년 위나라의 관구검은 고구려를 침략해 일시적으로 수도를 점령했다. 이때 그들은 대규모 약탈을 자행했다. 당시 약탈물 중에는 고구려 초에 편찬된 역사책 『유기』를 비롯하여 당대까지 축적되었던 책들이 끼여있었을 것이다.[258]

만약 관구검 일행이 고구려에서 약탈한 물건들 중 고구려와 관련된 여러 역사적 사실이 기록된 『유기』가 포함되었다면 여기에 실린 단군 관련 기사를 『위서』의 편찬자가 인용할 수 있었을 것이다. 그렇지 않았다면 관구검의 침략에 종군했던 관리가 얻은 정보 중 단군조선에 관한 이야기가 포함되어 기록으로 남았을 수도 있다.[259]

이러한 가정하에 『위서』의 기록을 분석하면 단군의 개국연대는 요임금시대까지 거슬러 올라간다. 『위서』의 편찬자는 『유기』에 나오는 고구려인의 기록을 단순히 옮겨 적었을 것이기 때문이다. 즉 기원전에 성립된 고구려 시점에서 보면 당시로부터 2,000여 년 전은 바로 요순시대에 해당된다. 당시에는 요순시대에 대한 정확한 연대를 알 수 없었으므로 2,000여 년 전이라는 막연한 표현을 썼지만, 이는 당시 동아시아 지식인이 공통으로 받아들이던 요순시대에 대한 인식이었을 것이다. 따라서 단군왕검의 조선 개국을 전한 『위서』의 내용은 사실에 기초한 것이었다고 볼 수 있다.

단군조선에 관한 사실을 기록한 것으로 추정하는 『위서』가 편찬되기 이전 중국인의 요순시대에 관한 인식을 살펴보아도 『고기』와 『위서』 두 기록은 상충하지 않는다. 『위서』가 편찬되기 이전 중국 문헌에 기록된 요순시대에 관한 정보는 『맹자』·『한비자』·『사기』·『세경』·『제왕세기』·『죽서기년(고본)』 등에서 얻을 수 있다.[260]

맹자에 따르면 '요순에서 탕에 이르는 기간이 500여 년, 탕에서 주나라 문왕에 이르기까지 500여 년, 문왕에서 공자에 이르기까지 500여 년, 다시 공자에서 맹자가 살던 시기까지 100여 년'이 길렸다고 했다.[261]

맹자는 기원전 499년경에서 기원전 305년경의 사람이므로 기원전 약 350년에서 위에서 열거한 시간을 더한 1,600여 년을 합하면 기원전 1950여 년이 된다. 즉 맹자가 추정한 요순시대는 기원전 2000년경이었다. 『한비자』「현학편」에는 '우하이천여세(虞夏二千餘歲)'라고 나온다. 이는 순임금과 우임금 시대가 한비자가 살던 전국시대 말부터 2,000여 년 되었다는 말이다. 이는 맹자와 한비자가 요순시대를 기원전 2000년 전후로 본다는 것을 의미한다.

이러한 사실로 미루어보아 일연이 인용한 『위서』에 단군조선의 건국연대가 '지금부터 2,000년' 혹은 '요임금 때'라고 한 말은 결코 모순되지 않음을 알 수 있다.

왜 기원전 2333년인가

필자는 단군왕검이 요임금 말년쯤 나라를 세웠다는 기록은 역사적 사실을 반영하고 있다고 본다. 그렇다면 우리가 쓰는 단기연호의 출발점, 그러니까 단군왕검의 개국연대를 기원전 2333년으로 사용하는 근거는 어떻게 해서 만들어졌을까.

『삼국유사』와 비슷한 시기에 이승휴가 쓴 『제왕운기』는 단군왕검의 개국연대를 다르게 기록하였다. 『삼국유사』에서는 요임금 50년인 경인년이라고 한 반면 『제왕운기』에서는 요 원년 무진년이라고 했다.

조선 초기의 학자 권근은 「응제시」에서 단군은 단목 아래로 내려와 요 원년 무진에 나라를 세웠다고 했다. 『제왕운기』의 단군 즉위년설을 따른 것이다. 일연과 이승휴가 제시한 두 가지 설에 대한 논란은 조선 초기 저술인 『동국통감』에서 마무리된다.[262]

『동국통감』에서는 단군의 즉위년을 『제왕운기』 이래 통설에 따라 무진으로 보았다. 그런데 기존의 통설은 이 해가 요 원년에 해당한다고 하여, 단군이 요와 같은 해에 즉위한 것으로 보았다. 그러나 『동국통감』은 요 원년을 무진으로 보지 않고 갑진으로 보아, 단군 원년 무진은 요 25년이 된다는 것이다.[263] 그렇다면 서거정 등 『동국통감』을 편찬한 학자들은 어떤 근거로 요 원년을 무진으로 보지 않고 갑진으로 보았을까.

중국 역사에서 요임금이 언제 즉위했는지는 오랜 논쟁거리였다. 크게 보아 무진년설과 갑진년설로 나눌 수 있다. 무진년설을 주장한 것은 송나라의 유서가 편찬한 『자치통감 외기』이다. 갑진년설을 주장한 것은 『자치통감 외기』보다 800년 앞선 황보밀의 『제왕세기』이다. 『동국통감』은 황보밀의 갑진년설을 따랐다. 이후 조선왕조에서 단군 원년은 요 25년 무진설이 통설로 자리 잡게 되었고, 현재 우리가 알고 있는 단기 원년, 즉 기원전 2333년은 『동국통감』의 연대산정법에 따른 것이다.

아무래도 같은 유학자로서 따르고 싶었던 모양이다. 그러나 공공세력의 이주 정황으로 보아 요임금 50년설이 더 사실에 가깝다고 생각된다. 요임금 말년에 순의 건의로 공공이 북경 북쪽으로 이주한 사실이 중국 문헌 여러 곳에 실려 있지 않은가.

실증사학자들은 단군신화가 전하는 초기단계, 그러니까 기원전 2333년경에는 나라가 형성될 수 없다고 주장한다. 그러나 중국 고고학자 소병기가 하가점하층문화는 방국단계의 정치체였다고 한 것에 주목할 필요가 있다. 충분히 가능한 일이라는 얘기다. 중원의 중심세력으로 활동하던 공공족이 이주하여 단군조선을 세웠다면, 이미 요서 지역에서 싹튼 고국단계 문화를 접수하고 중원에서 가지고 온 통치기술을 활용했을 것이기 때문이다.

한국 역사학계에는 이상한 전통이 있는 것 같다. 좀 더 적극적으로 상고사를 정립하려 하지 않고 문헌과 실증이라는 편리한 도구로 스스로 역사를 왜소화하고 있다. 이는 한민족공동체를 위해서 실로 안타까운 일이다. 한민족이 나름대로 자존심을 가지고 있었던 데는 분명 그에 합당한 상고시대가 있었기 때문일 것이다. 이를 약소국의 과장된 몸짓으로 생각하고 근거가 없다고 단정하는 것이야말로 스스로 역사를 왜소화한 김부식의 아류가 아니겠는가?

08

환웅, 천신과 소통하며 세상을 널리 이롭게 하다

북아시아 샤머니즘과 다른 단군신화

한국인은 하늘의 혈통을 잇고 있다고 생각한다. 예수도 하느님의 아들이다. 유대인에게 하느님의 아들은 예수 한 분이지만 우리는 모두 하느님의 자손이다. 한국인이 스스로 천손이라고 생각하는 믿음의 뿌리는 단군신화에 있다. 하늘에 계신 환인의 서자 환웅이 삼위태백으로 하강하여 곰 부족 여인인 웅녀를 만나 단군왕검을 낳으셨고, 그분이 바로 우리의 조상이라고 생각하기 때문이다.

물론 단군신화를 있는 그대로 믿는 사람은 드물다. 필자가 여기에서 다루려는 것은 하늘의 자손이라는 의식을 가지고 세계를 널리 이롭게 하려던 조상들의 정신과 하늘의 자손이 아니라 하늘의 명을 받은 천자가 다스리던 중국은 근본에서 차이가 있다는 점을 지적하고 싶은 것이다.

고대 메소포타미아의 중심지 바빌론이나 니프르, 라르사 등 지구라트(신전)는 '두르-안-키(Dur-an-ki)'라고 불렸는데, 이는 '하늘(An)과 땅(Ki) 사이의 끈(Dur)'이라는 뜻이다.[264] 하늘과 땅을 이어주는 중심산인 지구라트는 단군신화에서 삼위태백으로 나타난다. 환웅은 삼위태백산 위에서 하늘과 땅을 연결하는 신성한 나무인 신단수를 타고 강림하셨다. 강림한 환웅은 신시를 열고 그곳을 찾아온 곰 부족 여인과 만나 단군을 낳는다. 그 단군이 나라를 열고 1,500년간 다스렸다. 천손의 지배가 대대로 이어졌음을 의미한다.

한민족은 처음부터 하늘나라를 지상에 이루려 했다. 그것은 환웅이 하늘나라에서 가져온 홍익인간·재세이화 이념에 잘 나타나 있다. 이병도는 우두머리의 명칭에 하늘(天)과 관련된 것을 붙이는 것은 그들이 다스리는 지상의 국가를 하늘의 국가로 만드는 것과 같다고 했다.[265] 단군이 다스린 나라가 그런 나라다.

이 땅에 하늘나라를 세우려 한 한민족의 하느님인 환인은 끊임없이 활동하고 주재하는 하느님이다. 그는 북아시아나 서아시아 여러 신화에 등장하는 창조주처럼 세계를 만든 뒤 뒷전에 앉아서 간섭하지 않는 '게으른 신(Deus Otiosus)'이 아니다. 한국의 무(巫)를 연구한 조흥윤은 환인이 인간세상을 구제하려는 아들 환웅의 마음을 읽고 그에게 천부인(天符印) 셋을 주고 가서 다스리게 한 것으로 보아, 그는 천계의 주재자로서 지고성·초월성을 가진 존재라고 했다.[266] 옳은 말이다.

천계를 주재하는 하느님을 『삼국유사』에서는 제석환인이라고 했다. 제석과 우리의 하느님인 환인을 동일시한 것은 신라시대의 기록에 이미 나타난다. 신라인이 김유신을 제석천의 아들이라고 믿은 것이나, 표훈대사가 상제, 즉 제석천이 계시는 하늘을 왕래했다고 한 것이 그러한 예다. 제석은 신라사회를 수호하는 수호천신으로 유포되어있었다. 그러한 제석신앙은 면면히 이어졌다. 고려조에는 제석도량을 열어 제석신앙을 이었으며, 조선조의 굿판에서 제석은 제석거리 내지 제석굿으로 모셔졌는데 그 맥이 현재까지 유지되고 있다.[267] 이에 대해서 조흥윤은 환인이 이름을 바꾸고 불교의 옷을 입었더라도 천신으로서 면면히 신앙되어오고 있음을 증명한다고 했다.[268]

다시 말하면 천계의 주재자인 환인은 제석환인으로 불리면서 오늘날까지 면면히 전해지고 있다.[269]

이러한 전통을 지닌 한국의 천신관은 북아시아의 그것과 다르다. 민속학을 전공한 이필영은 북아시아의 지고신이 '게으른 신'의 성격이지만 한국 무의 경우 그런 성격이 나타나지 않는다고 했다.[270] 지금도 무속에서는 천신이라는 개념 아래 세상만사를 창조·주재하는 하느님을 모신다.[271]

이러한 사실에서 우리는 한국의 천신신앙의 뿌리가 북아시아의 그것과 계통을 달리한다는 것을 알 수 있다. 그것은 두 지역의 무가 신명계와 접촉하는 방식에서도 알 수 있다. 북아시아나 시베리아 샤머니즘에서는 무당 자신의 영(靈)이 몸에서 나와 신계로 나아가 의뢰인이 부탁한 문제점을 찾아가지고 돌아와 해결한다. 반면에 우리의 무에서는 무당 자신의 몸에 신이 강림하여 문제점을 가르쳐준다.

중원을 돌아온 환웅

두 지역의 천신신앙에 차이가 나는 배경에 대해 조흥윤은 "우리의 천신신앙이 고조선의 성립을 배경으로 기원하기 때문에 그들보다 체계적인 종교관이 형성된 점과 전통적인 무가 고래부터 오늘에 이르기까지 종교로 기능하였기 때문"이라고 설명했다.[272]

과연 그의 설명으로 대답이 되었을까. 그렇지 않다. 천신신앙이 고조선의 성립배경이 된 것은 환웅세력이 있었기 때문이다. 그렇다면 환웅세력이 어디서 온 어떤 세력인지 알아야 하고, 그들의 천신신앙이 어떤 것인지를 알아야 한다.

쥬신족이라는 개념으로 동북아시아 주민을 하나의 역사 체계로 엮으려는 시도를 한 김운회는 단군신화에 보이는 천손사상은 유목민족의 신화로,

농경민에게는 천손사상이 필요 없었다고 했다.[273] 그는 유목국가에서 천손사상이 필요한 이유를 아래와 같이 설명한다. 칸은 여러 평등한 부족 가운데 우뚝 솟은 초부족적 수령(首領)의 성격을 가져야 한다. 유목국가들은 하나같이 초부족적 국가였다. 웬만한 논리로는 자유로운 유목민을 통제하기 어렵다. 그래서 나타나는 것 가운데 하나가 바로 천손사상이다.[274] 그러나 신화학자들이 대부분 단군신화에는 농경생활이 반영되었다는 점과 환웅이 북방에서 내려온 세력이 아니라는 점을 고려하면 이는 수용하기 어려운 주장이다.

일찍이 최남선도 한국문화는 '붉 사상'을 고리로 중국의 동부와 북부 그리고 몽골과 중앙아시아 일대까지 아우르는 불함문화에 속하는 것으로, 중국문화나 인도문화와 본질적으로 차이가 있다고 주장했다(그가 제시한 불함문화는 조선을 중심으로 그 인근 지역에 존재하던 '붉 사상'을 가진 고대사회의 대문화(大文化)를 뜻한다. 중국의 동부 및 북부 일대도 불함문화 계통에 포함되고, 몽골과 중앙아시아 일대까지도 불함문화와 관계가 있다고 설정하였다.).[275] 그런데 한국문화의 원형에 속하는 환웅의 문화는 중원을 돌아온 불함문화라고 할 수 있다. 무슨 말이냐 하면 불함문화의 발원지라고 생각되는 남시베리아나 중앙아시아와 서아시아의 그것과 낳아있으나, 그 문화가 중원으로 들어갔다가 동북으로 이동했다는 것이다. 다시 말하면 불함문화가 천산이나 알타이 지역을 거쳐 곧바로 동으로 이동하여 한반도로 들어온 것이 아니라는 것이다.

물론 후대의 부여족이나 신라 김씨왕족의 문화는 유목문화에 속하며 천산 너머의 문화가 동으로 이동한 것이다. 그래서 한국문화를 연구할 때는 단군왕검계 진인의 문화, 고조선계 문화, 부여계 문화, 신라 김씨왕족계와 남방계 문화를 구분해야 한다.

'공(工)'자는 하늘과 통하는 길을 상형한 것

한민족의 천손관념은 공공족의 그것에서 출발하였다. 공공족을 환웅으로 보는 필자의 견해를 수용하고, 공공족이 어떤 우주생명관을 가졌는지 알면 한민족의 천손관념을 이해할 수 있다.

먼저 공공의 족칭에 대해서 살펴보자. 공공(共工)의 '공(共)'자는 양손으로 무언가를 공손히 받드는 모습,을 상형한 것이다. 즉, 공공은 '공(工)을 받드는 사람들'이었다. 공(工)을 받드는 사람들이라는 말이 무슨 뜻일까. 그 답은 '공'자가 어떤 의미를 가지고 있는지와 '공'자와 '무(巫)'자의 관계를 알면 해결된다.

그렇다면 '공(工)'자는 어떤 것을 상형한 것일까. 이는 고대 천문의식과 관련이 있다. '공'자를 알려면 먼저 고대 천문과 관련해서 나온 글자인 '고(古)'자와 '중(中)'자를 살펴볼 필요가 있다. '고(古)'자는 고대사회에 있던 제단의 천문관측기구를 상형한 것이다.[276] 다시 말하면 사각형의 제단 중앙에 나무를 세우고 그 나무에 가로대를 걸쳐놓은 형상을 상형한 것이다. 그리고 '중(中)'자는 복희가 처음으로 사각형의 제단 중앙에 나무를 세워 천하의 중심임을 표시한 것을 상형한 것이다. 즉 제단의 중앙에 북극성과 연결되는 상징적인 나무를 세운 것을 상형한 것이다.[277]

'고(古)'자와 '중(中)'자가 발생한 의미를 이해하고 보면, '공(工)'자는 지상의 제단 중심에 세운 신성한 나무가 하늘의 중심인 북극성(북두칠성)에 닿아있는 것을 상형한 것이다(尺木卽工).[278] 즉 땅(一) 위에 서 있는 척목(丨)과 하늘(一)을 상형한 글자이다. 한나라시대의 문헌인 『논형』에는 "용은

'공(共)'자의 갑골문

'무(巫)'자의 소전

한 치의 나무, 곧 척목(尺木)이 없으면 하늘로 오르지 못한다"라고 기록하고 있다. 용이 하늘로 승천하려면 이 척목이 필요했던 것이다.[279]

중국학자 왕대유(王大有, 왕따여우)는 이 '공'자형 척목이 감숙성 난주(蘭州, 란저우) 동남쪽 윤중현(崙中縣, 룬중시엔)에 있던 부주산의 화산구에 세운 '하늘을 오르는 사다리'를 상형한 것이라고 했다.[280] 하늘의 중심에 있는 북극성과 닿아있는 척목을 통해 고대의 신인(神人)과 무당들은 천상의 신명계와 소통했다. 이러한 사실은 '무(巫)'자가 만들어진 과정을 보면 알 수 있다.

'무(巫)'자의 중심은 우주의 중심축이다. '무(巫)'자의 소전(小篆), 즉 진나라 때의 글자를 보면, 땅의 중심에서 북극성을 연결하는 척목을 상형한 글자가 '공(工)'자인 것을 알 수 있다. 소전에 보이는 '무'자는 '공'자를 사이에 두 사람이 서 있는 형태다. 이 글자는 땅 위에 세운 척목 아래에서 무당이 무술을 행하면서 신명계와 소통하는 장면을 묘사한 것이다(왕대유, 2000).[281]

이제 공공이 어떤 우주생명관을 가진 종족인지 알 수 있다. 그들은 바로 복희·여왜를 계승한 신명문화의 주인공이다. 그들은 늘 하늘을 공경했다. 하늘과 통하는 우주목인 척목, 즉 공(工)을 두 손으로 떠받들던(共) 사람들이었다.

'공(工)자로 상징된 하늘과 땅을 섬긴다'는 의미를 담고 있는 공공족의 문화가 바로 중원 지역에 남겨진 무속문화였다. 남겨진 무속문화에서 한자 '무(巫)'자가 생겼다는 것은 무엇을 말하는가. 하늘을 섬기며 하늘과 소통하던 사람들이 바로 공공족이었던 것이다. 그들의 그런 전통이 단군으로 이어졌고, 그 단군의 전통을 계승한 천군(天君)이 마한을 비롯한 삼한에서 활동했다. 천군은 단군의 중국식 표현이다.

천군과 소도에 관한 기록이 있는 『삼국지』 한조를 보자.

귀신을 믿으며 나라의 읍마다 각기 한 사람을 세워 하늘 신에게 지내는 제사를 주관하게 하는데, 그를 이름하여 천군(天君)이라 한다. 또한 모든 나라에는 각기 별도로 읍이 있으니 이름하여 소도라 한다. 큰 나무를 세우고 방울과 북을 달아 귀신을 섬긴다.[282]

우리는 소도에 전해진 공공의 천신숭배 의식에서 단군왕검계의 신앙이 북방 계통이 아니라 중원을 돌아온 불함문화였다는 것을 알 수 있다. 소도에 세웠던 나무는 바로 하늘을 오르내릴 수 있는 사다리였다. 이 사다리를 통해 하늘나라에 계신 환인 상제를 만날 수도 있고, 신명계와 소통할 수도 있었다. 소도에서 천군(이전의 단군이 하던 제의적 역할을 계승한 자)이 귀신을 섬겼다고 한 것은 그가 신명계와 소통하면서 하늘과 땅의 불협화음을 조정하던 일을 이르는 말이다.

하늘사다리를 단절시킨 전욱

이제 독자들은 한민족이 지금도 뚜렷이 가지고 있는 천지신명과 소통하는 의식의 뿌리가 공공족에 닿아있다는 것을 이해할 것이다. 공공족은 처음부터 하늘을 숭상하고 하늘과 소통하면서 세상을 이롭게 했다. 그런 공공의 권능, 즉 하늘과 통하는 권능을 부정하고 통로를 차단한 사람이 황제계의 전욱이다. 『국어』「초어(楚語)」를 보면, 전욱은 천지간에 놓여있던 통로를 끊었다(絶地天通).

전욱이 하늘과 통하는 길을 끊었다는 것은 동양문화사에서 매우 중요한 의미가 있다. 전욱은 공공과 천하의 주인자리를 놓고 격렬하게 다툰 인물이다. 그런 그가 하늘과 통하는 길을 끊었다는 것은 무엇을 의미하는가? 바로 하늘세계인 천상과 인간세계인 지상이 통하는 길을 막았다는 것이다.

같은 책에 이런 표현도 있다. "남방의 신인 중(重)에게 하늘을 주관하도록 하여 하늘은 전적으로 신에 속하게 하고, 불의 신인 려(黎)에게는 땅을 주관하도록 하여 대지는 전적으로 사람에게 속하도록 하였다." 하늘은 하늘대로, 땅은 땅대로 자신들의 질서를 가꾸어가도록 했다는 것이다. 천상의 간섭에 따른 혼동을 막고 지상의 질서를 독자적으로 확보하려는 의도로 볼 수도 있다. 인문정신의 발로이다. 즉 신들의 의지에 종속되어있던 인간이 스스로 의사를 결정할 수 있다고 생각하게 된 것이다.

전욱의 이러한 조치는 후에 상나라가 들어서면서 무력화된다. 상나라에서 신들은 다시 강력한 힘을 갖는다. 상나라는 왕에서 백성에 이르기까지 자신들의 거의 모든 행위에 신들의 의사를 묻고 따랐다. 하늘과 인간세계의 통로가 다시 만들어진 셈이다. 그러나 상나라가 망하고 주나라가 들어서자 인문정신은 주공에 의해 다시 한 번 고양된다. 주공의 정신은 공자로 이어졌고, 공자가 추구한 현실적 사고는 이후 중국인 의식의 한 축으로 자리 잡는다.

공자는 귀신을 경이원지(敬而遠之), 즉 "공경은 하지만 가까이는 하지 말라"라고 했다. 천상의 세계, 귀신의 세계가 인간사를 간섭하는 것을 막아야 한다는 의미다. 공공 → 상나라로 이어진 정신은 중국에서 도교나 신선사상으로 발전했고, 전욱 → 주나라 → 공자로 이어진 정신은 유학으로 발전했다.

그렇다면 전욱 이전에는 어떤 부류가 하늘과 통할 수 있었을까. 그들은 신과 선인, 그리고 무사라고 했다. 물론 지혜와 용기가 있는 인간도 가능하다고 했다. 당시까지 하늘과 통하던 사람들은 바로 구세력들, 즉 복희·여왜를 계승한 공공과 그를 따르는 지도자 그룹이었다. 그들은 천상의 천신을 믿었으며 천신과 소통하고 그 권위를 바탕으로 백성을 다스렸다.

그렇다면 전욱은 왜 하늘과 통하는 사다리를 끊었을까. 황제의 증손자인 전욱은 반대세력인 공공을 약화시키려고 그러한 조치를 취했다. 다시 말하면 전욱은 공공족이 행하는 종교적 행위를 부정하는 정책을 시행한 것이다. 그가 중과 려를 시켜서 천지간에 놓여있던 통로를 끊어버렸다는 것은 하늘을 섬기며 땅을 다스리던 공공의 통치방식을 거부한 것이다.

천명을 받은 자와 천손은 다르다

전욱은 하늘사다리를 끊음으로써 땅을 다스리는 주(主)와 하늘을 다스리는 주(主)를 분명히 구별하고자 했다.[283] 이러한 정신을 계승한 중원에서는 하늘과 소통하는 능력을 지닌 자가 통치하는 것이 아니라 하늘의 명을 받은 자가 통치한다는 이론을 정립한다.

김운회는 "중국에는 천명사상(天命思想)이 있지만 그들에게 천자는 하늘에서 내려온 사람이 아니라 천명을 수행하는 대리자에 불과하다"라고 설명한다.[284] 옳은 말이다. 그들의 천명사상은 단군숙신인이 가지고 있던 천손사상과 다르다. 중국에서 사용하는 천자(天子)라는 개념도 한나라 채옹이 쓴 『독단』에 따르면 이적(夷狄)들의 용어다. 중국인은 북방의 이적들이 쓰던 천자라는 용어를 차용한 셈이다.

한국인이 가지고 있던 천손관념과 중국인의 천자개념은 어떻게 다를까. 중국에도 환인 하느님에 해당하는 지고신으로 상제(上帝)가 있다. 그 상제가 덕이 있는 자에게 천명을 내려 천자로 옹립한다. 따라서 중국인의 천자개념은 우리와 다르다. 천자는 상제의 명을 받아 통치를 행하는 자이다. 중국의 황제인 천자는 상제의 명을 받은 자일 뿐 천손은 아니었다. 이 때문에 중국에서는 하늘에 제사하는 원구(圓丘)와 혈연적인 조상에게 제사하는 종묘(宗廟)를 엄격하게 구분한다. 중국인이 상제와 혈연적·신명적 고리를 끊게 된 계기는 전욱이 하늘사다리를 끊은 것이었다고 할 수 있다.

반면에 황제계인 전욱과의 투쟁에서 밀리고, 요·순·우로 이어지는 시기에 북방으로 축출된 공공은 자신들의 문화를 고스란히 가지고 있었다. 따라서 공공이 참여한 단군왕검계 문화에는 하늘과 통하는 사다리가 있었다. 소도에 남아있던 나무기둥이 그것이다.

단군신화에서는 천명을 받은 자가 아니라 환인 하느님이 그 아들 환웅에게 지상 통치권을 위임했고, 환웅은 다시 아들 단군에게 물려주었다. 다시 말하면 단군신화에서는 하늘의 순수한 혈통을 계승한 자가 직접 강림하여 인간 세상을 다스리는 것으로 나타난다. 따라서 한국 고대사회에서는 하늘에 대한 제사와 조상에 대한 제사가 일치하는 형태인 제천의례를 시행했다. 환인의 손자 단군이 하늘신인 환인에게 제사 지내는 것, 즉 제천의례를 하는 것은 당연한 일이다. 제천의례를 함으로써 천신의 후예, 즉 천손관념이 자연스럽게 형성되었다.[285]

고구려 후기에 제작된 것으로 판명된 금동명문판에는 단군왕검의 후예들이 가지고 있던 천손관념이 잘 반영되어있다. 1988년 함경남도 신포시 오매리 절골터에서 발굴된 금동명문판에는 "왕의 신령이 도솔천으로 올라가 미륵을 뵙고, 천손이 함께 만나니, 모든 생명이 경사스러움을 입으소서(『역주 한국고대금석문』 I, 1992, 145쪽)"라고 적혀 있다.[286] 고구려왕은 죽어서 하늘나라로 올라가 그곳에 먼저 와 있던 천손을 만난다. 이때 도솔천은 불교 이전의 북극성(북두칠성)으로 환인 하느님이 계신 곳이다. 환인 하느님이 불교와 습합되어 미륵으로 표현되었음을 알 수 있다. 이집트 파라오도 죽으면 북극성으로 올라가 선대왕들을 만났다. 12세기 중반 잠시 정국을 주도한 묘청도 고려만이 진정한 천자국이라고 생각했다(노명호, 2009). 단군왕검계 정신을 계승하고자 했던 묘청의 마음을 읽을 수 있다.

이와 같이 공공을 계승한 사람들의 천손개념과 공공을 무너뜨린 황제계의 천자개념은 근본적으로 차이가 난다. 공공의 그것은 그대로 천손이지만 공공의 이데올로기만 차용한 황제족은 당연히 그들의 처지에 맞는 천자개념을 설정할 수밖에 없었고, 역성혁명 또한 자신들이 차용한 이데올로기를 자신들 처지에서 합리화한 것이다.

박준형은 우리의 단군과 중국 천자의 차이는 한국인과 중국인의 하늘에 대한 인식 차이뿐만 아니라 역사와 문화가 서로 다를 수밖에 없는 근본적 원인이 될 수도 있다고 했다.[287] 하지만 그러한 표현은 마치 중원의 문화와 우리의 문화가 전적으로 다른 것처럼 인식될 소지가 있다. 단군왕검의 문화는 중원의 문화와 북방의 문화가 결합된 것임을 알아야 한다.

환인 하느님을 받들고 신명계와 소통하며 살던 조상들이 환인 하느님이 제시한 홍익인간 정신을 실천하였음을 알 수 있는 자료가 『맹자』 고자장구하에 나온다. 책에서 백규가 말하기를 "나는 20분의 1에 해당되는 세금을 받고 싶은데 어떻겠습니까" 하니 맹자가 이르기를, "그대의 방법은 맥(貊)의 방법이오"라고 말한다. 그러면서 맹자는 "10분의 1의 세금을 받았던 요·순보다 가볍게 하고자 하는 자는 대맥(大貊) 혹은 소맥이요, 요순보다 무겁게 하고자 하는 자는 대걸(大傑) 혹은 소걸인 것이다"라고 했다.

맹자는 단군신화의 곰 부족에 해당하는 맥에서는 오곡이 나지 않고 오직 기장만 생산되며, 성곽·종실·종묘·제사의 예가 없고 제후에 대한 폐백·향연도 없으며 여러 벼슬과 관청도 없으므로 20에서 하나를 세금으로 받아도 충분했다고 말한다. 이 말은 맥족사회는 곡물생산량이 적고 제도가 정비되지 않아 나라를 이끄는 데 큰 비용이 들지 않았다는 의미다. 그러나 동북 지역에서 나타나는 고고학적인 증거나 문헌자료를 보면 이 말을 액면 그대로 믿을 수 없다. 맥부족의 지도자들이 세금을 적게 걷은 것은 그들이 단군왕검계의 홍익인간 정신을 공유하였기 때문으로 보는 것이 옳다.

09

진한인의 편두 풍습은 홍산인의 문화

왜 편두를 했을까

『삼국지』「한전」을 보면 진한 사람들은 모두 편두(褊頭)를 했다고 한다.[288] 편두란 고대인이 어린아이의 머리를 판자나 돌로 눌러 정수리 부분이 뾰족하게 만든 것을 말한다. 진한인은 왜 기이한 풍습인 편두를 했을까. 진한인이 편두를 한 데는 분명 이유가 있었을 것이다. 그들이 편두한 것을 두고 미용성형이냐 아니면 어떤 종교적 이유가 있었느냐는 논쟁 아닌 논쟁도 있었다. 여기에서는 진한인은 왜 편두를 했는지, 진한인의 편두 풍습은 어디서 왔는지 알아본다.

편두 인골이 실제로 발견된 곳은 진한 지역이 아니라 변진 지역인 김해 예안리다. 1970년대 예안리에서 인골이 210구 발견되었는데 그중 10구가 편두였다. 편두 인골의 경우 머리의 이마 부분이 들어간 대신 뒷머리가 튀어나온 형태가 역력하다.

예안리 편두는 4세기경의 덧널무덤에서 나왔다. 편두 인골 10구 가운데 7구가 여성이었고, 남성이 2구였으며, 성별을 알 수 없는 유아(5~6세)의 인골

김해 예안리에서 출토된 정상 인골(왼쪽)과 편두 인골(오른쪽)

이 1구였다. 그러니까 이 지역에서 편두를 한 이들이 대부분 여성이라는 뜻이다. 이는 특수한 신분의 일부 여성만이 편두를 했음을 의미한다. 권주현은 이를 이 시대의 독특한 미의식과 관련 있는 행위로 추정했다.[289]

그러나 예안리 고분에서 발굴된 편두 중 5~6세 어린이의 두개골은 후두부가 열려 죽은 것으로 판명되었다. 미용성형을 위해 죽음을 무릅쓰고 편두를 한다는 것은 쉽게 이해가 안 된다. 어떤 종교적 이유가 있었을 것이다. 그래서 고고학계에서는 편두를 한 예안리 여성을 일종의 무당과 같은 특수 신분으로 추정한다.[290] 메소아메리카 문명의 편두를 연구한 고고학자 크리스티나 가르시아 모레노(Cristina Garcia Moreno) 박사는 "두개골 변형은 일종의 종교적 목적으로 신분을 구분하는 데 사용됐을 것"이라고 했다.[291] 우리도 마찬가지였을 것이다. 제사장 계급이 하던 편두를 김해 예안리에서는 여성 무당이 계승한 것이다.

경주 금령총에서 출토된 기마인물상. 편두를 했다.

진한인도 편두를 했음이 확인된다. 경주 금령총에서 발견된 기마인물상이 그것이다. 말을 타고 있는 인물을 자세히 보면 매부리코를 따라 이마가 45도 각도로 기울어진 것을 알 수 있다. 금령총은 6세기대에 만들어졌으므로 당시까지 신라인에게 편두 풍습이 전해졌다고 추정할 수 있다.

실물도 발견되었다. 1999년 경북대박물관이 발굴한 대구 화원 성산리 유적에서 출토된 50대 후반 여성 인골도 편두였다. 이와 같이 편두를 한 인골과 유물이 발견됨으로써 『삼국지』 한조의 편두 이야기는 사실임을 알 수 있다.

그런데 『삼국지』의 편찬자가 변진 사람과 진한 사람이 편두한 사실을 짧은 기사 내용에 포함시킨 것으로 보아 그들에게 편두가 기이하게 여겨졌던 것이 분명하다. 중국인의 눈에 낯설었던 편두는 변진과 진한인만의 풍습이었을까?

메소포타미아에서 넘어온 편두 풍습

편두는 진한인만 했던 것이 아니다. 사실 편두는 전 세계적으로 나타난다. 그렇긴 하지만 편두의 발생과 확산에는 어떤 흐름이 보인다. 진한인의 편두 풍습은 그들의 문화적·종족적 뿌리를 추적하는 단서가 될 수 있다.

진한인의 편두 풍습을 『삼국지』는 '변진' 항목에 넣었다. 그리고 내용에서는 그 풍습이 진한의 것처럼 기술하였다. 왜 그랬을까. 그것은 편두가 진인(辰人)의 풍습이었기 때문일 것이다.

현재까지 자료만 놓고 볼 때 신석기시대에 편두를 가장 먼저 한 사람들은 메소포타미아 지역에서 살고 있었다. 이들이 이란고원이나 그 너머 세계에서 내려온 사람들이라고 보는 것이 일반적 견해인 점을 고려하면 이들의 원주지에서도 편두를 했을 것이다. 그러나 아직 고고학적 물증은 발견되지 않았다.

그러나 이라크 북부 자르모에서는 점토로 만든 편두 두상이 발견되었다. 메소포타미아 지역에서 가장 오래된 편두상이다. 이 지역은 대략 기원전 6750년을 기점으로 해서 약 2,000여 년 동안 농경사회가 존재했던 곳이다.[292] 그다음은 이라크 에리두 유적의 무덤에서 나온 흙 인형으로 기원전 5000~기원전 4000년경의 우바이드문화기에 만들어졌다. 넓게 보아 이들은 천산에서 카스피해에 이르는 지역에서 남하한 사람들로 추정된다. 그들

기원전 5000~4000년경 우바이드 문화기의 에리두 유적 무덤에서 나온 흙인형

은 뱀의 머리 형상으로 얼굴을 성형, 즉 편두를 함으로써 자신들이 신의 아들임을 드러내고자 했다. 이들은 초기 신석기 농경사회 지신(地神)의 후손으로 당시 최고 종교 엘리트였다.

전욱도 편두를 했다

필자는 『천년왕국 수시아나에서 온 환웅』에서 이들이 가지고 있던 편두 풍습이 공공족의 이동과 함께 천산 동쪽으로 이동했다고 보았다. 아직까지는 황하 중류 지역에서 실물 편두는 발견되지 않았다. 그러나 그곳에서도 편두가 행해졌음이 확실하다.

황하 지역에서 편두가 행해졌음은 갑골문이나 금문에 보이는 글자에서 알 수 있다. 물론 그 글자는 지금은 사용하지 않는다. 그 글자는 다름 아닌 '머리기울 녈(夨)'자이다.

『고전석원』에는 갑골문과 금문 그리고 『설문』에 기록된 '녈'자가 있는데, 그 글자는 '머리가 기울어져 있는 형태를 상형한 것(側頭·傾頭)'이라고 설명하였다. 또한 『고전석원』의 편저자도 '녈'자가 편두한 머리를 상형한 것이라고 했다.[293]

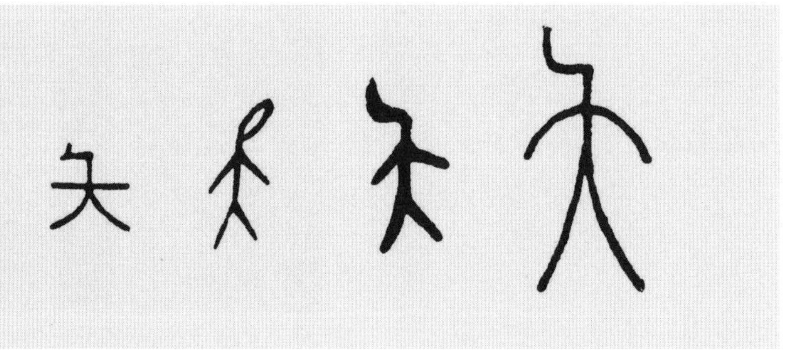

『고전석원』에 보이는 편두 관련 문자

중원 지역 지도자들이 편두를 했음은 문헌자료로도 확인된다. 공공과 대립하며 격렬하게 싸운 전욱도 편두를 했다. 초나라 때의 백서(帛書)에는 "전욱의 머리가 기울어져 있다"라고 기록되어있다. 또 『논형』은 "전욱의 머리는 마치 방패를 쓴 것 같다. 전욱은 머리가 솟아있는데 요순은 절대 그렇지 않다"라고 했다.

여기서 우리는 재미있는 사실을 발견할 수 있다. 하늘사다리를 끊음으로써 공공족의 종교 엘리트들이 활동하는 것을 방해했던 전욱 자신은 공공족이 가지고 있던 편두 풍습을 답습한 것이다. 이때까지만 해도 중원에서는 편두, 즉 뱀의 머리 형상을 한 신인이 세상을 다스리고 있었다. 그런데 『논형』은 '요순은 절대로 편두를 하지 않았다'고 전한다. 하늘사다리를 끊고 종교개혁을 한 그들은 이제 더는 편두를 할 필요가 없었다. 후대에 중국에서 '머리기울 녈'자가 사용되지 않게 된 것 또한 중원 지방에서 편두하는 풍습이 사라졌기 때문이다.

중원에서 사라지기 시작한 편두 풍습은 동쪽과 동북 지역으로 전파된다. 동쪽으로 전파된 편두 풍습은 동이족의 문화습속이 되었다. 산동 지역에서는 실제로 편두가 발견된다. 산동성 태안의 신석기 유적에서 나온 인골을 분석한 결과 후두부를 인공적으로 변형시킨 편두였음이 확인되었다.[294]

홍산문화 지역을 지나 아메리카로

동북으로 확산된 편두 풍습은 홍산문화 유지에서 나온 인골에서 확인된다. 요하문명을 연구하는 한국항공대학교 우실하 교수는 2012년 9월 중국 내몽고 자치구 적봉시 정부가 주최한 '제7회 홍산문화포럼'에 참가한 자리에서 얻은 새로운 정보를 전해주었다. 그에 따르면 최근 홍산문화 유지에서 발굴된 두개골 17개 중 13개가 편두라는 것이 밝혀졌다고 한다. 공공족이 앙소문화를 주도하던 시기 동북 지역으로 편두가 확산되었음을 말한다.

또 중국과학원 고척추동물 및 고인류연구소에 따르면 내몽고 자치구 적봉에서 발견된 소하연문화층에서도 편두 인골이 나왔다. 연구소에 따르면 이 편두 인골은 대전자 유적으로 대표되는 하가점하층문화의 인골과도 비슷했다고 한다. 홍산문화에서 소하연문화 그리고 하가점하층문화로 연결되는 과정에 동일한 계통의 주민이 참여하였음을 의미한다. 연구소는 1980년대에 길림성에서도 편두가 발견되었다고 보고했다.[295]

이는 편두 풍습이 홍산문화 지역을 벗어나 동으로 더 확산되었음을 보여주는 증거다. 홍산문화 지역으로 들어왔던 편두 풍습은 길림성을 지나 아무르강을 넘게 되고 더 동진하여 마침내는 북미대륙을 거쳐 아메리카대륙으로 확산된다.

2000년부터 2005년까지 문화재연구소와 러시아과학원 시베리아 지부가 공동으로 아무르강 유역과 연해주 일대를 발굴해서 얻은 자료에도 편두가 보인다. 아무르강 하류 꼰돈 유적에서 기원전 2000년경에 제작된 것으로 추정되는 편두 여인상이 출토되었다. 하가점하층문화가 시작되고 얼마 되지 않는 시점이다.

기원전 2000년경 아무르강 유역의 편두 여인상

세계적인 신화학자 조지프 캠벨(Joseph Campbell)은 아기 머리의 뒤쪽과 앞이마 부분을 눌러서 두상을 변형시키는 풍습이 아시아 해안지방의 어느 지점에서 출발한 사람들에 의해서 아메리카로 전파되었을 것이라고 했다. 그는 그 시기가 기원전

2000년경일 것으로 추산했다.

북아메리카로 들어간 이 풍습은 남서쪽의 푸에블로인과 동쪽의 미시시피 사람들에게까지 퍼졌다. 더 멀리는 아마존강 유역까지 이른다. 두개골을 변형시키는 이 관습은 곧 최고로 발전한 아메리카 원주민 문명사회의 신분 보증표시 같은 것이 되었다.[296] 역시 편두는 신분을 드러내기 위한 것이었다.

진인의 일파인 여진족의 편두 풍습

청나라 건륭황제의 지시로 관학자들이 만든 『흠정만주원류고』에는 여진족도 편두를 한 것으로 나온다. 책에서는 '삼한 사람들이 편두를 하는 풍습은 여진족과 같은데, 그것은 삼한이 원래 만주 길림성 일대에 있었기 때문'이라고 했다.[297]

삼한이 만주 길림 일대에 있었다는 것은 받아들이기 어렵지만, 길림 지역에서나 진한 지역에서 편두가 시행되고 있었음은 고고학적으로 확인된다. 이 편두의 흐름은 앞에서 말한 공공족의 이동 루트와도 일치한다. 홍산문화 지역으로 들어온 편두 풍습은 동으로, 동북으로, 동남으로 확산되었다.

편두는 필자가 진인-숙신, 진번, 진국, 진한, 변진-이라고 부르는 정치공동체와 연결된 집단들이 행하던 풍습이다. 이 때문에 춘추전국시대의 고조선계 문화의 흐름에는 편두가 없었다.

마지막으로 훈족도 편두를 했다. 훈족이 활동한 지역에서 발굴된 인골을 보면, 관자놀이와 이마가 눌려 있고 두개골이 길게 늘어나 있다. 이러한 훈족의 두개골은 인공으로 편두를 했음이 분명한 것이다.[298] 편두를 한 훈족은 자긍심이 매우

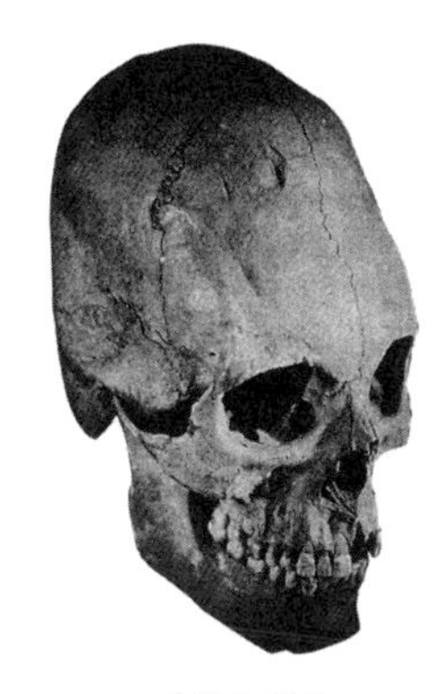
훈족의 편두

강했으며, 그들이 점령한 지역에 편두 풍습을 전파하기도 했다.[299] 서쪽으로 이동한 서흉노 일파가 동진하여 신라 김씨왕족이 되었다고 하는 학자들도 있다.

지신의 신체를 닮기 위해서

그렇다면 진한인은 왜 편두를 했을까. 중국 중남민족대학의 김인회(민속학)는 「두개골 변형과 무의 통천의식」이라는 논문에서 "신라왕들은 새 머리 모양의 머리를 지녔다"라고 주장했다. 그 근거로 그는 천마총, 금관총, 서봉총, 황남대총, 금령총 등 신라왕의 무덤에서 출토된 왕관 크기를 들었다. 왕관들은 지름이 15.9~20센티미터인데, 이는 성인 남자가 아닌 12세 남자아이 정도의 머리둘레다. 그는 왕관의 크기가 작은 것은 그들이 편두를 했기 때문이라고 했다. 그는 신라왕들이 편두를 한 것은 새의 머리를 닮기 위해서였으며, 그러한 풍습은 동이족의 태양조 숭배와 연결된다고 했다. 추상적 사고를 하기 이전의 고대인은 태양을 새가 싣고 날아가는 형상으로 이해했는데, 새 모습의 편두를 함으로써 신인합일 또는 신과 통할 수 있음을 의미했다는 것이다. 그는 신라 김씨왕들을 동이족으로 보았다.[300]

과연 그럴까. 우선 신라 김씨왕족은 동이족이 아니다. 『삼국지』에서 편두를 한 것으로 기록된 진한인과 신라 김씨왕족은 다르다. 같은 『삼국지』에 보면 '진한은 진국의 후예'라고 기록되어있다. 그런데 『신당서』와 『구당서』에서는 '신라는 변한의 후예'라고 했다. 신라 김씨왕족은 변한, 즉 '고깔모자를 쓰는 한인'의 후예였다. 사로국을 이끌던 주도세력과 신라 김씨왕족은 그 계열이 다르다는 것을 알아야 한다. 사로국을 주도하던 사람들은 범 동이계에 속하나 신라 김씨왕족은 동이족이 아니다. 따라서 신라왕의 편두와 동이족 문화를 연결하는 것 자체가 모순이다.

더구나 편두는 새의 머리와 상관없다. 그것은 뱀의 머리를 닮고자 한 것이다. 편두가 발생한 메소포타미아 지역의 초기 편두는 뱀 머리를 형상화하고자 했다. 앞에서 보여준 우바이드 신상의 머리가 뾰족한 것도 삼각형으로 생긴 뱀의 머리를 표현하려 한 것이다. 이 신상을 발굴한 레너드 울리(Leonard Wooley) 경은 '지하의 신들'을 상징한다고 했다. 바로 지신인 뱀 머리 형상을 하고자 했던 것이다.

공공족 족휘와 뱀

신석기시대 초기 농경사회에서 지신은 가장 중요한 신이었다. 지금은 지옥신 하면 부정적인 생각이 먼저 떠오르지만, 신석기 농경인에게 지옥신인 지신은 풍요를 가져다주는 최고의 신이었다. 당시 사람들이 지신의 풍요를 기원하는 과정에서 지신이 사람들에게 농경을 가르쳤다는 관념이 생겼다. 소아시아 지역에서 지신은 땅속에 숨겨진 금속을 소유한 자로서 대장간과 수공업자의 수호신이기도 했으며, 악공이기도 했다. 지옥신의 사제들이 사람들에게 예술도 가르쳤다. 그는 의술의 수호자이기도 했으며, 모든 지식의 근원이 되기도 했다. 분명한 사실은 '문화영웅'이 지옥에서 모든 문화를 가져온다는 것이다.[301]

신석기시대 주민들에게 뱀은 지신의 신체를 나타내는 동물이었다. 당시 지도자들은 지신의 형상을 닮으려고 뱀 머리 형태로 편두를 했다. 이 삼각형 편두야말로 모든 것의 주인인 지신의 아들임을 상징하는 것이다. 편두를 한 사람들은 지신의 아들로 당시 최고의 권위를 가진 사제였다.

제우스의 신체가 커다란 뱀으로 인식되었던 것도, 인도-유럽 이전의 뇌신이 뱀이었던 것도, 중부아메리카 신화에서 깃털 뱀이 비를 내리고 농경·야금술·수공업·건축·의술·예술·음악·학문·교육 등의 수호자였던 것도 모두 지옥신의 역할과 그의 신체에 대해서 말하고 있다.[302]

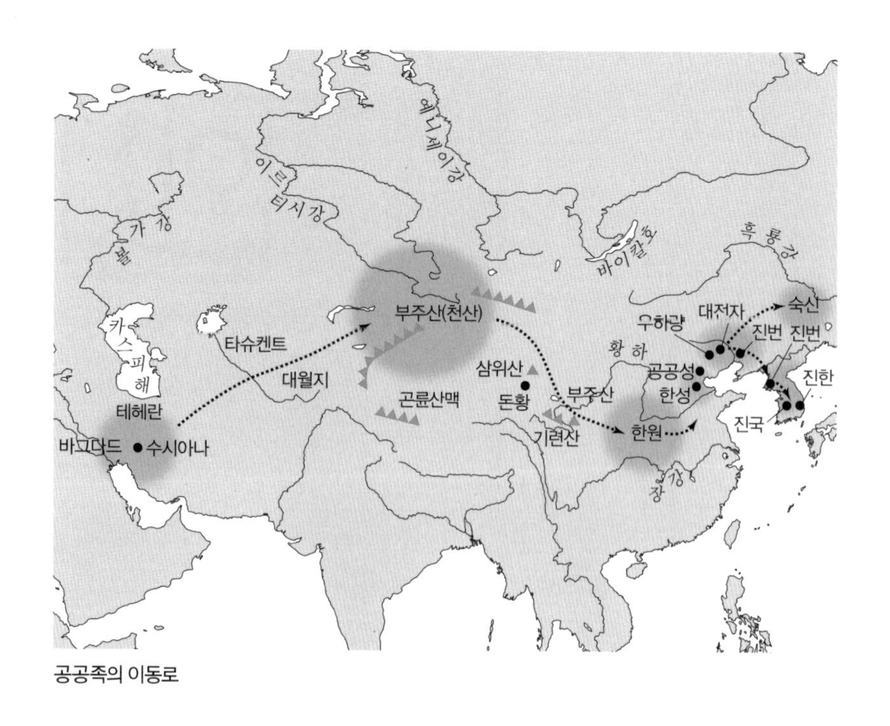

공공족의 이동로

필자는 모든 지식과 지혜와 부의 근원인 지옥신의 관념을 현실에서 이데올로기화하여 통치술로 삼았던 메소포타미아 지역의 초기 농경인 중 한 그룹인 공공족이 천산을 넘어 중원으로 들어왔고, 다시 동북 지역을 거쳐 한반도까지 그 맥을 이었다고 보았다. 그들의 이주로에서 편두 문화를 찾을 수 있다.[303]

한국의 샤먼(무당)들이 굿을 할 때 쓰는 고깔모자의 비밀이 여기에 있다. 이때 고깔은 뾰족 삼각형을 나타내는 도상이며, 엘리아데가 알타이 샤먼의 예에서 지적한 것처럼 뱀의 상징이다.[304] 이 때문에 필자는 단군이 고깔모자를 썼을 것으로 추정한다.

10

한강 이남의 청동의기는 진국에 살던 진인의 문화

진인의 제정일치문화

삼한 지역의 청동기시대는 각종 간석기와 더불어 농경이 보편화되고 고인돌과 돌널무덤 등 새로운 묘제를 사용하면서 시작된다.[305] 이들 지역의 읍락은 고인돌계와 돌널무덤계 주민이 상호 동화 흡수되면서 보편적인 토착세력을 형성하고 있었다. 이들만이 중심이 되어 읍락이 운영되던 시기는 단군왕검계 진인이 주도하던 사회라고 할 수 있다.

그러다가 기원전 3세기 초 연나라 장수 진개가 고조선을 공격하여 고조선의 서쪽 땅 2,000여 리를 빼앗은 일명 '진개파동'이 일어나자 요령성에 있던 조선과 진번 지역에 있던 주민들이 서북한 지역으로 이주한다. 이때 널무덤과 독무덤[甕棺墓]을 사용하는 사람들도 남하한다. 이처럼 널무덤계, 독무덤계 주민의 이주가 늘어나면서 한강 이남 사회(학계일반의 한족사회)의 읍락 구성은 한결 다양해진다.[306]

삼한사회가 형성되기 시작한 것은 초기 청동기시대 이래로 고인돌과 돌널무덤을 사용하던 진인 계통 사회에 진개파동으로 남하한 진번계 유민과 일부 고조선계 주민이 뒤섞이면서부터다. 진개파동이 일어난 후 한강 이남에는 삼한이라는 정치체를 구별할 수 있는 씨앗이 잉태된다. 전통적 진인사회는 진국과 진한이라는 정치체의 뿌리가 되었고, 진번인의 유입은 변진사회가 태동하는 모태 구실을 하였으며, 널무덤을 주로 사용하던 고조선인은 마한의 뿌리가 되었다.

이제 남한 지역은 크게 보아 세 그룹의 정치체가 뒤섞여 활동하는 시대가 되었다. 당시 남한 지역의 청동유물군에는 이들의 정치적 성향이 잘 드러나 있다. 가장 토착적인 문화로 단군왕검계 문화를 계승한 진인이 사용한 청동유물군과 새로운 물질문화와 정치·종교문화를 가진 한인들(한씨조선의 유민)의 청동유물군에는 차이가 있었다. 청동기는 신분의 상징인 동시에 실용적인 무기나 의식용구로 그 사회의 지배권력의 성격과 지배계급 대두의 문화배경 등을 반영하는 중요한 척도가 된다.

따라서 우리는 3세기 이후 남한 지역의 지도자들이 사용한 청동기를 통해 그들이 어떤 문화적 배경을 가지고 있었는지 살펴볼 수 있다. 그러한 문화적 배경을 분석하면 나중에 삼한으로 성장하는 사람들의 성격을 어느 정도 구분할 수 있다. 이때가 되면 제정일치적 전통을 고수하려는 집단과 제정을 분리하려는 집단이 구별되기 시작한다.

그러한 구별을 할 수 있는 일차적 자료는 청동기이다. 고고학 자료를 분석해보면 청동기 종류가 무기로만 구성된 경우와 의식용구가 큰 비중을 차지하는 경우가 있다. 또 그러한 청동기를 소유한 주인공의 묘제도 고인돌, 돌널무덤, 널무덤, 독무덤 등으로 다양하다.[307]

제정일치의 나라 진국

먼저 청동의기가 주로 출토되는 지역과 그들의 계통에 대해 알아보자. 이청규는 삼한 지역의 토착 고인돌세력은 조상숭배 단계에 머물러 있었고, 새의기인 기하학문경을 지닌 새로운 지배세력의 최고위층은 조상숭배보다는 하늘이나 태양에 대한 제사에 더 중점을 두었다고 했다.[308] 그러나 이러한 주장에는 문제가 있다. 고인돌세력 자체가 단군왕검계 종교의식을 계승한 집단인데 어떻게 그들을 조상숭배 단계에 머물렀다고 할 수 있겠는가. 토착 고인돌세력이나 새로운 엘리트로 구성된 진국의 지도자 모두 하늘에 제사를 지냈다고 보아야 한다. 다만 새로운 청동의기를 갖춘 제사장은 서북쪽에서 밀려들어온 새로운 물질문화를 수용하고 자신의 우주생명관에 맞는 청동의기를 제작·사용했을 뿐이다.

삼한 지역에서 청동거울이나 청동방울 등을 사용한 사람들은 제의를 주관하던 제사장이었음이 틀림없다.[309] 기원전 300~기원전 200년대의 지도자급 무덤 중에서 청동의기 비중이 높게 나타나는 지역은 두 곳이다. 하나는 대전 괴정동을 중심으로 한 충남 아산만 일대이고, 다른 하나는 전라남도 화순군 대곡리이다.

대전 괴정동을 중심으로 한 아산만 일대에서는 청동의기를 다량 부장한 지도자들이 활동했다. 이때 주로 출토된 청동의기로는 청동방울, 청동간두령, 둥근원판, 검파형동기, 방패형동기 등이 있다. 또한 이들 지역에서는 거친무늬거울과 간토기, 덧띠토기, 천하석재 장식옥 등이 출토되었는데, 묘제는 돌널무덤 계통이다. 이 일대 지도자들은 청동거울로 예언하고, 청동방울을 울려 신을 불렀으며, 청동단검으로 동물을 희생하는 의식을 행하면서 의례를 주관했을 것이다.[310]

삼한사회를 연구한 이현혜는 이들이 한족사회의 단위집단 중에서도 토착적 배경이 강하고 대두 시기가 이른 집단들로, 지배자들이 제사와 정치를 겸하는 사람들이었다는 것을 의미한다고 지적했다.[311] 옳은 말이다. 이들 지역은 넓게 보면 고인돌사회를 기반으로 하고 새로운 문화를 수용한 돌널무덤계 지도자들이 주도하던 사회였다.

이들 지역의 유물군에서 발견되는 청동의기는 요령지구 청동기문화, 특히 심양 정가와자유형에 그 원류를 두고 있다(김원룡). 그렇다고 정가와자 유형과 수직적 관계에 있었던 것만은 아니다. 이 단계의 청동기는 고조선 지역과 횡적으로도 밀접한 관계를 가지고 있었으며, 이 계통의 청동기들은 고조선의 세형동검문화와 직접 교류관계를 나타내고 있다.[312] 즉 고조선 말기와 위만조선 시기와 겹친다.

이러한 고고학적 자료는 진국을 이끌던 주도세력 중에는 요동 지역에서 남하한 세력들도 있었다는 것을 의미한다. 그렇다면 그들은 어떤 문화배경을 지닌 집단이었을까. 문화배경으로 볼 때 연나라 장수 진개가 고조선을 공격한 사건의 파장으로 남하한 진번과 조선계 주민들 중에서 진번계가 더 유력하다. 그것은 이들이 진국이라는 이름을 사용한 것이나 후에 이들의 일부가 소백산을 넘어 진한의 주요 세력으로 부상한 것으로 짐작할 수 있다.

이들은 고조선의 준왕세력이 남하하기 이전에 이미 금강 유역을 중심으로 하여 개성 있는 청동기문화를 배경으로 다수의 정치집단을 형성하였다. 준왕이 남하한 이후 이들 세력을 역사책에서는 진국이라고 기록했다. 다시 말하면 최소한 기원전 3세기경에는 한반도 중남부 지역 돌널무덤계 주민집단이 고조선과 거의 대등한 수준의 선진적 청동기문화를 가진 정치집단을 만들었다.

이들이 청동의기를 중시했다는 것은 아직도 단군왕검계 제정일치문화를 고수하고 있었다는 것을 말한다. 진국에 속했던 소국들은 기본적으로 고인돌이나 돌널무덤을 쓰던 사람들로 이루어졌는데, 이러한 묘제는 단군왕검계 진인이 요동과 한반도에서 쓰던 것이다.

엿장수가 찾아준 청동방울

다음으로 청동의기를 가장 많이 부장한 지역은 전남 화순군 대곡리이다. 기원전 3~기원전 2세기경 중남부 지역에서는 여러 가지 형태의 청동방울이 출토된다. 그중 가장 전형적 일괄유물군이 화순군 대곡리 널무덤에서 출토되었다.

국보 제143호로 지정된 화순 대곡리 유적 출토 청동유물 일괄품은 동검 3점과 팔주령 2점, 쌍두령 2점, 청동 새기개와 청동도끼 각 1점, 다뉴세문경 2점으로 구성되었다. 이 유물들은 마을 주민이 자기 집의 빗물 배수로 공사를 하다 돌무지를 발견하고 치우는 과정에서 발견되었다. 발견자는 이 유물의 가치를 모르고 마을을 찾아온 엿장수에게 넘겼는데, 다행히 그 엿장수가 전남도청에 신고함으로써 빛을 보게 되었다. 조상들의 무지로 사라진 유물은 이루 헤아릴 수 없다. 필자도 어릴 적 무덤에서 나온 돌칼로 놀이를 했던 기억이 난다. 야산을 개간하는 과정에서 가끔 유물이 나왔지만 무지해서 모두 멸실시킨 것이다.

이들 대곡리 계통 유물은 대전 괴정동계 유물과 비교했을 때 의식용구라는 기능적인 면은 크게 다를 것이 없으나 그 형태나 반출유물을 볼 때 문화계통상에서 뚜렷한 차이를 보인다. 괴정동 계통은 주로 돌널무덤 계통에서 출토되면서 거친무늬거울, 흑도 등을 공반하는 데 반해 청동방울류는 널무덤에서 출토되었으며, 잔무늬거울[細文鏡]을 공반한다. 선진기술이 반영된 의기류였던 셈이다.

대전 괴정동계 의식용구는 옷에 걸치는 형태인 반면에 방울류는 구형의 공간에 환을 넣어 소리를 내는 의기이다. 방울류는 제의할 때 손에 들고 흔들던 도구로 추정된다. 이러한 차이로 보아 방울류 제작에는 분명히 새로운 계통의 문화요소가 수용되었다고 볼 수 있다. 특히 북방 시베리아 계통의

문화요소가 간접적으로 작용했을 가능성이 있다.[313]

그렇다면 그 새로운 문화는 언제 혼입되었을까. 이곳에서 발견된 다뉴세문경이 어떻게 제작되었는지 이해하면 그 시기를 짐작할 수 있다. 대곡리에서 발견된 것과 비슷한 다뉴세문경은 전국 말 중국으로부터 유입된 우수한 주조술을 습득한 고조선족이 만들기 시작했다고 보는 견해가 설득력을 얻고 있다(김양선). 따라서 중남부 지역에서 출토되는 잔무늬거울은 고조선 유민의 이주 혹은 그들과의 직접적인 교역이라는 관점에서 이해할 수 있는 유물이다.[314]

대곡리에서 나온 청동유물들이 전국시대 말엽에 중국에서 들어온 우수한 주조술을 바탕으로 제작되었다면, 그 제작기술을 가지고 있던 기술자는 진개파동 때 고조선에서 남하한 사람이었을 것이다. 당시 고조선 주민이 이들 청동기를 가지고 남하하지 않았음은 다뉴세문경과 함께 출토되는 다양한 방울류로 알 수 있다.

이들 방울류는 평양 정백동에서 출토된 쌍두령을 제외하고는 고조선 지역에서는 거의 나타나지 않는 남부 지역 특유의 청동의기이다. 따라서 대곡리 청동유물은 고조선 지역에서 시베리아 샤먼이 사용하던 방울류 청동의기에 대해 이해를 하고 있던 기술자가 남하하여 제작한 것으로 추정하는 것이 합리적이다.

대곡리 지역 등 남부 지역에서 발견되는 청동의기인 방울류를 사용한 사람들도 제사장 기능과 정치적 지배자 기능을 동시에 지니고 있었을 것이다.[315] 제정일치적 통치술을 사용한 이들 또한 널무덤에 묻히긴 했어도 진인의 정신을 계승하던 사람들로 이해해야 한다. 일부 양보하여 대곡리 청동유물을 사용한 사람들이 고조선 계통이라고 해도 그들은 화순 지역에 광범위하게 퍼져 있던 고인돌사회의 전통에 매몰되어 제정일치적 군장으로 활동할 수밖에 없었을 것이다.

제정분리문화의 도래

남한 지역의 세형동검 초기단계 유물군에는 대부분 의식용구가 포함되어 있었다. 그러다가 기원전 3~2세기 이후 동모·동과가 보급되는 단계에 이르면 의식용구를 포함하지 않는 유물군이 늘어난다. 의식용구가 전혀 포함되지 않은 유물군에서는 동모·동과 등 무기류가 주로 출토되는 특징이 있다.

당시 중남부 지역에는 청동의기를 다량 포함하는 집단과 전혀 그렇지 않은 두 집단이 공존한 셈이다. 그런데 그들이 분포한 지역은 뚜렷한 차이를 보인다. 전자는 대전 괴정동을 중심으로 해서 아산만 일대에 분포했고, 후자는 익산 용제리를 중심으로 충남과 전라 지역에 분포했다.

전쟁용구인 동모와 동과는 후에 마한 지역으로 분류되는 충남·전라에서 많이 발견된다. 이러한 현상은 고조선 지역을 중심으로 진행되던 전국계 청동기·철기의 유입, 이에 따른 청동기 제작기술의 향상, 그리고 고조선 지배세력의 분해·확산이라는 역사적 현상과 직간접적 관계 속에서 발생했다.[316]

따라서 동모와 동과가 많이 부장된 지역에는 진개파동 때 고조선에서 남하한 사람들이 많이 살았던 것으로 추정할 수 있다. 그들은 이들 지역에 정착한 뒤에도 연고가 있던 고조선과 빈번한 교류관계를 지속했을 것이다. 진개파동 때 이미 선진적 물질문화를 가지고 이주해왔지만, 그 후 고조선과 교류하면서 더 많은 신기술을 습득할 수 있었을 것이다.

고조선의 마지막 왕 준은 위만에게 패하고 이곳으로 내려왔다. 그 결과 이들 지역은 청동기 제작기술을 바탕으로 각종 청동기 제작의 중심지가 될 수 있었다. 이들 지역의 지도자들이 대부분 고조선계이거나 고조선계의 영향을 받은 세력이었음은 무기류가 주로 출토되는 묘제가 널무덤인 것으로도 짐작할 수 있다.

이들 중남부 지역에 새로운 묘제인 널무덤을 쓰고 무기류를 주로 부장하는 지도자가 생겼다는 것은 매우 중요한 의미가 있다. 그러한 사실은 중남부 지역에 고인돌문화가 발생한 이래 새로운 변화가 모색되었다는 것을 의미한다. 이때를 기점으로 해서 남한사회에는 제정일치적 전통문화와 제정을 분리하는 새로운 문화가 서로 반대방향으로 작동하기 시작했다. 제정일치문화는 서서히 약화되고 제정분리문화는 서서히 강화된 것이다.

의기류를 다량 부장하는 대전 괴정동계의 문화, 동모와 동과를 주로 부장하는 익산 용제리계의 문화는 한반도 남부 지역에서의 전통문화와 새로운 문화의 충돌현상을 극명하게 보여준다. 고고학계에서도 용제리계 유물의 주인공들은 지배기능 면에서 괴정동계 유적이나 대곡리계 유적과 중요한 차이가 있는 것으로 본다. 의기류를 부장한 주인공이 제사장의 기능을 겸하는 지배자이자 더 토착성이 강한 세력집단이었다면, 무기류를 주로 부장한 지도자는 정치지도자와 군사지도자로서의 기능이 중요시되기 시작하는 전반적인 발전추세 속에서 대두된 존재였다.[317]

의기류를 부장하며 더 토착적인 공동체를 이끌던 괴정동계는 위만조선 때 진국이라는 나라 이름을 사용했다. 『삼국지』「한전」은 이들이 후에 소백산맥을 넘어 들어가 진한을 이끌었다고 했다. 사로국을 주도한 박혁거세와 그의 아들인 남해차차웅은 제정일치적 군장칭호를 사용했다. 단군왕검계 진인의 문화전통이 박혁거세 집단에까지 계승된 것이다.

반면 무기류를 주로 부장하던 용제리계 지도자들은 후에 마한을 주도하게 된다. 이들이 제정분리정책을 고수·확대했음은 『삼국지』「위지동이전」 한조에 나오는 소도 관련 기록에 잘 나타나 있다.

기록에 따르면 삼한 각 소국의 국읍은 천신(天神)을 제사 지내는 천군(天君)을 세웠다. 천군은 삼한사회에서 매년 5월과 10월 곡식의 파종과 추수가 끝날 때마다 거행되는 원시 농경의례의 주재자이다. 천군이 주관한 제천의식은 청동기시대 이래 토착사회에서 거행되어오던 전통적 습속이다. 그리고

국읍에는 정치적 통솔자인 주수(主帥)가 따로 있었다. 주수는 경제력과 군사지휘권을 가지고 있었다.[318]

진국이 주도할 때만 해도 제정일치적 리더가 강력한 힘을 발휘했지만, 마한이 주도하는 사회가 되면서 제사권과 정치권이 분리되었다. 따라서 삼한 사회 단계까지 남한 지역에서의 제정일치적 정치문화는 단군왕검의 적통자들인 진인의 문화로 이해해야 한다. 제정분리문화는 요서 지역에서 태동해서 요동으로 세력을 확장한 고조선 사람들이 중원과 경쟁하면서 수용한 문화이자 진개파동 이후 한씨조선 사람들이 남하하면서 한반도에 이식한 문화이다.

이제 독자들은 필자가 왜 '진인의 눈으로 한국사를 보아야 한다'고 했는지 이해할 것이다. 단군왕검사회에서 출발한 진인의 역사·문화 흐름과 기원전 10세기 이후 요서 지역에서 일어난 고조선의 역사·문화가 한국사에 어떻게 반영되었는지 구별하는 것이 한국 상고사를 이해하는 지름길이다.

III

단군숙신과 고조선을 구분해야 한다

2부에서 단군왕검사회가 어떻게 태동하고 계승되었는지 알아보았다. 단군왕검사회는 곰 부족이 주도하던 홍산문화인의 후손들과 황하 중류 지역에서 신석기문화인 앙소문화를 주도하던 사람들의 후예인 공공족이 결합해서 탄생했다. 하가점하층문화를 일구며 살던 그들은 기원전 15~기원전 13세기경 요동과 서북한 지역으로 이주했다. 그들은 요동과 한반도의 청동기문화와 고인돌문화를 비롯한 석묘계문화를 주도했다. 이들이 남긴 정치체는 숙신 · 진번 · 진국 · 진한 · 변진 등이다.
이러한 관점으로 상고사를 이해하고 보면 현재까지도 논쟁의 중심에 있는 기원전 10세기 이후의 고조선, 즉 『관자』나 『위략』에 등장하는 고조선은 단군왕검사회의 적통자라고 할 수 없다. 고조선을 이끈 사람들은 단군왕검사회의 후손들과 은나라의 유민, 그리고 북경 남쪽에 있던 한국(韓國)의 후예들이다. 이들 고조선 주민과 단군왕검사회를 주도했던 사람들은 넓게 보면 혈맥적으로 겹치는 부분이 많다.
필자가 책을 구성하면서 2부에서 진한사로국의 혁거세를 먼저 다루고 그가 어떤 정치 · 문화 정체성을 계승했는지 파악하려고 한 것은 한국사의 흐름을 새롭게 보고자 했기 때문이다. 독자들도 2부를 읽으면서 어느 정도 이해했겠지만 한국사의 1차 흐름은 단군왕검사회인 단군숙신(조선)에서 비롯된 진인이 주도했고 그 흐름이 동으로 이어져 진한사로국에서 멈추었다.
1차 흐름이 먼저 동으로 파동치며 흐르고 난 후, 기원전 10세기를 전후해서 고조선이 요서에서 태동해 2차 흐름을 타고 한반도로 들어온다. 그런 이유로 3부에서는 1차 흐름을 주도한 단군숙신과 2차 흐름을 주도한 고조선을 나누어보자는 것이다.

01

동이족,
한민족의 원류인가

동이족은 어떤 종족인가

고고학자 이성주는 고고학적으로 민족과 그 문화의 기원을 막연히 북방으로 설정한 것은 민족의 아이덴티티를 중국과 다른 어떤 것으로 설정하려는 일종의 인종적 자기규정이라고 했다. 그러면서 그는 그것이 한반도문화가 중국의 아류만이 아니라는 민족주의 이념 중 하나라고 비판했다. 그뿐만 아니라 문헌사의 고증에서 나온 동이족의 기원과 이주에 대한 견해는 북방계 민족문화기원설과 상반되며 동이가 지적하는 대상이 애매하다고 비판했다.[1] 옳은 지적이다.

한민족 초기공동체는 이웃 공동체와 부단히 충돌하면서 형성되었다. 한민족 초기공동체는 후기홍산문화 이후 끊임없이 중원문화와 충돌하는 과정에서 사람과 문화가 교류되면서 탄생하였다.

중원문화와의 상관관계 속에서 민족의 뿌리를 찾으려 할 때 항상 등장하는 것이 동이족이다. 그런데 막상 사람들에게 동이가 어떤 족속을 말하느냐고 물어보면 정확히 답하지 못한다. 그것은 동이라는 말을 정확히 규정하지

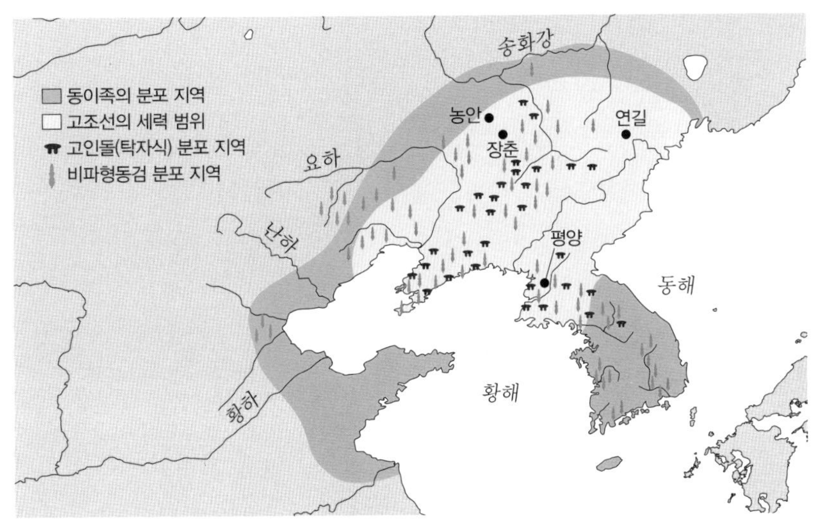

고등학교 교과서(7차 교육과정)에 수록된 고조선의 세력 범위와 동이족의 분포

않은 채 막연히 상고시대 동쪽에 살던 사람들이라는 뜻으로 사용하기 때문이다. 그래서 학술적으로 접근하고자 할 때 혼동이 생긴다.

최근 들어 홍산문화의 주체가 누구냐를 두고 논쟁이 만연하고 있는데, 막연히 홍산문화를 동이족의 문화라고 표현하는 사람들이 있다. 이덕일은 자신의 책 『고조선은 대륙의 지배자였다』에 우하량 돌무지무덤의 사진을 싣고는 "우하량 유적은 한족이 아닌 동이족의 유적으로 밝혀졌다"라고 설명했다.[2] 또 중국 길림성의 송호상(宋好尙, 쑹하오상) 교수는 "홍산문화에서 하가점하층문화로 이어지는 문화가 동이족 토착민의 문화로서 동방 고대문화의 발상지이며 세계문명의 창시문화라고 학자들이 공인했다"라고 했다.[3]

하지만 그렇게 단정하는 것은 잘못이다. 중국학계에서도 발굴 초기에는 홍산문화의 주도세력이 동이족이나 예맥족이라고 했다. 그러나 1990년대 후반 들어 중화민족의 시조인 황제의 후예들이 홍산문화를 건설했으며 중원 지역의 상(商)왕조는 요하에서 갈라져 나온 황제의 후예가 하(夏)를 정벌하고 건립한 것으로 정리하였다.

현재 고등학교 역사교과서를 보아도 동이의 개념이 애매함을 알 수 있다. 지도를 보면 동이족은 산동반도에서 발해만을 거쳐 동북의 송화강(松花江, 쑹화강), 그리고 한반도를 포함해 동해에 이르는 광범위한 지역에서 사는 사람들을 가리킨다. 문헌자료만 두고 볼 때 지도는 분명히 잘못되었다.

문헌에 보이는 동이는 누구인가

동이족이 어떤 사람들을 가리키는지를 규정하려면 두 가지 측면에서 살펴보아야 한다. 하나는 문헌에 보이는 동이가 누구인지이고, 다른 하나는 신화나 전설시대에 산동반도를 중심으로 살던 주민이 어떤 사람들인지 살펴보는 것이다.

선진 시기의 문헌만 근거로 하면 동이족은 산동반도 주변과 그 이남의 회하 유역에 살던 사람들을 가리킨다. 문헌에서 동북 지역을 동이라고 지칭한 때는 한대 이후 중원세력이 기존의 동이 지역을 모두 장악한 뒤이다. 따라서 문헌학적으로 볼 때 홍산문화인을 동이족이라고 하는 것은 잘못이다. 선진문헌에서 지적하는 동이는 요하 지역에 사는 사람들과 아무 상관이 없기 때문이다. 상고시대 중국인은 홍산문화 지역에 그렇게 대단한 신석기문화가 있었는지조차 몰랐다. 사실인지 확인해보자.

첫째, 동양문헌에서 동이라는 말이 최초로 등장하는 것은 『서경』「주서」 주관편이다. 거기에는 "성왕이 동이를 정벌하자 숙신이 와서 하례했다"라고 되어있다. 여기서 동이는 서주세력이 집권하면서 동방의 이민족을 자신들과 구분하려고 동이라고 부르게 되었으며, 이것이 동이라고 부르게 된 배경임을 알 수 있다.

서주세력이 동이라는 호칭을 쓰기 전에는 그냥 이(夷)라고 했다. 이(夷)라

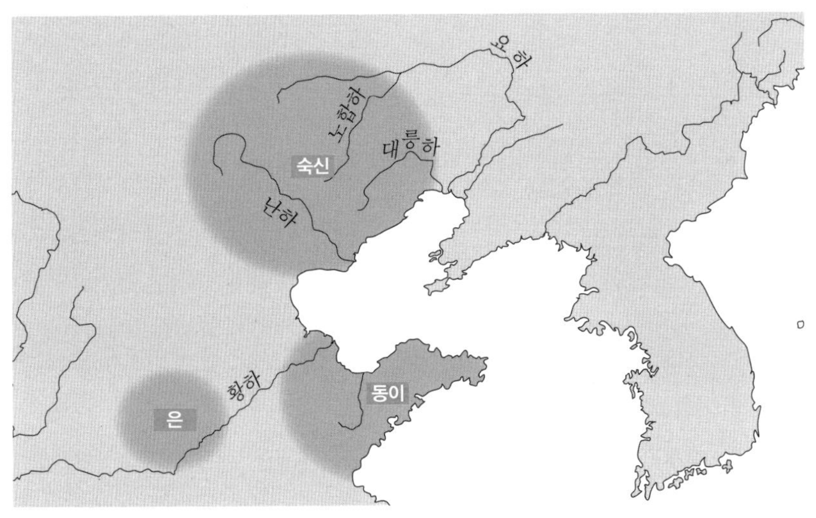

은나라 말기에서 서주 시기의 동이 위치

는 종족 명칭은 이미 은대의 갑골문에 인방(人方), 이방(夷方) 등으로 나타난다. 이들을 포함하여 동이는 산동과 회하 지역에서 살았다.

이와 같은 정황을 고려하면서 판단해보자. 동이는 분명 선진시대에 산동과 회하를 무대로 살던 집단이다. 그렇다면 도대체 같은 시기에 고조선은 어디에 있어야 하는가? 지도에서 보듯이 문헌에 나타나는 동이가 산동과 그 이남 지역에 있을 때 동북 지역에는 숙신으로 불린 정치집단이 형성되어 있었다. 이들을 주목하지 않고 단군조선을 해명하기는 어렵다.

둘째, 동이족은 은나라 제27대 무을 때 태산(산동성)과 회수(淮水, 화이수이강, 안휘성)로 양분되었으며, 이때 회수 유역으로 남하한 일파가 서언왕의 조상인 서씨족이다. 이들은 주나라 제3대 강왕(기원전 1078~기원전 1052) 때부터 왕을 자칭하면서 구이(九夷)를 이끌고 주나라를 공격하여 서쪽으로 진출했다. 그러자 주나라 제5대 목왕(기원전 1001~기원전 946)은 서씨족의 팽창을 우려하여 동방제후의 땅을 분할해 서언왕으로 하여금 다스리게 하였다. 당시 서언왕은 황지(潢池, 현재 하남 봉구 서남) 동쪽으로 사방 500리의 땅을 인정으로 다스려 여러 나라를 융화하니 조공하는 나라가 36국에 달했다고 한다.[4]

이와 같이 동이족은 은나라 말과 주나라 초기에 산동 곡부 지역과 회수 지역을 중심으로 활동하던 사람들을 가리키는 말이었다. 그들은 은나라 마지막 왕인 제신(걸왕)의 공격을 받기도 했으며, 주나라 초기에는 성왕에게 정복당했다.

이들 지역에 살던 동이는 춘추시대를 거치면서 점점 중국인에게 밀려 제후국에 예속되었다. 이들의 고유문화는 중국문화에 흡수되기 시작하였는데 이를 완성한 사람이 진시황제이다. 서주시대부터 중국인에게 동화되기 시작한 중국대륙 안의 동이족은 진나라의 출현으로 중국 민족으로 완전히 흡수되었다.[5]

물론 이런 문헌적 고찰에서 벗어나 포괄적으로 이야기하는 학자들도 있다. 예를 들면 서량지(徐亮之, 쉬량즈)는 자신의 책 『중국사전사화』에서 "이전부터 은나라와 주나라에 이르기까지 동이족의 활동 범위는 실로 포괄적임을 알 수 있다. 이는 지금의 산동성 전부와 화북성의 발해 연안, 하남성의 서북, 안휘성(安徽省, 안후이성)의 중북부 지역, 호북성(湖北省, 후베이성)의 동쪽, 그리고 요동반도(요령성)와 조선반도 등 광대한 구역이며, 산동반도가 그 중심 지역이다"라고 했다. 부사년(傅斯年, 푸쓰녠, 『이하동서설』, 1935)도 비슷한 주장을 했다. 그는 좁은 의미의 동이는 산동반도부터 회수 유역에 거주하던 이(夷)와 융(戎) 등을 가리키며, 넓은 의미에서 보면 발해·황해를 둘러싼 황하·요하·대동강 등에 분포되어 살던 종족을 말한다고 했다. 이런 관점으로 보면 한국인도 처음부터 동이족의 하나로 출발하였다고 볼 수 있다.

또한 양관(楊寬, 양콴)은 『고사변』에서 "현조는 은나라 사람과 동이의 조상신이다"라고 하였으며, 같은 책 상편에서는, "동이는 은나라 사람과 동족이며, 그 신화 역시 뿌리가 같다"라고 했다. 그리고 중국학자 하신(何新, 허신)은 『신

옥으로 만든 솔개. 사해문화 시기의 유물로 요령성 부신 지역에서 출토되었다.

의 기원』에서 '동부 혹은 동북에서 발흥한 제준(帝俊, 소호) 일족이 은상인의 선조가 되며, 이들이 대문구문화(大汶口文化, 다원커우문화)의 창조자'라고 했다.

위에서 살펴본 내용을 토대로 동이족에 관해서 정리해보자. 우선 문헌상으로만 이야기하면 '동이'는 결코 난하 이동 지역에 있었다고 판단되는 단군조선과 직접 관련이 없다.

다음으로 동이를 산동·발해만 지역·요동·한반도에 이르는 광대한 지역에 살던 사람들이라고 할 때도 중국학자들이 생각하는 동이는 '새(봉조) 토템'을 주로 하는 상나라의 조상과 같은 족속을 지칭한다. 만약 그 주장을 받아들이면 단군조선은 상나라 사람과 같은 혈맥과 문화에 속하게 된다. 하지만 천신신앙을 지닌 환웅이나 곰 부족인 웅녀족을 동이라고 할 수 있는가.

중국학자의 동이관을 받아들여 '새(봉조) 토템'을 주로 하던 상족의 조상을 동이라 하고 한민족도 그러한 동이와 같은 혈맥이라는 점을 수용하면, 중국학자들이 주장하는 기자조선설은 힘을 얻게 된다. 중국학자 장광직이 지적했듯이 기자가 동쪽으로 간 것은 자신들의 조상 땅으로 간 것이 되고, 기자가 망명한 곳에 살던 주민들은 기자와 혈맥과 문화가 같은 사람들이 된다. 더구나 그 동이족이 발해만 북쪽과 한반도에까지 퍼져 살았다면, 기자와 함께 들어온 상나라 유민은 한민족의 지맥이 되는 셈이다.

따라서 상나라 조상들과 혈맥이 같은 사람들을 동이족이라고 규정하고 그들과 한민족을 형성한 초기 주민들이 먼 과거에 조상이 같았다는 가설을 수용하려면 좀 더 신중히 연구할 필요가 있다. 물론 '새(봉조) 토템'을 가진 사람들이 초기 한민족의 형성에 일정한 영향을 미쳤겠지만, 그들이 초기 한민족공동체를 주도했다고 할 수는 없다.

요하에서 발원한 동이족

따라서 한민족과 동이, 그리고 홍산문화를 연계해서 생각하려면 최근 중국학자들의 주장 중 일부 학설에 귀를 기울일 필요가 있다. 다시 말하면 동이의 기원과 확산 문제를 이전과 다른 차원에서 다루어야 한다.

최근 중국학자들은 은나라의 조상인 제준이 원래 홍산문화 지역에서 활동했다고 주장한다. 사실 이런 주장도 무시할 수만은 없다. 우하량 여신묘의 여신 좌우에는 곰과 새가 모셔져 있기 때문이다. 중국학자들은 이를 새 토템으로 보고 그 새가 상나라 조상들이 모시던 새 토템이라고 주장한다. 후기홍산문화의 새 토템인이 발해만 지역을 거쳐 산동 지역으로 내려가 대문구문화를 창조했고, 하나라를 정복하고 상나라를 열었다고 보는 것이다. 그러니까 동이의 본래 고향은 요하 상류 지역이 되는 셈이다.

사실 홍산문화를 비롯해 이전 요하문명권에서는 새(봉조)를 토템으로 하는 집단이 살았던 흔적이 많이 보인다. 기원전 5000~기원전 4400년의 문화인 조보구문화기에 이미 봉황형 도기가 생산되고 있었다(1부 참조). 홍산문

옥으로 만든 봉황. 홍산문화 시기의 유물이며 우하량 유적지에서 출토되었다.

화 지역에서는 옥으로 만든 새가 상당히 많이 출토되었다. 이러한 자료들은 이들 지역의 주민들이 새를 토템으로 생각하였음을 보여주는 것이다. 이들이 남하하여 소호김천씨 계통 동이족의 원류가 되었다고 추정하는 것은 어느 정도 합리적인 판단이다. 왜냐하면 후기홍산문화가 끝나는 무렵부터 이들 지역의 기온이 급랭했기 때문이다. 그러한 상황변화에 따라 일부 홍산인은 따뜻하고 살기 좋은 곳을 찾아 남으로 이주했다.

이렇게 놓고 보면 한민족 초기공동체와 관련되었을 확률이 높은 홍산문화는 새로운 차원으로 접근해야 한다. 최근 많은 중국학자가 후기홍산문화는 곰 부족이 주도했을 거라고 본다. 그들은 곰 부족이 황제계라고 한다. 홍산문화가 황제와 전욱의 문화라는 중국 측 주장을 수용하고 문제를 풀어보자.

후기홍산문화가 끝날 무렵 이들 지역의 기온이 내려가기 시작한다. 환경변화로 삶의 터전에 문제가 생기자 후기홍산문화인 가운데 상당수는 서남쪽으로 내려간다. 후기홍산문화를 주도한 세력을 곰 부족으로 보고, 그들을 황제계로 본다면 황제계가 남하한 셈이다. 황제계가 남하하자 중원 지역에서 세력을 형성하고 북으로 확장하던 염제계와 먼저 충돌한다. 그것이 판천대전이다. 얼마 후 산동 지역에 있던 동이족 수장 치우는 탁록으로 진격한다. 그것이 탁록대전이다. 이때 두 전쟁에서 승리한 황제계는 계속 남으로 내려가 중원을 차지했다.

당시 황제가 전쟁에서 승리하지 못했다면 이후 중국 역사는 완전히 다르게 전개되었을 것이다. 탁록대전 승리의 의미에 대해 중국학자 서배근(徐培根, 수페이건)은 『중국국방사상사』에서 "황제와 치우 사이의 탁록대전과 그 전후의 거대한 건국은 중국 역사상 민족의 존망과 관계가 있는 가장 큰일이었으며 세계 역사상으로도 중요한 일이었다. 중국 민족과 중국문화가 현재와 같이 번창할 수 있었던 것은 모두 황제의 노력과 분투가 근기를 세운 것이다"라고 적었다.

하증우(夏曾佑, 샤청유)도 "중국에서 탁록대전의 의미는 매우 크다. 탁록대전에서 황제가 이기지 못했다면 중화민족은 서쪽 총령(蔥領, 충링)으로 이전하여 유목생활을 했을 것이고, 중국 역사는 치우의 역사가 되었을 것이다"라고 했다.[6]

후기홍산문화를 주도한 사람들이 황제계라는 중국학자들의 견해를 받아들인다면 후기홍산문화인이 남하하여 현재의 중국을 건설한 셈이다. 그 후 그들이 내려오기 전에 중원과 산동 지역을 지배하던 공공족과 치우족 가운데 일부는 동북으로 튕겨져 나와 한민족 초기공동체를 형성하는 데 중요한 구실을 했다.

어쨌든 황하 중류 지역으로 내려온 황제계와 공존하던 공공이 요임금 말년에 북경 지역으로 이주했고, 그들이 연산산맥을 넘어 후기홍산문화를 주도하던 잔여 곰 부족과 연합하여 단군왕검사회가 탄생했다. 이때는 이미 후기홍산문화기의 전욱계 동이족은 남하한 후였다. 이러한 흐름으로 역사를 읽으면 단군신화의 곰 부족을 동이족이라고 할 수는 없지 않은가. 이러한 흐름의 관점으로 보면 홍산문화를 포함한 요하문명은 한·중 양국의 모태문화인 셈이다.

02

기자조선 문제는 단군숙신을 넣어야 해결된다

단군조선과 고조선

최근 발표된 송호정의 글을 보면, 단군조선사는 단군신화로 표현된 내용을 역사적 사실로 해석하는 과정에서 나온 것으로, 역사상으로 많은 오류를 낳을 수 있기 때문에 전문 역사학자들의 연구는 주로 단군조선 이후 문제, 즉 고조선 건국 시기나 영토문제 등을 다룬다고 한다.[7] 그가 말하는 고조선은 바로 『관자』에 나오는 조선이다.

> 선진(先秦) 문헌인 『관자』에 따르면 고조선이 등장하는 시기는 중국 동북 지역에서 청동기문화가 개화하기 시작하는 기원전 8~기원전 7세기 이후이다. 또 사마천은 『사기』에 고조선이 기원전 108년 한무제가 보낸 군대에 멸망했다고 적고 있다. 이를 종합해보면 고조선사는 바로 남만주, 즉 중국 동북 지역에서 청동기문화가 개화하여 발전하기 시작하는 기원전 10세기 이후부터 기원전 108년까지의 역사를 말한다.[8]

고조선사의 시기와 범주를 위와 같이 규정한 송호정은 단군신화나 단군조선의 시기는 우리 역사에서 초기국가가 출현하는 단계로, 당시의 역사적 경험이 신화 형태로 정리된 것이라고 했다. 강단학자들은 대부분 이러한 관점에 동의한다. 즉 단군신화의 내용대로 고조선이 기원전 2333년경에 성립되었다고 보기는 어렵다는 것이다.

강단학자들의 이러한 견해는 일면 타당해보이지만 좀 더 고찰해보면 문제가 많다. 우선 그들의 견해를 받아들이면 한민족의 기원은 고조선과 관련해서 생각해야 하고, 고조선의 성립 시기는 빨라야 기원전 10세기를 넘지 못하기 때문이다.

그렇다면 일연이 『삼국유사』 고조선조에서 인용한 중국의 역사책 『위서』에 "지금부터 2,000년 전에 단군왕검이 계서 아사달에 도읍을 정하고 새로 나라를 세워 조선이라 불렀는데 요와 같은 때였다"라고 한 것을 어떻게 받아들여야 할까.

앞에서 설명했듯이 한민족의 뿌리라고 할 수 있는 단군조선은 분명 요임금시대에 창업되었다. 물론 그 나라가 강력한 왕권을 바탕으로 중앙집권적 고대국가를 이루었다고는 할 수 없다. 하지만 적어도 중국에 요순시대가 있었고 그들의 공동체를 나라라고 할 수 있다면, 당시 중원의 동북 지역 어딘가에는 단군조선이라는 나라도 있었다고 보아야 한다.

단군신화와 역사기록의 차이점을 해결하려면 한국 상고사를 인식하는 기본 틀을 바꾸어야 한다. 『관자』에 보이는 조선을 한민족 최초 국가로 보게 되면 당연히 민족사의 개시연대를 늦추어 잡아야 한다. 『관자』에 나오는 조선과 단군조선의 개시연대는 자그마치 1,300년 이상 차이가 난다. 어째서 그러한 오류가 생겼을까. 전달과정에 착오가 있었다고 추정할 수밖에 없다.

착오가 발생한 것은 조상들의 기억 속에 『관자』나 위나라 어환이 쓴 『위략』에 나오는 조선이 차지하는 비중이 너무 컸기 때문일 확률이 높다. 즉 역

단군 영정

사상 조선의 비중이 컸기 때문에 단군신화를 문자로 기록하는 과정에서 단군숙신이라고 해야 할 것을 단군조선이라고 했을 거라는 것이다. 특히 숙신·주신·식신·직신 등이 조선과 혼용되는 상황을 고려하면 그러한 실수는 자연스러운 귀결이었을 수도 있다.

어쨌든 단군조선(단군숙신)이 기록 그대로 요임금 50년 무렵 중국의 동북 지역에 성립된 것은 틀림없는 사실이다. 그리고 그 집단은 후대의 문헌기록에 숙신·직신·조선 등으로 다양하게 불렸다. 이들과 『관자』에 나오는 조선을 구별하고 두 정치체가 흐르는 선후관계를 잘 분석해야 상고사의 맥을 제대로 잡을 수 있다.

『관자』에 나오는 조선은 단군숙신에 포함되었던 주민들을 바탕으로 하고, 은나라가 망하자 동으로 이주한 기자를 포함한 은나라 유민이 주도하는 사회로 출발했다. 그러다 얼마 후 현재의 북경 남쪽 45킬로미터 지점에 있는 고안(固安, 구안)에 세워진 한국(韓國)이 기원전 757년 진(晉)나라의 공격을 받아 망하자,[9] 그 유민이 동으로 이주하여 조선의 권력을 장악한다. 그들이 주도한 나라가 한씨조선으로 『관자』에 나오는 조선이자 춘추전국시대에서 전국시대에 이르는 동안 동북 지역의 주도권을 쥐고 있던 조선이다.

한민족의 상고사는 처음부터 중국 전설시대와 관련을 맺으면서 시작됐고, 그 이후에도 일정 부분 하나라나 은나라, 주나라와 관련되어 전개되었다. 그러한 한민족의 역사가 중국 문헌 여기저기에 파편처럼 박혀 있다. 따라서 우리는 그 파편을 모아 한국사를 복원해야 한다. 하지만 화석처럼 남아있는 몇몇 파편을 모아서 역사를 복원하는 것은 쉬운 일이 아니다.

지금까지의 상고사 연구는 단군신화에 나오는 조선과 『관자』에 나오는 조선에 너무 집착했다고 해도 지나친 말이 아니다. 중국 문헌에 나오는 조선과 숙신계 명칭이 어떤 관계가 있는지, 그들이 시대별 역사변동 과정에서 어떻게 나타나는지를 살펴보면 의외로 뚜렷한 역사상이 드러난다.

단군숙신이 단군조선으로 기록되었다

필자는 오랜 시간 고민했다. 요임금 시절에 개국한 단군조선이 상고시대 중국 동북 지역의 역사를 주도했다면 분명히 흔적이 어떤 형태로든 남아있을 텐데, 흔적을 찾을 수 없는 이유가 무엇일까. 실제로 요순시대에 동북 지역의 주도세력이었다면 중국 문헌에 어떤 형태로든 흔적이 남아있어야 하지 않을까? 그런데 어째서 조선이라는 명칭이 춘추시대를 배경으로 한 이야기에서나 처음 등장할까.

이러한 문제의식을 가지고 고민한 결과 단군왕검이 다스리던 정치체에 새로운 관점으로 접근할 필요성이 있다고 생각하게 되었다. 『삼국유사』에 기록된 단군조선의 창업 시기가 사실에 근거한 기록일 확률이 매우 높은데도 중국 문헌에는 조선이란 명칭이 『관자』에 처음 보인다. 이는 어쩌면 단군조선이 다른 이름으로 기록되는 것이 타당함에도 후대의 기록자가 조선(사실은 그 명칭이 다를 수도 있는)이라고 기록하면서 후대 기록인 『관자』에 나오는 조선이 요임금 때 개국한 단군조선의 정통성을 이어받은 나라일 거라고 생각하였을 개연성이 있다고 보기에 이르렀다.

그렇다면 단군조선의 원래 명칭은 무엇이었을까? 필자가 고려한 단군조선의 원래 명칭은 단군숙신이다. 이러한 생각을 하게 된 것은 현실적인 고려에서이다. 조상들이 요임금 당시에 중국 동북 지역에 나라를 세웠다는 것을 구전으로만 전하다가 후대에 그 내용을 기록한 것이 문제의 발단이 되었다. 후대의 기록자가 요임금 당시에 있었던 단군시대를 기록하면서 『관자』·『전국책』·『사기』 등에 보이는 조선에 주목했을 것이다. 기록에 보이는 조선은 춘추전국시대 중국 동북 지역에서 정치력이 가장 막강한 국가였다. 기록자는 그 나라가 바로 요임금 때 단군이 창업한 나라의 정통성을 이어받았을 거라고 생각하여 단군이 주도한 나라 이름도 '조선'이었을 거라고 생각했던 것 같다.

그렇다고 해도 왜 단군조선을 단군숙신으로 보아야 하는가 하는 의문이 생긴다. 이 또한 문헌기록을 근거로 한 현실적 고려에서 나온 대안이다. 즉 단군조선이 요임금 당시에 세워졌으며 이주세력인 환웅과 현지주민인 호족과 맥족 등 다른 종족의 연합정권이라면, 이 나라는 당시 동북 지역의 중심 국가였을 것이다. 그리고 이 정치체는 요임금과 순임금이 다스리던 중원 지역과 가까운 곳에 있었을 것이다.

그런 정치체로는 순임금 때 동북 지역에 있었던 것으로 인식된 숙신이 가장 적합하다. 『죽서기년』에 보면 숙신은 순임금 25년에 중원과 교류하고 있었다. 당시 숙신은 순임금이 다스리던 나라에 들어가 활과 화살을 바쳤다.[10]

여기서 『죽서기년』이라는 책에 대해 잠시 언급하고 넘어가자. 이 책에 대한 위서(僞書) 논쟁이 있기 때문이다. 『죽서기년』은 『급총서』 또는 『급총고문』이라고도 불리는 책으로 전국시대인 기원전 281년에 급군(汲郡) 사람이 왕 혹은 대신의 묘를 도굴할 때 나온 죽간서적이다. 이 책에 대해서 역대 학자들은 원래 전국시대 중엽 때의 사본으로 사마천의 『사기』보다 200여 년 앞선 시대의 것이라고 여기고 있었다. 그런데 이 책의 원본은 송나라 때 유실되었다가 후세에 판본이 전해졌다. 이 책은 그동안 별 의심 없이 읽혔으나 청나라 때 사학자 최술(崔述)이 위서일 수 있다는 의견을 제기했다. 이후 이 책의 학술적 가치는 급격히 떨어졌고, 학자들은 사료적 가치를 인정하지 않으려 했다.

그러나 중국은 근년에 하상주단대공정을 진행하면서 『죽서기년』의 진위 문제를 검토했는데, 일부 위작한 부분이 있음이 밝혀졌다. 그러나 이 책은 기본적으로 전국시대 중엽 때 완성된 원본과 차이가 많이 나지 않을 뿐만 아니라 송나라 이후에 만들어진 위작은 아니라는 것도 밝혀졌다.[11]

그렇다면 『죽서기년』의 내용을 전적으로 부정할 필요는 없다. 『죽서기년』에 기록된 대로 숙신이라는 나라가 순임금 때 중국 동북 지역에 있었고 그들이 순임금의 조정에 내조하였다는 사실을 어느 정도 믿을 수 있다면, 당시 동북 지역의 대표적 정치세력으로 숙신이라는 존재를 인정할 수 있다. 『죽서기년』에는 순임금 이후에도 주나라 무왕과 성왕 때 숙신이 내조하였다고 나온다.

『죽서기년』의 내용을 전체적으로 믿을 수 없다고 해도, 거기에 기록된 숙신을 믿을 수 없다고 해도, 『죽서기년』의 저자는 요임금과 순임금 때 동북 지역의 대표적 정치체가 숙신이었다고 인식하였다는 점만은 인정해야 한다.[12] 그러니까 숙신은 중원 지역의 나라와 외교관계를 맺고 있던 동북 지역 최초의 나라였던 셈이다. 『죽서기년』뿐 아니라 『사기』 「오제본기」 순임금조를 보면, 우(禹)임금이 9주를 정벌한 결과 주변 민족이 조공을 바쳤다는 기사가 나오는데, 그 가운데 북방민족으로서 산융(山戎)과 식신(息愼)이 등장한다.

이와 같은 여러 가지 정황으로 판단했을 때 숙신은 요임금 말년에 유주로 밀려난 공공족이 주도하던 사회로 중국 동북 지역 최초의 정치체로 보아도 무방하지 않겠는가.

중원세력과 교섭하던 단군숙신

숙신이 중원 지역의 정치세력과 일정하게 교섭하고 있었다면, 그 숙신은 중원왕조와 가까운 동북 지역에 있어야 한다. 당시의 숙신은 대다수 중국학자들이나 일부 한국학자들이 생각하는 것처럼 백두산 이북과 흑룡강 이남의 어디인가에 있을 수 없다.

서병국은 『동이족과 부여의 역사』(2001)에서 "중국의 여러 문헌에 따르면, 만주에 처음 등장한 민족은 숙신족이며, 그들은 직신(稷愼) 또는 식신(息愼)으로도 불렸다"라고 했다. 그러면서 그는 숙신의 거주지는 길림성보다는 중국 내지에 가까운 북변 어디쯤이었을 것이라고 했다. 그리고 숙신의 초기 활동무대는 산동과 가까운 지방이거나 발해만으로 둘러싸인 산동의 내지였을 것이라고 추측했다.[13]

최근에 밝혀지고 있는 홍산문화나 하가점하층문화를 고려하면 요서 지역 어딘가에 숙신이 있었어야 옳다. 만약 하가점하층문화의 후방에 숙신이 있었다면 그들은 중원에 내조하지 않고 하가점하층문화를 일구던 정치체에 내조했을 것이다.

윤내현이 『상주사』에서 주장한 상나라시대 형세도

하가점하층문화 같은 발전된 정치집단이 있는데도 그 후방에 있던 집단이 중원에 내조할 이유가 없었을 것이기 때문이다. 외교적 행위[來朝]를 하려면 어떤 정치경제적 이유가 있어야 한다. 일반적으로 이해하는 것처럼 중원왕조와 그렇게 '멀리 떨어져 있다면 숙신이 중원왕조와 정치적 관계를 맺을 아무런 이유가 없지 않은가.

중원왕조의 사가들은 자신들과 인접한 동서남북의 세력에 대해 기술하는 것이 관례이다. 서병국의 지적처럼 적어도 하나라나 상나라 시기의 숙신은 중국의 동북 지역인 요서 지역 어딘가에 중심을 두고 화북성 북부까지 영향력을 행사한 집단이었을 것이다.

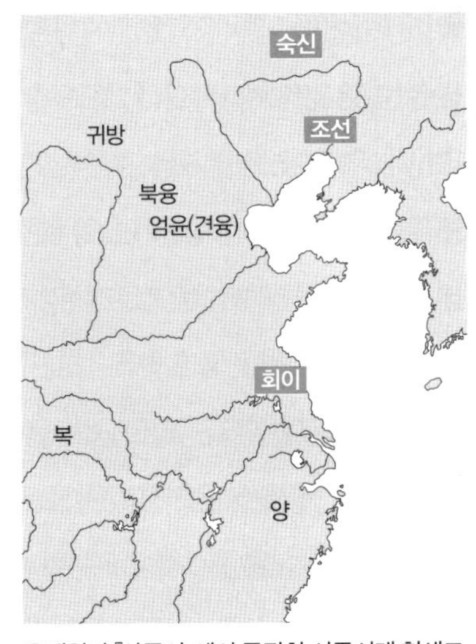

윤내현이 『상주사』에서 주장한 서주시대 형세도

중국학자들의 최근 주장을 역으로 활용하는 것도 하나의 방법이다. 그들은 후기홍산문화를 황제계인 전욱 고양씨가 주도했고, 그들을 계승한 하가점하층문화인이 하나라에 신속하다가 기원전 18세기경 남하해서 하나라를 멸하고 상나라를 세웠다고 한다.

당시 하나라에 신속했다고 한 집단이 바로 숙신일 수 있다. 하가점하층문화에는 중원의 농경문화가 전파되고 있었음도 밝혀졌다. 중원과 일정하게 교류했다는 것을 말한다. 물론 상나라를 세운 세력은 이들 숙신이 아니라 그들의 정치체가 형성될 때 혹은 그 이전에 남쪽 발해만이나 산동반도로 이주했던 사람들로 보면 된다.

고조선 연구에 새로운 지평은 연 윤내현도 숙신과 조선을 어떻게 보아야 할지가 한국 상고사 연구에서 매우 중요한 포인트라고 강조했다.

숙신은 중국의 동북지방에 거주하던 종족으로서 조선보다 먼저 중국 문헌에 나타난다. 숙신은 직신(稷愼) 또는 식신(息愼)이라고도 표기되었다. 가장 오래된 내용을 전하는 것으로 『죽서기년』 순임금 25년조의 기록이 있는데, 식신이

하가점하층문화 유적지와 은말주초 청동기문화 유적지 분포

> 조근을 왔는데 예물로서 활과 화살을 가져왔다고 하였다. 같은 책 주 무왕 15년조에는 숙신이 손님으로 왔다고 하였다. 『상서』에 주나라 성왕이 동이를 정벌하니 숙신이 와서 축하하였다. …… 지금까지 살펴본 바와 같이 기원전 11세기경까지는 숙신이 중국 문헌에 나타나고 기원전 9세기경부터는 조선이 나타나는데 이것은 그 지역의 공주(共主)가 숙신으로부터 조선으로 바뀌었음을 뜻하는 것인지 아니면 동일한 종족이 어떤 연유로 인하여 다른 명칭으로 불리어진 것인지가 해결해야 될 문제이다.[14]

윤내현도 중국 동북 지역에 조선이 나타나기 전에 숙신이라고 불린 정치체가 먼저 있었음이 분명하다는 점을 지적하였다. 필자도 문헌기록상 조선이 나타나기 전에 등장하는 숙신이 『삼국유사』에 고조선으로 기록된 정치체와 동일한 집단이며 그들이 하가점하층문화를 영위했을 것이라고 본다.

238쪽 지도와 236쪽 지도를 비교해보면 숙신으로 설정된 공간에 하가점 하층문화가 있었음을 알 수 있다. 이들 지역이 단군숙신의 강역으로 우리가 단군조선으로 알고 있는 역사가 펼쳐진 무대이다. 그리고 237쪽 지도를 보면 윤내현은 요서 지역에 숙신과 조선이 함께 있었던 것으로 이해했지만, 이때 숙신은 최소한 요서 지역의 진산으로 알려진 대릉하 중하류 동쪽에 있는 의무려산 동으로 옮겨갔다.

하가점하층문화가 무너지고 상층문화가 일어날 무렵에서 은나라 무정기 사이에 단군숙신인은 동으로 이주했다. 그들이 의무려산 이동 지역으로 이주했을 때 하가점하층문화의 서쪽에는 하가점상층문화가, 그 동쪽에는 위영자문화가 태동했다. 위영자문화는 얼마 후 능하문화(凌河文化, 링허문화)로 바뀐다. 위영자문화 지역에 남아있던 단군숙신인과 새로 이주해온 은나라 유민들이 연합하여 새로운 정치체가 탄생하는데 그 정치체가 『관자』에 나오는 조선(朝鮮)이다. 이들이 대릉하·소릉하 지역에 '능하문화'를 일구었다.

따라서 엄밀히 따지면 중국의 요순시대와 함께 활동하기 시작한 숙신세력과 춘추시대의 『관자』에 나오기 시작하는 조선은 구별해야 하는데, 전국시대 이후 중국 동북 지역의 리더로서 활동한 조선에 초점을 맞추어 단군신화를 기술함으로써 후대를 사는 우리가 혼란에 빠지게 되었다. 물론 넓은 의미로 보면 조선도 숙신과 관련 있는 집단임에는 틀림없다. 다시 말하면 단군숙신과 조선은 시간을 달리해서 건국된 공동체이지만, 그 뿌리가 동일한 나무에서 출발했기에 단군신화를 편집하는 과정에서 혼란이 초래된 것으로 짐작할 수 있다.

이와 같이 단군숙신을 설정함으로써 요임금 이후 은나라까지의 동북 지역 맹주를 이해하고, 은나라 무정 이후 새로 발생하는 요서 지역의 정치체를 조선으로 이해할 필요가 있다. 그렇게 해서 주초 이후 발생하기 시작한 요서 지역의 조선과 요동으로 이동했던 단군숙신의 후예들이 어떻게 변화했는지 분석하면 한국 상고사의 많은 의문을 해결할 수 있다.

의무려산 동쪽으로 이주한 단군숙신 세력이 요동과 서북한 지역에 탁자식 고인돌을 창안했다. 이들의 문화를 후대에 진인(眞人=辰人)과 관련된 문화로 파악해야 한다는 것이 필자의 주장이다.

『관자』의 고조선에 집착하는 학계

앞에서와 같은 관점으로 보면 단군조선을 인정해도 아무런 문제가 없다. 그러나 강단학자들은 대부분 단군신화의 내용을 역사적 사실로 그대로 받아들이길 주저한다. 특히 단군왕검시대가 요임금시대에 시작되었다는 신화 내용을 부정하려고 한다. 그러면서 그들은 문헌과 고고학적으로 어느 정도 설명되는 기원전 10세기경의 고조선에 주목한다. 쉽게 말하면 강단사학자들은 기원전 2333년경에 세워진 단군왕검사회는 무시하고 기원전 10세기를 전후해 성립된 고조선에 초점을 맞춘다.

대표적인 학자로 송호정을 들 수 있다. 그는 2007년 동북아역사재단에서 출판한 『고조선, 단군 부여』라는 책에서 "선진문헌인 『관자』의 기록에 따르면, 고조선이 등장하는 시기는 중국 동북 지방에서 청동기문화가 개화되는 기원전 8~기원전 7세기 이후이다. 그렇다면 이때부터 고조선의 역사가 시작된 것으로 보아야 한다"라고 했다.[15, 16]

송호정의 이러한 주장은 강단 일반의 주장과 크게 배치되지 않는다. 오강원은 같은 책에서 "고조선에 관한 신화적 전승은 엄밀하게 말해 진정한 의미의 역사자료라고 할 수 없다"라고 하면서 믿을 만한 역사자료로 『위략』과 『사기』를 들었다. 『위략』을 근거로 하면 기원전 4~기원전 3세기 조선후(朝鮮侯)대의 고조선만이 확실히 믿을 만한 역사 속의 고조선이라는 것이다.[17]

이종욱은 1993년 발표한 『고조선사연구』에서 기원전 10세기를 전후해서 조선이 탄생했다고 주장했다. 그에 따르면 고조선은 은말주초의 역사변동과 맞물리면서 탄생한다. 그는 당시 기자족을 비롯해서 20여 씨족의 상나라 유민이 대릉하 상류 지역으로 이주해 들어온 것을 인정했다. 그는 당시 이주민 중에 환웅세력이 있었다고 보았다.

이종욱은 은나라 유민 중 세력이 강력한 환웅세력이 고조선인의 눈에는 선진 문명과 문물을 가지고 있었기에 그들이 거주하던 지역이 마치 신시(神市)로 보였을 것이라고 했다. 요동 지역에 살던 곰 토템 부족이 이들 은나라 유민들에게 자극을 받아 초기국가가 형성되었으며 그것이 고조선이라고 했다. 그에 따르면 고조선을 세운 주체는 곰 부족이다. 요서 지역으로 들어온 환웅세력은 요동의 곰 부족에게 정치·문화적 영향을 미친 세력에 불과했다. 그는 당시 요서 지역에는 기자집단이 세력을 신장하고 있었고, 요동 지역에는 단군이 세웠다고 하는 소국, 즉 고조선이 세력을 신장하고 있었다고 주장했다.[18]

서영수의 주장도 크게 다르지 않다. 그는 환웅세력을 홍산문화와 이를 계승한 하가점하층문화를 배경으로 성장한 세력으로 보았다. 그는 이들 환웅세력이 요하 하류 지역으로 이주한 것을 환웅의 이주로 파악했다. 이주해 온 환웅세력과 곰과 호랑이로 상징되는 토착인이 요하 유역의 특정 지역에서 융합하여 성읍국가를 형성했다는 것이다. 그는 이 성읍국가가 언제 성립되었는지는 밝히지 않은 채 기원전 1100년경을 전후하여 도읍을 옮기기도 하였으며, 은주세력의 동진을 요하선에서 저지하고 기자국이 소멸된 이후에는 다시 고토인 아사달을 회복했다고 했다. 그러면서 요동 지역의 고인돌문화를 이들 아사달사회의 문화유산으로 추정했다.[19]

서영수 또한 기원전 2333년에 단군왕검사회가 탄생한 것을 부정한다. 하가점하층문화기에 이미 단군왕검이 탄생했어야 하는데, 하가점하층문화의 주인공을 환웅세력으로 파악하고 이들이 요하 하류 부근으로 이동하여 곰 부족을 만나 단군왕검사회에 해당하는 아사달사회가 형성되었다고 본 것이다.

이와 같이 애매하게 주장할 수밖에 없는 이유는 환웅세력과 곰 부족이 어떤 세력인지 정확하게 파악하지 못했기 때문이다. 이러한 문제점을 해결하기 위해서도 단군왕검시대와 조선을 구분해서 이해해야 한다.

필자의 가설처럼 하가점하층문화를 단군왕검사회로 보고, 이들이 은나라 무정기를 전후하여 요동으로 이동했으며, 이들이 고인돌사회를 형성했다고 보면 쉽게 해결된다. 그렇게 해서 단군왕검사회 → 고인돌사회 → 진인사회로 흘렀다는 것을 이해하고, 나중에 요서 지역에서 은나라 말 기자집단의 이주와 함께 형성되기 시작한 조선이 한씨조선으로 변하였으며, 그 조선이 기원전 4세기대의 조선후로 성장한 뒤 한반도로 이주해온 흐름을 따로 파악해야 한국 고대사의 맥이 제대로 잡힌다.

단군신화는 단군숙신의 신화

이종욱은 단군신화에서 단군조선의 성립 시기가 중국의 요임금 때까지 거슬러 올라간다고 한 주장은 단군신화 이외에는 없다고 했다. 또 그렇게 주장한 것은 그 기원을 끌어올리는 특성이 있는 신화 속의 시간일 뿐이라고 했다. 따라서 고조선의 국가형성 시기도 단군신화에 따르기보다 고고학적 자료와 고조선 지역 역사발전의 대세를 바탕으로 이해해야 한다고 했다.[20] 그의 스승인 이기백도 같은 견해를 피력했다.

고고학적 측면만 놓고 볼 때 고조선이 기원전 2333년경에 성립되었다는 것을 믿지 못하겠다는 것이다. 과연 그럴까. 필자가 환웅세력으로 제시한 공공족이 북경 지역으로 이주한 시기가 요임금 말년이었다는 점을 감안하면 단군세력은 그때 이미 태동하고 있었음이 분명하다. 이주민 세력인 환웅과 요서 지역에서 후기홍산문화를 주도했던 곰 집단의 후손들이 결합하여 새로운 공동체인 단군왕검사회가 성립되었음을 인정해야 한다.

그들은 『관자』에 조선이라는 명칭으로 기록된 세력보다 1,300년 이상 앞선 세력인데도 그들의 신화가 후대의 조선과 관련하여 전승된 것처럼 기록됨으로써 혼란이 일어났다. 그러한 혼란이 발생한 것을 눈치 채지 못한 학자들은 단군조선의 건국연대를 믿을 수 없다면서 문헌기록에서 신뢰할 만한 근거를 찾았고, 그 근거에 따라 기원전 10세기 전후에 발생한 조선에 집착하게 되었다.

대부분 학자들이 고조선이 요동에 있었을 것이라고 추정하는 것도 요동 지역과 서북한 지역에서 보이는 대형 탁자식 고인돌을 의식하기 때문이다. 하지만 이 고인돌은 은나라 무정기를 전후한 시기에 동으로 이주한 단군숙신인이 형성했다고 보는 것이 더 자연스럽다.

이종욱은 은나라에서 이주한 유망민인 환웅세력의 신시가 요서 지역에, 곰 부족의 중심지가 요동 지역에 있었다고 설정했다. 그가 그렇게 추정한 이유 또한 기존 학계의 견해를 수용하면서 자신의 가설을 세우기 위해서였다. 즉 요동 지역에 고조선이 있었다는 역사학자 대부분의 주장을 수용함과 동시에 요서 지역 대릉하 상류 지역에서 발견된 기자(箕子) 혹은 기족(箕族)의 청동유물도 무시할 수 없었기 때문이다.

이러한 학계의 고민을 어떻게 하면 해소할 수 있을까. 방법은 간단하다. 요서 지역에서 하가점하층문화를 주도하던 단군숙신은 기원전 2333년경에 태동하여 활동하였고, 이들이 은나라 시기까지 동북 지역의 주도세력이었음을 인정하면서 은나라 이후 새로 발생하는 요서 지역의 정치세력을 조선(단군숙신을 전조선(前朝鮮)으로 본다면 이들은 후조선(後朝鮮)이다)으로 이해하면 된다. 그렇게 해서 주초 이후 요서 지역에는 조선이 형성되었으며, 요동 지역에는 단군숙신의 후예들이 요동과 서북한 지역에 고인돌사회를 형성한 것이다.

그렇다면 단군숙신은 언제 요동 지역으로 이동했을까. 고려 후기 이승휴가 쓴 『제왕운기』에 그 답이 있다. 『제왕운기』는 은나라 무정 8년에 단군이 아사달산으로 이주했고, 164년간 공백이 있은 뒤 후조선이 성립되었다고 전한다.[21] 이승휴는 당시까지 전해오던 어떤 자료를 근거로 해서, 기원전 2333년경에 출발한 단군왕검사회(전조선)와 기원전 10세기경에 출발한 조선(후조선)을 구별해서 보아야 한다는 귀중한 정보를 우리에게 남겼다. 그가 전해준 정보를 보면 필자가 전조선의 정치체로 규정한 단군숙신의 단군을 비롯한 주도세력은 은나라 무정왕이 정복전쟁을 대대적으로 벌이는 와중에 요동과 서북한 지역으로 이동했다. 그리고 164년 뒤 단군숙신이 통치하던 공간의 남부에 새로운 정치체가 탄생했는데 그것이 조선(후조선)이다.

단군숙신인 전조선을 주도한 사람들과 후조선인 기자조선을 주도한 사람들이 달랐다는 것을 알 수 있는 또 다른 자료가 황해도 지역에 구전으로 전해지고 있다.

황해도에서 채록된 구전설화는 "하늘에서 내려온 인간이 곰과 혼인하여 단군을 낳고, 여우와 혼인하여 기자를 낳았다"라고 했다.[22] 이 구전설화는 이승휴가 『제왕운기』에서 설명한 단군조선과 기자조선이 다른 정치체로 출발했다는 사실을 방증하는 자료이다.

구전설화를 이승휴가 전한 관점에 대비하여 풀어보자. 하늘에서 내려온 사람(외부에서 이주해온 환웅)과 곰 부족이 결합하여 단군조선이 성립되었고, 후에 또 다른 하늘에서 내려온 사람(외부에서 이주해온 기자)과 여우 토템족이 결합하여 기자조선이 성립되었다. 이때의 곰 부족은 후기홍산문화를 주도했던 곰 부족의 후예를 말하고, 여우 토템족은 고죽국을 말한다.

그렇다면 고죽국이 정말 여우 토템족이 주도하던 나라였나? 진순신(陳舜臣, 천슌천)에 따르면 대릉하 상류 지역에 있었던 고죽국은 여우 토템족이 주도했다. 그는 '고(孤)'는 중국식 발음으로 '호(狐)'와 발음이 같고, '죽(竹)'은 '속(屬)'과 상통하니, 고죽(孤竹)은 여우족[狐族]이었음이 틀림없다고 했다. 또한 그는 고죽국의 마지막 제후였던 백이와 숙제가 고사리를 캐먹고 살았다는 수양산에 '견리호미(犬狸狐尾)'가 살고 있었다는 전설 또한 고죽국이 여우 토템족이었다는 것을 말한다고 했다.[23]

이렇듯 전조선인 단군숙신과 (기자)조선을 태동시킨 주체와 그 시기가 다른 것이 분명하다. 따라서 이제부터는 은나라 무정기를 기준으로 이전의 정치체인 단군숙신(전조선)과 이후의 정치체인 조선을 구별해서 보고, 두 정치체가 요서와 요동, 그리고 한반도로 이어지면서 두 역사의 물줄기를 형성했다는 사실을 이해할 필요가 있다.

03

하가점하층문화는 단군숙신의 문화

인종과 문화유물로 본 하가점하층인

1980년대 이후 요서 지역에서 대단히 우수한 신석기문명인 요하문명, 특히 홍산문화가 발견됨으로써 그 문화를 계승한 하가점하층문화의 담당자를 파악하는 것이 매우 중요하게 되었다. 그 문화의 발생 시기가 단군신화가 전하는 단군조선의 탄생 시기와 맞물려 있기 때문에 더욱더 그렇다.

먼저 인골 자료를 살펴보자. 하가점하층문화인을 추적할 수 있는 인골은 적봉시 오한기 대전자 무덤 떼에서 가장 많이 나왔다. 물론 다른 지역에서 나온 유골의 양도 상당히 많아서 그 신뢰성에는 문제가 없다. 대전자는 윤내현이 단군조선의 수도로 보는 곳이기도 하다.

그 인골을 조사한 반기풍은 하가점하층 사람들을 두 종족으로 나누었다. 하나는 동아유형으로 황하 유역 쪽 인종에 가깝고, 다른 하나는 지역적으로 장성지대와 동북지대의 인종에 가까운 북아인종이다. 주홍(朱泓, 주홍)도 '고동북유형'과 '고화북유형'으로 구분하였다. 복기대의 설명에 따르면

'고동북유형'이 요서 지역과 전체 동북 지역에서 가장 빠른 문화주민이고, '고화북유형'은 중심 분포지가 화북성·산서성·섬서성 그리고 내몽고 중남부 지구의 장성지대에 분포하고 있다. 이렇게 볼 때 하가점하층문화민은 '고동북유형'인이 주가 되고, '고화북유형'인이 보충하는 형태로 주민이 구성되어있었다.[24]

하가점하층문화 삼족채색도기

이러한 인종학적 연구는 무엇을 말하는가. 인종학적으로 하가점하층민은 동북 지역에 연고를 둔 자생적인 다수 주민과 황하 중류와 그 북부 지역에 살던 소수로 구성된 공동체였다는 것을 말한다. 그러한 사정은 하가점하층문화를 형성한 다양한 문화의 발원지를 추적해도 알 수 있다.

하가점하층문화의 생성에 모태가 된 문화로는 홍산문화와 소하연문화 그리고 황하 유역의 후기 신석기문화인 후강2기문화(後崗二期文化, 허우강2기문화)를 들 수 있다. 중국 주류학계에서는 하가점하층문화의 모태문화를 그와 같이 생각한다.[25]

모태문화로서의 홍산문화는 옥기와 질그릇 문화를 전해주었고, 특히 대전자 지역에서는 옥기가 많이 출토되었다. 그곳에서 출토된 옥도끼에 새겨진 Z자무늬를 주목해야 한다. Z자무늬는 후에 대전자 남쪽에 있는 조양 십이대영자(十二臺營子, 스얼타이잉쯔)에서 나온 청동거울에 시문되고 있기 때문이다.

소하연문화에서는 채색도기가 많이 발견되는데, 채색의 문양은 다르지만 하가점하층문화에서도 다양한 기하문을 그린 채색도기가 많이 출토되고 있다.[26]

하가점하층문화에 영향을 준 황하 지역 문화인 후강2기문화는 하남 용산문화의 한 유형이다. 후강2기문화가 하가점하층문화에 영향을 준 것은 주로 세발그릇인데, 지금까지 발표된 유적에서 출토된 질그릇 중 30% 정도를 세발그릇 계통이 차지하고 있다. 후강2기문화가 하가점하층문화에 상당한 영향을 미쳤음을 알 수 있다.[27] 하가점하층문화에는 황하 중류 지역의 이리두문화(二里頭文化, 얼리터우 문화)에서 온 기물과 칠기도 있다.[28]

복기대는 전체적으로 보아 황하 중류 지역의 후기신석기문화인 용산문화단계(기원전 3000~기원전 2000년경)에 이루어진 타날문·채색·흑색 토기와 그 기종, 농경도구가 확산되어 하가점하층문화가 성립됐다고 보았다. 하지만 정치체가 확산된 것은 아니라고 했다.[29]

물론 복기대의 말대로 황하 중류 지역에서 정치체가 확산된 것은 아니다. 그렇다고 문화만 전파된 것으로 볼 수도 없다. 용산문화에 속하는 이리강2기문화유형의 질그릇이 하가점하층에서 30% 정도나 나오기 때문이다. 상고시대의 문화전파는 기본적으로 주민의 이동을 수반했다고 보는 것이 더 합리적이다.

앞에서 살펴보았듯이 하가점하층문화 담당자 중에는 황하 중류 지역에서 이주해온 인종이 있고, 그 지역의 문화가 그곳으로 전파된 물증이 있는 이상 황하 중류에서 상당한 사람이 하가점하층문화 지역으로 이주했다고 보는 것이 더 합리적이다.

황하 중류 지역의 농업 기술이 북으로 전파되었다

하가점하층문화 지역은 기본적으로 농경위주의 사회였다. 그것은 풍하(豊河, 풍허) 유적에서 나온 기장[稷]이나 사분지(四分地, 쓰펀디) 유지의 조[粟], 대전자 무덤의 곡물 등으로 알 수 있다. 돌연장 가운데 농기구인 삽·호미·칼 등이 발견된 것도 그들이 농사를 주로 했음을 보여주는 물증이다.[30] 하가점하층문화는 일반적으로 강의 양안에 분포하거나 그렇지 않으면 강에서 멀지 않은 곳에 농경지를 확보하고 있다. 이는 그들 사회가 농업을 기초산업으로 하는 사회였음을 말한다.

하가점하층문화 시기의 기온은 지금보다 2~3도 정도 높아 고온다습했다. 농사를 짓기에 적당한 기후조건이 형성되어있었던 것이다.[31] 이들 지역이 지금보다 기온이 높고 온대산림에 속했다는 것을 알 수 있는 물증자료가 대전자 유적에서 나왔다. 교목(喬木)식물의 화분이 나왔는데, 교목식물은 높이가 8미터가 넘는 활엽수다.[32] 이러한 기후조건을 바탕으로 하가점하층문화인은 조나 기장 위주의 농업뿐만 아니라 돼지·닭·소·양·개·말 등을 기르는 목축도 병행했다.[33]

필자는 하가점하층문화 지역에 농업을 이식한 사람들 중에는 환웅세력도 있다고 본다. 필자가 환웅으로 파악한 공공족이 이들 지역으로 들어온 시기는 기원전 2300년경으로, 소하연문화후기이자 용산문화후기이다. 용산문화의 한 갈래인 이리강2기문화가 이곳으로 전파된 시점과 어느 정도 겹친다.

단군신화를 보면 환웅은 농경을 위주로 하는 사회에서 이주해왔다는 것을 알 수 있다. 단군신화는 환웅이 수행한 다섯 가지 직능 가운데 농사 주관을 첫 번째로 들었다. 그리고 그 직능들 가운데 경제생활과 직접 관련된 것은 곡식(농업)뿐이었다. 이것은 당시 사회가 농업경제에 기반을 둔 사회였으며,[34] 공동체의 수장이 주관하는 일 가운데 농업생산 조직이 최우선이었음을 의미한다.[35]

그렇다면 환웅은 선진농업문명과 뛰어난 종교문화를 가지고 이들 지역으로 들어와 주도권을 장악했다고 추정할 수 있다. 환웅의 원주지는 당시 동북 지역보다 발달된 농경 지역이어야 한다. 그런 조건에 맞는 환웅의 원주지

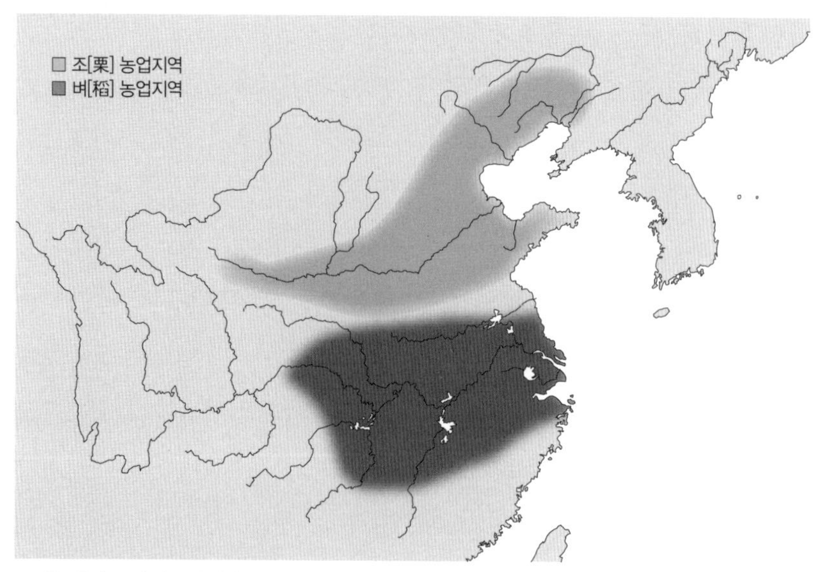

고대 중국의 조와 벼농사 지역 분포

로 가장 부합하는 곳은 조나 수수를 주로 재배하던 황하 중류이다. 당시 황하 중류에서는 조를 주로 하는 농업(粟作農業)이 성행했는데, 이는 이전부터 그곳에 살던 공공족이 주도했다.[36]

그렇다면 하가점하층문화의 조와 수수 농업은 황하 중류를 포함한 화북 지역의 농업이 북으로 확산된 결과로 볼 수 있다. 중국학자 장충배(張忠培, 장중페이, 1990)는 하가점하층문화가 용산문화기 농경문화의 확산과 관련을 맺으며 시작되었다고 했다.[37] 우리나라의 김정학도 만리장성 지대 북쪽, 특히 내몽고와 만주 지역에서는 앙소문화의 간석기와 채도의 영향을 볼 수 있으며, 이들 지역은 앙소문화의 영향을 받아 조를 주로 하는 농경문화가 전파되었다고 했다.[38]

황하 중류에서 앙소문화를 잇는 문화가 바로 이리강2기문화다. 이리강2기문화가 하가점하층문화 지역에 많이 전파되었다는 것은 이전부터 두 지역 간에 교류가 상당했다는 것을 의미한다. 따라서 우리는 황하 유역과 동북 지역이 앙소문화기부터 교류했으며, 이것이 지속적으로 진행되었다는 사실에 주목할 필요가 있다.

그러한 교류에는 물자만이 아니라 사람도 포함되었을 것은 자명하다. 북으로 이동한 사람들 중에 중국 문헌에 확실하게 기록된 세력은 바로 이리강2기문화 시절 유주로 이주한 공공뿐이다.

선진농업에 천신신앙을 가지고 있던 공공족과 곰 부족이 연합하여 하가점하층문화를 주도했다고 보는 필자의 주장은 인종적·문화적으로도 방증되는 셈이다. 하가점하층사회를 주도한 이들이 바로 단군숙신이며, 하나라 북방에 있던 정치체로 중국 문헌에 최초로 등장하는 이들도 (단군)숙신이다.

하가점하층문화와 단군조선의 문화

최근 들어 하가점하층문화를 고조선의 문화로 보려는 시각이 늘어나고 있다. 이 문화에서는 70여 개의 석성이 발견되었으며, 돌무덤과 제단 등도 발견되었다.

하가점하층문화 유지에서 발굴된 유물들은 내몽고 적봉시에 있는 적봉박물관에 가면 많이 볼 수 있다. 적봉시는 홍산문화와 그 문화를 계승한 하가점하층문화의 중심지다. 하가점하층문화라고 명명된 것도 홍산에서 그리 멀지 않은 곳에 있는 하가점촌에서 처음으로 유물이 발견되었기 때문이다. 현장에 가면 아직도 밭둑에서 삼족기의 다리 파편이나 토기 파편을 볼 수 있다.

하가점하층문화의 가장 특징적인 것은 그릇을 만들어낸 뒤 기물의 외벽에 그림을 그린 채색도기이다. 적봉박물관에는 아름다운 기하학무늬로 채색된 도기들이 많이 전시되어있다. 상당히 이른 시기의 작품인데도 정교하

하가점하층문화 유지. 저 멀리 홍산이 보인다.

고 세련된 기하학무늬는 현대 도자기와 비교해도 손색이 없다. 채색도기는 신석기시대에 지금의 서안(西安, 시안)을 중심으로 한 앙소문화 지역에서 많이 제작되던 양식이다. 앙소문화의 채색도기가 후기홍산문화에 영향을 끼쳤음은 이미 고고학적으로 증명되었다. 당시 전파된 채색도기 제작 방식이 소하연문화를 거쳐 하가점하층문화로 전달된 것이다.

적봉박물관에 전시된 채색도기가 발굴된 곳은 적봉시 동남쪽 오한기에 있는 대전자다. 지금은 삭막한 시골풍경만이 손님을 맞이하지만 4,000여 년 전에는 하가점하층문화의 중심지였다. 이곳에서는 기원전 2000년경에 축조한 토성이 발견되었고, 많은 주거 유적과 궁전 유지 및 무덤 떼가 발견되었다.[39]

대전자라는 지명이 시사하는 바가 있다. 『사기』 「하본기」에 따르면 전(甸)은 옛날 왕성 주위 500리 이내의 땅을 가리키는 말이다.[40] 하나라와 하가점하층문화의 시기가 겹친다는 점을 고려하면 대전자라는 명칭은 의미 있음

대전자 유지 전경

이 틀림없다. 현재까지 발견된 하가점하층문화의 유물 중에서 이곳의 유물이 가장 정교하고 양이 많다는 것도 눈여겨볼 대목이다.

대전자는 대릉하지류인 망우하(牤牛河, 망뉴허) 상류와 서요하지류인 교래하(敎來河, 자오라이하)가 만나는 곳에 있다. 이 지역은 요하문명 중에서 가장 앞선 문화가 발흥한 흥륭화·사해 문화뿐 아니라 이들보다 늦은 조보구문화나 홍산문화 유지가 있는 곳으로 요서 지역 중에서 고문화 유지가 비교적 밀집된 곳이다.[41]

대전자를 포함한 하가점하층문화를 처음으로 고조선과 연결한 학자는 윤내현이다. 윤내현이 그러한 주장을 할 때만 해도 학계는 터무니없다고 일축했다. 그러나 최근 요하 지역에서 상당히 수준 높은 신석기 유물이 쏟아져 나오면서 생각이 바뀌고 있다. 이형구, 신형식, 복기대, 우실하, 심백강, 이종호 등도 하가점하층문화 지역이 고조선과 연결된다고 보고 있다.

한창균도 하가점하층문화 자체를 고조선문화로 보아 단군조선의 건국

대전자 유지에서 발견된 채색도기

연대를 소급해야 한다고 했다.[42] 그러나 서영수는 "현재로서는 하가점하층문화의 성격이나 해당 부족의 뿌리가 분명치 않아 그 문화권의 범위 모두를 고조선 정치권이라고 보기에는 무리"라고 했다. 그러면서도 그는 하가점하층문화가 초기 고조선사회의 문화발전과 국가형성에 어느 정도 영향을 주었다는 점은 충분히 고려해야 할 것이라고 했다.[43]

요서 지역 청동기문화를 연구한 복기대는 "단군의 고조선 건국연대가 기원전 2333년이라고 하는데 하가점하층문화와 연대가 일치하고 출토 유물도 단군신화의 내용과 맞아떨어진다. 하나라문화인 이리두문화가 기원전 2100년께인 것과 비교하면 시기상으로도 더 앞선다"라고 했다.[44] 필자도 2006년 발표한 『천년왕국 수시아나에서 온 환웅』에서 하가점하층문화를 중원 지역에서 이주한 환웅세력인 공공족과 후기홍산문화를 계승한 곰 부족이 만나서 이룩한 것으로 보았다.

그러나 심백강이 홍산문화를 단군신화에 나오는 환인의 문화라고 주장하는 것은 문제가 있다. 단군신화의 환인은 신화구조상 천상의 주재자일 뿐이다. 그는 환웅이 홍산문화를 담당하던 환인에 속했던 것으로 이해하고 그가 3,000명을 이끌고 신석기후기 문명 단계에 있던 곰족과 결혼동맹을 맺었으며, 환웅은 곰족 여성과의 사이에서 태어난 아들을 단군으로 명명해 왕위를 넘겨줌으로써 고조선이 탄생했다고 했다.[45]

그의 논리대로라면 환인의 홍산문화 지역에서 성장한 환웅이 이웃으로 이주해 하가점하층문화를 일구었다는 것이 된다. 하지만 후기홍산문화 자체가 곰 부족이 이끌던 사회였다는 것과 환웅은 외지에서 이주해온 세력이었다는 것을 고려하면 그러한 주장은 받아들이기 어렵다.

가장 이른 청동기문화

현재까지의 주장 중 하가점하층문화의 개시연대로 가장 이른 것은 『상문명』에서 장광직이 주장한 기원전 2410년이다.[46] 복기대는 현재까지 발표된 하가점하층문화 유물의 방사성탄소측정 연대는 12개인데, 여기에서 제일 이른 것과 늦은 것을 제외하면, 그 연대는 지금부터 3,300~4,400년 전이라고 했다.[47] 송호정은 그 시기가 대체로 기원전 21~기원전 14세기에 해당한다고 했다.[48] 이런 견해를 종합해보면 하가점하층문화는 황하 유역의 하나라보다 조금 이른 시기에 출발해 상나라 중기와 맞물리는 시기에 있었다.

최근 요하문명권에 대한 고고학적 자료가 늘면서 동북아 지역에서의 청동기시대 개시연대와 그 발원지에 대한 견해가 바뀌고 있다. 학자들은 동북아시아 청동기문화의 발원지로 하가점하층문화를 주목하기 시작했다.

이형구는 발해 연안의 초기 청동기시대는 기원전 2000~기원전 1700년경이라고 했으며,[49] 이성규도 하가점하층문화의 유적에서 기원전 20세기경의 청동기 유적이 발견된 사실을 지적했다.[50] 하가점하층문화를 단군조선의 문화로 보기를 거부하는 송호정도 이 문화가 요서 지역의 초기 청동기문화에 해당한다는 점은 인정한다.[51] 장광직도 하가점하층문화에서 나온 구리제품이 중국 고고학에서 가장 빠른 금속제품이라고 인정했다.[52] 복기대에 따르면 하가점하층문화가 청동기시대 문화라고는 하지만 문화의 분포범위나 시간의 연속성으로 볼 때, 청동제나 금속기가 많이 수습된 것은 아니라고 한다. 하지만 청동기시대 문화라고 증명하는 데는 무리가 없다고 한다.[53]

이러한 주장은 최근 발견된 고고자료로 신빙성이 더 높아지고 있다. 청동기 개시연대를 홍산문화 시기까지 올릴 수 있는 유물이 발굴되었다. 우하량

하가점하층문화의 성루 분포도

제13지점의 이른바 전산자 유적 금자탑 정상부에서 야동감, 즉 청동기를 주물한 흔적으로 보이는 토제 도가니 잔편이 발견되었다. 1987년에는 적봉시 오한기 서대자(西台子, 시타이쯔) 유적에서 낚싯바늘 형태의 틈새가 남아있는 도범(거푸집)이 발견되었다. 중국학자들은 이를 토대로 요하문명의 청동기시대 시작점은 기원전 3000년 이상으로 거슬러 올라갈 수 있다고 설명한다.[54]

이와 같이 중국에서 가장 이른 시기에 청동기문화가 탄생한 하가점하층 지역은 초기국가가 태동할 수 있는 물질적 기반이 완성되어가고 있었다. 심백강은 하가점하층문화 지역에서 상당히 많은 방어시설이 발견되는 것을 들어 그 사회는 초기국가가 아닌 한 지역을 제패한 '방국(方國)'이었으며, 그 방국은 바로 고조선으로 당시 중원의 하나라와 필적할 만한 거대한 나라였다고 했다.[55]

그러한 주장은 홍산문화 등 요하문명 발굴에 적극적으로 참여했던 고고학자 소병기가 먼저 했다. 그는 요서 지역의 경우 홍산문화 말기에 이미 신전건축이 나타나며, 이를 계승한 하가점하층문화 초기에는 '고문화고성고국(古文化古城古國)'단계에 진입했다고 보았다.[56] 최근 중국학계에서는 이를 발전시켜 홍산문화를 고국으로, 하가점하층문화를 소병기가 설정한 고국단계를 넘어선 방국단계로 보고 나아가 중원의 상왕조와 연결되는 선(先)상문화로 파악한다.[57] 소병기는 하가점하층문화인이 매우 강성했을 때는 하왕조와 상대할 수 있는 대국이었다고 했다.[58] 남쪽에는 하나라, 북쪽에는 단군숙신이 있었던 셈이다.

적봉시 음하 삼좌점 석성 유지

하가점하층문화가 이미 방국단계에 접어들었음은 적봉시 서북쪽을 흐르는 강 연안에 즐비하게 늘어선 석성으로도 짐작할 수 있다. 그중 대표적인 석성인 음하 삼좌점 석성 유지를 한번 살펴보자.

이 성은 기원전 2000년경에 축성된 것으로 밝혀졌다. 발굴 결과 내성 북쪽에서 반원형의 '마면식(馬面式)' 석축, 즉 치(雉)가 발견되었다. 치는 5미터 간격으로 13개로 구성되었다. 그런데 치를 설치하는 것은 고구려 사람들이 성벽을 쌓을 때 적용하는 방식이다. 치는 적을 방어하는 데 유리하도록 고안한 것으로, 이 치를 고리로 고구려와 하가점하층문화인이 문화적으로 연결되고 있어 흥미롭다.

1만 2,000제곱미터 크기의 성 안에는 건물터 수십 기와 석축 원형제단, 돌무지무덤, 우물은 물론 석축저장공(13개)이 확인되었으며 도로 혹은 수로가 구획 사이에 조성돼 있었다. 이러한 정도의 성을 쌓았다는 것은 그 집단이 상당한 권력을 행사할 수 있었음을 의미한다. 또 다른 대표적 석성인 성자산산성 표지석에는 "국가가 성립할 수 있는 역량이 완성되어있다"라고 적어놓았다. 이는 중국이 하가점하층문화가 중원에 있던 하나라와 같은 수준에 있었다는 것을 인정하는 것이다.[59]

최근까지 밝혀진 하가점하층문화는 동아시아에서 가장 일찍 청동기문화가 발생했을 뿐만 아니라 분포 범위도 상당히 넓고 중국 역사의 정통 맥을 잇는 하나라보다도 빠른 시기에 국가 단계에 도달한 것으로 밝혀지고 있다.

하가점하층문화의 범위는 상당히 넓다. 이 문화는 요령성 서부, 내몽고 적봉시 일대, 화북성 동북부, 북경·천진(天津, 톈진) 등에 걸쳐 분포하였다.[60] 그 중심 지역은 대릉하 중상류와 노합하(老哈河, 라오하강) 유역이며, 북으로는 서랍목륜(西拉木倫, 시라무렌)강가에 이르고 동으로는 의무려산에 이른다.[61] 남쪽으로는 천진 부근의 영정하(永定河, 융딩강) 이북으로부터 장가구(張家口, 장자커우) 남쪽 위현의 호류하(壺流河, 후류허) 유역까지 중원 주변을 반원형으로 감싸는 일대까지 확장되어있었다(장광직).[62]

04

진국과 진번을 알아야 고대사가 풀린다

요동과 한반도로 이주한 단군숙신인의 정치체

일반적으로 한국 고대사를 연구하는 사람들이나 독자들은 진국과 진번에 크게 주목하지 않는다. 하지만 진국과 진번은 한국 고대사를 이해하는 데 가장 중요한 정치체라고 해도 지나친 말이 아니다.

우선 요서 지역에 기자조선이 태동할 무렵 요동과 서북한 지역에는 단군왕검사회에서 동으로 이주한 사람들이 고인돌을 비롯한 석묘계문화를 영위하고 있었다. 이들이 1차 한민족 초기공동체를 주도한 사람들이다.

이들 진인(辰人=眞人)들을 알아야 한국 고대사의 1차 흐름을 이해할 수 있다. 요동으로 이주해 살던 단군왕검사회의 구성원들인 진인과 기원전 7세기 중엽 이후에 새로 들어온 사람들로, 나중에 변한으로 불리는 사람들인 '고깔모자를 쓰는 풍습'이 있는 사람들과 연합하여 진번이라는 정치체가 등장한다.

그리고 서북한 지역을 비롯한 한반도로 이주했던 단군왕검사회의 주민들은 후에 남으로 이동하여 진국이라는 정치체를 형성하는 데 주도적인 역할을 한다. 그 진국의 후예가 진한이 되고 그 진한사로국에서 신라가 태동했다. 신라는 삼국을 통일해 현재의 한국이 있게 하는 데 중요한 역할을 했다. 따라서 단군왕검사회 → 진인사회 → 진번 → 진국 → 진한·변진으로 이어지는 흐름을 파악해야 한국사의 초기 흐름을 제대로 파악할 수 있다.

그럼에도 연구자나 독자들은 대부분 은나라 멸망 이후 요서 지역에 등장한 고조선(기자조선 혹은 한씨조선)에만 관심을 둔다. 그 결과 한민족 초기공동체의 역사와 문화를 이해하는 데 많은 혼동이 있게 되었다. 필자가 진번과 진국을 알아야 한다고 강조하는 이유가 여기에 있다.

진번을 이해해야 진국을 알 수 있다

진국의 문화와 그들의 뿌리를 이해하려면 먼저 요동 지역에 있었던 것으로 파악되는 진번(眞番)을 알아야 한다. 진번이라는 정치체는 진인(辰人)과 변인(弁人)이 함께 주도하던 사회를 말한다.

그렇다면 진번은 어디에 있었을까. 17세기 초의 한백겸은 진번을 압록강 내외로 비정했고, 17세기 중엽의 홍여하는 요양(饒陽, 랴오양)에 있었다고 했다. 이익은 진번이 요서에 있었다고 했으며, 안정복은 길림성 영고탑 부근이라고 했다.[63] 윤내현은 진번이 난하 서쪽 지역에 있었다고 했고, 일본인 시라토리 쿠라키치(白鳥庫吉)는 압록강 북안 지역에 있었다고 했다. 그러나 여러 정황으로 볼 때 진번은 넓게 보아 처음에는 요동에 있었음이 틀림없다.

진번은 대체로 조선과 관련된 기록에 등장한다. 기원전 4세기 무렵 조선이 중국에 '조선후국'으로 불릴 당시 조선은 주변에 있던 예맥, 진번, 임둔 등 소국 세력에 일정한 영향력을 행사하고 있었다. 『사기』「조선열전」의 주석에서는 진번, 임둔이 동쪽의 소국으로 후에 군(郡)이 되었다고 했다. 진번이 고조선의 소국이라는 기록은 『한서』「지리지」에도 나온다. 이는 고조선

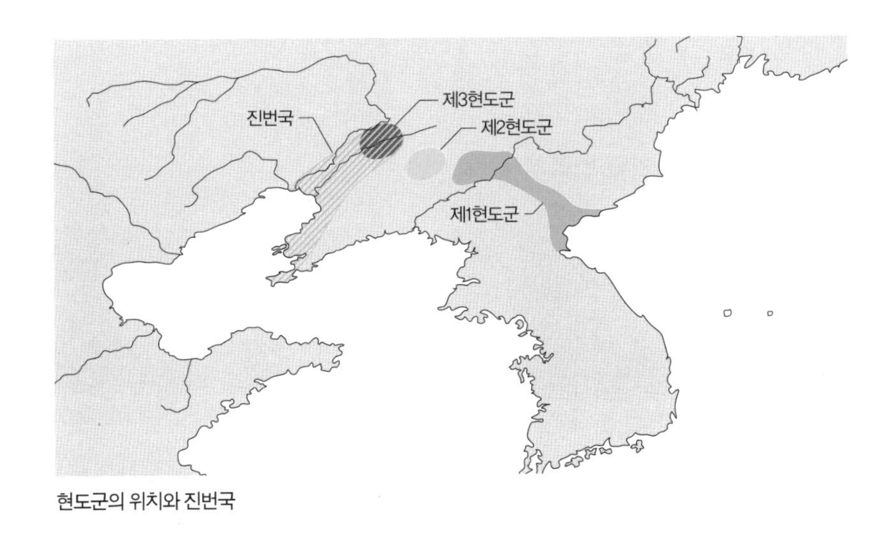

현도군의 위치와 진번국

주변에 있던 소국인 진번이나 임둔이 일정한 독자성을 지닌 정치세력이었음을 말한다.[64] 이 때문에 『사기』 「조선열전」에 보이는 진번조선을 사마정은 『사기색은』에서 여순(如淳)의 말을 인용하여 '두 나라'라고 했다.

진번은 기원전 3세기 초에 연나라 장수 진개의 공격으로 도성을 잃었다. 그러한 사실은 『사기』 「조선열전」에 "연나라가 강성할 때 진번과 조선을 공략하여 예속하고 관리를 두었다"[65]라고 한 대목으로 알 수 있다.

그렇다면 초기의 진번은 어디에 있었을까. 그 답은 『사기색은』에 있다. 『사기색은』은 응소의 말을 인용하여 '현도는 본래 진번국'이라고 했다.[66] 여기서 응소가 현도 지역이 진번국이었다고 한 것을 단순하게 한사군의 하나였던 현도 지역이 진번국이었다고 받아들이면 안 된다. 한사군의 하나였던 현도도 세 차례나 이동하였기 때문이다.

필자는 3차 현도군의 치소가 있던 무순 지역과 심양, 양평(襄平, 현재의 요양), 해성(海城, 하이청), 개주로 이어지는 공간에 진번국이 있었다고 본다. 연나라가 동호를 공격할 때 진개의 공격 목표는 바로 진번의 핵심 지역까지

타격하는 것이었다. 그 결과 조선과 진번이 한반도로 이동했다.

진번은 진인과 변인의 연합체

그렇다면 진번은 어떤 나라였을까. 진번은 하가점하층문화를 주도한 단군 숙신인이 요동으로 들어와 고인돌문화를 창안했던 진인과 『관자』에 나오는 발인(發人), 『산해경』에 나오는 천독(天毒), 『일주서』에 나오는 발인과 녹인(鹿人) 등과 연합하여 이룬 나라다.

진번의 번(番)과 발(發)·불(弗)이 관련 있음은 일찍이 최남선이 지적했다. 그는 '불함문화론'에서 하늘을 숭배하는 불함문화인이 숭배하던 천신인 태양의 빛을 [Părk] 또는 [Părkăn]으로 불렀다고 했다. 그는 불함문화인이 사용하던 'Par(伐)'·'Pur(弗)'와 한자 번(藩)은 관련이 있으며, 진번(眞番)의 번도 그러하다고 했다.[67] 최남선이 진번의 번과 벌·불이 연관된다고 한 것은 매우 의미 있는 지적이다. 진번이라는 정치체를 이해하는 단서가 되기 때문이다.

최남선이 말한 'Par(伐)'·'Pur(弗)'와 관련된 명칭이 처음 나타나는 곳은 춘추시대 난하 유역에 있던 집단인 '발(發)'이다. 참고로 북한의 황기덕은 『관자』에 나오는 발(發)은 대릉하 유역에 있었다고 했다.[68] 『일주서』에 나오는 불령지(不令支)의 불(不)도 발(發)과 관련 있는 명칭이다. 필자는 부여족의 기원과 이동에 관한 연구서인 『고깔모자를 쓴 단군』에서 난하 지역에 살던 발족과 불령지, 영지(令支)·이지(離支) 등이 부여의 원래 명칭인 '프리기아' 또는 '프리지아'를 한자로 표기한 것이라고 주장한 바 있다.

그렇게 볼 때 부여족이 문헌에 최초로 등장하는 것은 『관자』가 되는 셈이다. 『관자』「규도편」에 보면 관자는 주변국에서 나는 귀중한 예물 일곱 가지를 거론하는데, 발과 조선의 문피(文皮)를 그중 하나로 거명한다. 『관자』「경중갑편」에도 발과 조선이 이웃한 집단으로 나온다. 이들 발(發)족은 제나라 환공 25년에 있었던 북벌 때 북쪽과 동쪽으로 이주한 것으로 추정된다.

『관자』「소광편」이나 『국어』 제어, 『책부원귀』 등에 따르면 제나라 환공은 북벌을 단행하는데, 이때 난하 상류에 있던 산융과 난하 하류에 있던 영지(不令支와 같은 말로, 발(發)과 동일한 집단으로 추정)와 난하 동쪽의 고죽을 공격했다.

이들 중 산융과 불령지는 중국 역사책에 동호로 기록된 세력이다. 불령지로 표기되기도 했던 발인들은 문화사로 접근했을 때 고깔모자를 쓰는 관습이 있었다. 그 고깔모자를 한자로 변(弁)으로 표기했다. 이들이 북으로 혹은 요동으로 이동했고, 동으로 이동한 발인들과 고인돌문화를 가지고 있던 진인이 결합해서 진번이라는 정치공동체가 생긴 것이다.

전국시대의 저작으로 추정되는 『산해경』「해외서경」에는 숙신인과 벌제(伐帝)가 연합했다는 내용이 나온다. 원문은 "肅愼之國在白民之北, 有樹名曰雄常, 先入伐帝, 于此取之"이다. 이는 『산해경』 중에서도 해석하기 어려운 구절이다. 필자가 찾아본 한·중 학자 일곱 명의 해석이 다 다른 것에서 그 어려움을 알 수 있다. 필자는 이 구절을 다음과 같이 해석했다. "숙신국은 백민의 북쪽에 있다. 그 나라에는 웅상이라는 (신성한) 나무가 있다. (그런데 그곳에) 먼저 들어간 벌제(프리기아의 왕 혹은 프리기아인), 즉 부여족인 프리기아인이 그곳에 있던 (신목인) 웅상나무를 차지했다(즉 그곳의 지도자가 되었다)."[69] 요동으로 들어왔던 단군숙신인과 부여계인 벌제가 결합했다. 이들이 결합한 공동체를 숙신(肅愼)의 신에서 진(眞)을 따고, 벌을 번(番)으로 표기해서 진번이라는 나라 이름이 탄생한 것이다.

요서로 들어온 천독인

그런데 난하 주변에는 또 하나의 동호(東胡)인 천독(天毒)인이 나라를 이루고 살았다. 『산해경』 「해내경」은, "동해의 안쪽, 북해의 모퉁이에 조선과 천독이라는 나라가 있는데 그 사람들은 물가에서 살며 남을 아끼고 사랑한다"라고 했다. 여기서 천독은 석가모니와 동족인 사카족을 말한다. 천독에 대해서 중국의 곽박(郭璞)은 천축국(天竺國)으로 부처가 태어난 곳이라고 주석을 달았고, 원가(袁珂, 위안커)는 곽박의 말을 받아들여 천축국은 지금의 인도로 방위가 맞지 않는다고 주석했다.[70]

중국학자들은 천독이 서쪽에 있는 나라이므로 조선과 이웃하고 있었다고 한 것은 잘못이라고 지적했다. 그러나 필자의 생각은 다르다. 기원전 7세기에서 기원전 3세기경이 되면 내몽고 음산(陰山, 인산) 지역에 있는 오르도스 지역에 스키타이문화가 전파된다. 한국의 청동기문화가 스키타이의 그것과 유사한 것도 오르도스 계통의 청동기가 유입되었기 때문이다. 그런데 천독으로 표기된 사카족도 스키타이족의 일원이다. 특히 당시 천산 주변에 살던 스키타이는 사카족으로 보는 것이 더 옳다.

그렇다면 오르도스 지역까지 스키타이문화를 전파한 사람들 중 일부가 동쪽으로 난하 지역까지 이동했을 가능성을 전혀 무시할 수 없다. 필자는 천산 주변에 살던 호(胡)인이 동쪽으로 이동해서 동호(東胡)라는 이름을 얻었다고 본다. 천독은 바로 그러한 루트로 동으로 이동한 사카족을 이르던 말이었다. 이들 또한 문화사적으로 접근했을 때 고깔모자를 쓰던 사람들이다. 또 다른 변한인이 난하 유역을 거쳐 요동으로 들어온 것이다.[71]

이들 두 집단이 요동 지역에 살았음을 입증하는 자료가 『일주서』이다. 『일주서』 「왕회편」에는 "發人·鹿人 鹿人者 若鹿迅走"라는 구절이 있다. "발인과 녹인이 살고 있는데 녹인들은 사슴처럼 매우 빨리 달린다"라고 전하고 있다. 녹인이 기마민족이었음을 말하는 것이다. 천산 주변에 살던 사카족을 녹인으로 표현하기도 했다는 것은 이미 밝혀졌다. 고고학자나 미술사학자들은 천산 주변의 무덤에서 나오는 황금사슴을 사카족의 토템이라고 생각한다. 사카족의 다른 명칭이 녹인이었던 것이다.

여기서 발인은 부여족을, 녹인은 사카족을 나타낸다. 이들 모두 천산 너머에서 고깔모자를 쓰는 문화적 특징을 가지고 동으로 이주한 사람들로 변한이라는 명칭이 생기게 된 원인을 제공했다.

이러한 이유로 최치원은 '(부여계인) 백제는 변한의 후예'라고 한 것이다. 또 같은 이유로 『신당서』·『구당서』에서 '(사카계열인 신라 김씨왕족은) 변한의 후예'라고 했다. 중국인은 신라 김씨왕족이 진인 계통인 박혁거세와 뿌리가 달랐기 때문에 그렇게 기록한 것이다.

진번에 대해 이해해야 『삼국사기』「고구려본기」 동명성왕조에 "(주몽) 2년 6월에 (비류국왕) 송양이 나라를 바치고 항복하므로 왕은 그곳을 다물도(多勿都)라 했다. 고구려 국어에 구토(舊土)의 회복을 다물이라 하므로 그와 같이 이름한 것이다"라고 한 것에 나오는 다물도의 비밀을 알 수 있다. 동명왕이 회복한 비류국은 북부여 사람들이 내려와 세운 나라가 아니라 원래 그 지방에 살던 진번인이 세운 나라였다. 동일한 부여계인 주몽으로서는 진번의 번인, 즉 부여인의 땅을 되찾은 셈이다.[72]

숙신을 진(辰) 혹은 진(眞)으로 표기

앞에서 설명한 바와 같이 한국사에 등장하는 진번은 진(眞)인과 번(番)인, 즉 고깔모자를 쓰는 풍습이 있는 변(弁)인이 연합하여 만든 정치체였다.

이것은 필자의 독자적 주장이 아니다. 조선 후기의 안정복이 이미 제기했다. 진번에 대해서 안정복은 『동사강목』「고이진번고」에서 진번의 진(眞)은 숙신의 신(愼)에서 나왔고, 후세의 여진의 진(眞)은 진번의 진(眞)을 따른 것이라고 했다.[73] 여진족도 진번의 후예인 것이다. 한민족사가 확장되는 논리이다. 숙신이 진번과 관련된다는 주장은 중국학자도 하였다. 최근 끝난 동

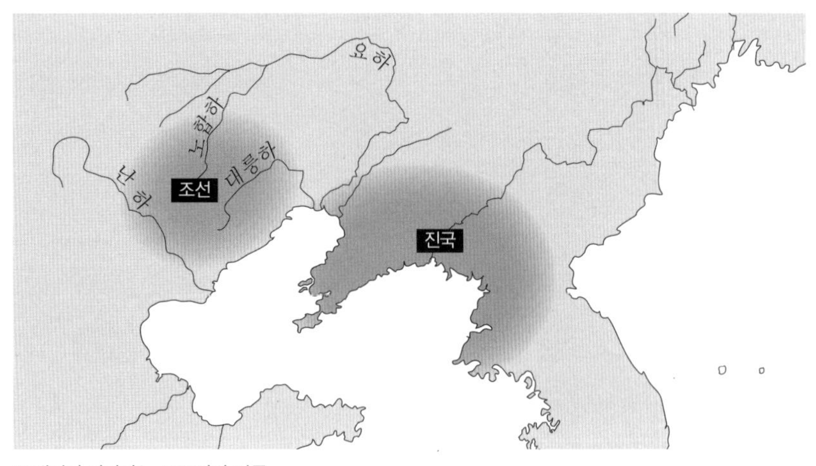

윤내현이 설명하는 고조선과 진국

북공정에 적극적으로 참여한 손진기(孫進己, 쑨진지)도 숙신이 후대에 진번으로 불렸다고 했다. 손진기는 자신의 책 『동북민족원류』에서 "숙신이란 명칭은 순임금과 우임금 때 벌써 보이기 시작하여 상나라와 주나라를 거치면서 끊임없이 역사서에 보이다가 전국시대와 진·한 때는 진번(眞番)이라 칭해졌다"라고 했다.[74]

숙신과 진번의 진이 관련 있다는 관점으로 보면 하가점하층문화를 이끌던 단군왕검계 숙신인이 요동으로 들어와 활동할 때 혹은 그 이전부터 그들을 진인(辰人) 또는 진인(眞人)으로 불렀을 것이라 추정할 수 있다. 따라서 우리는 같은 국호를 사용한 진국(辰國)이라는 나라를 주도한 사람들의 정통성이 단군숙신에 있었다는 것을 알 수 있다.

윤내현은 아예 요동에 진국이 있었다고 보았다. 그에 따르면 진국은 고조선의 여러 거수국 가운데 단군의 직할국으로 지금의 요하 유역부터 청천강 유역에 이르는 지역을 차지했다.[75] 진국이 요동에 있었다는 윤내현의 주장을 수용할 수는 없지만, 그가 진국이 있었다고 본 공간은 필자가 주장하듯 단군숙신인이 이주하여 고인돌문화를 창안한 지역으로 진인이 살고 있었던 곳임이 틀림없다.

어쨌든 요서의 단군숙신이 요동과 서북한 지역에 고인돌을 만든 진인사회가 되고, 이 진인사회에 변(弁)인인 부여계와 사카계가 들어와 진번사회로 흐르는 것을 이해해야 한국 고대사를 제대로 파악할 수 있다. 진번이 요동에 있을 때 조선은 요서 혹은 요서를 포함한 요동 일부에 있었다. 기원전 4세기대 조선후국은 바로 조선과 진번이 하나의 정치공동체처럼 활동할 때를 말한다.

조선후국 시기에 연나라 장수 진개가 조선을 공격하여 2,000여 리의 땅을 탈취했을 때 조선과 진번은 대동강과 황해도 지역으로 이주한다. 이러한 역사파동이 있고 얼마 뒤 진인의 정통 맥을 계승한 주민들은 아산만과 금강 유역을 중심으로 한 충남 지역에서 진국이라는 연맹국을 탄생시킨다.

문헌과 금석문 속의 진인

이러한 진인의 흐름을 이해하지 않고는 고구려의 마지막 왕인 보장왕의 손자 고진(高震)의 묘지석에서 그의 출신을 '부여의 귀종(貴種)이며 진한(辰韓)의 영족(令族)'이라고 한 것을 이해할 수 없다. 학자들이 고진이 '진한의 영족'이라고 한 것을 해명하지 못한 것은 바로 진한이라고 할 때 진(辰)의 뿌리와 흐름을 제대로 파악하지 못했기 때문이다.

고진의 묘지석을 '부여의 귀종이며 신라(진한)의 영족'으로 해석하면 말이 되지 않는다. 그렇다고 진한을 허사라고 하는 것도 무책임한 접근이다.[76] 김성호가 고진의 묘지석 내용을 잘못 이해하여 '부여인과 진한인을 동성동족'이라고 한 것도 잘못이다.[77]

고진의 묘지명에서 '진한의 영족'이라고 한 것은 그가 부여족인 주몽의 혈통을 이어받은 동시에 고인돌문화를 창안했던 진인의 후예이자 고구려를 세운 주요 종족인 맥(貊)인을 이끌던 영족이라는 뜻이다. 해석이 자연스럽지 않은가. 뒤에서 살피겠지만 삼한은 요서와 요동에서 활동하던 조상들의 이주와 관련해서 파악해야만 그 실체에 접근할 수 있다.

이들 진인의 눈으로 동북아시아의 역사를 보면 의외로 감추어졌던 비밀이 드러난다. 발해는 그들이 채택한 국명에서 보듯이 부여인과 진인을 계승한 집단이다. 단군숙신의 후예인 진인을 계승했음은 그들이 최초로 사용한 나라 이름에 나타난다.

발해의 건국에 대해 『구당서』 「발해말갈전」은 "대조영이 자립하여 진국(振國)왕이 되었다"라고 했다. 그런데 『신당서』 「발해전」에는 "대조영이 건국을 하고 스스로 진국(震國)왕이라고 하였다"라고 적었다. 두 사서는 국호 가운데 진(振)자를 진(震)자로 다르게 썼다. 윤내현은 이와 같이 다르게 기록된 것은 '진국'이 원래 한자를 사용한 명칭이 아니었는데, 중국인이 그것을 한자로 음사한 과정에서 일어난 차이라고 했다.[78]

대조영은 자신과 자신이 확보한 지역의 주민이 진인의 후예라는 사실을 알고 정통성을 확보하기 위해 진국이라는 명칭을 사용한 것이다. 일반적으로 한 왕조가 무너지고 다음 왕조가 일어서게 되면 가장 먼저 나라 이름을 정한다. 이때 이름을 정하는 기준으로 가장 중시하는 것이 바로 정통성의 확보이다.

해방 후 대한민국의 국호를 정할 때도 격렬한 논의가 있었다. 대한민국의 국명은 1948년 6월 제헌국회에서 탄생했다. 제헌국회 헌법기초위원회는 표결까지 가는 토론을 거듭했다. 함께 검토한 고려공화국은 7표, 조선공화국은 2표, 한국은 1표를 얻었다. 대한민국은 최다득표인 17표를 얻어 신생공화국의 이름으로 확정되었다. 한씨조선과 마한을 의식한 국명이다.

이런 관점에서 보면 대조영이 채택한 진국은 분명 진번을 의식한 것이었다. 진(辰)과 진(眞) 그리고 진(振)과 진(震)은 모두 동일한 대상(종족 계통)을 나타내기 위해 빌린 한자였을 것이다. 발해인이 사용한 두 국명인 진국과 발해는 진번을 계승한 국명이라고 해도 지나친 말이 아니다. 진국은 진번의 진을 따랐고, 발해는 진번의 번을 따랐다고 볼 수 있기 때문이다.[79]

중국학자 중에는 발해가 고구려를 계승한 나라가 아니라고 주장하기 위해 발해는 '고구려족의 별종도 아니고 고구려의 후예도 아닌 중국 동북지방에서 예부터 생활해온 숙신족의 후예인 속말말갈족'이라고 주장하기도 한다.[80] 하지만 발해를 숙신족의 후예라고 해도 필자의 관점으로 보면 진번의 후예라는 말과 크게 다르지 않다.

『요사』는 왜 요동에 진한이 있었다고 했을까

상식적인 한국인이라면 요동 지역이 진한 땅이라거나, 그곳에 변한의 고도(古都)가 있었다고 하면 믿지 못할 것이다. 그러나 그러한 기록은 분명히 있다. 역사기록에 그렇게 나와 있다면 그것은 진실 혹은 거짓일 텐데, 그 기록에 대해서 우리는 두 측면으로 대응할 수 있다. 하나는 역사에 대한 무지에서 나온 것으로 믿을 수 없다고 치부하는 것이고, 다른 하나는 우리가 역사에 대해 무지해서 그 말을 이해할 수 없지만 그 말에는 역사적 진실이 담겨 있다고 보고 해명하려 노력하는 것이다.

과거 진인이 요동 지역에서 살았다는 사실은 『요사』 「지리지」 '동경도' 진주(辰州) 봉국군조에서 확인할 수 있다. 거기에는 "진주 봉국은 본래 고구려의 개모성(蓋牟城)이다. …… 발해가 개주(蓋州)로 고쳤다가 다시 진주로 고쳤는데, 진한(辰韓)에서 그 이름을 얻었다"라고 했다. 또 청대의 지리서인 『흠정성경통지』 「건치연혁조」에는 "개평현(蓋平縣)은 주나라 시기에는 조선에 속했는데, 본래 진한 땅이다. 복주(復州)도 주나라시대의 조선에 속했으며 진

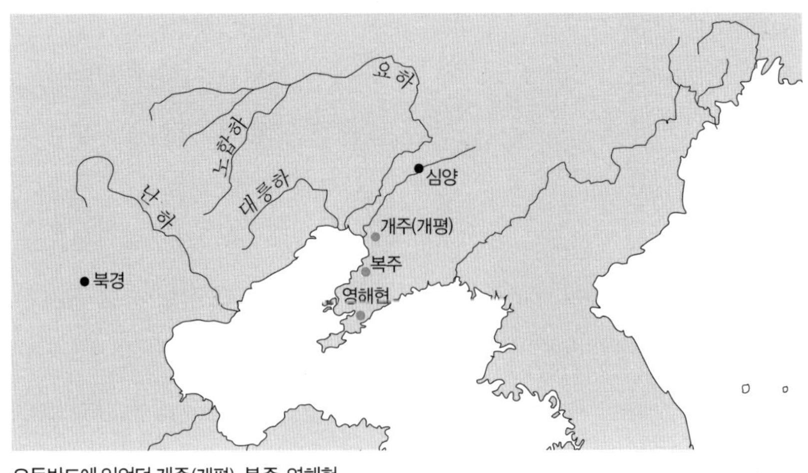

요동반도에 있었던 개주(개평), 복주, 영해현

한 땅이었고, 영해현(寧海縣)도 동일하다"라고 했다.[81]

두 사서에서 진주 혹은 진한이라고 한 땅은 요동반도 남부 전 지역을 포괄한다. 『요사』에서 진주라고 한 곳은 지금의 개주시(蓋州市) 지역으로, 요동반도 서남부 요동만의 동쪽에 해당한다. 청나라시대의 개평현은 『요사』「지리지」의 진주와 동일한 개주시이며, 영해현은 지금의 대련시 금주구(金州區, 진저우구)이다. 복주는 지금의 복현(復縣, 푸셴)으로, 개주시와 금주구의 중간인 와방점시(瓦房店市, 와팡뎬시)와 보란점시(普蘭店市, 푸란뎬시) 북부 일대를 말한다.

이들 지역은 바로 요동 남단으로 대형 탁자식 고인돌이 밀집되어있는 곳인 동시에 이른 시기의 비파형동검이 출토된 곳이다. 앞서의 두 사서는 이들 지역을 왜 진주 혹은 진한과 연결했을까. 윤내현의 말처럼 이곳에 위만조선 시기에 진국이 있었기 때문일까. 윤내현의 요동 진국설은 학계에서 쉽게 수용하지 않을뿐더러 필자가 보기에도 무리한 주장이다.

그렇다면 발해에서 개주시 지역을 진주라고 한 것이나, 청나라에서 요동 남단 지역을 옛적 진한 땅이라고 한 이유는 다른 데서 찾아야 한다. 필자는 그들이 대형 탁자식 고인돌이 몰려 있는 이 지역을 진주 혹은 진한 땅이라고 한 것은 문헌기록상으로 보면 진번이 이들 지역에 있었기 때문이고, 역사 흐름으로 보았을 때는 이들 지역이 후대 진한인, 즉 진인이 살던 곳이기 때문이었을 것으로 이해한다.

요동의 번한현은 변한의 고도이다

『흠정만주원류고』에서 '『한서』「지리지」에 요동의 번한현(潘汗縣)은 변한(弁韓)의 고도'라고 한 대목은 진번이 그 지역에 있었음을 입증하는 중요한 단서이다. 번한이 진번과 관련이 있다고 한 것은 『사기』「조선열전」의 진번에 관한 주에서 서광이 '요동에 번한현이 있다'고 한 데서 비롯되었다. 이는 진번의 번자와 번한의 번자가 같은 데서 착안한 것이다.[82]

여기서 번한현이 변한의 고도라고 한 것은 진번의 고도가 이곳에 있었다는 것을 의미한다. 『흠정성경통지』에서는 '개평현은 한나라 때의 번한현'이라고 했다. 그런데 개평현이었던 번한현은 지금의 개주시이다. 고구려 때 개모성이었으며 발해인이 개주로 부르다가 진주(辰州)로 고친 곳이다. 이곳이 진한 땅이라 했으니 이곳은 진인과 변한인의 고도였던 셈이다. 그 말은 곧 진번의 고도였다는 의미이다.

이곳 지명의 변천사를 보면, 이곳은 첫째 곰 부족의 중심지였을 개연성을 보여주는 개모성(고마성으로 추정)과 개평현, 둘째 진인의 중심지였을 개연성을 보여주는 진주, 셋째 변한인과 관련 있을 개연성을 보여주는 번한현 등의 이름으로 불렸음을 알 수 있다. 그 지명으로도 이곳이 진인과 변한인의 연합체인 진번의 고도였다는 것을 알 수 있다.

변한인과 진번인의 관계는 명칭으로도 알 수 있다. 『삼국지』「한전」에 보면 진한을 먼저 설명한 다음 변진(弁辰)을 설명하고 나서 24개 나라에 대해 언급한다. 이들 중 이름에 '변진'을 붙인 나라들, 즉 변진구야국·변진안야국·변진감로국 등은 변진에 속하는 나라다. 이들 나라 이름에 '변진'이 붙은 것은 이들이 요동에 있던 진번에서 황해도 지역의 진번을 거쳐 동남으로 이주한 사람들이기 때문이다. 진번을 도치해서 변진으로 부른 것이다(眞=辰, 番=弁　, 弁辰). 신채호는 『조선상고문화사』에서 '진번은 곧 진변(辰卞)'이라고 했다.[83] 진변을 도치해서 부르면 변진(卞辰=弁辰)이 된다. 이러한 도치는 고대 한국어에서 자주 발생했던 현상이다. 평화를 화평이라고 하지 않는가.

궁예가 숙신까지 하나로 통일

마지막으로 한 가지 흥미로운 숙제를 풀어보자. 『고려사』「태조세가」 서두를 보면, 당시 태조의 부친인 왕륭은 송악군 사찬(벼슬이름)으로 있었다. 그는 진성여왕 10년에 송악을 궁예에게 바치며 귀의한다. 그러자 궁예는 크게 기뻐하며 그를 금성태수로 삼았다. 그때 세조(왕륭)가 궁예에게 "대왕이 조선·숙신·변한 땅에서 왕을 하고자 하시면 먼저 송악에 성을 쌓고 나의 장자(태조)로써 그 성주를 삼으십시오(朝鮮肅愼弁韓之地)"라고 권하자 궁예가 받아들였다고 한다.[84]

왕륭이 궁예에게 권하면서 제시한 '조선·숙신·변한 땅'은 어디를 말할까. 그 땅은 궁예가 앞으로 통일할 땅 전체를 말한 것일까, 아니면 특정 지역이 연속적으로 '조선·숙신·변한 땅'이었다는 것을 의미할까. 궁금하다. 특히 궁예가 통일할 곳으로 숙신이 살던 땅도 거명해 주목된다.

먼저 제시한 세 정치체가 궁예가 통일할 전체 대상이라는 차원에서 살펴보자. 당시 지식인의 관념에서 조선은 평양을 중심으로 한 나라였으니 그 땅이 하나의 대상이 되었을 것이다. 두 번째로 변한은 남쪽에 있는 가야 지역이었을 것이다. 문제는 숙신이다. 왕륭이 말하고자 한 숙신은 과연 어디였을까. 그냥 왕륭이 무식해서 별 생각 없이 한 말일까. 아니면 북쪽 발해를 숙신의 나라로 인식하고 발해까지 통일하는 대왕이 되라는 의미였을까.

궁예가 통일할 대상에 포함된 숙신은 두 가지 측면에서 검토할 수 있다. 하나는 궁예 이후에 쓰이긴 했지만 『신당서』의 견해처럼 발해를 건국한 대조영 세력을 속말말갈로 보고 그들을 숙신의 후예로 본 견해가 반영되었다고 할 수 있다. 그런데 속말말갈은 고구려에 소속되었던 고구려 유민이기도 하다. 하지만 당시 궁예나 왕건이 발해까지 통일할 생각을 했다고 보기는 어렵다.

둘째는 한반도에 숙신 계열의 주민이 살았다는 역사인식이 당대까지 전해졌을 가능성이다. 그랬다면 그것은 필자가 이 책에서 일관되게 주장하는 숙신과 진인이 동일한 혈맥이라는 인식이 후삼국 지식인에게 전달되고 있었다는 것을 의미한다. 한반도에 살았던 단군숙신인으로는 서북한 지역에 대형 탁자식 고인돌을 축조한 진인, 황해도 지역으로 들어온 진번의 진인, 충청도 지역에 있던 진국, 경상도 지역의 진한을 들 수 있다. 이들을 숙신과 동일한 계열로 인식하는 생각이 후삼국시대에도 있었기 때문에 궁예가 통일할 세력으로 숙신을 거명했을 수도 있다.

궁예가 통일할 세 세력으로 거명된 조선·숙신·변한은 삼한과 대응된다는 것으로도 궁예가 통일할 대상은 한반도 내의 숙신, 즉 진인을 가리켰을 가능성이 크다. 뒤에서 삼한을 자세히 설명하겠지만 조선은 마한에, 숙신은 진한에, 변한은 변한에 대응한다. 이렇게 보면 왕륭이 언급한 세 세력, 즉 궁예가 통일할 대상은 삼한이었던 셈이다. 삼한일통은 당시 가장 중요한 통합 이데올로기였다. 통일신라 초기에는 삼국을 통일하고 그 유민을 하나로 묶기 위해 삼한일통이라는 용어를 많이 사용했다. 삼한일통은 삼국의 유민의식을 약화시키고 백성을 통합하기 위한 이데올로기성 구호였다. 이 삼한일통 의식은 궁예를 거쳐 고려 태조에게 전달되었다.

그런데 필자처럼 해석하면 큰 무리는 없지만, 당시에 그렇게 해석할 수 있는 역사인식이 있었다고 보기는 어렵다. 세 나라를 있는 그대로 대응하면 삼한과 겹치지 않는다. 평양을 중심으로 한 조선과 경상도 남쪽의 변한 그리고 숙신이라고 지적한 알 수 없는 지역이 통일 대상이 되기 때문이다. 이는 숙신이 한상 이남 지역을 가리키지 않는 한 후삼국통일이라는 논리가 될 수 없다.

그래서 왕륭이 제시한 세 나라는 특정 지역이 연속적으로 '조선·숙신·변한 땅'이었다는 의미로 접근해야 한다. 마침 정약용이 그러한 관점을 이미 제시했다. 정약용은 『아방강역고』에서 『고려사』를 인용하여 "왕융이 궁예를 달래 '대왕이 만일 조선에서 왕 노릇을 하시려 한다면 숙신·변한의 땅인 송악을 먼저 차지하시는 것이 좋습니다'라고 하니 궁예가 그 말을 따랐다"라고 지적했다.[85]

송악이 숙신의 땅이기도 했다고 본 정약용의 견해를 여러분은 어떻게 생각하는가. 당황스럽지 않나. 우리가 당황하는 것은 정약용이 역사지식에 무지했기 때문이 아니라 오늘날 과거 한민족사의 흐름을 잊어버렸기 때문이다. 송악은 한때 진인인 숙신인의 삶의 터전이기도 했다. 송악이 한때 숙신인의 땅이었다는 관점은 숙신인이 진인이라는 관점이 성립될 때 가능하다.

이들 지역에서 숙신인인 진인이 활동한 것은 매우 이른 시기부터이다. 요동 남단과 서북한 지역에 대형 탁자식 고인돌을 만든 사람들이 바로 숙신인으로, 후에 진인으로 불린 사람들이다. 다음으로는 요동에 있던 진번인이 이곳으로 들어왔는데, 왕륭이 변한으로 지칭한 이들이다. 이들 진번이 경상도 남부 지역으로 이동하여 변진으로 불렸고 그들을 일반적으로 변한이라고 부르지 않았는가. 이렇게 보면 왕륭이 제시한 세 나라인 조선·숙신·변한은 바로 송악 지역을 가리키는 말이었다는 것을 알 수 있다.

왕릉에게 전달된 역사인식, 특히 숙신과 변한에 대한 인식을 복원해야 한다. 그것이 바로 잃어버린 역사를 되찾는 것이다. 그러한 인식을 복원하지 못하면 김운회가 아래와 같이 세 나라를 해석하는 것과 같은 오류를 반복해서 범하게 될 것이다. "여기서 말하는 변한은 대체로 한반도의 중남부를 말하는 듯하고, 조선은 고조선을 말하는 것으로 북경을 비롯한 북중국과 요동 땅을 말하는 것 같다. 또 숙신이라는 곳은 과거 고조선 지역을 제외한 만주 전체 지역으로 봐야 할 것 같다." 이렇게 해석하면서 그는 왕릉이 조선·숙신·변한을 하나의 범주로 보고 있었다고 했다.[86]

05

'조선'의 의미와 기자조선

숙신과 조선은 같은 대상을 가리키나

조선의 의미를 알아보기 전에 먼저 숙신이라고 불린 사람들과 조선이라고 불린 사람들이 같은 집단인지 아니면 다른 집단인지 살펴볼 필요가 있다. 그래야만 단군왕검계를 단군숙신이라고 규정하고 조선을 단군왕검계가 동으로 이동하고 난 후 난하 동쪽과 대릉하 유역에서 일어난 집단을 부르는 명칭이라는 필자의 주장이 타당한지 알 수 있기 때문이다.

먼저 발해사를 전공한 한규철이 숙신의 기원에 대해서 정리한 것을 보자. "숙신과 조선을 같은 어원으로 생각하는 최남선·신채호·정인보 등은 숙신의 기원을 백두산 부근으로 생각한다. 이에 반해 세르게이 시로코고로프(S. M. Shirokogoroff) 등 숙신의 고아시아족설을 지지하는 학자들은 흑룡강 유역과 연해주 북단을 숙신의 기원지이자 거주지로 생각한다. 그러나 숙신이 동쪽으로 이주했다고 믿는 학자들은 대개 숙신의 기원지를 화북계(河北界), 산동반도, 발해만 양안, 황하 유역의 중원지구 등으로 주장한다. 그리고 화북 및 요령 중심의 숙신기원설은 고고학적으로 요령 하가점문화의 성격이 숙신문화와 관련이 있다는 것으로 지지받고 있다."[87]

숙신의 기원지에 관해 견해가 다양하다는 것은 아직도 숙신이라는 종족 집단이 어떤 집단인지 정확히 확인할 수 없다는 의미이기도 하다. 그렇지만 숙신의 분포에 관한 견해를 종합해보면 대체로 두 범주로 요약할 수 있다. 하나는 백산흑수설(白山黑水說)이고 다른 하나는 남만주설이다.

필자는 화북을 포함한 남만주설이 대체로 옳다고 본다. 기존에 제시된 남만주설을 살펴보자. 하나는, 기원전 11세기 이전인 상나라 성왕·강왕 이전에 요령성 서부인 연산 동쪽, 의무려산 서쪽에 있던 숙신이 동북방으로 이동해서 늦어도 기원후 3세기까지는 흑룡강 중하류 유역에 정착해서 살았다는 주장이다. 여기서 말하는 연산은 북경 북쪽에 있는 산이고 의무려산은 대릉하 하류 동쪽에 있는 산이다. 둘은, 북한의 리지린과 같이 숙신의 중심지를 고조선과 같은 오늘의 난하 동서에 걸친 지역이라고 보는 사람들이 있다.[88]

이들 지역은 하가점하층문화와 겹치는 곳이다. 이들 지역에서 활동하던 숙신세력이 은나라 무정기에 동으로 이동하고, 기원전 10세기 이후 난하와 대릉하 주변에서 조선이라는 새로운 정치체가 성립된다.

그렇다면 동으로 이동한 숙신과 새로 등장한 조선은 같은 집단에 대한 다른 명칭일까. 아니면 숙신과 조선은 근본적으로 다른 집단일까. 지금까지의 견해를 정리해보자.

먼저 숙신과 조선을 동일한 집단으로 보는 견해가 일찍부터 제기되었다. 신채호는 『오월춘추』에 나오는 주신(州愼)은 숙신·직신·식신으로 조선을 가리킨다고 했다.[89] 그는 『조선사연구초』 「전후삼한고」에서 주신이 숙신과 조선의 고유한 발음이었음을 다음과 같이 설명했다. 『관자』에 '발조선(發朝鮮)'이 나오는데, 『사기』와 『대대례기』에는 같은 집단을 '발식신(發息愼)'으로 기록했다. 이 발식신을 발조선으로 볼 수 있는데, 이는 동일한 명사가 숙신과 조선으로 번역된 것이 명백하다. 그런데 청나라 건륭제의 『흠정만주원류고』에 숙신의 본음을 주신(珠申)이라 했다. 그렇다면 조선의 음도 주신일 것이다. 즉 신채호는 '주신'이 고유한 음이고 숙신과 조선은 주신을 한자로 표기하는 과정에서 발생한 다른 표기방식으로 보았다.

북한의 리지린도 신채호의 주장에 동의한다. 그는 『고조선연구』에서 『관자』에 보이는 발조선과 『사기』·『대대례기』 등에 보이는 발식신은 같은 것으로 식신, 즉 숙신이 곧 조선이라는 설에 동의한다고 했다.[90] 김정학도 한국민족이라고 생각되는 숙신 또는 식신이란 이름이 『춘추좌전』 등 선진문헌에 보이는데, 이 숙신은 『관자』에 나오는 발·조선의 조선과 같다고 했다.[91]

최남선도 숙신과 조선을 '주신'의 다른 표현으로 보았고, 정인보는 한족들이 조선을 숙신(肅愼)·식신(息愼)·직신(稷愼) 등으로 기록했다고 했다.[92] 특히 최남선은 1918년 『청춘』 6월호에 실린 「계고차존」이란 글에서 "기원전 1000년경까지는 동북 지역에 살던 사람들을 총칭해서 주신으로 불렀다"라고 했다.[93]

중국학자 부사년도 숙신 다음으로 나타나는 조선의 기원을 숙신으로 보았으며,[94] 러시아 학자 레프 콘체비치(L. R. Kontsevich)는 『한국의 역사적 명칭』(1967)이라는 책에서 '조선은 숙신에서 유래'했다고 했다.[95]

중원과 교섭했던 최초의 집단, 숙신

이와 같이 많은 학자가 숙신과 조선이 같은 집단에 대한 다른 명칭인 것으로 이해한다. 그러나 그러한 주장에 부정적 견해를 나타내는 학자도 있다. 김정배는 숙신과 조선을 다르게 보았다. 그는 그 이유로 종족적 개념을 든다. 그는 중국 문헌에 숙신·읍루·말갈·여진으로 나타나는 주민은 퉁구스족인 데 비해 우리나라는 예맥족이 중심이 되어 이룩되었기 때문에 숙신은 우리와 다르다는 논리를 편다.[96] 그러나 최남선도 숙신족에 맥족이 포함된다고 했듯이 숙신족은 동북 지역의 하가점하층문화를 주도하던 사람들에 대한 총칭으로 맥족이 포함되어있었다.

송호정은 기원전 8세기 말에서 기원전 7세기 초 춘추시대가 기록되어있는 선진문헌에는 중국 동북부에서 활약한 종족으로 산융, 영지, 고죽, 도하 등이 등장할 뿐 숙신은 나타나지 않는다는 점을 강조한다. 그는 문헌자료로 판단했을 때 기원전 7세기 이전 북경 동북 지방에 숙신이 존재했다 하더라도 기원전 8~기원전 7세기를 전후한 시기에는 길림성 북쪽 일대로 이주하였음이 분명하다고 했다. 그와 같은 정황으로 볼 때 발음과 명칭이 유사하다는 이유로 고조선과 숙신을 같은 실체로 보는 것은 잘못이라고 비판했다.[97]

송호정의 비판은 비판을 위한 비판처럼 보인다. 그도 인정했듯이 기원전 8~기원전 7세기 이전에 화북과 요서 지역에 숙신이 있었을 개연성은 얼마든지 있다. 이에 대해서는 많은 학자가 공감하지 않는가.

『사기』 권1 「오제본기」 순임금조를 보면, 우임금이 9주를 정벌한 결과 주변 민족들이 조공을 바쳤다는 기사가 나오는데, 그 가운데 북방민족으로서 산융과 식신(息愼)이 등장한다. 서병국은 『동이족과 부여의 역사』에서 여기에 나오는 숙신인의 거주지는 길림성 지역이라기보다는 중국 내지에 가까운 북변 어디쯤일 것이라고 추정했다. 그러면서 그는 영고탑 지방에 거주지를 두었던 숙신이라는 존재는 오히려 물러나는 시대의 끝자락을 붙잡은 존재인 듯한 느낌이 든다고 했다.[98] 산동의 북변에서 발해만 지역에 걸쳐 살던 숙신인이 후에 동북으로 이주하여 영고탑 지방에 퍼져 살게 되었다는 것이다.

심백강도 『황하에서 한라까지』에서 앞에서 설명한 신채호와 리지린의 견해를 싣고는, 따라서 『사기』 「오제본기」에서 말한 요순시대 화북성을 포함한 동북 지역의 발식신은 우리 한민족의 조상을 지칭한 것임을 알 수 있다고 했다.[99] 옳은 말이다.

『사기』뿐만 아니라 『죽서기년』과 『국어』, 『일주서』 등에는 중국 북방이나 동북방에 숙신이 있었다고 기록되어있다. 이들 책은 한대 이후 윤색과 가필이 있었다는 위서 논쟁이 있기는 하지만 중원세력과 가까운 동북 지역에 최초의 정치세력으로 숙신이 있었다는 사실을 기록하려 했다는 점은 인정해도 크게 무리가 없다.

태양과 물이 담긴 이름

조선이라는 명칭에 대한 견해는 물과 관련되었다고 보는 사람과 태양과 관련되었다고 보는 사람으로 나뉜다. 먼저 태양과 관련되었다는 견해로는 『신증동국여지승람』「평양부」 군명조에 나오는 '동쪽의 해 뜨는 곳에 거처하므로 조선'이라고 했다는 주장을 들 수 있다. 그와 같은 관점은 이병도에게로 이어졌다. 그는 조선과 아사달을 동의어로 보았다. 즉 조선을 '아침의 땅', '태양의 자리(해가 뜨는 자리)'라는 뜻의 고대 한국어 '아사달'의 중국식 모사라고 보았다. 그는 조선이라는 말이 '아침의 신선함'을 의미하는 것이 아니라 '아침의 찬란함'을 의미한다고 했다.[100]

신채호도 조선이 태양, 햇빛과 관련해서 나온 명칭이라고 했다. 그는 왕의 성을 '해'라 한 것은 태양에서 뜻을 취한 것이며, 왕의 호를 '불구래(佛矩內)'라 한 것은 태양의 광휘에서 뜻을 취한 것이고, 천국을 '환국(桓國)'이라 한 것은 광명에서 뜻을 취한 것이라고 했다. 그러면서 그는 조선족은 최초에는 서방에 있는 파미르고원이나 몽골 등지에서 살다가 광명의 본원지를 찾아 동방으로 이주해 불함산을 명월(明月)이 출입하는 곳, 곧 광명신이 머무르는 거처로 알고 그 부근의 토지를 '조선'이라 칭했으며 조선도 고어의 광명이란 뜻이라고 했다.[101]

안호상은 아사달에서 유래한 '아시밝(첫 빛, 태양이 처음 나타난 장소)'을 중국어로 묘사한 것이 조선이라고 했다. 따라서 '밝', '숙신', '직신' 등은 모두 이 말에서 파생되었다는 것이다.[102] 김운회도 쥬신(숙신)은 '태양의 첫 빛이 비치는 나라(해 뜨는 나라)'를 의미한다는 것에 동의한다.[103]

이와 같이 우리나라 학자들은 조선이 아침에 떠오르는 태양과 관련해서 지어진 이름이라는 데 동의한다. 그렇다면 중국학자들은 어떤가. 중국학계는 『산해경』에 나오는 태양 숭배신화인 탕곡(湯谷)이 조선의 명칭이며, 『주역』에 나오는 명이(明夷)가 은나라시대 조선의 명칭이라고 주장하여 조선이라는 명칭이 상·주 때 만들어진 중국 문자라고 주장한다.[104]

이에 대해 조법종은 중국학계가 해가 뜨는 곳이라는 내용만을 근거로 또는 단순히 아침을 의미하는 한자인 조(朝)가 명칭으로 사용되었다는 이유만으로 조선과 '탕곡부상십일신화'를 연결하는 것은 논리적 비약이라며 비판한다. 그는 또한 『사기』에는 탕곡이 우이(嵎夷)와 관련하여 나타나고, 『산해경』에도 탕곡은 흑치의 북쪽이라고 했는데 이들 지역은 산동 일대라고 지적했다. 하지만 탕곡이 있었다고 하는 산동 일대는 조선과 연결할 수 있는 역사, 지리적 근거가 없으므로 중국 측 주장은 받아들일 수 없다고 했다.[105]

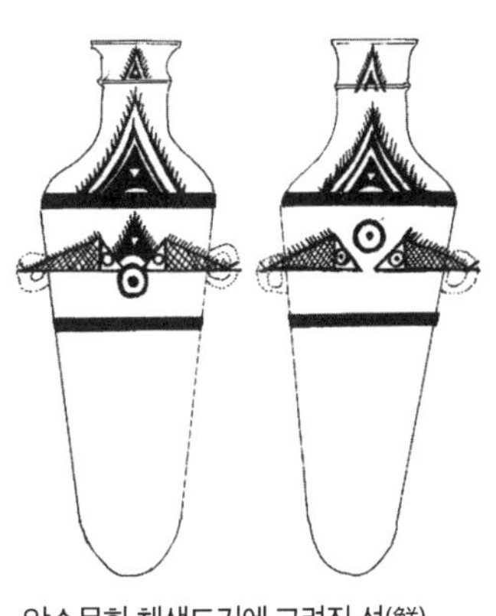
앙소문화 채색도기에 그려진 선(鮮)자의 원형

다음으로 조선을 물과 관련해서 해석하는 견해를 살펴보자. 물과 관련된 명칭으로 보는 견해는 『국조보감』, 『동사강목』 「잡기」 조선명칭고에서 볼 수 있다. 거기에는 "조선의 음은 조산이다. 물 이름으로 인하여 이름을 삼았다. 또 이르기를 선은 밝은 것이다. 땅이 동쪽에 있고 햇빛이 밝으므로 조선"이라고 하였다고 하고 있다.[106]

조선의 명칭을 숙신에서 찾은 리지린도 주변에 흐르는 강을 세 개 합쳐 부르는 데서 조선의 명칭이 나왔다는 장안의 말에 주목했다. 그는 『사기집해』에 나오는 습수(濕水), 열수(洌水), 산수(汕水)라는 지명으로부터 숙신, 식신, 직신 등 숙신족의 종족명이 나왔다고 했다. 말하자면 숙신이라는 명칭 자체가 고대 조선에서 쓰는 말이라는 것이다.[107] 조법종도 '조선이 일출 지역이라는 현상보다는 강의 합류처와 관련된 지리적 성격이 강한 명칭'이라고 보았다.[108]

진인의 의식이 반영되었다

필자가 보기에 조선은 태양과 물 모두와 관련해서 나온 명칭이다. 필자는 숙신이라는 정치체가 중원 신석기문화인 앙소문화를 주도한 공공족이 동북 지역으로 이주해 맥족과 연합한 집단이라고 했다. 그런데 앙소문화 채색도기에는 인면어문(人面魚紋)이 자주 등장한다. 인면어문 채색도기를 그린 사람들의 의식에서 '조선'이라는 글자가 탄생한다.

메소포타미아 아카드시대의 인장에 보이는 엔키(물고기와 함께 표현된 신)

앙소문화 채색도기에 그려진 인면어문신

앙소문화인이 채색도기에 그린 281쪽 그림을 보자. 물고기가 그려진 중앙을 중심으로 볼 때 위의 가로줄은 하늘을, 아래의 가로줄은 땅을 나타내며, 전체적으로는 삼신산(三神山)을 중심으로 태양이 천지간을 운행하는 것을 표현하였다.[109] 이 그림은 관념의 산인 삼신산, 그 산에서 나오는 생명의 강과 태양의 운행, 그리고 그곳에 사는 물고기를 모티프로 하였다.

이것은 메소포타미아의 인장에 보이는 문양과 비교된다. 인장을 보면 태양이 떠오르는 삼신산에 엔키(앙소문화의 인면어문신)가 발을 얹어놓자 생명수가 흐르고 그 생명의 강에서 물고기가 뛰어놀고 있다. 우주의 중심이자 땅의 중심인 이곳을 중심으로 태양이 주행한다. 엔키신 왼쪽에는 태양신 우투가 떠오르고 있다. 앙소문화 채색도기의 그림 중 왼쪽이 태양이 떠오르는 아침이라면 오른쪽은 태양이 중천에 떠 있는 모습이다.

앙소문화인이 그린 채색도기에서 우리는 '조(朝)'와 '선(鮮)'이라는 글자가 탄생한 문화적 배경을 읽을 수 있다. 앙소문화인이 그린 일출장면과 '선(鮮)'자의 초기글자를 비교해보면 '선'자가 공공족의 문화와 관련이 있다는 것을

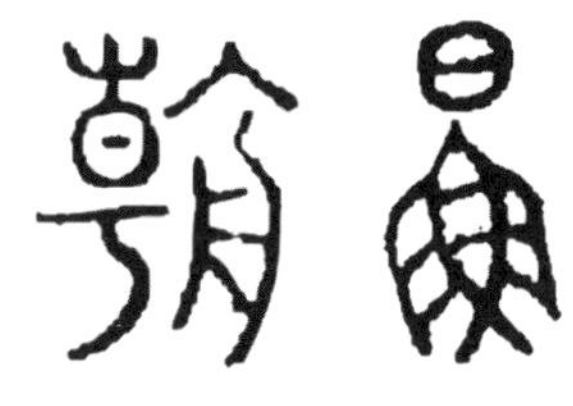
문자 통일 후의 조(朝)자와 선(鮮)자의 시원자

금방 알 수 있다. '선'자는 생명의 강에서 노는 물고기가 떠오르는 태양을 밀어올리는 것을 형상화했다.

중원 앙소문화를 계승한 지역으로 들어간 동이족인 상족이 갑골문을 만들고 그것이 후에 한자로 발전한다. 그런데 주나라 때 청동기물에 새긴 문자에 보이는 '선(鮮)'자도 '물고기가 태양을 밀어올리는 것'을 상형하고 있다. 앙소문화 이래 중원 지역에 전달되던 '선'자 관념이 금문에도 그대로 전달되고 있었다.

그런데 후대의 한자, 즉 우리가 지금 사용하는 한자 선(鮮)은 물고기와 양이 결합된 형태이다. 왜 이러한 변화가 생겼을까. 천산 동서에 살던 사람들이 양 혹은 염소를 태양 동물이라고 생각한 것이 반영된 것이다. 염제족의 씨성이 강(姜)인 것을 감안하면 후대로 오면서 선자에 그들의 문화의식이 반영되었다고 할 수 있다.

다음으로 '조(朝)'자는 물결이 일렁이는 바다 위를 태양새가 태양을 이끌고 날아오르는 형상과 바닷가에서 어부가 물고기 잡는 정경을 상형한 것이다.[110]

이와 같이 조선이라는 글자는 원래 앙소문화를 주도했던 공공족의 문화와 관련해 발생했다. 『관자』에는 공공족의 7할이 물가에서 산다고 했고, 『산해경』에도 조선은 물가에서 살며 사람들을 사랑한다고 했다. 공공족은 처음부터 농경을 주로 했다. 그들은 중원에 있을 때도 조나 수수 농사를 지었고 동북으로 이주해서도 수수 농사를 주로 지었다.

수수는 직신에게 바치는 곡물인데 숙신을 직신으로 부른 것도 그런 문화가 반영되었고, 진국의 수도로 추정되는 천안시의 직산도 진인의 이주와 관련해서 탄생한 명칭으로 추정할 수 있다. 우리말 남새나 억새 등의 새는 풀을 의미한다. 새벽의 새는 시작을 의미한다. 숙신 혹은 직신은 대지에서 올라오는 풀을 처음에 '새 혹은 시, 수' 등으로 부르던 집단과 관련이 있지 않나 의심해본다. 그렇다면 숙신은 '땅에서 솟아나는 생명인 곡신'과 관련된 명칭으로 추정해볼 수 있다. 그러면 왜 동양문화사에서 직신이 곡물을 관장하는 신인지도 이해할 수 있게 된다.

조선이라는 말에도 직관적·종교적 관념이 반영되었다. 삼신산에서 흐르는 생명의 물과 생명을 상징하는 물고기, 그리고 모든 생명에 생기를 불어넣는 태양 등이 작동되는 중심공간이라는 의미로 조선이라는 말이 채택된 것이다.

조선의 등장과 기자조선

숙신과 조선이 주신을 한자로 표현한 것이라는 주장이 어느 정도 설득력이 있기는 하지만, 실제 문헌상으로 보면 숙신이 먼저 나타나고 조선은 기원전 10세기 이후 요서 지역에 있던 정치체로 나타난다. 이 때문에 숙신으로 불릴 때의 정치체와 조선으로 불릴 때의 정치체가 같은지 다른지 확인할 필요가 있다.

'조선'이라는 명칭이 문헌사료에서 확인되는 것은 기원전 4세기 이후 편찬된 것으로 알려진 『관자』에서이다. 『관자』가 후대에 편찬되긴 했어도 춘추시대 역사를 추정하여 임의로 기록하였다고 할 수 없다. 당시까지 전해지던 자료를 근거로 사적을 기록했다고 보는 것이 옳다.

따라서 『관자』에 기록된 조선은 역사적 실체를 말한다고 보아야 한다. 제나라가 연나라의 구원요청을 받고 산융을 공격한 시기가 기원전 7세기경이라는 점과 당시 조선이 제나라와 문피(文皮)를 교역했다는 기록을 참고하면 적어도 기원전 7세기에는 이미 조선이라는 정치체가 형성되어있었음을 알

수 있다.[111]

그렇다면 『관자』에 등장하는 조선은 언제 어떤 세력이 시작한 정치체일까. 현실적으로 기원전 10세기 이후 등장하는 조선은 기자세력과 관련해 생각할 수밖에 없다.

기자가 조선으로 왔다는 이야기는 한나라 초 복생이 쓴 『상서대전』에 처음 나온다. 이어서 사마천의 『사기』 그리고 『한서』에 등장한다. 『위략』에는 고조선의 왕을 기자의 후손이라 했고, 『삼국지』에는 고조선 준왕을 기자의 40여대 후손이라고 했다.

문헌은 시간이 지날수록 기자의 실존을 더 확실하게 이야기한다. 문헌상으로 보면 실존하는 인물인 기자가 조선 경내로 들어왔다. 사실 최근까지도 기자조선에 관한 논쟁이 이어지지만 우리 선조들은 기자가 조선에 와서 왕 노릇을 했다는 것을 크게 의심하지 않았다. 이 때문에 근세 조선조에 이르기까지 기자 내지 기자조선은 우리 민족의 역사적 사실로 인식되었다.[112]

그렇다면 한국과 중국의 식자들이 인정하는 기자조선에 대해서 어떻게 이해하는 것이 옳을까. 아직 기자가 실제로 조선에 들어왔는지는 확인되지 않았지만 기자족을 포함한 은나라 유민이 난하 동쪽 대릉하 상류 지역으로 들어온 것은 사실로 판명되고 있다.

이 때문에 우리는 기자조선의 실체에 관해 해명할 필요가 있다. 기자에 대한 한국인의 인식은 여러 번 변했다. 고려와 조선 시대에는 기자조선의 실체를 인정하였지만, 일제강점기를 거쳐 광복 이후에는 부정하는 견해가 지배적이었다. 그러나 최근 들어 기자조선의 실체를 인정하는 학자가 늘고 있다. 중국학계 또한 관점의 변화를 보이기는 했지만 기본적으로 기자조선을 인정한다.

기자조선에 관한 견해

먼저 기자조선의 존재를 부정하는 견해부터 살펴보자. 일제강점기에 시라토리 쿠라키치는 『단군고』에서 '단군사적은 불교설화에 근거하여 지어낸 선담(仙譚), 즉 꾸며낸 이야기'라고 했으며, 기자의 기록은 조작된 것이라고 했다.[113]

이병도는 기자의 존재를 부정했고, 김정배는 기자의 존재는 인정하면서도 단지 그는 은나라 유민일 뿐이며 고조선 건국과 관계가 없다고 했다.[114]

노태돈은 기자조선을 다음과 같은 이유로 부정했다. 첫째, 기자가 동으로 조선 땅에 와서 왕조를 세웠다면 그는 일단의 무리를 이끌고 왔을 것이다. 그에 따라 요동 지역과 한반도 북부에는 상·주 계통의 청동기 유물이 많이 출토되거나, 이 지역의 청동기 유물에 상·주 계통 청동기문화의 영향이 상당 기간 작용한 흔적이 있어야 할 텐데 그렇지 않다. 둘째, 기자가 조선에 와서 임금이 되었다는 기록은 기원전 2세기 후반의 『상서대전』에 나오는데, 이는 기자가 살았던 시기에서 무려 800여 년이 지난 뒤의 일이다. 또 『사기색은』에는 기자의 묘가 하남성 몽현(蒙縣)에 있다는 기록이 있는 것으로 보아 문헌상으로 볼 때도 기자동래설의 사실성은 의문시된다.[115]

송호정은 요서 지역 객좌현 일대에 집중하는 은·주 시기의 청동예기는 당시 은나라 유민들이 남긴 것인데, 요동 지역이나 한반도에서는 보이지 않는다면서 기자조선설을 부정한다.[116] 조법종도 중국이 자신들과 관련된 세력이 중국 동북 지역으로 확장된 역사적 계기로 기자동래설을 들고 있지만, 그것이 허구라는 사실을 한국과 일본 학자가 확인한 상황이라고 했다.[117]

기자조선설을 부정하는 노태돈이나 송호정은 기자조선설이 생긴 배경을 다음과 같이 설명한다. 기자조선설은 한(漢)제국의 필요에 따라 조작된 것으로, 한제국이 동방으로 팽창해나가려 함에 따라 고조선 지역에 대한 역사적 연고권을 설정하려는 의도로 만들어졌다(노태돈). 기자동래설은 문명 전수자로서 기자를 강조하고자 하는 한나라 역사가의 관념 속에서 나온 이야기일 뿐이다(송호정).[118]

그렇다면 북한학계는 어떤가. 북한도 기자조선의 실재를 부정한다. 조희승은 기자에 대한 기록이 『상서대전』, 『논어』, 『사기』 「주본기」와 「송미자세가」 그리고 갑골문 등에 나오지만, 그 어느 곳에도 기자가 조선을 만들었다거나 왕 노릇을 하였다는 말이 성립되는 구절은 없다고 비판한다. 그러면서 그는 노태돈과 비슷한 주장을 한다. 기자조선이라는 말은 한무제가 고조선을 침략하기 위하여 일정한 침략구실을 만들려고 꾸민 것으로, 고조선은 중국의 봉국(封國)이었기 때문에 되찾을 권리가 있다는 그럴듯한 거짓 명분을 세운 것이라고 했다.[119]

『조선전사』는 선조들이 기자조선설을 수용한 것은 사대주의 때문이라고 비판했다. 사대주의자들이 기자가 조선에 왔다는 설을 수용함으로써 그들의 선조가 중국의 뼈대 있는 집안 출신이라는 것을 보이려 했다는 것이다.[120]

힘을 얻고 있는 기자동래설

그러나 기자가 난하 동쪽에 있던 조선으로 왔다는 설을 긍정하는 한국학자도 있다. 기자조선을 인정하는 대표 학자로는 천관우와 이형구를 들 수 있다. 윤내현도 부분적으로 기자조선을 인정한다. 이종욱은 요서 지역에 기자세력이 들어온 것은 인정하나 그들이 고조선과는 무관하다고 본다. 신채호는 기자조선은 인정하지 않지만 기자가 조선으로 도망쳐온 것은 인정한다.[121]

천관우는 기후(箕侯)세력의 실체를 인정하고, 그가 이주한 고죽국, 즉 백이와 숙제의 나라인 난하 하류의 고죽국 근처에 한동안 정착하였는데 그곳이 조선이었다고 했다.[122] 그에 따르면 요서 지역의 조선에 머무르던 기자족은 기자가 세상을 떠난 뒤 계속 이동하여 친연성이 있는 대동강 하류에 도달했으며, 이들이 한국인을 형성하는 요소 중 하나가 되었다고 보았다.[123]

최광식은 기자가 처음에 고죽국 부근으로 왔다가 자기 꿈을 실현하려 고죽국에서 고조선으로 옮겼다고 했다. 처음 정착한 고죽국에서 활동하려니 연나라의 통제에 예속되어 독립적으로 활동하기 어려웠다는 것이다. 그가 꿈꾼 것은 상나라를 하나의 모델로 삼아 동북부에 군자국을 건설하는 것이었는데 그럴 수 없게 되자 꿈을 실현하려고 고조선 지역으로 이동했다는 것이다.[124] 최광식의 이러한 주장은 천관우의 주장에 중국 측 주장을 적당히 섞은 것으로 아무런 근거가 없다.

이형구도 대릉하 상류 고죽국 주변에 기자를 비롯한 은나라 유민이 들어와 기자조선을 세웠으며,[125] 기자조선은 기원전 2세기 초 준왕에 이르기까지 1,000여 년을 이었다고 했다.[126]

윤내현은 이들과 조금 다른 차원으로 기자조선을 인정한다. 그가 생각하는 기자조선은 지금의 난하 지역에 있던 작은 나라다. 그는 기자조선과 고조선을 구별한다. 그에 따르면 기자조선 시기에도 그 동쪽에 조선이 있었다. 기자조선은 그 동쪽에 있던 고조선의 서쪽 방국에 불과했으며, 기자조선을 뒤이은 위만조선도 역시 난하 지역에 있었다고 했다.[127]

심백강도 윤내현과 비슷한 견해를 내놓았다. 그는 대릉하 유역의 낙랑군 조선현은 위만조선의 수도였을 뿐만 아니라 위만조선 건국 이전 기자조선의 도읍지이며 고조선의 발상지라고 주장한다. 그는 또한 기자는 우리와 같은 동이족으로 단군조선으로 망명하여 기자조선을 세웠다고 했다.[128] 김두진은 한 발 더 나아간다. 그는 기자가 고조선연맹 내에 포함된 한 작은 성읍국가를 기반으로 성장하여 결국 조선의 연맹왕국을 손에 넣었다고 했다.[129]

이종욱은 기자세력과 단군세력은 비슷한 시기에 요서에 존재했으며, 요동에 있던 조선의 건국세력은 기자집단이 아니라 단군집단이라고 했다.[130] 다시 말하면 은말주초에 은의 지배세력 중 여러 씨족이 대릉하 유역으로 이주했는데, 그들 중에 기자집단도 포함되었다. 얼마 후 기자집단은 은의 유민들 중 커다란 정치세력을 이루었고, 주나라는 그들을 제후로 봉했다. 이종욱은 이들 요서에 있던 기자를 포함한 은나라 유민이 요동에 있던 고조선 건국세력을 자극함과 동시에 국가형성의 기본 정보를 전해주었다고 했다.[131]

그렇다면 중국학자들은 기자조선에 대해 어떤 관점을 가지고 있을까. 중국인은 대부분 조선의 기원을 기자에서 찾는다. 부랑운(傅朗雲, 푸랑윈)과 양양(楊暘, 양양)은 고조선족의 기원을 상주(商周)시기로 보고 그들의 초기 거주지를 발해연안으로 보았다. 그들은 기자세력이 고조선족에 합류하면서 곧 '고조선국'이 시작되었다고 보았다.[132]

동북공정이 시작된 이후 발표된 중국 논문을 보아도 그들은 여전히 기자조선이 실재했다고 주장한다. 다만 기자조선이 평양에 있었다고 하기도 하고[133] 경철화(耿鐵華, 겅톄화) 같은 학자는 난하 하류 유역의 고죽국 주변에 있었다고도 한다.[134]

기자조선이 평양에 있었다고 보는 학자들은 다음과 같이 설명한다. 당시 단군고조선은 압록강 이남 지역인 한반도 북부에 있던 씨족부락으로 은나라와 일정한 교류를 하고 있었다. 동시에 요서 지역에는 은왕조의 제후국과 기국(箕國)이 있었다. 그러다가 은나라가 망하자 요서 지역에 살던 기국의 주민들이 동쪽으로 이주하는 기자를 따라 단군고조선 지역으로 들어왔고, 그들이 기자조선을 세웠다는 것이다.[135]

이러한 주장이 설득력을 얻으려면 노태돈의 주장처럼 서북한 지역에서 상나라 계통의 청동유물이 나와야 한다. 하지만 상의 청동기는 요하 동쪽에서는 발견되지 않는다. 따라서 서북한 지역에 기자조선이 있었다는 주장은 설득력이 없다.

우리는 동북공정에 참여한 학자인 경철화 같은 인물이 난하 지역에 기자조선이 있었다고 주장하기 시작한 것에 주목할 필요가 있다. 그들이 태도를 바꾸기 시작한 데에는 그럴 만한 이유가 있다. 그들이 왜 태도를 바꾸었는지 추론해보자.

첫째, 요령성 서부 대릉하 상류에 있는 객좌현에서 상나라 말에서 주나라 초기의 것으로 판명된 청동기가 70여 점 발견되었는데 이것들에 대한 해명이 필요했기 때문이다.

이들 청동기에 대해 고고학자 곽대순은 "이들 지역에서 나온 청동기에는 고죽(孤竹)·언(匽=燕)·채(蔡)·기후(箕侯) 등 인근 사방의 국명과 은말에서 주초에 이들 지역에서 살았던 족명 등이 보인다. 이러한 자료는 당시 여러 씨족이 이곳으로 이동해왔음을 의미한다"라고 했다.[136]

또 부랑운은 객좌현 북동촌에서 출토된 '기후명' 방정과 청동기는 기족집단이 이 지역을 먼저 개척했다는 방증이며, 은나라의 대신이었던 기자가 이곳으로 이주할 수 있었던 것은 기족을 비롯한 상나라 주민이 이곳을 먼저 개척해놓았기 때문에 가능했다고 주장했다.[137]

둘째, 이들 고고학 자료와 일부 문헌자료를 근거로 난하 지역에 기자조선 혹은 조선이 있었다는 한국학자들의 견해를 무시하기 어렵기 때문이다.

셋째, 1980년대 이후 대대적으로 발견된 홍산문화와 그것을 계승한 하가점하층문화에 대한 관점 때문이다.

중국학자들의 이와 같은 관점 변화는 고죽국 주변에서 나온 상나라 말기 혹은 주나라 초기 청동기를 합리적으로 해석하고, 요서 지역에서 발견된 요하문명, 특히 홍산문화와 하가점하층문화를 자연스럽게 자기 조상의 유산으로 파악하려는 숨은 의도가 작용한 결과이다.

상나라 조상의 원주지 홍산문화

최근 중국학자들은 상나라 조상이 홍산문화에 닿아있다고 주장하기 시작했다. 그들이 파악한 상나라의 원주지는 고고학이 발달하고 시간이 지날수록 변해왔다. 중국 역사학계의 자세를 우리도 배울 필요가 있다. 상고시대 역사를 새롭게 해석할 고고학적 자료가 다량으로 발견되는 이상 우리도 그 자료를 적극 활용해야 한다.

상족의 원주지에 관한 중국인의 견해를 살펴보자. 먼저 서중서(徐中舒, 쉬중쉬)는 1931년의 연구에서 상족의 기원지가 역수 유역과 발해만, 즉 화북성 중부나 남부부터 발해만 일대에 이르는 지역이라고 했다.[138] 비슷한 시기에 부사년은 1932년에 발표한 『동북사강』에서, 상나라는 중국의 동북 지역에서 내려왔으며 주나라에 패망한 후 다시 동북으로 후퇴했다고 했다.[139] 한참 후인 1979년에 장광직은 상나라 지배계층의 문화에 동부 해안 지역의 문화요소가 보이는 점에 근거하여 상나라 왕실은 동쪽에서 온 정복자들이라고 했다. 그러나 이 설은 추형(鄒衡, 추헝)에게 비판받기도 했다. 추형은 상족의 기원지와 초기 활동영역을 발해만 안쪽 내륙으로 파악했다.[140]

이때까지만 해도 상족의 원주지는 단순히 발해만 지역일 것이라고 추정하는 데 머물렀다. 하지만 1980년대 후반부터 요서 지역에서 홍산문화가 대대적으로 발굴되자 생각이 바뀌기 시작한다.

1987년 장박천(張博泉, 장보취안)은 요서의 홍산문화를 '전욱이 활동하던 곳'이라고 주장했다. 그는 홍산문화의 주체가 일정한 과도기를 거쳐 하가점하층문화로 진입했고, 하나라에 신복하다가 세력을 뻗쳐 하를 멸망시키고 상나라를 세웠다고 했다. 그 뒤 상나라가 망하자 기자세력이 동북으로 진입했고, 이를 계기로 하가점상층문화와 또 하나의 청동문화로 갈라지는데, 이때 요하의 동서는 조선후국(朝鮮侯國)의 문화에 속했다고 했다.[141]

이러한 기조는 계속 강화되어 1990년대 후반 들어 중국학계는 중화민족의 시조인 황제의 후예들이 홍산문화를 건설했으며 상나라도 요하에서 갈라져 나온 황제의 후예들이 건설하였다고 정리했다.

은나라 무정의 비 부호묘에서 출토된 옥봉(玉鳳)

중국학자들의 이러한 견해를 최초로 수용한 한국학자는 이형구다. 그는 발해 연안 북부에서 기원한 동이족이 기원전 18~기원전 17세기경 발해 연안 서남부 황하 하류 지역으로 서남향하여 하를 멸하고 은상제국(은민족)을 건설하였을 것으로 추정했다. 또 발해 연안 북부에서는 토착민족의 활동도 계속되어 토착문화 성격을 지닌 하가점하층문화나 상층문화도 계속 존속하였다고 했다.[142] 이형구 주장의 핵심은 요하문명을 건설한 동이족이 남으로 내려가 은상문화를 건설했고, 남아있던 동이족은 하가점하층문화를 건설했다는 것이다.

중국학자들은 발해만 일대에서 발원한 동이족의 주요 토템을 새로 본다.[143] 그런데 홍산문화 유적에서는 동이족 토템으로 볼 수 있는 새매나 제비 등을 표현한 옥기가 많이 나온다. 그러한 옥기를 제작한 동이족이 남으로 이주하여 상나라를 건설하였다고 보기도 한다. 은허 유적에서는 홍산옥기 중에서도 대표적인 곰, 호랑이, 용, 매, 제비 등이 많이 보인다.[144] 홍산문화인 혹은 그들의 영향을 받은 사람들이 서남으로 이주했음을 의미하는 증거자료인 셈이다.

상나라 문화의 특색 중 하나로 꼽히는 점복문화의 발생지를 두고도 그들의 원주지가 요하문명권이었다고 주장하기도 한다. 『상문명』의 저자인 장광직은 점복에 사용하는 복골이 요하 상류 지역에서 발견되었는데 그것의 연

대가 기원전 3350년이라는 점을 들어 상나라의 조상이 이들 지역에서 출발했을 것이라고 했다.[145]

그런데 최근에는 이보다 이른 시기의 복골이 요하 상류 북쪽의 부하문화 유적에서 발견되었다. 동물의 견갑골에 구멍을 뚫고 불에 구워서 점을 치는 골복은 요하 상류 지역에서 발생하여 중원 지역으로 전파된 것 같다.

이러한 골복이나 옥기문화의 흐름을 보면, 홍산문화가 상나라 조상인 전욱이 활동하던 곳이라는 장박천의 주장이 잘못되었다고 할 수만은 없다. 이제는 요하문명, 특히 홍산문화를 고리로 하지 않고는 한·중 양국의 상고사를 설명하기 어렵게 되었다. 양국 역사학자들이 열린 마음으로 동북아 역사를 새로 써야 하는 이유다.

상나라가 망하고 상나라의 유민이 동으로 이주한 것은 그들의 고향으로 돌아간 것과 마찬가지라는 최근 중국 측 시각은 어느 정도 타당하다. 그렇기는 하지만 상나라 조상을 후기홍산문화와 그것을 계승한 하가점하층문화인 모두와 연결하는 것에는 문제가 있다. 최근 한국학자 중에는 하가점하층문화를 단군왕검시대의 문화로 보려는 시각을 지닌 사람들이 늘고 있는데, 그러한 시각과 충돌하기 때문이다. 필자도 하가점하층문화인이 남하하여 상나라를 세웠다는 견해는 받아들이지 않는다.

그렇다면 그 충돌문제를 어떻게 해결하는 것이 가장 합리적일까. 필자는 이 문제를 다음과 같이 해결할 수 있다고 본다. 후기홍산문화의 대표 유적인 우하량 여신묘 발굴상황을 보면 여신의 좌우에는 새와 곰상이 있다. 이 중 새는 상나라의 토템, 곰은 단군신화에 나오는 웅녀족의 토템과 연결할 수 있다. 물론 중국에서는 이 곰 토템도 황제와 연결한다.

이들 중 상나라의 조상인 새 토템인은 후기홍산문화 이후 언젠가부터 남으로 이주해 발해만 연안에 정주하다가 하나라 때 서남으로 이동하여 하나라를 정복하고 상나라를 세웠다.

반면 곰 토템인은 요임금 말년에 이곳으로 이주한 공공족과 만나 단군왕검사회를 형성했고, 그들의 문화가 바로 하가점하층문화이다. 이들 또한 은나라 무정기에 동북으로 팽창하는 상나라 세력에 밀려 요동과 서북한 지역으로 이주했다. 이들이 동으로 이주한 뒤 한동안 정치적 공백기를 거친 이곳에 새로운 정치체가 탄생했는데 그것이 바로 『관자』에 등장하는 고조선이다.

06

조선은 요서에서 시작해 동으로 확장했다

조선은 고죽국 경내에서 발생

기자조선을 인정하는 사람들은 하나같이 난하와 대릉하를 포함하는 고죽국 지역에 기자조선 혹은 조선이 있었다고 한다. 중국학자 부랑운과 양양도 기자세력이 고조선족에 합류하면서 고조선이 시작되었으며, 그들의 초기 거주지가 발해 연안이라고 보았다.[146] 동북공정에 참여한 경철화는 난하 하류 지역에 기자조선이 있었다고 했다.

그렇다면 우리는 고죽국이 어떤 나라이고 문헌에 어떻게 기록되어있는지, 조선과 관련이 있는지는 물론 하가점하층문화에 속하던 이들 지역에 언제부터 상나라나 주나라의 주민이 들어오고 문화가 전파되었는지 등을 살펴볼 필요가 있다.

먼저 고죽국에 대해 알아보자. 고죽국은 알기 쉽게 말하면 백이숙제의 나라로 현재의 화북성 난하 하류에 있는 창려현(昌黎縣, 창리현) 부근에 수도를 두고 있었다. 백이숙제는 아버지가 죽은 뒤 서로 후계자가 되기를 사양하다가 고죽국을 떠나 지금의 섬서성 서안 부근에 있던 주나라의 서백창(문왕)

을 찾아갔다. 그러나 창은 이미 죽고 그의 아들 무왕이 집권하고 있었는데, 무왕이 은나라를 침공하려는 계획을 알고 말렸으나 듣지 않았다. 그러자 도가 무너진 주나라의 곡식은 먹지 않겠다면서 수양산으로 들어가 고사리를 뜯어 먹다가 굶어 죽었다. 우리에게도 익숙한 고사다.

우리는 고죽국 하면 난하 하류 지역에 있던 조그만 나라로 생각한다. 그러나 최근의 논문들을 보면 고죽국은 상당히 큰 나라였다. 중국학자들은 고죽국의 강역이 넓었음을 증명할 만한 자료들을 새삼 발굴하고 있다. 그것은 고죽국으로 들어왔던 기자조선의 강역에 대한 인식을 새롭게 하기 위한 것으로 추정된다.

먼저 고죽국의 위치에 관한 자료를 정리해보자. 『사기정의』는 "고죽성은 노룡현(盧龍縣, 루룽현) 남쪽 12리 떨어진 곳에 있으며, 상나라 제후국인 고죽국이 있었다"라고 했다. 『통전』 평주조는, "지금 노룡현에 옛 고죽성이 있는데 백이숙제의 나라"라고 했다. 노룡현은 난하 하류 지역에 있다. 『전한서』 요서군 영지현조나 『후한서』 「지리지」 영지현조에는 "영지현에 고죽성이 있다"라고 기록하고 있다.

일반적으로 영지현은 난하 하류 지역에 있었던 것으로 알고 있으나 청나라 시대 여조양(呂朝陽)은 "영지현은 바로 객자심좌익, 즉 지금의 객좌이다"라고 했다. 『요동지』 「지리지」에는 "순임금에서 하나라 때는 동북 지역을 유주라 했고, 상나라 때는 고죽국이라 했다. 위치는 산해관 동쪽 90리, 발해 연안에서 20리 떨어진 곳"이라고 했다. 이 지역은 현재의 요령성 서남부 도시인 호호도시(葫芦島市, 후루다우시) 서부이다. 또 『흠정성경통지』에는, "유성현은 원래 상나라 고죽국이다"라고 했다. 유성현(柳城縣, 류청현)에는 고죽영자(孤竹營子)라는 지명이 있는데, 이곳은 조양 서남이다.

위에 열거한 자료를 종합하면 고죽국은 난하 하류, 산해관(山海關, 산하이관) 부근, 객좌현 일대, 조양 일대에 있었다. 이들 지역 모두에서 상말주초의

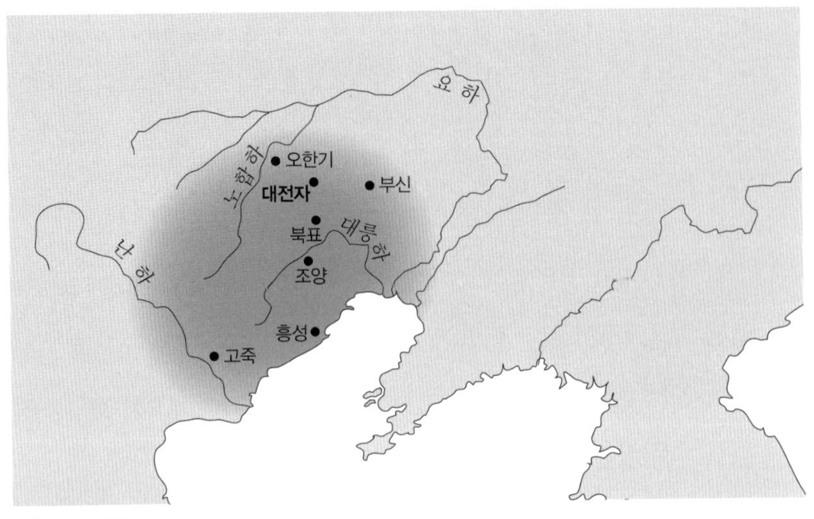

고죽국의 영역

청동기가 발견되고 있다.[147]

『요사』「지리지 3」 흥중부조는, '옛 고죽국의 땅으로 흥중부의 치소는 지금의 요령성 조양'이라고 했다. 그리고 『대청일통지』는, "고죽국의 강역에 속했던 토묵특이기라는 곳이 요령성 북표(北標)와 부신(阜新) 일부, 내몽고 오한기 남부까지를 포괄하는 지역"이라고 했다. 그리고 『금주부지』는 영원주(지금의 흥성(興城, 싱청))가 '상나라의 고죽국 땅'이라고 했다.[148]

지도에서 보듯이 고죽국의 판도는 난하 하류와 대릉하 중류 그리고 그 이북까지였다. 결코 작은 나라가 아니었다. 앞에서 열거한 자료에서 지적한 지역들이 모두 고죽국의 강역은 아니었다고 해도 고죽국은 난하 하류의 소국은 아니었다. 고고학자 당란(唐蘭, 탕란)은 많은 사료를 고증한 뒤 대릉하 상류 객좌 지역은 고죽국 강역에 속했음이 분명하다고 했다.[149] 이형구도 고죽국의 지리적 범위를 대체로 서쪽의 난하 하류부터 동쪽으로는 대릉하 중류의 조양에 이르고, 남쪽으로는 산해관 동쪽의 호호도시 서부, 북쪽으로

는 객좌현에 이른다고 하였다.[150]

고죽국의 강역은 단군숙신의 서남부

작게 보면 고죽국은 난하 하류에서 대릉하 상류를 포함하는 발해만 북쪽 지역이라고 할 수 있다. 그러나 앞에서 제시한 문헌자료에서 지적한 고죽국은 그보다 훨씬 크다. 이들 지역이 실제로 고죽국이었는지 아니면 고죽국 주민이 동으로 이동하는 과정에서 남긴 흔적을 후대에 그 강역으로 인식했는지는 확인하기 어렵다.

그러나 우리가 주목해야 할 점은 문헌자료에서 지적한 넓은 고죽국은 홍산문화나 하가점하층문화 지역과 상당 부분이 겹친다는 것이다. 또 난하 하류와 대릉하 상류 지역만 고죽국으로 보면 하가점하층문화의 서남부에 해당한다.

고죽국 주변이 이미 조선으로 불렸다는 점을 강조하고 싶다. 기자가 그곳으로 왔을 때 주나라 무왕은 그를 조선의 제후로 봉했다고 했다. 기자가 조선을 세운 것이 아니라 조선이 이미 있었고, 그곳에 기자 등 은나라 유민이 대거 쏟아져 들어온 것이다.

이러한 정황으로 볼 때 고죽국은 원래 단군숙신의 방국이었거나 단군숙신의 서남부 영역이었음이 분명하다. 고죽국이 원래 조선 땅이었음은 여러 문헌자료에서도 확인된다.

신채호는 『수문비고』에서 '고죽국은 조선종(朝鮮種)'이라 한 점을 지적하고 조선인인 백이숙제가 주나라 무왕에게 비전론을 주창한 것을 칭송했다.[151] 이종호는 『수서』 「배구전」의 "고려(고구려)의 땅은 본래 고죽국이었다. 주나라가 기자를 조선에 봉했다"라는 기록에 주목했다. 그는 이 말은 기자가 상의 백성들과 함께 연산을 넘어 도착한 곳이 그들의 본향인 고죽국, 바

로 조선 땅이라는 것을 의미한다고 했다.[152]

조선이 고죽국 강역인 난하 하류 지역에 있었다는 기록은 다른 문헌에도 있다. 『한서』「지리지」와 『진서』「지리지」에는 후대의 낙랑군 조선현이 바로 옛날에 기자가 망명해 살았던 곳이라고 기록하고 있다.[153] 여기서 말하는 낙랑군 조선현의 위치를 밝히기 위해서 윤내현은 『사기』「하본기」에 인용된 『사기색은』의 내용을 든다. 『사기색은』에는 "『태강지리지』에 말하기를 낙랑군 수성현에 갈석산이 있는데 장성(만리장성)이 시작된 곳"이라고 하였다.[154]

윤내현은 조선현이 수성현과 함께 낙랑군에 속해 있었으므로, 기자가 망명해 살았던 곳은 갈석산에서 멀지 않은 곳이었음을 알 수 있다고 했다. 명나라 시대의 『대명일통지』도 "조선성이 영평부 경내에 있는데 기자가 봉해졌던 곳으로 전해온다"라고 하여 난하 하류 지역에 조선이 있었다고 했다.[155] 청나라 때 편찬된 백과사전인 『고금도서집성』 '지지'에도 영평 땅에 '조선성', '조선현'의 지명이 기록되어있다.

이러한 문헌자료로 보아 고죽국 지역은 오래전부터 단군숙신(조선)의 땅으로 조선(숙신)으로 불리고 있었음을 알 수 있다. 이 때문에 주나라 무왕은 고죽국, 즉 조선으로 간 기자를 조선후로 봉한 것이다. 기자는 주신의 땅, 즉 숙신 혹은 조선으로 불리던 곳으로 들어온 것이다.

고죽국은 상나라 말기에 제후국이 되었다

그렇다면 조선종이 주도하던 고죽국은 언제, 왜 상나라의 제후국이 되었을까. 고죽국이 은의 제후국이 된 시기를 추측할 단서는 두 가지 측면으로 접근이 가능하다. 하나는 문헌자료에서 실마리를 얻는 것이다. 둘은 그 문헌자료를 뒷받침하는 고고학 자료를 살펴보는 것이다. 문헌분석 또한 두 가지 방향에서 접근해야 한다. 하나는 고죽국이 언제부터 상나라 제후국이 되었는가 하는 것이고, 둘은 이승휴가 『제왕운기』에서 말한 단군조선에서 기자조선으로의 변화시점과 맞추어보는 것이다.

고죽국은 언제 상나라 제후국이 되었을까. 고죽국이 은나라 제후국이었다는 기록은 당나라 때 사마정의 글인 『사기색은』 「백이전」과 『사기』 「주본기」에 나오는 '고죽'을 당나라 장수절이 주석한 부분에 나온다. 사마정은 "은나라 탕왕 3월 병인에 (고죽국을 제후국으로) 봉했다"라고 했고, 장수절은 '(고죽국은) 은나라 시기의 제후국'이라고만 했다. 이를 근거로 중국학자들은 상탕의 건국 초부터 고죽국이 제후국이었을 것이라고 주장한다.[156]

그러나 이러한 중국학자들의 주장은 신빙성이 없다. 초기의 상나라는 황하 중류 지역을 여기저기 옮겨다니던 불안정한 나라였을 뿐만 아니라, 그들의 영향력이 미치는 범위는 상당히 제한적이었다. 당시 그들은 산동에 있던 동이족조차 제압하지 못했다. 그런 그들이 동북 지역에 있던 고죽국을 제후국으로 삼았다는 것은 말이 안 되는 논리다.

서진의 황보밀이라는 인물은 "탕왕이 특별히 묵태씨(墨台氏)를 고죽에 봉했고 9엽(葉) 뒤에 고죽군의 두 아들 백이·숙제……"라고 했다.[157] 하지만 황보밀의 주장 또한 사리에 맞지 않는다. 상나라는 555년 동안 왕이 서른한 명 있었다. 그런데 어떻게 개국군주인 탕왕에 의해 제후로 봉해진 고죽국의 아홉 번째 후손이 상나라 마지막 왕과 동시대를 살 수 있나!

다음으로 문헌과 고고자료로 밝혀진 상대 후기에 존재했던 고죽국의 역사인물을 살펴보아도 고죽국은 상나라 말기에야 제후국이 되었다는 것을 알 수 있다. 현재까지 밝혀진 자료에 나타난 고죽국의 지도자는 백이와 숙제 그리고 백이의 동생 아헌, 그들의 아버지였던 아미, 아미의 아버지였던 죽헌이 전부다.[158] 기록상 고죽국의 군후(君侯)는 죽헌 → 아미 → 아헌으로 이어지는 삼대뿐이다.

이상과 같은 자료들을 종합해보면 고죽국은 상나라 초기가 아닌 말기에 제후국이 되었음을 알 수 있다. 그러한 정황은 고고학적으로도 증명된다.

중국학자 장광직은 『상문명』에서 "북경 지역은 상문명으로 특징지을 수 있는 것과 그것의 바로 북쪽에 있는 동시대 문화인 하가점하층문화 사이의 경계선에 위치한다"라고 했다. 그러면서 그는 북경에서 천진 지역에 걸쳐 하가점하층문화의 유적이 보편적으로 분포되어있는 것이 입증되었다고 했다.[159] 이 말은 북경과 천진을 잇는 동쪽이나 북쪽은 하가점하층문화 지역이라는 말이다. 따라서 난하 동부와 대릉하 지역에 걸쳐 있던 고죽국은 당연히 하가점하층문화 지역에 있었던 것이다.

송호정도 상나라는 기원전 11세기가 되어서야 북경 지역에 진출했다고 했다. 북경 부근의 동가림촌(董家林村, 동쟈린춘)과 황토파촌(黃土坡, 황투포춘)에서 발굴·조사된 고성 유적과 대규모 묘지는 상나라 말 이 지역에 거주한 상족의 정황을 시사한다. 고성의 축조연대는 기원전 11세기경인 상나라 말기이며 묘지의 연대 역시 상나라 말에 해당되는 것임이 밝혀졌다.[160]

이러한 고고학 자료를 놓고 볼 때 상나라는 말기가 되어서야 북경 지역으로 진출했다. 북경 지역에서 발견된 청동기 중에 상말 이후 서주 초기의 청동기에는 주나라 왕이 연후(燕侯)를 책봉했다는 기록이 있다.[161] 주초에는 확실히 북경 지역에서 주나라 세력이 활동하였음을 확인해주는 자료이다. 장광직도 북경으로부터 난하 유역과 대릉하 상류에서 발견되는 상시대 혈연집단과 관련된 명문이 있는 청동그릇은 서주 초기 유물이라고 했다. 이는 중국학자들의 일반적 견해이다.[162]

이와 같이 문헌비판을 통해서 보나 고고학 자료상으로 보나 고죽국은 은나라 말에 그들의 제후국에 편입되었음이 확실하다. 그렇다면 동북아시아에서 벌어진 이러한 사태를 해명할 수 있어야 단군조선과 그것을 대체한 기자조선을 설명할 수 있다.

은나라 무정 때 무너진 단군숙신

조선종인 고죽국이 상나라 말에 제후국이 되었다면, 고죽국을 포함해 그 주변에 있던 단군조선은 어떻게 되었을까. 다행히 단군조선이 멸망했다는 사실은 우리나라 문헌에서 찾을 수 있다.

고려시대 대문장가 이승휴는 『제왕운기』에서 "단군조선은 은나라 무정왕 때 멸망하고, 그 후 164년의 공백기를 거쳐 기자조선이 등장했다"라고 전하고 있다. 원문을 한번 보자.

"(단군은) 제고[高], 즉 요임금과 동시대인 무진년에 나라를 세워 우순을 지나 하나라 때까지 왕위에 계시다가, 은나라 호정(虎丁, 무정을 가리킴) 8년 을미년에 아사달산에 들어가 신이 되니 나라를 다스리기를 1,028년이다. 그 후 164년이 지나 기자가 나타나 다시 군신관계의 국가를 열었다(일설에는, 이후 164년 동안은 비록 부자는 있어도 군신관계는 없었다 한다)."

우리는 이승휴가 전한 기록에 주목할 필요가 있다. 그가 그러한 기록을 하게 된 참고 자료가 어떤 것인지 현재로서는 확인할 수 없으나, 내용을 창작하지 않았다면 이 기록에는 한국 상고사의 진실이 담겨 있을 수 있기 때문이다.

이승휴가 전하는 말의 핵심은 단군조선은 은나라 무정왕 때 어떤 이유로 나라가 붕괴되어 단군은 아사달산으로 이동했고, 군신관계가 붕괴된 상태, 즉 지도자가 없는 상태로 164년의 공백기를 거친 후 기자가 이주해옴으로써 다시 군신관계가 있는 나라를 열었다는 것이다.

이 말은 은나라 무정기에 단군조선의 주력은 아사달산 주변으로 이주했고, 상당수 백성은 현지에 그대로 살았다는 것을 의미한다. 그렇다면 당시 조선에 남아있던 조선 백성 중에는 고죽국 백성도 있었다고 볼 수 있다. 왜냐하면 그곳은 기자가 들어오기 전부터 조선으로 불렸을 뿐만 아니라 『수

문비고』에 '고죽국은 조선종'이라고 전하기 때문이다.

이승휴가 전한 기록이 사실이려면 은나라 무정기에 동아시아에 커다란 정치적 격변이 일어났어야 한다. 당시 벌어졌던 정치적 격변의 영향으로 조선에 속했던 고죽국은 은나라의 제후국이 되었을 것이다.

은나라 무정기는 상왕조의 중흥기다. 중국에서는 하·상·주 시기의 역사 연표를 확정하기 위해 '하상주단대공정'을 수행했다. 그 결과를 2000년에 발표했는데, 거기에 따르면 하상(夏商)의 기준은 대략 기원전 1600년으로, 상주(商周)의 분계를 주나라 무왕이 주(紂)를 토벌한 해인 기원전 1046년으로 확정하였다. 또 은나라 23대 무왕의 재위 기간은 기원전 1250년에서 기원전 1192년으로 확정했다.

따라서 이승휴가 지적한 무정 8년은 기원전 1243년이 된다. 그리고 공백기를 164년 거치면 그해는 기원전 1078(혹은 기원전 1079)년이 된다. 은나라가 망한 해가 기원전 1046년이니 기자가 동래했을 시기와는 32(혹은 33)년 오차가 난다. 이 오차는 어떻게 해명해야 할까.

다행히 그 답은 조선 후기의 역사학자 안정복의 글에서 찾을 수 있다. 안정복은 1778년에 완성한 『동사강목』에서 "단군이 처음 평양에 도읍하였다가 뒤에 백악(白岳)으로 옮겼고, 단군이 죽은 뒤 196년 만에 기자가 동방에 봉하여졌다"라고 했다. 그는 단군이 아사달산으로 들어가고 난 뒤 164년이 아닌 196년 뒤에 기자가 조선왕으로 봉해진 과정을 다음과 같이 설명했다.

『고기』에, "단군은 무진에 요와 나란히 서서 우, 하를 거쳐 상나라 무정 8년 을미에 아사달산에 들어가 신이 되고, 1,048세의 수를 누렸다" 하였는데, 지금 『경세서』 및 여러 역사를 상고하건대, 무정 8년은 갑자가 되고 39년이 을미이다. 요임금 무진년부터 무정 8년 갑자년까지는 1,017년이 되고 을미년까지는 1,048년이 되니, 『고기』의 말과 같이 본다면 이 어찌 나라를 누린 것이 1,017년에 수명을 누린 것은 1,048세란 뜻이 아니겠는가? 이제

(『고기』를 따르지 않고) 『경세서』에 따라 무정 8년을 갑자년이라 기록한다"라고 했다.

결국 하상주단대공정에서 확정한 상나라의 연표상으로 보면 단군이 아사달산으로 들어간 해는 무정 8년 갑자년이 아니라 무정 39년 을미년인 것이다. 다시 말하면 『제왕운기』에서 무정 8년 을미년이라고 한 것은 잘못이고 무정 39년 을미년이어야 옳다.

무정이 거의 60여 년 동안 재위했던 것을 감안하면 무정 8년은 아직 초기인 셈이다. 어린 무왕으로서는 초기에 국정을 장악하고 힘을 기르는 시기가 필요했을 것이다. 그러고 나서 은나라를 괴롭히던 주변국부터 먼저 공략하고, 북방이나 동방으로 진출했을 것이다. 그러한 정황을 고려하면 단군조선이 멸망한 시기는 초기인 무정 8년보다는 무정 39년 을미년이 더 옳다.

이승휴의 『제왕운기』 기록에 나타난 문제점을 수정한 안정복의 시각으로 추정해보면 은나라 무정 39년 을미년에 요서 지역에 있던 단군조선은 멸망했고, 164년 후인 주나라 무왕 원년에 기자가 조선후가 되었다. 이 시간을 하상주단대공정에서 확정한 연표에 대입하면, 단군조선은 무정 39년인 1211년에 멸망했고, 기자가 조선의 제후가 된 해는 164년 후인 1046년이 된다.

역사적 정보가 전달되지 않았다면 어떻게 은나라 무왕 때 단군조선이 망하고 그 164년 뒤 기자조선이 섰다고 할 수 있으며 그 시간이 역사적 사실에 부합할 수 있겠는가. 이승휴는 어떤 근거 있는 문헌자료를 활용하여 단군조선과 기자조선의 역사변동을 오늘에 전해준 것이 분명하다.

무정의 대대적 정벌전쟁

그렇다면 무정기에 어떤 일이 벌어졌기에 그와 같은 기록이 남게 되었을까.

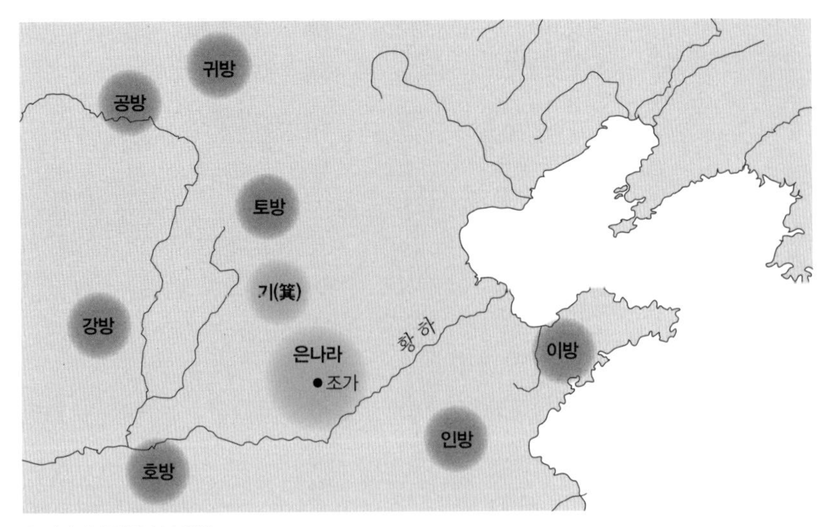

은나라시대 방(方)의 위치

최근까지의 정보를 바탕으로 은나라 무정기의 상황을 검토해보자. 『사기』 「은본기」에서는 무정을 '은도(殷道)를 다시 일으킨' 인물로 그가 있어 상나라는 최전성기를 맞이했다고 적었다.

갑골문에도 상나라 시기의 정보가 많이 전해진다. 갑골문에 따르면 상나라는 북쪽과 북서쪽에 있는 이족들의 침략을 자주 받았다.[163] 이들 중에 북쪽의 토방, 북서쪽의 공방이 특히 주목된다. 갑골문을 분석한 자료에 따르면 무정의 집권기까지 자주 보이던 공방은 무정 이후에는 자주 나타나지 않고, 토방은 아예 사라졌다. 학자들은 그러한 이유가 무정이 그들을 대대적으로 정벌했기 때문이라고 한다.[164] 갑골문에는 무정 때 토방, 공방과 전쟁을 수행하기 위해 7월부터 9월까지 38일간 모두 2만 3,000여 명을 징집한 기록도 보인다.[165]

갑골문을 분석한 자료를 보면, 무정은 재위기간에 남쪽으로는 호방, 동쪽으로는 이방(夷方, 산동성 일대)과 용방(龍方, 산동성 동남부), 북서쪽으로는 귀방(鬼

은 무정의 비 부호묘 전경

方)과 강방(羌方), 북쪽으로는 공방과 토방(土方) 등에 대대적인 정벌전쟁을 수행했다. 무정이 가장 심혈을 기울여 공략한 집단은 귀방이었다. 그들을 정벌하는 데 무려 3년이 걸렸다.

갑골문에 따르면 무정의 부인인 부호도 직접 군사를 거느리고 강방, 즉 강족을 공격했다. 무정뿐만 아니라 그의 부인까지도 전장을 누빌 정도로 강한 나라였다. 당시 상나라는 강방을 공격하기 위해 군사를 최대 10만 3,000명 투입할 정도로 막강한 군사력을 보유했다.

그런데 무정기의 상나라와 단군조선에 관한 흥미로운 기록이 『한단고기』「단군세기」에 보인다. 기록에 따르면 "(21세 단군 소태) 재위 47년경에 은나라 왕 무정이 전쟁을 일으켜 이미 귀방을 물리치고 나서 다시 대군을 이끌고 삭도, 영지 등의 나라를 침공하다가 우리 군사에게 대패하여 화친을 청하고 조공을 바쳤다"라고 한다. 이 기록은 사실일까.

『한단고기』를 신봉하는 사람들은 이 기록이 갑골문으로 확인되었다고 하여 위작이 아니라고 주장한다. 하지만 이 기록은 『주역』「수화기제편」에 '고종, 즉 무정이 귀방을 공격했다'는 기록을 차용하여 만든 것으로 생각할

은 무정의 비 부호묘에서 출토된 도끼[鉞]

수도 있다. 더구나 이 기록은 이승휴의 『제왕운기』 내용과도 모순된다는 점을 지적하고 싶다.

그러나 현재까지 추적할 수 있는 자료에는 은나라 무정이 고죽국을 공격했다는 기록은 없다. 하지만 무정이 산동 지역까지 공격한 갑골문 기록은 있다. 그렇다면 은나라 무정 39년 을미년에 단군조선(숙신)의 단군이 아사달산으로 간 이유를 정확히 밝힐 수는 없다.

그러나 추론은 해볼 수 있다. 첫째 아직까지는 북경 동부 지역에서 단군조선이 망한 것으로 판단되는 무정 36년 을미년(1211) 직후나 그와 가까운 시기의 상나라 청동기가 발견되지 않았다. 따라서 고고학적으로는 무정기와 그 직후에 은나라 영역이 고죽국 지역까지 확대되었다고 보기는 어렵다. 그러나 아직 밝혀지지는 않았지만 은나라 무정이 동북 지역까지 공격했을 가능성도 무시할 수는 없다. 그 진위 여부는 앞으로 발굴될 고고학 자료를 기다려 보아야 알 수 있다.

둘째, 문헌자료나 갑골문을 보면 무정이 가장 심혈을 기울여 공격한 대상은 서북쪽과 북쪽의 토방이나 공방, 귀방 등 유목민이다. 무정이 그들의 주력을 무너뜨렸을 때 그들 중 상당수가 동으로 이주했을 가능성이 있다.

이를테면 서흉노가 헝가리 평원으로 들어가자 이에 자극받은 게르만인의 대이동으로 로마제국이 멸망에 이르는 것과 같은 연쇄파동을 생각해볼 수 있다. 유목민인 귀방, 공방, 토방인이 대거 동으로 이동했다면 그 지역은 북경 북부에서 난하 상류와 그 이동 지역이었을 것이다. 만약 그랬다면 농경사회였던 단군조선인은 수많은 유목민이 전쟁무기를 들고 들이닥치자 그들을 피해 동으로 이주할 수밖에 없었을 것이다. 이때 난하 상류나 그 동쪽으로 들어온 세력이 후대에 산융 혹은 융적으로 기록된 사람들일 가능성이 있다.

지금까지 설명한 내용을 정리해보자. 은나라는 무정기가 되면서 새로운 부흥기를 맞이한다. 무정은 자신들을 괴롭히던 이웃 나라들, 특히 북쪽의 토방과 공방, 서북쪽의 귀방을 대대적으로 정벌한다. 남방과 동방에도 공격을 감행하여 강토를 상당히 넓혔다.

당시까지 동북 지역의 지도국으로 활동하던 단군조선(숙신)은 무정의 지속적인 북방 공격을 피해 달아난 유목민이 동으로 밀려오자 그 세력들에 밀려 요동과 서북한 지역으로 물러난다.

그리고 164년 동안 단군조선의 원래 강역이었던 요서 지역은 단군(군주)이 없는 공백상태가 된다. 무정기 이후 언젠가 단군조선의 남서부에 있던 고죽국은 은나라의 제후국으로 편입된다. 그 후 은나라가 망하자 이들 지역으로 망명한 기자가 정치적 리더로 활동했는데, 그 나라를 기자조선이라고 불렀을 것이다.

07

누가 후기고조선을 주도했는가

기자가 대릉하 상류 조선으로 들어왔다

단군조선이 멸망하고 164년이 흐른 기원전 1046년에 은나라가 망하고 주나라가 탄생한다. 멸망한 은나라 주민 일부가 동이족의 발원지이자 조상들의 땅이기도 한 동북 지역으로 이주한다. 은나라 주민의 동북 이주는 여러 정황으로 보아 사실인 듯하다. 그들 중에는 기자도 포함되었던 것 같다.

『상서대전』 등 중국 문헌은 주나라 무왕이 조선 지역으로 달아나 은나라 유민들을 지도하는 기자를 조선후에 봉했다고 전한다. 이 또한 역사적 사실일 개연성이 높다. 역사는 흐른다. 흐름의 역사를 객관적으로 보아야 한다. 자국의 역사적 자존심 때문에 사실을 왜곡해서는 안 된다. 당시 무왕이 기자를 조선후에 봉한 것은 그곳이 은나라 무정기까지 단군조선의 땅이었기 때문이다.

이러한 관점을 개진하면 많은 사람이 단군조선의 고유한 정치의식과 문화의식이 사라졌을 거라고 항변할 것이다. 그렇지 않다. 요서에 기자조선이 일어났을 때 요동과 서북한 지역에는 대형 탁자식 고인돌 같은 새로운 문화

객좌 북동촌에서 본 대릉하와 들판

를 창안한 단군조선의 후예들이 활동하고 있었다. 이들이 바로 단군숙신(조선)계 문화를 계승한 진인(眞人)들이다.

그렇다면 기자는 어디로 왔을까. 앞에서도 설명했듯이 많은 학자, 특히 중국학자들은 기자가 평양에 있던 단군조선 지역으로 왔다고 주장하는데, 그것은 논리적으로나 고고학적으로 말이 되지 않는다. 그렇다면 기자가 들어온 곳은 어디일까.

『주역』의 괘 중에 '지화명이'라는 괘가 있는데 동북공정에 참여했던 경철화는 이 괘의 다섯 번째 괘사인 '기자의 명이(箕子之明夷)'라는 구절에서 초기 기자조선의 위치를 찾았다. 그는 명이는 목이(目夷)의 음이 전환된 것으로 묵이(墨夷)·묵대(墨臺)라고도 하는데, 이곳이 고죽국이 책봉된 곳이라고 했다.[166] 즉 그는 기자가 처음에 고죽국 지역으로 들어왔다고 했다.

이들 지역에서는 은말주초에 제작된 것으로 확인된 청동기가 많이 발견되었다. 그것들은 은말주초에 이곳으로 이주한 여러 씨족이 만들었다는 사실이 명문으로 확인되었다. 특히 이곳에서는 '기후(箕侯)'라는 이름이 새겨진 청동 솥[方鼎]이 출토되었는데, 중국학자 부랑운은 그것을 가지고 있던 사람들이 기자 이전 이곳으로 들어온 기족(箕族)이라고 보았다. 그는 이들이 있었기에 기자가 대릉하 상류 지역으로 이주할 수 있었다고 했다.[167] 그렇다면 이들 지역이 기자조선의 초기 중심지였을 것이다. 청동기가 많이 발굴된 객자현 북동촌 고산(孤山) 지역은 대릉하 상류로 너른 들판이 펼쳐져 있고 저 멀리 산맥이 휘감고 있는 지형이다.

춘추시대 조선의 중심은 조양

그러나 당시 여러 정황으로 볼 때 기자집단의 정치적 위상은 상당히 미미했다. 그러한 사정은 객좌 주변에서 그 지역이 연나라 영향권에 있었음을 보여주는 청동기가 발견된 것으로 알 수 있다.[168] 따라서 같은 지역에 있던 기자조선은 명목상 제후국이었을 뿐 실질적 권력을 행사하는 데는 한계가 있었던 것 같다.

이렇게 보면 초기의 기자조선은 요서 지역에 있던 단군숙신(조선)을 온전히 대체한 세력이라고 보기 어렵다. 그들은 단군숙신의 세력 범위 중 남서부 일부만 차지한 소국이었다. 이는 윤내현의 "기자는 고조선의 서쪽 변경으로 들어와 작은 영역을 관할했을 뿐"이라는 주장과 맥이 닿는다.[169]

북동촌 고산과 얼어붙은 대릉하

그러나 춘추시대에는 사정이 많이 달라졌다. 이때가 되면 연나라의 제약을 받는 나라가 아니라 독립된 나라로

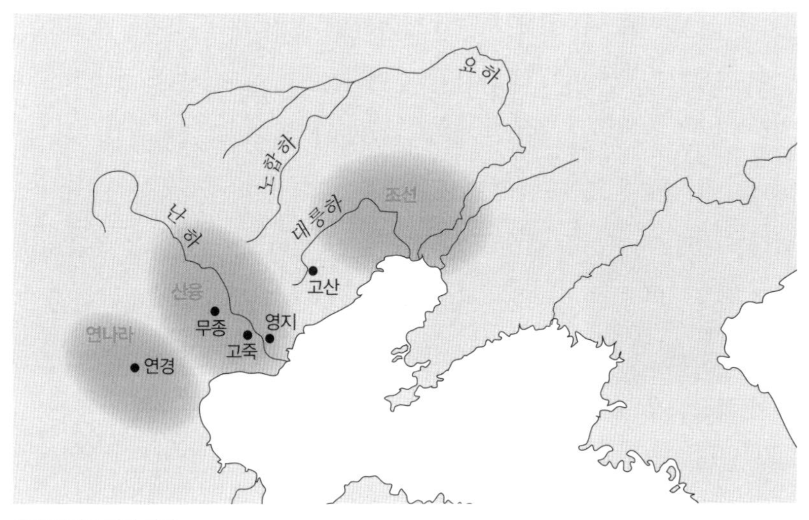

춘추시대 조선의 위치

서 상당한 강역과 세력을 형성하였을 뿐 아니라 도읍 위치도 바뀌었다. 그렇다면 춘추시대에 조선은 어디에 있었을까?

그것은 당시 연나라 동부 지역에서 활동하던 여러 종족의 위치를 추정해 보면 알 수 있다. 당시 연나라 동북에는 산융이, 난하 주변에는 영지와 고죽이 독립적으로 활동하고 있었다. 하지만 당시 조선과 연나라가 충돌하였다는 기록은 없다. 그런 정황을 고려하면 조선은 산융과 영지, 고죽 등의 활동 영역 밖에 있었을 것이다. 그러한 조건에 부합하는 공간은 대릉하 중류의 조양에서 의무려산 동쪽, 그리고 요하 하류 주변이다. 그곳에 조선이 있었을 것이다.

당시 조선 강역이 대릉하를 포함하였다는 것을 알 수 있는 자료가 있다. 조선을 최초로 언급한 책이라고 하는 『관자』「소광편」에는 제나라 환공이 연나라의 요청에 따라 북벌을 단행했다는 기사가 나온다. 당시 환공이 북으로 진격한 곳은 고죽과 산융 그리고 예맥이다. 환공의 북벌기사는 『염철론』과 『국어』에도 나오는데, 『관자』「소광편」의 예맥을 두 책에서는 영지(令支)로 표현했고, 『관자』「경중갑편」에는 이지(離枝)로 표현했다.[170]

이 사건은 기원전 663년과 기원전 660년에 벌어졌다. 그런데 이 사건이 벌어진 후 언젠가 조선은 서쪽으로 진출하여 고죽국이 관할하던 땅을 차지한다. 그러한 사정은 조선 영조 때 편찬된 『문헌비고』에 "고죽은 춘추시대 이후에 조선의 영역이 되었는데 이때가 조선의 최전성기였다"라고 한 것에서 알 수 있다.[171]

이로써 춘추시대 조선은 난하 하류를 포함하고 그 동쪽 어딘가에 중심을 두었던 것을 알 수 있다. 만약 당시 조선이 서쪽으로 진출하여 난하 하류에 있던 고죽국을 접수했다면 조선의 중심은 대릉하 중류인 조양쯤에 있었을 것이다.

기자의 후손이 계속 조선을 주도했을까

그렇다면 이 시기에도 기자의 후손이 계속 조선을 통치하고 있었을까. 기자조선의 실체를 인정하는 이형구는 이들 세력이 계속 성장하여 고조선을 이끌었다고 했다. 천관우도 기자족의 일파가 난하 하류의 고죽국 근처에 한동안 정착하고 있었으며, 기자가 죽은 뒤 기자족은 기자족단이라는 혈연의식을 가지고 여러 세기에 걸쳐 동으로 이동한 결과 평양 지역에 도착했고 그 직후 혹은 여러 세기가 지난 뒤 단군조선과 대체되었다고 했다.[172]

최광식은 고죽국 지역으로 들어왔던 기자가 연나라의 간섭으로 자기 꿈을 실현하기 어렵게 되자 동으로 이주해 고조선 지역으로 들어왔다고 했다.[173] 반면에 윤내현은 기자조선은 난하 지역에 있던 소국으로 그 동쪽에 있던 대고조선과는 관련이 없다고 했다.

여기서 한 가지 짚고 넘어가야 할 문제가 있다. 천관우의 논리를 보면 요서에서 시작된 기자조선 세력이 평양 지역으로 이주하여 단군조선 세력과 교체되었다고 했고, 최광식도 고죽국 주변의 기자조선이 동으로 이동하여 고조선 지역으로 들어왔다고 했다. 윤내현은 난하 지역의 기자조선은 따로 있고 그 동쪽에 대고조선이 있었다고 했다. 이들은 마치 요서 지역에 있던 조선과 상관없이 요동이나 평양 지역에 단군조선 혹은 대고조선이 이미 있었던 것처럼 이야기하고 있다.

이들을 포함하여 요동 혹은 평양에 처음부터 고조선이 있었다고 주장하는 사람들이 많다. 이들 중에는 기자조선을 아예 인정하지 않는 사람도 있고, 인정하는 사람도 있다. 이들이 가지고 있는 시각의 문제점은 역사를 흐름으로 보지 않고 특정 지역에 어떤 정치체가 고정적으로 있었다고 보려는 데 있다.

필자가 일관되게 주장하지만 요서에서 하가점하층문화를 주도하던 단군조선(숙신)의 주도세력은 은나라 무정기에 요동과 서북한 지역으로 이주했고 이들이 그곳에 고인돌문화를 꽃피웠다. 이들 정치체를 주도했던 사람들은 나중에 진번·진국·진한·변진으로 불린 정치체의 진인(辰人)들과 관련이 있다.

이들을 자꾸 단군조선 혹은 고조선이라고 하니까 상고시대 역사의 흐름이 제대로 파악되지 않는 것이다. 다시 말하면 기자조선이 요서에서 시작될 때 요동과 서북한 지역에는 단군조선(숙신)의 후예인 진인이 살고 있었다.

다시 본론으로 돌아가자. 기자의 후손들이 계속 조선을 주도했다는 주장은 여러 문헌에 보인다. 『위략』은 '고조선의 왕을 기자의 후손'이라 했고, 『삼국지』는 '고조선 준왕을 기자의 40여 대 후손'이라고까지 했다. 그렇다면 이들 기록은 믿을 만한가.

먼저 기자 관련 문헌기록을 보면 후대로 갈수록 내용이 구체적이다. 명나라 때 함허자(涵虛子)는 『주사』를 인용하면서 "기자는 중국인 5,000명을 이끌고 조선으로 들어갔다"라고까지 했다.[174] 후대로 갈수록 조선에 관한 내용에 기자나 그 후손에 관한 것이 추가되었다는 것은 기록 자체를 기록자가 추가했을 가능성을 시사한다. 따라서 기자의 후손이 조선을 계속 계승했다는 것은 믿기 어렵다.

최근까지도 주류학계에서는 기자동래설을 부인한다.[175] 그러다 보니 이른바 기자조선의 마지막 왕인 준왕이 설 자리가 모호하다. 앞에서 강조했듯이 단군조선과 기자조선 혹은 후조선은 별개이다. 따라서 기자조선은 부인하면서 준왕의 존재는 인정하는 것은 모순이다. 그렇기 때문에 기자조선을 부인한다면 '한씨조선'이든 '예맥조선'이든 실체가 있는 역사가 존재해야 하고 그것의 마지막 왕으로 여전히 준왕이 나타나야 한다.[176]

『잠부론』의 한씨조선

그러한 모순을 해결하기 위해 춘추시대 이후 조선을 주도했던 세력이 누가인지 검토해보자. 일찍이 이병도는 기자조선을 부정하는 대신 '한씨조선설'을 주장했다.[177] 그가 한씨조선설을 내세우며 주목한 것은 후한 때 왕부(王符)가 쓴 『잠부론』이다.

『잠부론』에는 "① 옛날 주나라 선왕 때 또한 한후가 있었는데, 그 나라는 연나라 부근에 있었다. 옛적 『시경』 「한혁편」에서 말하기를, 커다란 저 한나라의 성은 연나라 군사가 완성시켰네, ② 그 후 한나라 서쪽에서 또한 성을 한씨라 하였다네, 위만에게 나라를 빼앗기고 바다로 달아나 살았다네[178]"라는 구절이 있다.

이병도는 ②에 보이는 '한나라의 서쪽[韓西]'이 '한나라의 동쪽[韓東]'을 잘못 기록한 것으로 보고, 한후의 한국(韓國)과 조선을 별개로 인식하면서 ②를 '(한후가 다스리던 한국이 생긴 뒤) 그 한국의 동쪽에 있던 조선에서도 또한 한

윤내현의 『잠부론』 해석에 따른 한국

씨 성을 사용하더니 (그 후) 위만에게 나라를 빼앗기고 바다로 달아났다'고 해석했다. 즉 그는 『잠부론』의 위 구절은 조선왕의 성(姓)이 한씨였음을 말하는 것으로 이해했다.[179]

하지만 윤내현은 이병도가 『잠부론』의 '韓西'를 '韓東'의 오기로 본 것은 중대한 착오라고 비판했다.[180] 윤내현은 "이병도가 인용한 부분의 『잠부론』은 정확한 내용을 기록한 것으로 앞에 나오는 한후는 연나라 동쪽에 있던 그 지역 토착세력의 왕, 즉 고조선의 왕을, 뒤의 한은 기자국의 준왕을 뜻하는 것이니 기자국이 한후(고조선)의 서쪽에 있었다는 표현은 정확한 것"이라고 했다.[181] 이 말은 주 선왕(기원전 828~기원전 782) 때 연나라에 가까웠던 한후는 고조선한국을 가리키고 그 고조선한국의 서쪽에는 기자한국이 있었는데 이 기자한국이 위만에게 공벌당해 바다로 옮겨가 살았다는 것이다.

한마디로 윤내현은 『시경』 「한혁편」에 나오는 한국을 고조선으로 본 것이다. 그는 『시경』 「한혁편」에서 고조선의 통치자를 한후라고 표현한 것을 중국인의 천자관과 연결했다. 중국인은 전통적으로 천자가 천하를 다스려야 한다고 믿었으므로 다른 나라의 통치자들을 중국 천자에 대한 제후로 표현했다는 것이다. 그는 한후라는 표현은 통치자를 뜻하는 고조선어 한(韓·汗)과 제후를 뜻하는 중국 표현인 후(侯)가 결합된 것으로 보았다.[182,183]

하지만 윤내현은 왕부가 『잠부론』에서 『시경』 「한혁편」에 나오는 한후를 설명하려는 의도를 잘못 이해했다. 그의 말대로라면 「한혁편」의 한후는 고조선의 한, 즉 왕을 나타내는 말이다. 그러나 「한혁편」의 한후는 시에 보이는 대로 연나라 주변에 있던 한후였음이 틀림없다. 한후가 다스린 한국에 대한 흔적은 중국에 아직도 남아있다.

그렇다면 이병도가 인용한 『잠부론』의 '기후한서역성한(其後韓西亦姓韓)'을 어떻게 해석해야 할까. 청나라 때 왕계배가 『잠부론』을 주석한 『잠부론전교정』에는 '韓西'의 한(韓)을 조(朝)의 오기로 보고, 서(西)는 선(鮮)과 호용되는 글자로 보아 이를 조선이라고 했다.[184] 그와 같이 주석한 것은 '한서'가 문맥상 조선으로 보였기 때문이었을 것이다.

기원이 다른 두 한씨

이병도가 인용한 『잠부론』의 내용은 씨성조(氏姓條)에 나오는 글로 한(韓)씨 성을 설명하기 위해서 쓴 부분이다. 이는 크게 보아 두 부분으로 정리할 수 있다. 앞에서는 춘추시대의 한씨를 설명한다. 그 한씨는 진나라 목후의 손자이자 환숙의 아들인 한만[韓武子]의 3대손으로 진 경공 때(기원전 600~기원전 581) 활동한 한궐 때부터 한씨 성을 사용했다.[185] 뒤에서는 이들보다 이른 연나라 근처에 있던 한후의 한씨를 설명한다. 이 한씨는 주나라 선왕의 재임기간(기원전 827~기원전 782)에 이미 있었다. 왕부는 이 한후의 후예가 고조선 마지막 왕 준으로 연결된다고 본 것이다.

이와 같은 정보, 즉 한씨가 발생한 시간과 공간을 감안하고 '昔周宣王(時)~遷居海中'을 해석하면 자연스럽다. 한번 해석해보자. "옛적 주나라 선왕 때 연나라 부근에 한국이 있었으며 그들이 한씨 성을 사용한 최초의 사람들이다. 그 후 그들의 서쪽에서 춘추시대 한국의 한씨들이 생겨났다. (그리고 한후의 후손들이 동쪽으로 이동했으며, 그 집단을 이끌던 조선왕 준은) 위만의 공격으로 망해서 바다로 들어가 살았다."

결론을 말하면 왕부는 『잠부론』에서, 『시경』 「한혁편」에 나오는 한후의 후예인 한씨들이 동으로 이동해 고조선의 중심 세력이 되었다고 보았다. 이와 같이 보면 '기후한서역성한(其後韓西亦姓韓)'에서 '西'는 '東'의 오기라고 한 이병도의 주장은 설득력을 잃게 된다. 또 윤내현과 같이 지나치게 의역하여 기자조선과 고조선 둘을 설정하고, 두 나라 모두 한씨 성인 이들이 중심세력이었다고 볼 필요가 없게 된다.

이러한 주장은 필자의 새로운 견해가 아니다. 우선 조선시대 한치윤의 견해를 보자. 그는 왕부가 말하려고 한 핵심은 "주나라 선왕 때 한(韓)나라는 연과 가까운 곳에 있었으며, 그 뒤 위만에게 정벌당하여 바닷가로 옮겨가서 살았다"라는 것이라고 했다.[186] 필자의 견해와는 조금 다르지만 주나라 선왕 때의 한국과 조선이 연결된다고 본 점은 같다. 명나라의 곽조경도 필자와 같은 견해를 제기했다. 그는 "선왕 때의 한국이 동천하여 (고)조선을 이루고 (고)조선왕 준이 위만에게 패망하여 남천하고 삼한을 형성했다"라고 보았다.[187]

그러나 북한의 리지린은 곽조경이 고조선과 삼한까지도 조선족의 국가가 아니라 서주의 후(侯)였던 한국이 통치한 나라라고 한 것은 왕부의 망설에 근거했음이 자명하다고 비판했다.[188] 리지린의 비판은 정당할까. 그는 역사 진실을 밝히는 데 민족주의 감정을 드러내지는 않았을까.

그러나 단군왕검이 다스리던 단군숙신(조선)은 이미 요동과 서북한으로 들어와 한민족의 근간을 이루고 있었고, 후에 기자조선 → 한씨조선의 흐름이 요서에서 요동을 거쳐 한반도로 들어오면서 두 세력은 겹치게 된다. 따라서 적어도 단군신화를 출발점으로 한민족의 뿌리를 이야기한다면 단군숙신(조선) → 진인의 흐름이 더 중요하다.

아무튼 춘추전국시대 이후의 조선은 「한혁편」 한후의 후예가 주도한 나라로 볼 수 있다. 그렇다면 『후한서』 「동이열전」과 『삼국지』 「오환선비열전」 및 『위략』 등에서 위만에게 공벌당하여 정권을 빼앗긴 왕이 준이며, 준은 기자의 후손이라는 기록과의 모순은 어떻게 해결할 수 있을까.[189]

이 문제는 다음과 같이 정리할 수 있다. 즉 기자 혹은 기자집단이 주초에 고죽국 경내로 들어와 연나라와 일정한 관계를 맺으면서 독자적인 세력으로 성장하여 대릉하 중류로 진출한다. 그러던 중 연나라 주변에 있던 한국이 망하고, 그 지도자들이 동쪽으로 이주하여 기자조선 지역으로 들어온다. 기자조선으로 들어온 한후의 후예들은 기자족과 연합하여 조선을 이끌다가 얼마 지나지 않아 조선을 주도하게 된다. 한씨조선이 성립된 것이다.

따라서 그러한 역사적 흐름을 망각하고 기자의 후손들이 계속해서 조선을 통치했다고 한 문헌기록은 잘못된 것이다.

이렇게 보면 『시경』 「한혁편」에 나오는 한후가 누구인지 밝히는 것이 한민족의 뿌리를 밝히는 중요한 과제가 된다. 한후에 대한 정확한 정보를 확보하면 기자 혹은 기자집단을 인정한다 해도 한민족의 독자성을 확보하는 데 별 문제가 없다. 그들은 흔히 말하는 화하족 혹은 주나라의 성씨인 희(姬)성이 아니기 때문이다. 김상기도 한 부족은 주나라의 족성인 희성이 아닌 독자적 한족이라고 했다.[190] 필자도 「한혁편」의 한후는 희성이 아니라 독자적 한족이라는 것에 공감한다.

『시경』의 한국이 고조선인가

그렇다면 한후가 다스린 한국은 어디에 있었으며 그들은 어떤 문화·종족적 배경을 가진 집단일까. 이 한국의 위치나 정체성이 명확하게 이해되지 않았기 때문에 많은 사람이 그들에 대해서 혼동했다. 한국과 한후에 대해 혼동한 예를 보자.

서영수는 『시경』「한혁편」에 나오는 한후를 『관자』에 나오는 고조선 세력의 통치자로 보았다. 그래서 그는 한국이 연나라의 북쪽에 존재했다고 보았으며, 당시 중원의 정세로 보아 연의 북방에 중원계 한국의 존재를 상정하기 어렵기 때문에 한국은 중원계의 제후국일 수 없다고 했다.[191]

그렇다면 그는 무슨 근거로 한후가 다스린 한국이 연의 북방에 있었다고 했을까. 그는 『시경』「한혁편」에 나오는 한국의 정경과 한국이 주왕실에 바친 공물을 그 근거로 제시했다. 「한혁편」에는 "방어와 서어가 뛰놀고 암사슴이 떼 지어 풀을 뜯고, 곰과 큰 말곰이 있으며 살쾡이와 호랑이가 그득하네 …… 비가죽과 표범가죽, 누런 말곰가죽을 바치네"라는 대목이 있다.[192]

여기에 보이는 비(貔)는 맥국의 특산물이며, 표범가죽이나 말곰가죽도 북방문화의 특성을 보여준다. 이로 보아 한후가 다스리던 한국은 북방 지역에 있던 나라라는 것이다.[193] 그가 한국과 동일하다고 한 조선의 특산물이 문피(文皮, 표범 등 짐승가죽)라는 사실은 『관자』에도 나온다.

이런 정황적 근거로 한후가 다스리던 한국이 고조선이라고 본 서영수는 단군이 제정일치시대의 군장칭호였던 데 비해 한후는 좀더 강력한 군주권을 표현한 명칭이라고 했다. 그러면서 그는 당시의 고조선은 한조선(韓朝鮮)으로 부르는 것이 옳을 것이라고 했다.[194]

서영수는 한국이자 고조선의 제후인 한후가 『시경』「한혁편」에 나오는 '추족(1958년 김상기가 예족으로 추정한 뒤 많은 사람이 예족으로 본다)과 맥족'을 다스렸다고 했고,[195] 서병국은 그 '추족과 맥족'을 주나라 초기에 한(韓)의 제후에 봉해진 소공(召公)이 통치했다고 했다.[196] 이와 같이 같은 대상을 두고 한 사람은 고조선이라고 하고, 한 사람은 소공(召公) 석이 봉해진 연과 혼동하고 있다.

08

한후의 후예가 대고조선을 이끌었다

한국은 어디에 있었나

그렇다면 『시경』「한혁편」의 한국은 어디에 있었으며 그들은 어떤 종족적 배경을 가지고 있었을까. 먼저 위치를 알아보자. 한성의 위치에 대해서는 섬서성 한성현설과 북경 남쪽 고안현 한성설이 있다.

섬서성 한성현설을 주장하는 대표적 인물은 동한시대 사람 정현(鄭玄)이다. 그는 「한혁편」 첫머리에 나오는 양산(梁山)이 현재로 말하면 섬서성 한성현에 있다는 것을 든다. 그러나 그렇게 보면 마지막 절에 나오는 "연나라 병사가 한성을 지어주었다"라는 구절과 어긋난다. 청나라 초의 고조우(顧祖禹)도 한성현 한국설을 지지했다.[197]

노태돈은 많은 사람이 긍정하는 한(韓)인의 이동설을 부정하면서 그 근거로 정현의 논리를 제시했다.[198] 정현의 논리에 따라 그는 『시경』「한혁편」의 한후(韓侯)가 주왕실의 일족이라고 했다.[199] 그러나 노태돈이 근거로 든 정현의 주장은 중국의 저명한 학자들도 외면했다. 또 정현의 견해대로 한성이 섬서성 한성현에 있었다면 그 주변에 추족과 맥족이 있었다는 것인데, 과연 당시에 추족(예족)과 맥족이 관중 지역까지 진출했을까.

그러나 「한혁편」의 한국이 북경 남쪽에 있는 고안현에 있었다고 주장하는 학자가 더 많다. 먼저 후한 때의 왕부는 한국이 북경 지역에 있던 연나라 부근에 있었다고 했고, 3세기 전반에 살았던 왕숙은 지금의 북경시 남쪽에 있는 고안현에 한후성(韓侯城)이 있었다고 했다. 그리고 5세기 말에서 6세기 초에 활동한 역도원은 지금의 고안현 쪽으로 흐르는 성수(聖水)가 한성(韓城) 동쪽으로 흐른다고 하면서 한성의 위치를 논했다.[200] 송대의 문인이자 지리학자인 왕응린은 왕숙의 설을 지지했고, 이어 청나라의 정은택과 고염무도 한국이 고안현에 있었다는 설을 지지했다.[201] 최근에는 심백강도 고안현 한국설을 지지했다.[202]

김상기는 섬서성 한국설과 고안현 한국설을 절충한 견해를 발표했다. 그는 "후조선의 왕실이 한(韓)을 성으로 한 것이나 준왕이 남하하여 한왕이라고 일컬은 것은 모두 그들이 한 부족 출신인데서 나온 것"이라고 했다.[203] 그에 따르면 한국인은 원래 기주(岐周)의 서쪽 지역에서 살다가 지금의 섬서성 한성현으로 이주하여 서주 초·중기에 한국이 되었다. 그 후 서주 중·말기에 이르러 동남으로부터 진(晋)이 침공하고 서북으로부터 험윤이 압박해오자 다시 동으로 이동하여 연나라 부근인 지금의 화북성 고안현 부근으로 진출하였으며, 종국에는 만주를 거쳐 한반도로 들어왔다고 보았다.[204] 즉 그는 '한(韓)'의 기원을 「한혁편」에 나오는 한국에서 찾았다. 김상기 이후 김정학과 신용하도 『시경』 「한혁편」 기사를 근거로 이동론적 시각에서 한반도 남쪽에 있던 한(韓)의 기원을 언급했다.[205]

그러나 노태돈은 김원룡의 견해를 수용하여 한반도에 있던 한족(韓族)은 『시경』 「한혁편」의 한후와 상관없고, 한반도 중부 이남 지역에 거주하는 토착주민이라고 규정했다.[206] 이러한 견해는 송호정으로 이어진다. 그들의 그러한 주장은 동북공정 과정에서 고구려가 중국의 지방사라는 논리가 정당하다고 주장하는 빌미를 제공했다.

중국학자들은 중국의 고대 변방민족이 사용하던 '고구려'라는 명칭을 삼한, 신라의 계승자인 고려정권이 계승·도용함으로써 현대인은 중국 고대 동북 지역에 있던 변방정권을 이해하는 데 많은 혼란을 겪고 잘못된 견해를 갖게 되었다고 주장한다.

그들은 고려가 고구려의 정통성을 계승하지 않았다는 논리를 편다. 그들은 북방의 고구려와 대동강 이남의 삼한을 나누어 인식한다. 즉 한민족의 주류는 대동강 이남의 삼한과 이를 계승한 신라, 그리고 신라를 계승한 고려로 이어졌다는 것이다. 동북공정에 참여한 손진기는 "고구려는 성립과 발전에 이르기까지는 중국의 소수민족이었고, 활동범위는 고대 중국 영토 내에 있었다. 당시 한민족의 조상은 대동강 이북에서 활동하지 않았으며, 한민족의 조상이 대동강 이북에서 활동한 것은 그 이후의 일이다. 따라서 고구려 역사를 한민족의 역사로 보는 것은 타당하지 않다"라고 주장했다.[207]

중국학자들은 김원룡, 노태돈, 송호정으로 이어지는 강단학자들이 주장하는 삼한주민 토착인설을 최대한 활용한 것이다. 따라서 삼한이라는 명칭이 있게 한 한인들의 뿌리를 밝히는 것은 한국인의 정체성을 밝히는 것인 동시에 동북공정에 대응하는 논리를 개발하는 것이기도 하다.

고안현 한성을 찾아가다

북경시 남쪽 랑방시(廊坊市, 랑팡시) 고안현에 가면 대한채(大韓寨)라는 마을이 있다. 그곳이 『시경』「한혁편」에 나오는 한국(韓國)이 위치하던 곳이다. 상고사의 현장을 찾는 답사 여행 중 이곳도 다녀왔다. 대한민국이라는 나라 이름의 근원적 뿌리는 바로 이곳에 위치하던 한국에 닿아있다. 북경 북쪽 65킬로미터 지점에 있는 공공성 답사를 마친 뒤 북경에서 하룻밤을 묵고 다

고안현 대한채촌 입구

음 날 남쪽으로 향했다. 끝없이 펼쳐진 화북평원을 한참 달리니 한국의 성채가 있던 대한채촌이 나왔다. 대한채촌은 북경 천안문에서 동남쪽으로 50킬로미터 정도 거리에 있다. 북경을 중심으로 위쪽과 아래쪽에 한민족의 정체성과 관련된 집단들이 살고 있었던 셈이다.

대한채촌은 제법 넓고 부유한 마을이었다. 마을 입구에는 '하북고안대한채일촌(河北固安大韓寨一村)'이라고 쓴 간판이 있었다. '대한(大韓)'이라는 표현은 왠지 낯설지 않았다. 현재 우리가 쓰고 있는 대한민국을 떠올리는 표현이기 때문이다. 주나라 초에서 춘추시대 초까지 한국인이 살았던 그곳에 지금은 회족이 집단으로 살고 있다. 인구는 5,000명쯤 된다.

대한채는 화북평원에 위치한 평야 지대이다. 사방을 둘러보아도 산이라고는 찾아볼 수 없다. 광활한 대지 자체이다. 이곳에 살던 고대 한국인은 주

대한채촌의 토성 흔적

로 농경에 종사했을 것이다. 그러나 이곳을 중심으로 한때 동북 지역 강자로 군림한 한국인은 북쪽의 연산 지역과 동북 지역의 주민들, 즉 『시경』「한혁편」에 나오는 '예족과 맥족'을 관할 아래 두었다. 한국은 그들을 지배하고 교류하는 과정에서 많은 부를 축적했을 것이고, 「한혁편」에 나오는 '큰 말곰(만주곰)과 호랑이, 표범' 등은 아마도 한후가 다스리는 예맥족의 땅에서 나는 산물이었을 것이다.

한원에서 북경 지역으로 이주한 한후

그렇다면 고안현에 있던 한국을 주도한 한후는 도대체 어떤 배경을 가진 집단일까. 「한혁편」에는 그들의 정체성을 추적할 수 있는 단서가 몇 가지 나온다. 하나는 양산이고, 둘은 한후의 조상이 우임금 때 공적이 있던 세력이라는 것이며, 셋은 한후의 관할 아래 예족과 맥족이 있었다는 것이다. 이와 관련된 시구절은 첫 구절인 ①과 마지막 구절인 ②에 나온다.

① 크고 큰 양산은 우임금이 다스리셨네(奕奕梁山 維禹甸之).
밝으신 그 도로 한후가 명을 받았네(有倬其道 韓侯受命).
왕께서 친히 명하시어 그대의 조상 공적을 이어(王親命之 纘戎祖考)
짐의 명령을 저버리지 말고 낮밤 없이 게으르지 말며
그대 지위 삼가 공경하라. 짐의 명령은 바꾸지 않으리라.
내조하지 않는 제후 바로잡아 그대의 임금 보좌하라.

② 높은 저 한나라 성은 연나라 백성이 완성했네(溥彼韓城 燕師所完).
조상의 명을 받들어 여러 오랑캐를 다스리시니(以先祖受命 因時百蠻)
왕께서 한후에게 추나라와 맥 땅까지 내리셨네(王錫韓侯 其追其貊).
북쪽 나라 맡아 다스리고 그곳의 제후가 되셨네(奄受北國 因以其伯).
성 쌓고 호 파고 밭 정리하고 부세하여
비가죽[貔皮]과 표범가죽, 누런 말곰가죽을 바치네.[208]

시에 등장하는 양산도 섬서성 한성현 양산설과 고안현 양산설로 나뉜다. 한성현 양산설을 주장한 사람으로는 동한시대의 정현이 대표적이다. 그러나 청나라의 고염무는 현재 북경시 서쪽에 있는 석경산(石景山)이 바로 양산이라고 생각했고,[209] 강병장은 고안현 북동쪽에 양산이 있었다고 하였다.[210]

실제로도 양산은 한성현 서쪽에도 있었고, 고안현 북서쪽에도 있었다. 이를 어떻게 해석하면 좋을까. 산 이름을 쓰던 사람들이 이동한 것으로 파악하면 되지 않을까. 고대뿐 아니라 근대까지도 주민들이 집단 이동할 때 원주지의 산이나 강 또는 지역 이름을 함께 옮기는 것을 자주 볼 수 있다. 영국인이 북아메리카로 옮기면서 고향 이름을 사용한 것도 하나의 예가 될 수 있다. 양산도 그러한 경우에 해당한다. 한 부족 이동설을 주장한 김상기도 양산이 한 부족의 이동과 함께 이동했을 것으로 보았다.[211]

필자도 이에 공감한다. 이렇게 보면 고안현에 있던 한국을 이끈 한후의 고향은 오늘날 서안 북부와 한성현 서부 지역에 있었다고 추측할 수 있다. 그런데 양산의 동남쪽을 한원(韓原)이라 부른다. 한원이란 말에는 '한(韓)의 근원'이란 의미와 '한(韓)의 들판'이란 의미가 들어있다. 한인의 고향은 '한인의 들판 혹은 너른(우리말 '한'을 큰 혹은 대(大)로 해석했을 때) 들판'이 있는 곳이다. 한후의 고향이 한원으로 불렸다는 것에서도 의미를 찾을 수 있다.

그렇다면 한원이라는 지명은 언제, 왜 생겼을까. '한원'이라는 말은 『사기』 「한세가」에 "진나라를 섬기던 무자가 한원에 봉해졌다"라고 한 것에 처음 등장한다. 한무자(韓武子)가 그곳에 봉해지기 전에 이미 그곳은 한원이라고 불린 것이다.

필자는 중원에 있던 한원이란 지명은 동북쪽 유주(북경 지역)로 이주했던 한국 조상들의 땅이기 때문에 생긴 이름이라고 추정한다. 즉, 「한혁편」에 나오는 한후의 조상들이 살던 땅이라는 의미로 한원이라고 불렀을 것이다. 이런 주장을 가능하게 하는 시구가 「한혁편」에 있다.

「한혁편」 3연에 보면 "한후 노제를 지내고 가다가 도(屠)땅에 머무셨네"라는 시구가 있다. 이에 대해 사마정은 "이 구절은 한후 이전에 망한 한(韓)이 있었다는 것을 뜻한다"라고 했다.[212] 사마정이 지적했듯이 한후는 한국 이전에 망한 조상들에게 노제를 지낸 것이다. 이 말은 노제를 지낸 곳이 한후 조상들의 땅이었음을 말한다. 그가 주나라 수도인 호경(서안 부근)에서 한성현 쪽으로 이동하는 중 노제를 지냈다고 했을 때, 어느 곳에서 지냈건 그가 노제를 지낸 공간은 양산 남쪽에 해당한다. 따라서 섬서성에 있던 양산

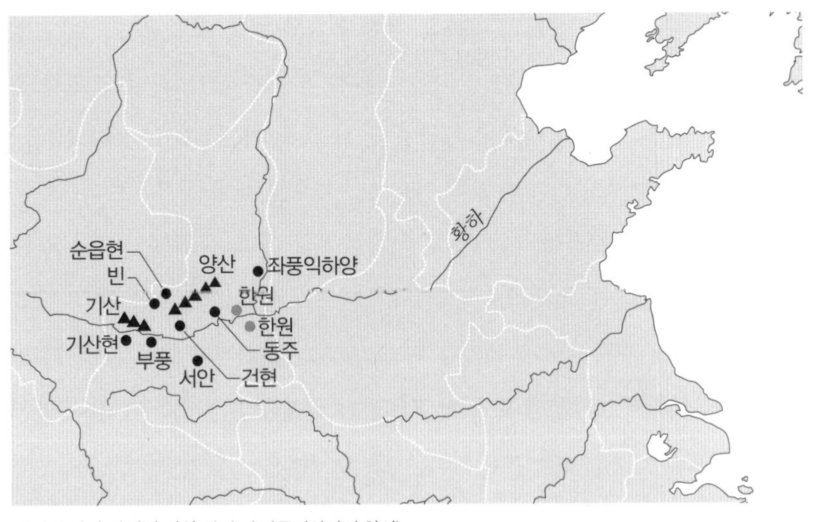

섬서성 양산 한원의 위치(한원 위 좌풍익하양이 한성)

은 한후의 조상들이 살던 곳으로, 그 산의 동남쪽 평원이 바로 한원이다.

한원의 위치에 대해서는 두 가지 설이 있다. 하나는 섬서성 한성현 서남에 있다는 설이고, 다른 하나는 현재의 산서성 예성현에 있다는 설이다.[213]

우리는 이 장면에서 세 가지 사실을 추론할 수 있다. 하나는 한후의 조상들이 섬서성 양산 아래에 살았다는 것이고, 둘은 그 시기는 주나라 선왕 이전이라는 것이다. 그런데 한후는 주나라의 희성이 아니다. 그러므로 주나라 이전 언젠가 한후의 조상들이 한원에서 살았다고 보아야 한다. 셋은 한후가 노제를 지낸 특별한 이유는 이곳 양산의 남쪽 땅인 한원이 조상들의 땅인 동시에 자주 들를 수 없는 곳이기 때문이었다고 보아야 한다.

이런 정황을 고려하면 한후가 다스리던 한국은 섬서성 양산 주변이 아닌 곳에 있어야 한다. 따라서 한국은 고안현에 있었다고 보아야 한다.

그렇다면 한국의 조상들이 살던 땅을 왜 한원이라고 했을까. 그것은 한후의 조상들로 판단되는 공공족과 관련해 설명할 수 있다. 여러 번 언급했듯이 중원 지역에서 후기신석기문명을 꽃피운 공공족의 원주지는 천산 혹은 그 너머이다.

공공족의 원주지는 바로 알타이계 언어의 요람지와 겹친다. 이 때문에 공공족은 고대 동북아시아 지역 알타이계 언어에서 군장 또는 대군장을 汗(Han) 또는 可汗(Khan)이라고 부르던 사람들과 같은 계통의 언어를 사용했을 것이다.

한(큰)이라는 말은 중앙아시아에서 시베리아 만주, 한반도 등에서 널리 쓰이는 말이다. 이는 대체로 ① 하늘(天), ② 추장(君長), ③ 나라 이름, ④ 벼슬 이름 등으로 사용되었다.[214] 이런 이유로 그들은 지도자를 한 또는 가한으로 불렀을 것이고, 그 한이 다스린 나라를 한국이라고 한 것이다. 따라서 한국이나 한후의 한(韓)은 지도자 혹은 크다는 의미의 우리말 한을 한자로 옮긴 것으로 볼 수 있다.

한후는 유주로 이주한 공공의 후예

위에서 살펴본 바와 같이 한후의 조상은 주나라 이전에 한원 지역에서 살다가 북쪽으로 이주했고, 한후는 주나라 초에 고안현 한성채에서 한국을 이끌고 있었다. 그런데 시의 첫 구절 중 "왕께서 친히 명하시어 그대의 조상 공적을 이어"라는 내용을 보면, 그들의 조상이 과거에 중원왕조에 공적이 있었던 집단이었다는 것을 알 수 있다.

그런데 마지막 절인 ②를 보면 한후가 다스린 땅이 연나라 주변이며, 한후의 조상이 과거에 여러 오랑캐를 다스렸다는 것을 알 수 있다. 시에서는 그 조상의 공덕을 감안하여 북쪽에 있는 나라인 한국의 한, 즉 왕을 제후로 봉하고 추족(예족)과 맥족까지 다스리도록 했다고 했다.

여기서 우리가 주목해야 할 부분은 중원의 북방에서 과거에 이족을 다스

양산과 공공족의 이동

렸던 한후의 조상이 누구냐는 것이다. 중국 역사를 상고해보건대 중원세력의 관점에서 북쪽으로 가 그곳의 오랑캐를 다스린 세력으로 가장 대표적 집단이 공공족이다. 그다음이 주왕실의 연나라다. 「한혁편」의 한후는 시 전편에 보이는 정황으로 볼 때 주나라 왕실과 관련이 없으므로 한후의 조상은 공공족일 가능성이 가장 높다.

중원 지역에서 대단한 위세를 가지고 있던 공공족은 요임금 말년에 순의 건의로 한원, 즉 섬서성 양산 남쪽에서 동북쪽 유릉으로 쫓겨난다. 왕대유도 공공은 중원, 즉 진예(晋豫, 지금의 섬서성과 하남성) 교차 지역 일대에서 살았는데 순의 통치에 불만을 나타내다가 유릉(유주) 일대로 쫓겨났다고 했다.[215] 위 지도를 보면 공공족의 원주지를 알 수 있다. 그들이 동북으로 쫓겨난 이야기는 2부에서 다루었다.

공공은 요임금 말년에 순의 건의에 따라 북경 주변으로 쫓겨나 그곳에서 살던 북적 등 북방 주민을 다스리고 교화했다. 당시 공공의 관할에는 「한혁편」에서 지적한 추족과 맥족도 있었을 것이다. 문헌자료를 종합해보면 맥의 일부는 기원전 9세기부터 기원전 4세기까지 오늘의 난하 상류에서 연의 서북부에 걸치는 광대한 지역에 거주하였음을 알 수 있다. 그리고 그 일부가 남하하여 노(魯)의 북방에까지 진출해 있었다.[216] 이들 맥족은 후기홍산문화를 주도하다가 서남 지역으로 남하한 사람들이다.

공공족이 유릉으로 이주했다는 것은 고고학적으로도 확인된다. 2부 6장에서 설명했듯이 공공족이 이주하여 살던 성터는 북경에서 65킬로미터 북쪽에 있는 밀운현에 있다. 북경시를 중심으로 했을 때 남북으로 비슷한 거리에 공공성과 한성채가 있었다.

요임금 말년에 유릉으로 밀려난 공공족의 일부는 연산을 넘어 하가점하층 지역으로 들어가 단군왕검사회를 만드는 데 주도적 역할을 했고, 일부는 유릉에서 북적을 비롯한 현지 주민을 교화하면서 정치·종교적 권력을 행사하였다고 볼 수 있다. "그대의 조상 공적을 이어"라든가, "조상의 명을 받들어 여러 오랑캐를 다스리시니"라는 시구는 공공이 북경 주변으로 이주하여 현지 주민을 다스리고 원만하게 이끈 과거의 공적을 표현한 것으로 볼 수 있다.

이러한 역사적 뿌리가 있는 한국이 유주였던 북경 지역에 있었기 때문에 "저 한나라 성은 연나라 백성이 완성했네", "왕께서 한후에게 추나라와 맥 땅까지 내리셔서, 북쪽 나라 맡아 다스리고 그곳의 제후가 되셨네" 같은 표현을 한 것이다.[217]

이상에서 살펴본 내용을 토대로 판단하면 『시경』「한혁편」의 한후는 신석기 후기 한원에서 앙소문화를 꽃피운 공공족의 후손임을 알 수 있다. 그리고 『시경』「한혁편」의 전체 문맥으로 볼 때 한후가 다스린 한국은 고안현 한성채에 있었음이 분명하다.

고안현 한국인 조선으로 이주

그렇다면 서주 초기에 고안현 대한채에 있던 한국은 언제 멸망했을까. 그것은 주나라의 정세와 맞물리면서 발생했다.

주나라는 초기의 안정기를 지나 여왕 때는 국인들의 폭동이 일어나 왕이 도망가고 대신 제후국인 공국(共國)의 백작 화(和)가 통치를 대신하는 지경에 이른다. 그 후 선왕(기원전 827~기원전 782)이 왕위를 회복하기는 하지만 주변의 여러 이족이 도전해 온다. 당시 서북방의 험윤은 계속 남침하여 수도인 호경을 위협하고 제물을 약탈하며 인민을 살해하는 등 큰 피해를 주었다. 이에 선왕은 길보에게 명하여 북방의 험윤을 정벌하도록 하여 승리했다.[218]

안정기를 지나고 주왕실이 무기력해지자 여러 이족이 또다시 반기를 들거나 침입해왔다. 이에 선왕은 남방의 형초, 동남의 회이와 서융, 서북의 험윤 등을 공격하여 승리했다.

그와 같이 주변의 여러 이족이 주왕실에 반기를 들거나 침입하는 와중에도 동북 지역의 이족들은 조용했다. 당시 동북 지역이 조용할 수 있었던 것은 그곳에 한국이 있었기 때문이다. 한국은 동북 지역의 패자로서 그곳의 안정에 절대적인 영향을 미쳤다.

『죽서기년』에 따르면 주 선왕 4년(기원전 824)에 한후가 내조한 것으로 기록되어있다. 당시 한후의 내조는 사방 여러 이족의 반란과 침입이 잦은 상황과 관련이 있다. 주나라와 한국은 선린관계를 맺으며 서로 이익을 극대화하려 한 것이다.

얼마 후 평왕(기원전 770~기원전 720)은 서방의 강성한 이민족의 침략을 피해 호경을 버리고 동쪽의 낙읍으로 도읍을 옮긴다. 이때를 기점으로 이전을 서주라 하고, 이후를 동주라 한다. 동주시대부터 제후들의 세력이 점차 강대해지기 시작한다. 기원전 8세기 말이 되면 주나라 왕의 명령에 복종하지 않는 제후가 나타나기 시작한다. 이때부터 춘추전국시대가 전개된다.

이런 정치적 상황변화와 맞물려 한국도 힘을 잃게 된다. 『죽서기년』에 보면 평왕 14년인 기원전 757년에 진(晉)나라가 한국을 멸망시킨다.[219] 주나라와 선린관계를 맺고 있던 한국은 주나라 왕실이 힘을 잃고 제후들이 힘을 얻은 상황에서 망한 것이다. 진나라에 멸망한 한국의 주도세력은 당시 그들의 관할 아래 있던 예맥족이 살던 요서 지역으로 이주한 것으로 보인다.

이렇게 해서 단군왕검이 동으로 이주하고 난 뒤 164년간의 공백기를 거친 후 성립된 기자조선은 기원전 757년 한국이 멸망하는 것을 계기로 새로운 전기를 맞게 된다. 한국의 지도층이 기자조선 지역으로 유입되었기 때문이다. 한국인이 조선 지역으로 들어온 것 또한 연고가 있기 때문이다. 그들은 바로 단군왕검사회가 탄생하는 데 주도적으로 참여한 공공족과 동족이었다.

기자의 후손들이 주도하던 고조선에 한국을 주도하던 사람들이 들어왔다. 이들의 균형이 언제 무너졌는지는 알 수 없지만 얼마 뒤부터 조선은 한국인이 주도했음이 틀림없다. 이들이 유입된 이후 조선후가 다스리던 대고조선은 한씨들이 주도했고, 얼마 후 연나라 장군 진개의 공격을 받은 이들은 한반도로 들어온다. 그 후 한씨조선의 마지막 왕 준이 위만에게 망하고 남으로 내려오자 한강 이남 지역에는 한(韓)이란 명칭이 생겨났다.

09

한씨조선은 요서에 있었다

한씨조선의 초기 중심은 조양

고죽국이 있던 객좌현 주변으로 들어온 기족과 기자세력은 한동안 기자조선이라는 이름으로 난하 상류 지역에서 명맥을 유지했을 것이다. 하지만 이들이 조선을 관할할 때는 연나라의 영향권에서 자유롭지 못했다. 이들 지역에서 출토된 청동기 명문에 '연의 상사(賞賜)를 받는'이라는 문구로 그러한 사정을 짐작할 수 있다.

조선의 이러한 사정은 기원전 757년 진나라의 공격으로 멸망한 한국의 지도자들이 조선 지역으로 들어오면서 변화된 것으로 추정된다. 한후가 다스리던 한국은 주나라 선왕대만 해도 동북 지역에서 연나라보다 강한 힘을 가지고 있었다. 조선으로 들어온 한후의 후예들은 얼마 뒤 조선의 주도권을 장악했고, 그 결과 한씨조선이 성립되었다. 이렇게 하여 남한학계에서 흔히 말하는 기자(한씨 또는 예맥)조선의, 북한학계에서 말하는 후조선의 명실상부한 중심세력이 탄생한 것이다.

그렇다면 그들은 어디에 중심을 두고 활동했을까. 역사의 파도가 서쪽에서 동쪽으로 밀려오던 상황을 고려해 판단하면 한씨조선의 도읍은 조양이었을 것으로 짐작된다. 처음에 대릉하 상류 지역인 객좌현 주변으로 들어온 기자세력은 시간이 지나면서 연나라의 간섭에서 벗어나 들이 넓으면서도 구심적 역할을 할 수 있는 공간을 찾았을 것이다. 그러한 공간으로 조양은 안성맞춤이다. 지리적으로 조양은 난하 이동과 의무려산 이서 지역에서 물자와 사람의 이동을 원활하게 할 교통 중심지이기 때문이다.

조양이 한씨조선의 도읍이었다면 당연히 춘추전국시대 조선의 강역은 대릉하·소릉하를 포함한 요서 지역이었을 것이다. 요서 지역이 조선의 강역이었다고 보는 학자들은 의외로 많다.

우선 조선 영·정조 때 학자인 신경준은 『강계고』에서 '조선의 서쪽 경계선은 요하 서쪽의 고죽국과 북경 북쪽에 있던 상곡 동쪽까지'라고 했다. 안정복은 『동사강목』에서 기자조선(필자는 한씨조선)의 강역은 서쪽으로 요하를 넘어 유주(요서)까지라고 했다.[220] 한치윤과 한진서는 『해동역사』에서 고조선의 강역은 요서 지방을 훨씬 넘어섰다고 했으며,[221] 정인보도 고조선이 서진하여 요동·요서는 물론이고 상곡(上谷)·어양(漁陽)·우북평(右北平) 지역이 모두 조선의 판도였다고 했다.[222]

광복 후 언론인이자 국사학자로 활동한 장도빈도 난하 지역을 고조선의 서쪽 국경으로 보았으며, 북한의 리지린은 전국시대 연나라 진개의 침략을 받아 요서 지역을 빼앗기기 전 고조선의 서쪽 국경은 지금의 난하 지역이라고 했다.[223] 윤내현은 고조선의 서쪽 국경은 원래 난하와 갈석산(碣石山, 제스산)으로 형성되어있었으나 위만조선시대인 기원전 190년대부터는 대릉하로 되었다가 한사군이 설치된 기원전 107년부터는 지금의 요하로 바뀌었다고 주장하였다.[224]

이와 같이 조선 후기의 학자들 중에서 조선의 강역이 난하 지역까지 미친다고 보는 이들이 많았으며, 해방 후에도 그러한 관점을 유지한 학자도 여럿 있었다. 필자도 한씨조선의 강역은 대릉하·소릉하 지역에서 요서의 의무려산을 지나 요하 주변까지였을 것으로 생각한다.

그리고 그 수도는 조양이었을 것이다. 조양이 한씨조선의 도읍이었을 가능성은 이름에서 추론할 수 있다. 만약 광역의 고죽국 지역이 과거 단군숙신(조선)의 강역에 속했고, 그래서 이들 지역으로 들어온 기자를 주나라 무왕이 조선후로 책봉했다면 이곳이 본래 조선 지역이었음이 확실하다.

아사달을 조선과 조양으로 표기

그런데 조선이란 명칭은 아사달과 관련이 있고 아사달이란 명칭은 조양과 관련이 있다. 무슨 말인지 한번 따져보자. 『삼국유사』는 중국의 『위서』를 인용하여 "단군이 아사달에 도읍을 정하고 새로 나라를 세워 국호를 조선이라고 불렀다"라고 전한다. 전조선의 첫 수도가 아사달이었다는 것을 알 수 있다.

그렇다면 아사달은 무슨 의미일까. 이병도는 조선과 아사달을 동의어로 보았다. 즉 조선은 '아침의 땅', '태양의 자리(해가 뜨는 자리)'라는 뜻의 고대한국어 '아사달'의 중국식 모사라는 것이다.[225] 안호상도 아사달에서 유래한 '아시밝(태양이 처음 나타난 장소)'을 한자로 묘사한 것이 조선이라고 했다.[226] 심백강은 아사달의 '아사'는 우리말 '아침'이고, '달'은 우리말 '산' 또는 '땅'으로서 아사달은 '아침의 산', '아침의 땅'이라고 해석했다.[227] 그러면서 그는 '아사달'은 아침 해가 선명하게 비치는 양달의 뜻도 되므로 한자로는 '조양(朝陽)'이나 '조선(朝鮮)'이 아사달에 가까운 번역이 된다고 했다.[228]

필자도 우리말 아사달이 조선이나 조양으로 번역되었다는 데 동의한다. 그러나 '아사'란 말은 아침보다는 태양을 나타내는 것으로 보아야 한다. 이병도가 아사달을 '태양의 자리(해가 뜨는 자리)'라고 본 것이 옳다. 왜 그렇게

공공족 족휘

말할 수 있는가. 그것은 '아사(asa)'라는 말이 구석기시대가 끝나고 신석기시대로 넘어가는 과도기인 중석기시대 천산 너머의 세계에서 '불'을 나타낸 말이었기 때문이다.

러시아학자 아리엘 골란(Ariel Golan)은 중석기시대에 오리엔트·중앙아시아·카프카스 등지에서는 황소나 뱀이 불로 구현되는 지하세계의 신(지신)을 대표하였는데, 이들과 관련된 단어는 '아사'에서 파생했다고 설명한다.[229] 그의 견해가 옳다면 중석기시대에서 비롯된 이 관념은 신석기시대로 이어졌을 것이고 이란 서남부 평원에서 신석기 생활을 영위하던 수시아나인도 그 관념을 계승했을 것이다. 그런데 필자는 『천년왕국 수시아나에서 온 환웅』이란 책에서 환웅이 수시아나에서 천산을 넘어 중원을 거쳐 요서 지역으로 들어왔다고 했다.

필자는 환웅세력과 함께 혹은 천산을 넘어 동으로 이동하는 주민들이 '아사'라는 말을 전했다고 본다. 환웅세력의 이주와 함께 아사란 말도 전달되었다면 단군숙신(조선)이 창업될 때 중심마을, 즉 첫 수도가 왜 '아사달'로 불렸는지 이해할 수 있다. 그곳은 바로 지신의 화신인 불, 즉 태양이 떠오르는 고장이었던 것이다. 그것은 환웅세력인 공공족의 족휘(종족을 나타내는 상징 깃발)로도 짐작할 수 있다. 공공족은 태양을 숭배했다.

정리해보자. 대릉하 중류에 있는 조양은 한씨조선의 수도였다. 왜 그런가. 그곳은 원래 단군조선(숙신)의 강역이었는데 그 지방을 중국 문헌에서 조선으로 기록했다. 그런데 조선은 자신들이 살던 중심마을, 즉 수도를 이르던 말인 '아사달'을 한자로 표기한 것이다. 그 아사달을 '조양(朝陽)'으로도 표기했다. 그렇다면 지금의 조양은 자신들의 중심마을을 아사달로 부르던 조선인들의 수도였음이 분명하다. 따라서 조양은 춘추전국 시기 한씨조선의 수도인 아사달을 한자로 표기한 것이다.

조양은 단군조선(숙신)의 첫 도읍인가

조양이 아사달이라고 본 학자는 이미 있었다. 임병태는 조양을 단군조선(숙신)의 첫 수도인 '아사달'이라고 보았다.[230] 이에 대해서 서영수는 아사달의 후보지로 조양뿐 아니라 요동의 심양과 요양도 있다고 부연했다.[231] 신백강도 전 중국과 한반도를 통틀어 유일하게 '조양'이라는 지명을 가진 대릉하의 조양이 고조선(전조선)의 첫 수도인 '아사달'이라고 보았다. 그는 조양 아사달에 도읍했던 전조선이 후에 적봉 지역에 있는 홍산으로 도읍을 옮겼다고 보았다.[232]

그러나 이러한 견해는 문제가 있다. 단군조선(숙신)은 하가점하층문화를 기반으로 하며, 중심은 대릉하 유역보다는 그 북쪽에 있었다고 보아야 하기 때문이다. 윤내현이 단군조선의 수도로 지목한 대전자는 조양 북쪽에 있다. 조양은 하가점하층문화가 소멸한 이후 새로이 중심으로 부상한 곳으로 보아야 한다.

그렇다면 하가점하층문화는 왜 소멸했을까. 소멸의 가장 큰 요인은 환경변화이다. 그다음은 은나라 무정기 주변국 공격에 따른 주민의 이주파동을

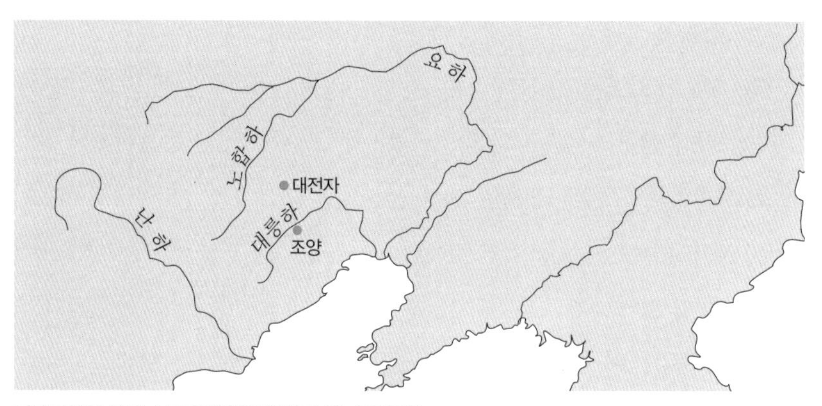

단군조선(숙신)의 수도 대전자와 한씨조선의 수도 조양

들 수 있는데, 이는 앞에서 설명했다.

상고시대 역사를 파악할 때 기후변화는 매우 중요한 요소이다. 당시는 아직 인류가 자연을 장악하여 인간에게 유리하도록 활용할 능력이 부족한 단계였기 때문에 인류는 자연에 순응하며 살아가야 하는 운명이었다.

요하를 중심으로 한 요서 지역에서 신석기문명이 꽃피울 수 있었던 것은 기후 덕택이다. 신석기시대 초기인 흥륭와문화기에는 호두나무가 자랄 정도였다. 간빙기 이후 점점 따뜻해지기 시작한 기후는 기원전 3500년 무렵이 되면 절정에 이른다. 당시 이 지역의 기온은 오늘날보다 3~5도 높았다.

이러한 기후는 하가점하층문화기에도 어느 정도 유지되었다. 그것은 지금부터 3,400년 전의 대전자 유적에서 교목 생물의 화분이 발견된 것으로 알 수 있다. 이 지역에서 교목 생물의 화분이 발견되었다는 것은 이곳이 온대산림에 속할 정도로 온도가 현재보다 높았다는 것을 말한다.[233] 당시는 토지가 비옥하고 기후가 습윤하여 낙엽활엽교목이 성장할 수 있었다. 당시까지만 해도 현재보다 기온이 2~3도 높았다. 그러다가 하가점하층문화 후기부터 기온이 내려가기 시작하여 기원전 10~기원전 9세기 전후에는 일시적으로 현재의 연평균 기온보다도 낮은 기후대가 형성되었다.[234]

기온이 하강하자 하가점하층문화 지역은 농업에 부적당한 초원지대로 변했다. 그러자 농업에 종사하던 사람들은 따뜻한 남쪽으로 내려가고 남은 사람들은 유목생활을 했다. 이러한 정세변화를 엿볼 수 있는 것이 하가점상층문화에 많이 보이는 마구(馬具)이다.[235]

중국학자 임운(林澐, 린윈)은 기원전 1500년경을 전후한 시기에 몽골고원에서 말을 이용함으로써 유동성이 강한 민족들이 이동하여 하가점하층문화 지역을 점령하지 않았을까 하는 견해를 발표했다. 요서 지역 청동기문화를 연구한 복기대도 하가점하층문화가 소멸된 것은 이 문화 후기에 기온 하강으로 자연환경에 큰 변화가 왔기 때문이라고 했다. 기온이 하강하자 노노아호산(努魯兒虎山, 누루얼후산) 산록 이서의 고원지대가 서서히 초원지대로 바뀌면서 초원생활에 익숙한 북방 유목민이 남하하여 이 문화지구를 점령한 것이다.[236]

이러한 환경적 요인을 참고해서 판단해보면 하가점하층문화의 중심지는 대릉하보다는 북쪽이었을 것이다. 예를 들면 대전자나 홍산 주변이었을 것이다. 따라서 조양이 처음부터 단군숙신(소선)인이 이끌던 하가점하층문화의 중심지였을 가능성은 희박하다. 그보다는 필자가 앞에서 제시했듯이 조양 지역으로 밀려 내려오기도 하고 그 지역에서 살기도 한 하가점하층문화인이 그곳을 새로운 아사달로 인식했고 그것이 한자로 표기되어 조양이라는 지명이 생기게 되었다고 보는 것이 합리적이다.

10

한씨조선의 동쪽인 요동에는 진번이 있었다

고조선(한씨조선) 중심지 이동설

최근 들어 고조선의 중심이 이동했다는 데 많은 학자가 공감한다. 그러면서도 후조선, 그러니까 『관자』에 보이기 시작한 조선(필자의 견해로는 한씨조선)의 강역이 어떻게 변천되었는지에 대해서는 일치된 견해가 없다. 왜 그와 같은 기초적 문제도 해결하지 못할까. 그것은 크게 보아 후조선인 한씨조선의 강역이 어떻게 변천되었는지를 심각하게 고민하지 않았기 때문이다.

중심지 이동설을 주장하는 학자들은 대부분 한씨조선이 요동에 중심을 두고 있다가 대동강 유역으로 이주했다고 본다. 하지만 그러한 주장에는 문제가 많다.

앞에서 살펴본 대로 한씨조선은 처음에 대릉하 중류에 있는 조양에 수도를 두고 성장하였다. 요서에 기반을 두고 출발한 한씨조선은 시간이 지나면서 점점 동으로 세력을 확장하여 대고조선이 되었을 당시, 그러니까 기원전 5~기원전 4세기 무렵에는 요하 동쪽의 일부 지역까지(예를 들면 심양 정가와자 지역) 편입했다. 그리고 당시 한씨조선의 동쪽에는 진번이 있었다. 그러니까 요동 땅은 대부분 진번 땅이었고 일부는 예맥으로 불리던 소집단의 땅이었다.

그러다가 기원전 3세기 초 연나라 장수 진개가 공격하자, 한씨조선과 진번은 중심을 서북한 지역으로 옮긴다. 이때가 되어서야 한씨조선은 한반도로 진입하게 되고 서북한 지역이 조선 땅이 되었다.

진개 공격 이전에 대동강 유역이 한씨조선의 땅이라고 보는 것은 어불성설이다. 그곳에는 기원전 1500년을 전후한 시기에 기후변동으로 하가점하층문화에 위기 상황이 발생하자 동으로 이동한 사람들과 은나라 무정기 때 멸망한 단군숙신(조선) 사람들이 이주해 살고 있었다. 이들에 관한 기록은 문헌으로는 남아있지 않다. 요동 남단과 서북한 지역에 고인돌문화를 창조한 이들이 후에 남한 지역에 성립된 진국의 조상들이다. 단군신화는 이들이 전승했다.

이러한 흐름으로 이해하지 않고 한국 상고사를 정리하고자 하니 모순이 생긴 것이다. 한씨조선이 활동하던 시기 난하 주변을 포함한 요서와 요동 지역 그리고 한반도까지를 하나의 세력으로 파악하려니 문제가 생길 수밖에 없었다.

그러한 착각을 불러일으키게 한 대표적 기록이 『위략』이다. 『위략』은 연나라 장군 진개가 조선을 공격하여 조선의 서쪽 땅 2,000여 리를 빼앗은 것으로 기록했다. 하지만 그것은 요서에 중심을 두고 있던 한씨조선이 대동강 유역으로 이주한 뒤의 관점에서 표현한 것이다. 그 2,000여 리도 한씨조선 땅만이 아니라 요동에 있던 진번 땅까지를 포괄해서 지적한 것이다.

춘추시대부터 진개가 동호를 공격하기 전까지 난하 주변에서 요동까지의 공간에서 활동한 세력은 산융, 동호, 발, 조선(한씨조선), 숙신, 진번, 발인(發人)·녹인(鹿人), 예맥 등이다. 이들의 활동영역과 위치 고증을 합리적으로 할 수 있을 때만 대동강 유역으로 들어오기 전 한씨조선의 활동공간을 파악할 수 있다.

요동의 개주시는 진번의 수도였다

한국 상고사의 흐름을 파악하는 데 매우 중요한 정치체가 진번이다. 그러나 학계에서는 진번에 큰 비중을 두지 않는다. 진번을 정확히 이해하지 않고는 고조선(한씨조선)을 제대로 이해할 수 없다.

진번은 연나라 진개가 동호를 공격할 때 엄연히 동북 지역의 국가로 존재했다. 송호정도 기원전 4세기 무렵 조선이 중국에 '조선후국'으로 불릴 당시 조선은 주변에 있는 예맥, 진번, 임둔 등 소국 세력에 일정한 영향력을 행사했다는 점을 인정한다. 그와 같은 사정은 『사기』「조선열전」의 주석에서 진번, 임둔이 동쪽의 소국이었다가 후에 군(郡)이 되었다고 한 것이나, 『한서』「지리지」에서 진번이 고조선의 소국이었다고 한 것으로 확인된다. 송호정은 이들 기록을 근거로 "당시 진번은 조선의 영향을 받기는 했지만 일정한 독자성이 있는 정치세력이었다"라고 했다.[237]

진개가 조선을 공격하기 이전 동북 지역의 정치체로 진번이 있었다는 것은 『사기』「조선열전」의 기록으로도 확인된다. 「조선열전」은 "연나라가 강성할 때 진번과 조선을 공략하여 예속시키고 관리를 두었다"라고 했다.[238] 이 사건에 대해서 『사기색은』에서 여순은 "연나라가 일찍이 두 나라를 공략하여 자기 나라에 예속시켰다"라고 했고, 응소는 '현도는 본래 진번국'이라고 했다.[239] 진번이 독자적 정치체였으며 요동에 있었음을 알 수 있는 단서이다.

후한 때 응소는 조선과 나란히 있던 진번이 현도 지역에 있었다고 했다. 그렇다면 본래 진번국이 있었던 현도는 어디에 있었을까. 한사군의 하나였던 현도는 예맥과 고구려 세력의 반발로 세 차례나 치소를 옮기게 된다. 3차 치소는 고구려 태조왕 때 신고구려현에서 옮긴 무순이다. 현도군의 관할은 처음에는 고구려현·상은대(현 길림성 통화시)·서개마 3현이었다. 무순으로 치소를 옮긴 뒤인 107년에는 요서군에 속한 고현(현 심양 북쪽 철령시)·후성(현 심양 고궁 북쪽)·요양을 편입시켰고, 그 후 망평현(현 심양시 서북 신민시)도 편입시켰다.

문헌자료상 현도군이 관할하던 공간은 대체로 심양을 중심으로 일정한 거리에 있는 지역과 그 동쪽에 해당한다. 그런데 응소가 진번이 현도에 있었다고 한 것은 현도와 진번이 정확히 같은 지역이라기보다는 현도군과 그 주변을 말한다는 의미로 해석할 수 있다.

특히 처음 현도군을 창설할 때 관할 지역에 포함되었던 서개마현은 후한 때는 현재의 개주시로 옮긴다. 이러한 정황을 고려하면 진번은 현재의 심양과 요양, 그리고 해성과 개주시를 잇는 지역에 있었다고 추정할 수 있다.

당시 개주시는 진번의 수도였다. 개주시는 『흠정만주원류고』에서 "『한서』 지리지에 요동의 번한현(潘汗縣)은 변한(弁韓)의 고도"라고 한 곳으로 한나라 때는 번한현이었다.

호인과 진인의 연합체 진번

학자들이 진번을 크게 다루지 않은 것은 문헌기록 탓도 있다. 중국인은 전국시대 연과 조선이 충돌하기 이전에는 조선의 동쪽에 있는 진번에 크게 관심을 두지 않았다. 그들이 진번에 관해 구체적으로 기록한 것은 『사기』「조선열전」이나 「화식열전」에서다.

『사기』「흉노열전」에는 "모둔선우 시기에 흉노의 동쪽에 예맥과 조선이 있었다"라고 했으며, 『한서』「흉노전」에는 "동쪽에 있는 예맥과 조선을 쳐서 군을 삼았다"라고 했다. 이들 기록은 예맥과 조선만 언급하였다. 그런데 『사기』「조선열전」에서는 "연나라가 강성할 때 진번과 조선을 공략했다"라고 했고, 『사기』「화식열전」에서는 "연은 동쪽으로는 예맥, 조선, 진번의 이익을 통괄했다"라고 하여 진번을 거명하였다.

진번이 중국 문헌에 새삼스럽게 드러난 것에 대해 이노우에 히데오(井上秀雄)는 "이는 한이 흉노와 대립·항쟁하며 조선 4군을 설치하는 과정에서 동방의 사정이 점차 명확해졌음을 나타내는 것"이라고 지적했다.[240] 이러한 이유로 기록되기 시작한 진번에 대해 후대의 주석자는 진번은 독립적인 정치체였으며, 황해도 지역이 아니라 사실은 요동에 있었다고 밝혔다.

이렇게 진개파동 이전부터 개주시에 중심을 두고 있던 진번을 이해하고 보면 당시 한씨조선이 어디에 있었는지 짐작할 수 있다. 당연히 단군조선(숙신)이 동으로 이주한 후 요서에서 일어난 조선은 그 지역에서 세력을 형성하고 팽창했을 것으로 보아야 한다.

문헌을 살펴보면 제나라 환공의 북벌로 산융과 고죽이 격파된 이래 진개파동까지는 특별한 전쟁 기록이 없다. 기원전 7세기 중엽부터 기원전 3세기 초반까지 동북 지역 세력들 간에 특별히 주목할 만한 충돌은 없었다는 이야기다. 그렇다면 요서에서 발흥한 한씨조선이 스스로 요동으로 이동했을 리가 없지 않은가. 한씨조선은 요서에서 요동으로 세력을 뻗쳤지만 요동을 군사적으로 정복하지 않고 요동에 있던 진번이나 그 주변의 예맥인을 느슨한 통제 아래 두는 것으로 만족했던 것으로 추정할 수 있다.

앞에서 설명했듯이 진번은 단군숙신(조선) 계열의 진인(辰人=眞人)과 호인(胡人)인 발인(發人) 혹은 녹인(鹿人)인 변한계가 연합한 정치체였다.

연나라와 대등했던 조선

전국시대가 되면서 한씨조선은 동북 지역의 막강한 세력으로 부상한다. 그러한 사정은 서진 무제 때 위나라 어환이 쓴 『위략』에 잘 묘사되어있다. 『위략』에 따르면, 연나라가 강성해지자 연후는 스스로 '왕'이라고 칭하며 동쪽 땅을 공격하려 했다. 그러자 조선후 역시 '왕'이라 칭하며 군사를 일으켜 연나라를 공격하여 주나라 왕실의 권위를 지키겠다고 선언했다.

『위략』은 기원전 4세기대 조선이 연나라 못지않게 강성했음을 전한다. 연나라가 주나라를 무시하고 스스로 왕이라고 칭하자 조선후도 왕으로 칭하고 주나라 왕실의 권위를 지키겠다고 선언한 대목은 관점에 따라서는 매우 중요한 의미가 있다.

이 말이 사실일까. 아마도 어환은 주나라의 책봉을 받은 기자의 후손인 조선후가 주나라의 권위를 높이려 했다는 논리로 그러한 내용을 삽입했던 것 같다. 그런데 당시 조선을 한씨조선이라 해도 마찬가지 논리가 성립된다. 주나라 초에 북경 남쪽 고안현에 있던 한국의 한후 또한 주나라에서 책봉받은 나라였기 때문이다.

어환이 지적한 사항은 실제로 벌어진 일인 것 같다. 왜냐하면 어환은 다음 대목에서 "조선의 대부 예가 간언하자 그만두었다. 예를 사신으로 보내 서쪽의 연을 설득하니 연도 그만두고 공격하지 않았다"라고 전하고 있기 때문이다. 문제를 해결하기 위해 연나라와 조선이 외교적으로 교섭한 것이다.

'주나라 왕실의 권위를 지키려고 했다'는 말은 분명 우리의 자존심을 건드리는 표현이다. 하지만 객관적 시각에서 후조선의 성립과 변화과정을 이해하면 당시 국익을 위해서 충분히 표현할 수 있는 외교적 언사였을 수도 있다.

어쨌든 당시 연나라와 조선이 자신의 국격을 두고 한판 외교적 승부를 한 사실에서 우리는 중요한 단서를 추론해낼 수 있다. 만약 조선후 시기에 조선이 요동에 있었다면 연나라와의 사이에 1,000여 리의 완충 지역이 있었다는 것이 된다. 그러한 완충 지역이 있는 상황에서 두 집단이 그와 같은 대결 상황을 연출할 수 있었을까. 상식적으로 판단했을 때 불가능하다.

산융과 동호에 대한 관점을 달리해야

요동에 한후가 다스리던 조선이 있었다고 보는 노태돈이나 송호정의 견해를 살펴보자. 노태돈은 조양시에서 내몽고 적봉시 일대는 문헌에 분명히 산융이나 동호의 거주지로 명시되어있다고 했다. 그러면서 그는 현재 학계에서는 기원전 8~기원전 7세기 무렵의 요서 지방 주민 집단이 산융족인지 동호족인지에 대한 논쟁만 남겨두고 있다고 했다.[241] 또한 그는 기원전 3세기 요서 지방은 동호가 장악하고 있었고, 고조선은 요동에 있었다고 했다.[242]

송호정도 요서 지역에서 활동한 세력을 융적, 특히 산융이라고 했다.[243] 또한 그는 요서 지역은 고조선의 영역이 될 수 없다고 하면서 그 이유로 이들 지역에서 나온 비파형동검과 많은 청동기 유물이 이 일대에서 활동하던 유목민족의 것으로 파악되기 때문이라고 했다.[244]

과연 노태돈이나 송호정의 말처럼 요서 지역 전체가 동호나 융적, 특히 산융세력이 장악했던 사회였을까. 그렇지 않다는 사실은 문헌자료와 고고학적 자료를 연결해 생각해보면 쉽게 알 수 있다.

먼저 기원전 8~기원전 7세기경에 활동하던 산융에 대해서는 『관자』·『춘추』·『국어』·『염철론』·『책부원귀』 등에 실린 제나라 환공의 북벌기사로 알 수 있다. 당시 산융은 주변에 있던 고죽국과 영지(令支)를 자신들의 영향권에 묶어두고 있었다.[245]

『관자』「소광편」	고죽	산융	예맥
『염철론』	고죽	산융	영지
『국어』	고죽	산융	영지
『관자』「경중갑편」	고죽		이지

제나라 환공이 북벌하면서 공격한 세력들

막강한 세력을 자랑하던 산융은 기원전 8세기에 지금의 산동 임치(臨淄, 린쯔) 부근까지 내려가 제나라를 공격한다. 그리고 기원전 664년에는 이웃한 연나라를 정벌한다. 그러자 연나라는 제나라에 구원을 요청하고 제나라 환공은 이에 응해 북벌을 단행한다. 환공이 산융을 공격한 것은 기원전 663년이며, 4년 뒤 환공은 재차 북벌을 단행하여 산융과 고죽, 영지를 정복한다.

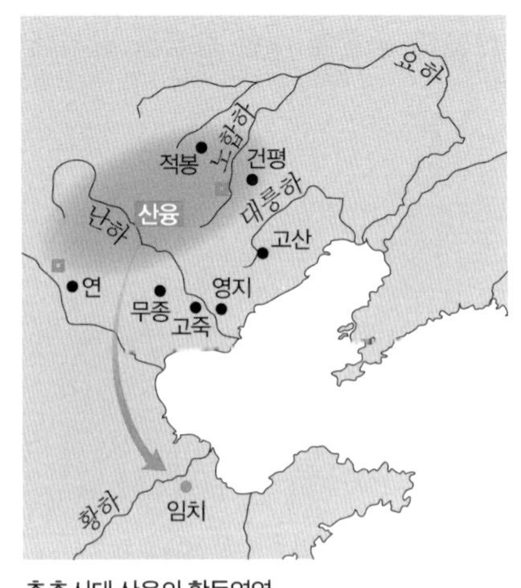

춘추시대 산융의 활동영역

그렇다면 산융이 강성할 때 그들은 어디에 있었을까? 당시 산융의 정확한 위치를 파악하기는 쉽지 않다. 그러나 환공이 북벌할 때 산융세력에 편입되었던 고죽국이나 영지(離枝로도 표기), 예맥 등에 관한 정보로 산융의 위치를 추론할 수는 있다. 고죽과 영지는 난하 하류 양안에 있었다. 그렇다면 당시 산융은 난하 중·상류나 그 동북과 연나라의 북쪽에 있었을 것이다.

또 후대의 기록인 『사기』 「흉노열전」은 "연의 북쪽에는 산융과 동호가 있다"라고 했다. 송호정은 이를 근거로 북경 군도산(軍都山, 쥔두산) 일대가 산융의 중심이라고 보았는데,[246] 고고학계에서도 노노아호산 이서 지역의 적봉을 중심으로 한 하가점상층문화와 화북 일대, 특히 군도산에 있는 옥황묘문화(玉皇廟文化, 위후앙미아오문화)를 산융의 문화로 본다(지도에 사각형으로 표시한 지역).[247]

복기대도 하가점상층문화를 산융문화로 파악한다. 그에 따르면 이 문화의 중심지는 북에서 남으로 이동하는데 후기에는 지금의 영성(寧城, 닝청)이나 건평(建平, 젠핑) 지역으로 이동했다. 이들 지역에 중심을 두고 있던 산융이 제나라 환공의 북벌 때문에 북으로 퇴각했을 것이다.[248] 그는 산융이 적봉에서 건평 지역에 있었던 것으로 보고 있다. 하지만 여러 정황을 고려하면 환공 당시 산융은 그 서남쪽까지 세력을 뻗치고 있다가 환공의 공격으로 북으로 퇴각했다.

이상에서 살펴본 바와 같이 춘추시대에 동북 지역의 강력한 세력으로 부상하기도 했던 산융은 대릉하 상류나 그 동쪽에 있었다고 보기 어렵다. 따라서 요서 지역의 일부가 산융 등 융적의 무대였다는 이유로 한씨조선이 요서에 있을 수 없다는 논리는 성립할 수 없다. 그뿐만 아니라 제나라 환공의 두 차례 북벌로 산융은 일시적이나마 북으로 밀려났을 것이고, 그 정치적 공백기를 이용해 조양에 중심을 두고 있던 조선은 서쪽으로 진출하여 고죽국을 편입하기까지 했다. 조선 영조 때 편찬된 『문헌비고』에 "고죽은 춘추시대 이후에 조선의 영역이 되었는데 이때가 조선의 최전성기였다"라고 한 것은 그러한 사정을 말한다.[249]

한씨조선과 진번도 '호'라고 불렸다

노태돈이나 송호정은 춘추전국시대 요서 지역의 주도세력을 산융 혹은 동호로 파악했다. 그러나 앞에서 살펴보았듯이 당시 산융은 북경과 난하를 중심으로 해서 그 북쪽에서 주로 활동했다. 그렇다면 동호는 어떤가.

사실 동호에 대해 정확히 규정된 학설은 없다고 해도 지나친 말이 아니다. 동호라는 명칭은 기본적으로 흉노를 이르는 호(胡)라는 명칭과 관련해서 나왔다. 황병란의 연구에 따르면 섬서성과 화북성에 있던 흉노를 주나라 때는 융적 또는 견융이라고 불렀고 전국시대 이후에는 호(胡) 또는 흉노라고 불렀다고 한다.[250] 스기야마 마사아키(杉山正明)는 "통일왕조인 진나라 때부터 동호와 흉노를 다른 듯이 서술하기는 해도 한나라 때까지도 흉노니 동호니 하는 말은 특정한 민족이나 부족을 지칭하는 것이 아니라 동쪽의 오랑캐를 의미하는 한자어로도 사용하였다"라고 지적했다.[251]

두 사람의 견해를 종합해보면 동호는 동쪽으로 이주한 호인들을 지칭하는 말이었으며, 동쪽에 사는 오랑캐 전부를 가리키기도 했음을 알 수 있다. 서병국도 두 번째 견해에 동의한다.[252]

첫째의 의미로 사용된 동호의 대표 세력으로 산융과 그들의 후예를 들 수 있다. 『사기』「흉노열전」 색은에 인용된 후한 사람 복건(服虔)에 따르면 "산융과 동호는 오환의 조상이고, 오환이 후에 선비가 되었으며 그들이 흉노의 동쪽에 있다고 해서 동호라고 했다"[253]라고 했다. 산융 → 오환 → 선비로 이어진 사람들이 동호로 불렸음을 알 수 있다.

그러나 동호에는 이들 말고도 흉노에 편입되었거나 흉노에 속하지는 않았어도 서역에서 동으로 이동해 활동하던 사람들도 포함되었다. 사실 흉노 자체도 단일 종족으로 구성되지 않았다. 유럽이나 일본의 학자들에 따르면 흉노는 몽골 계통이나 투르크 계통, 몽골투르크 혼합의 계통, 슬라브 계통, 이란 계통 등에 속한다고 할 정도로 족원에 대한 견해가 다양하다.[254]

따라서 넓게 보면 동호에는 서역 계통의 사람들이 포함되었다고 보아도 무방하다. 필자는 앞서 발표한 책에서 동쪽으로 이동한 서역인이 한민족의 구성종족으로 중요한 역할을 했음을 밝힌 바 있다. 서역인으로서 동북 지역으로 이주한 세력으로는 발인(發人)이나 녹인(鹿人), 천독(天毒) 등을 들 수 있다. 이들은 프리기아나 사카족과 관련된 사람들을 이르던 말이다. 이들 또한 처음에는 동호로 불렸다. 이들은 후에 진번의 번, 변한의 변에 해당하는 세력이 된다.

두 번째로 동호가 동쪽에 사는 오랑캐 전부를 가리키는 말로 사용된 예를 들어보자. 안사고는 『한서』「지리지」 현도군조의 주를 달면서 "옛날에 진번과 조선은 호국(胡國)이었다"라고 한 응소의 말을 인용했다. 그리고 『삼국

고안현 대한성채에 있는 이슬람 사원 청진사

지』「오환선비동이전」에서는 "고구려는 호(句麗胡)다"라고 했으며,[255] "한무제가 조선을 정벌하여 멸하고 그 땅을 네 개 군으로 삼았다. 그 후 호(胡)와 한(漢)이 점차 구별되게 되었다"라고도 하였다.[256] 이러한 용례는 조선·진번·고구려 역시 호(胡)로 불리었음을 말한다.

이 책을 대하는 독자들도 조선이나 고구려가 호로 불렸다는 사실이 의아할 것이다. 하지만 당시에는 분명히 조선도 동호로 불렸다. 왜 이러한 관점이 생겼을까. 그것은 한씨조선의 강역에 동호를 비롯한 호인들이 살았기 때문일 것이다. 대릉하 중류의 조양을 중심으로 활동하던 한씨조선의 강역 서쪽과 북쪽에는 동호 등 호인들이 살고 있었다. 이뿐만 아니라 조선후 시기에 조선에 느슨한 형태의 속국으로 활동하던 진번에는 상당수 호인이 활동하고 있었다. 중국학자가 심양 정가와자 유지를 주도한 이들을 동호라고 하는 것도 이와 같은 시각에서 이해할 수 있다.[257]

한씨조선을 주도한 한씨들의 조상이 살았던 한국, 즉 북경 남쪽 고안현 대한채촌에는 지금도 위구르 계통 주민들이 한족과 통혼하지 않고 독자적 정체성을 유지하려 애쓰며 살고 있다. 그들도 동호인 셈이다. 그들이 언제부터 대한채촌을 장악했는지 알아보지 못했지만 연구할 가치는 있다고 본다.

이러한 사실들을 고려해서 판단하면 조선후가 다스리던 한씨조선에는 예맥 계통 주민과 동호인이 섞여 살았다고 볼 수 있다. 이 때문에 요서 지역 일부에 동호가 있었다고 해서 한씨조선이 대릉하를 중심으로 한 요서 지역에 있었다고 하는 논리가 부정될 수는 없다.

진개가 공격한 동호는 조선과 진번

이와 같이 동호라 불리는 대상에 대한 개념을 정리하면 한씨조선이나 진번에 대한 새로운 시각이 열린다. 새로운 시각으로 보면 한씨조선과 진번이 어디에 있었는지 확인할 수 있다.

전국시대 대단한 국력을 자랑하던 한씨조선은 연나라의 공격을 받고 힘이 약해진다. 그 상황 또한 『위략』에 잘 정리되어있다. "후에 자손이 점차 교만하고 포학해지자 연나라에서 장군 진개를 보내 그들의 서쪽 지방을 공격하여 2,000여 리의 땅을 빼앗고 만번한(滿番汗)에 이르러 경계로 삼으니 조선이 마침내 약해졌다."[258]

이 기록대로라면 연나라는 진개의 공격으로 조선 땅 2,000여 리를 빼앗았다. 이 사건이 일어난 시기는 연나라 소왕 때인 기원전 280년을 전후해서다. 소왕 때 연나라는 가장 강성했다. 기원전 284년 연나라는 제나라를 공격하여 70여 개의 성을 빼앗고 수도인 임치까지 점령했다.[259]

그렇지만 『위략』이 전하는 내용을 보면 진개가 조선을 공격할 당시까지 연나라는 요서 지역을 넘지 못했음이 분명하다. 그런 연나라가 한꺼번에 요

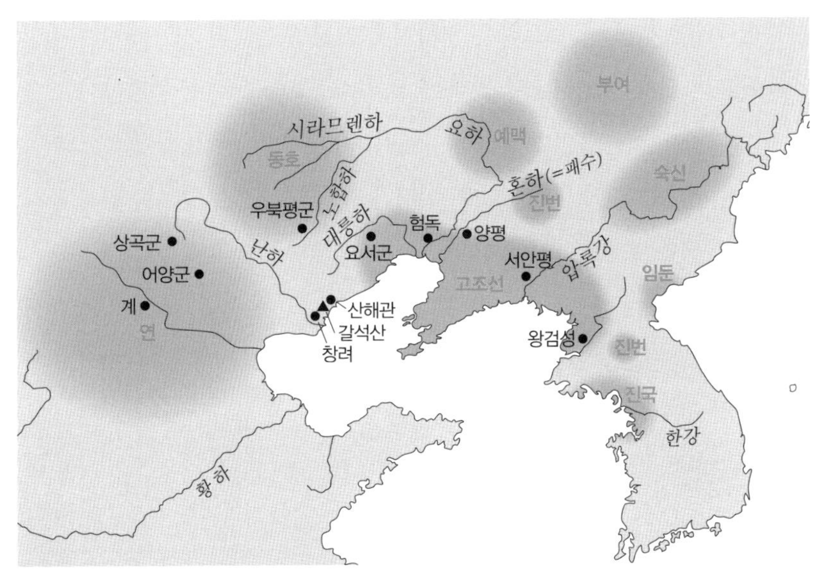

기원전 3세기 초 진개 공격 이전의 고조선(서영수 설)

서에서 서북한 지역까지 공략할 수 있었을까. 일반적으로 생각하듯이 당시 연나라가 북으로 동호를 공격해서 1,000여 리를 확보하고, 다시 동으로 조선을 공격해서 2,000여 리를 확보했다고 보기는 어렵다. 소왕 때 연나라가 제나라의 수도 임치를 공격한 거리를 동쪽으로 치면 요하 정도까지다.

발해문화권에 관해서 심도 있게 연구한 이형구는 이러한 의문에 대해 명쾌한 답을 제시했다. 이형구는 진개파동의 시말을 가장 일찍 기록한 『사기』 「흉노열전」을 주목했다. "연의 북쪽에 동호 산융이 있다. 진개가 동호를 쳐서 쫓아가자 동호가 1,000여 리를 퇴각했다. …… 연나라 역시 장성을 쌓으니 조양으로부터 양평(상핑)까지이며, 상곡군·어양군·우북평군·요동군을 두어 호(胡)를 막도록 했다."

이형구는 옛날 기록에 호(胡)를 이(夷)라고도 했다면서 여기의 동호를 조선으로 보았다. 그는 또한 진개가 조선을 공격하여 2,000여 리를 넓혔다는 기사는 『위략』에만 나오고 다른 역사서에는 모두 동호의 땅 1,000여 리만 기록했다는 점을 강조하면서, 기록에 보이는 동호는 조선이 분명하다고 했다. 그렇다면 진개는 2,000여 리가 아니라 1,000여 리, 즉 요하 동쪽 일부까지만 점령했다는 이야기가 된다.[260] 이러한 관점을 지닌 이형구는 당시 조선은 난하 유역을 포함한 요서 지역에 있었다고 했다.[261]

필자도 이에 전석으로 동의한다. 진개는 요서의 조선을 넘어 요동 혼하 하류에 있던 만번한까지만 공격했고, 역사책은 만번한까지를 1,000여 리로 기록한 것이다.

그렇다면 『위략』이 전하는 만번한의 위치를 알면 당시 조선의 강역을 알 수 있다. 만번한에 대해 일부 학자들은 청천강 유역이라고 보기도 한다. 그러나 학자들은 대부분 만번한이 서한시대에 요동군에 속한 행정구역인 문현(文縣)과 번한현(番汗縣)을 합해서 부른 지명이라는 데 동의한다.[262] 서영수는 만번한을 패수(현 혼하)에서 천산까지로 보았다.[263] 고고학자 박순발도 요동 지역 세형동검의 형태와 무순 연화보(蓮花堡, 리엔후아푸)에서 청천강 세죽리에 이르는 철기문화의 변천사를 분석한 뒤 천산산맥 일대가 만번한이라고 했다.[264]

그런데 현도군에 있던 진번을 설명할 때 이미 말했듯이, 만번한이란 명칭이 생긴 공간 중 하나인 한나라 때의 번한현은 『흠정만주원류고』에서 '변한(弁韓)의 고도'라고 한 곳이다. 이곳은 현재의 개주시다. 그렇다면 진개는 요하 동쪽으로 멀지 않은 개주시까지 공격한 것으로 추정할 수 있다.

진개는 왜 개주시에 있던 만번한까지만 공격했을까. 서영수는 만번한이 고조선의 수도였기 때문이라고 했다. 그는 그 근거로 『사기』 「조선전」에서 "진번과 조선을 침략하여 복속시켰다"라고 한 표현을 들었다. 그는 '복속'이라고 표현한 것은 진개가 수도를 공격해 함락시켰기 때문이라고 했다.[265]

하지만 그의 이러한 주장에는 모순이 있다. 그의 논리대로라면 연나라가 복속한 나라는 '조선과 진번' 두 나라이기 때문에 각각의 수도가 있어야 한다. 그런데 문헌에 보면 진번은 조선의 동쪽에 있었다. 따라서 만번한은 진번의 수도 혹은 중심도시로 판단해야 한다.

평양이 조선 강역이 된 것은 진개 공격 후

여기서 필자가 지금까지 이끌어온 논리를 바탕으로 진개가 동호를 공격해 빼앗은 1,000여 리에 대해 정리해보자. 우선 진개는 요서 지역에 중심을 두고 있던 조선을 공격하고 이어서 요동으로 진격해 진번의 수도였던 번한현, 즉 현재의 개주시까지 공격해서 함락시켰다.

만약 당시 진번의 수도가 공격당하지 않았다면 진번은 스스로 황해도 지역으로 옮겨가지 않았을 것이다. 앞에서도 말했지만 진번의 번(番), 즉 변(弁)에 해당하는 사람들은 서역에서 동으로 이동한 호(胡)였다.

이러한 사실을 이해하고 보면, 『사기』「조선전」에서 "진개가 조선과 진번을 공격하여 복속시켰다"라고 한 것을 『사기』「흉노열전」에서는 "진개가 동호를 쳐서 쫓아가자 동호가 1,000여 리를 퇴각했다"라고 한 것이 같은 사건을 표현한 것임을 알 수 있다. 당시 중국인이 그렇게 표현할 수 있었던 것은 동호인 조선과 진번을 '조선연맹체'처럼 인식하였기 때문이다.

그렇다면 왜 『위략』에서는 진개가 조선을 공격해 조선의 서쪽 2,000여 리를 빼앗았다고 했을까. 그것은 시점(視點)의 차이 때문이다. 시점의 차이란, 『사기』는 연나라의 시점에서 진개가 동호를 공격해 들어간 것이 1,000여 리란 의미로 기록했고, 『위략』은 진개의 공격으로 조선이 대동강 유역으로 이동했는데 그 사실을 망각하고 당시 조선을 기준으로 지난 사건을 기억하고 기록했다는 것이다.

『위략』은 진개파동이 있은 지 560년 후 위나라의 어환이 썼다. 어환은 진개파동을 대동강 유역에 있던 조선의 시점에서, 즉 청천강 유역을 기점으로 해서 요동과 요서 2,000여 리를 잃었다고 생각한 것이다.

우리는 이 부분에서 매우 중요한 의심을 해보아야 한다. 과연 진개파동 이전 조선의 강역은 어디까지였을까. 당시 대동강 유역도 조선이었을까. 아니면 대동강 유역 사회에 대한 기록은 없었다고 보아야 할까. 당시 조선은 『사기』「흉노열전」을 따르면 요서 지역이고, 『위략』을 따르면 대동강 유역까지다. 두 기록은 서로 모순된다.

이제 필자가 지금까지 전개해온 관점으로 진개파동 이전 요서와 요동, 그리고 서북한 지역에 있었던 정치체에 대해 새롭게 정리해보자. 우선 최근 많은 학자가 동의하고 있는 "요동에서 대동강으로 고조선이 이동했다"라는 주장은 수용하기 어렵다.

왜 그런가. 첫째, 진개파동 이전 조선은 요서에 있었기 때문이다. 둘째, 만약 중심지 이동설에 따르면 요동에 있던 조선이 대동강 유역으로 이동한 것이 되는데, 그렇다면 당시 진번은 어디에 있었다는 말인가. 일부에서 진번이 요동 중북부에 있었다고 하지만 앞에서 설명했듯이 진번이라는 정치체가 성립되는 과정을 이해하면 진번이 그곳에 있을 수 없다. 진번은 고인돌세력인 진인의 사회에 변한인, 즉 발인이나 천독(=사카)인이 들어와 성립되었기 때문이다. 그들은 요동 남단의 만번한 지역에 수도를 두고 있었다.

그렇다면 조선과 진번은 어떻게 대동강과 황해도 지역으로 자연스럽게 이동할 수 있었을까. 그 답은 다음과 같이 정리할 수 있다. 송호정도 설명했듯이 기원전 4세기 무렵 '조선후국'으로 불릴 당시 조선은 주변에 있는 예맥, 진번, 임둔 등 소국 세력에 일정한 영향력을 행사하고 있었다. 『사기』「조선열전」 주석이나 『한서』「지리지」를 보면 진번이 조선의 소국처럼 인식되고 있었음을 알 수 있다.[266]

이로 볼 때 당시 조선·진번과 주변의 예맥인은 자신들을 대고조선 주민처럼 인식했을 것이다. 다시 말하면 그들은 모두 하나의 정치·경제 공동체의 구성원으로 인식했을 것이다. 이러한 정서적 기반이 있었기에 조선과 진번이 자연스럽게 한반도로 이동할 수 있었으며, 요서와 요동에 있을 때처럼 조선과 진번은 한반도로 나란히 이주한 것이다.

그러나 정확히 말하면 진개파동 이전의 대동강 유역은 조선후의 직할지가 아니었다. 따라서 당시의 서북한을 조선 땅이라고 하기는 어렵다. 필자의 판단으로는, 당시 서북한 지역에는 후에 충청도 지역을 중심으로 활동한 진국의 조상들이 살았다.

만번한 동쪽의 요동은 언제 상실했는가

그렇다면 만번한에서 압록강 혹은 청천강까지는 언제 상실했을까. 윤무병(1972) 이래로 많은 학자는 청천강 이북에서 명도전·타날문토기·전국철기 등을 내용으로 하는 이른바 세죽리-연화보문화가 분포한다는 것을 근거로, 진개파동 결과 새로 확정된 고조선 영역의 서쪽 변경에 위치한 만번한을 청천강 유역으로 비정하기도 한다.[267] 만번한이 개주시와 해성 지역이 아니라 청천강 유역이었다고 보는 것이다. 그러나 그러한 견해는 단순히 유물의 분포상황만 근거로 하는 것으로 쉽게 받아들이기 어렵다.

그것보다 만번한은 앞에서 살펴본 대로 혼하 중하류인 해성과 개주시를 잇는 지역이 맞고, 압록강 혹은 청천강 유역까지 연나라 세력이 미치게 된 것은 진개파동 직후 머지않은 시점부터일 것이다. 그렇게 된 것은 진개파동의 흐름상 자연스러운 귀결이었을 것이다. 진개의 공격으로 개주시에 있던 진번의 수도가 함락되자, 진번은 한반도로 이동하는 조선을 따라 황해도 지역으로 이주했다.

그 결과 요동에서 조선연맹체의 일원으로 활동하던 진번이나 예맥계 소

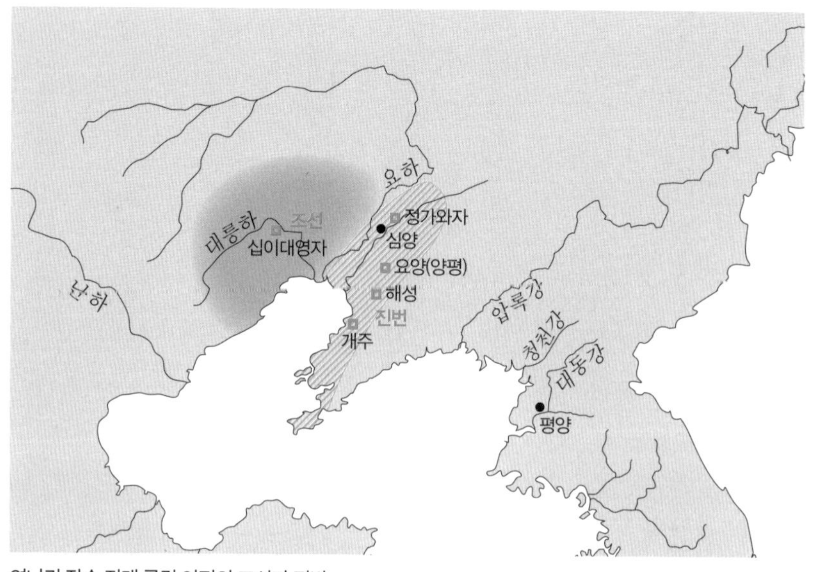

연나라 장수 진개 공격 이전의 조선과 진번

수 집단들의 구성원은 구심점을 상실한다. 그뿐만 아니라 전쟁 직후 대동강과 그 이남으로 밀려난 조선연맹체의 맹주들은 요동에 있던 그들을 보호해 줄 만한 힘을 잃었다. 1,000여 리 이상 급작스럽게 이동한 그들은 자신들을 추스르기에 바빴을 것이다.

이 틈을 타서 연나라는 요동의 동쪽 지역, 그러니까 진번이나 예맥계 소수집단들이 활동하던 영역을 자연스럽게 편입할 수 있었을 것이다. 그들을 편입한 주체는 진개파동 이후 연나라가 세운 5군 중 가장 동쪽에 있던 요동군이었을 것이다. 그렇게 해서 조선과 연나라의 국경선은 자연스럽게 압록강 혹은 청천강 유역이 되었을 것이다.

그러한 사정은 이들 지역에서 발굴된 고고유물로 확인할 수 있다. 진개파동 후 연나라는 요동의 천산산맥 일대까지 장성을 설치한다. 이때 세운 장성도 이미 만번한의 동쪽이다. 장성 근처에서 와당, 명도전, 철기 등이 다량 발견되는데, 이 유물들은 청천강 유역을 경계로 그 이북에서만 출토된다.[268] 반면에 청천강 이남의 서북한 지역에서는 세형동검과 같은 토착적인 청동기 다량과 전국계 유물 소량이 나타날 뿐이다.[269] 이러한 정황은 진개파동 이후 청천강 이북 지역이 연나라의 활동영역으로 편입되었음을 보여준다.

당시 연나라의 실질적 지배영역이 천산 일대에 설치한 장성까지인지, 아니면 압록강을 지나 청천강에 이르렀는지는 앞으로 더 많은 연구가 필요하겠지만, 이들 지역이 연나라의 경제권에 편입되었던 것은 사실인 듯하다. 특히 청천강 이북 지역에서 주로 발견되는 명도전은 연나라가 경제적으로 만번한, 즉 혼하 이동 지역도 장악하였다는 것을 반증한다. 일부에서는 그것이 고조선의 화폐라고 하지만, 명도전은 연의 통제 아래 상품이 거래된 흔적이라고 보는 것이 옳다.[270]

그렇다고 해서 당시 연나라가 이들 지역을 확고하게 지배했다고 할 수는 없다. 그것은 당시 연나라 계통의 유물은 요동 각 지역에 있는 교통로상의 요충지에 주로 분포할 뿐 혼하 유역 동부 지역이나 압록강에서 청천강에 이르는 산간 지역에서는 토착적 유물 요소가 주를 이루는 것으로 알 수 있다.[271] 이는 당시 연의 지배가 교통로상의 거점 중심으로 행해졌다는 것을 말한다.

고고학적 정황으로 보아 진개파동 이후 요동 지역이 대체로 연나라의 정치·경제권에 편입되었던 것은 사실인 듯하다. 『사기』에 따르면 중국을 통일한 진나라는 요동에 요동외요(遼東外徼)를 설치하여 이들 지역을 관할했다. 요동외요는 연나라가 요동을 지배하기 위해 설치한 장성보다 동쪽에 있었다고 기록되어있다. 그렇다면 그곳은 천산 동쪽 어딘가에 있었다.

이로 보아 진나라 때는 요동 대부분이 진나라 관할에 들어간 것으로 보인다. 그러나 한나라가 등장하고 흉노세력이 강력해지는 등 동북아정세가 변한 틈을 타서 고조선은 요동 고토의 일부를 회복했다.

『사기』에는 “한이 건국해서는 그곳(진의 요동외요)이 멀어 지키기 어려우므로 다시 요동의 옛 성곽[古塞]을 수리하고 패수에 이르는 곳까지를 경계로 삼아 연(한의 후국)에 소속시켰다”라고 했다. 이 기록은 연의 처지에서 쓴 것이고 사실은 조선이 요동 땅을 상당부분 회복했기 때문에 한나라는 물러설 수밖에 없었다. 그러한 사정은 “조선이 요동외요를 넘어서 연의 동쪽 땅을 강제로 취하였다”라고 한 『염철론』에 잘 나타나 있다.

이후 조선은 요동의 패수를 경계로 한과 대립하였다. 『전한기』를 보면 “한과 조선의 경계를 요수로 하였다”라고 했다. 서영수는 이때의 요수를 현재의 혼하에 비정한다.[272] 옳은 판단이다. 서한 시기의 요동군에는 현재의 요서에 해당하는 무려(無慮, 우뤼)·험독(險瀆, 셴두)·방(房, 팡) 등이 포함되었다. 이는 당시 한이 관할하는 요하 동쪽 땅이 좁았기 때문이었다고 추정할 수 있다.

전한 초기에 조선은 과거 진번 땅을 상당부분 회복하였는데 그곳은 진개파동 이전 고조선연맹체의 땅이었다. 요동이 조선 땅이라는 인식은 이때 성립되었다고 볼 수 있다. 엄밀히 따지면 진개파동 이전의 고조선은 요서 지역에 있었기 때문이다. 굳이 이렇게 설명하는 것은 역시 진번과 조선 그리고 한반도의 진인을 분리해서 고대사를 이해하자는 취지에서이다.

11

비파형동검문화와 고인돌문화의 중심지가 다른 이유

고인돌과 비파형동검은 고조선의 지표유물인가

은·주 교체기 이후 요동과 요서 지역의 문화는 뚜렷한 차이를 보인다. 두 지역의 문화가 차이나는 것은 그 문화를 담당하던 주민집단이 다르다는 것을 말한다.

그럼에도 우리는 이들 두 지역 모두를 조선과 관련해서 논의하고 있다. 기자조선을 인정하는 학자들은 요서에서 조선이 태동하여 동으로 확산되었다고 하고, 요동 고조선을 지지하는 학자들은 요동에서 발생한 조선이 요서 지역까지 진출했다고 한다. 그러나 당시 요동 지역에서 유행하던 고인돌문화는 요서 지역에는 없다. 단순히 없는 수준이 아니라 전무하다. 요동의 세력들이 요서 지역으로 진출했다면 당연히 그들의 핵심문화인 고인돌도 요서로 전파되었을 것이다.

이러한 정황을 고려하고 판단해보자. 기원전 10세기 이후 문헌에 보이는 조선이 요서에 있었다면 요동의 고인돌문화는 조선과 관련이 없다고 보아야 하고, 그 조선이 요동에 있었다면 요서에서 발생한 비파형동검은 요동의 조선인이 창안한 문화로 보기 어렵다. 그럼에도 고인돌과 비파형동검문화를 단순하게 고조선의 표지(標識)문화라고 주장하는 것은 무책임하다.

그렇다면 학자들이 대부분 고조선의 문화로 인식하는 비파형동검문화와 고인돌문화는 다른 각도에서 접근해야 한다. 두 문화를 정확하게 이해하려면 요서 지역과 요동 지역에서 일어났던 신석기 이래의 역사적 파동을 잘 이해해야 한다. 그 파동의 결을 잘 분석해야 한국사의 맥을 잡을 수 있다.

고인돌과 비파형동검문화도 그러한 역사파동의 결을 잘 이해하면서 그것을 창안하고 주도한 세력이 어떤 집단인지 파악할 필요가 있다. 고인돌문화는 하가점하층문화기에 요서에서 활동하던 단군숙신(조선)인이 요동과 서북한으로 이동하여 창안한 것이다. 그들이 요동에서 요서로 진출하지 않았기 때문에 요서에는 고인돌문화가 없다. 또 비파형동검문화는 요서에서 태동한 조선(기자와 한씨조선)인의 문화로, 이것이 동으로 확산되었기 때문에 요동과 한반도에도 나타나는 것이다.

두 문화가 발생한 위치·시기·확산 방향을 살펴보면 각기 다른 정치체가 창안해서 확산시켰다는 것을 알 수 있다. 먼저 고인돌문화부터 살펴보자. 고인돌은 이미 앞에서 다루었다. 여기서는 비파형동검문화와 대비하는 차원에서 간략하게 정리하고 넘어가자.

고인돌문화는 요동 남단과 서북한 지역에서 창안되어 북으로 남으로 확산된 문화이다. 학자들은 대부분 고인돌을 고조선의 표지(標識)문화라고 한다. 하지만 이때의 고조선이 단군신화에 등장하는 단군조선, 즉 필자가 주장해온 단군숙신이 아니라 기원전 10세기를 전후한 시기에 태동한 조선이라면 이야기는 달라진다. 만약 고인돌을 후자에 해당하는 고조선의 지표문화로 보면 그 고조선은 요동과 길림, 그리고 한반도 전역을 포함하는 대고조선으로 상정해야 한다. 그와 같은 대고조선을 주장하는 학설이 있는가. 윤내현이 고인돌문화 전역을 고조선이라고 주장했지만, 그는 고인돌이 없는 요서 지역까지 고조선이라고 했다.

윤내현이나 그를 지지하는 학자들과 같이 고인돌문화가 확산된 지역을 모두 대고조선으로 설정하고, 요서 지역에서 발생한 비파형동검문화 지역까지를 대고조선으로 볼 수 없다면 두 문화를 주도한 세력을 다르게 보는 것이 합리적이다.

우선 고인돌문화는 기원전 10세기를 전후해 요서 지역에서 태동한 조선(기자조선 혹은 한씨조선)과는 관련이 없다. 그것은 고인돌의 발생 시기를 보면 알 수 있다. 요동 남단에 주로 분포하는 고인돌은 이들 지역에서 정착농경이 발전하기 시작하는 기원전 1500~기원전 1100년경에 발생한다.[273] 『관자』에 기록된 고조선이 등장하기 이전이다. 그렇다고 고인돌이 기원전 2333년에 건국되었다는 단군조선과 직접 관련이 있는 것도 아니다. 그렇다면 누가 고인돌을 만들었을까. 고인돌은 하가점하층문화(기원전 24~기원전 15세기)를 이끌던 단군왕검사회가 붕괴되는 과정에서 동으로 이동한 사람들이 창안했다.

동으로 이동한 하가점하층문화인과 고인돌

그렇다면 요서 지역에서 하가점하층문화를 이끌던 단군왕검사회는 언제 붕괴되었을까. 그 사회는 두 가지 요인이 겹치면서 붕괴되었다. 하나는 정치적 요인이고, 둘은 환경적 요인이다.

먼저 정치적 요인부터 살펴보자. 단군왕검사회가 붕괴된 정치적 상황은 앞에서 설명했듯이 은나라 무정이 주변 나라들을 대대적으로 정벌하는 과정에서 그 여파가 동북 지역까지 밀려와 단군이 아사달로 이주한 사건을 들 수 있다.

당시 무정은 북방과 서북방 그리고 동방에 대해 대대적인 정벌전쟁을 벌였다. 무정이 이들을 공격했다는 기록이 갑골문이나 『주역』에 보인다. 난하 동쪽에 있던 고죽국이 은나라의 제후국이 된 것도 바로 이 시점이다. 앞에서 설명했듯이 단군조선은 무정 39년인 1211년에 멸망했고, 기자가 조선의 제후가 된 해는 164년 뒤인 1046년이다.

두 번째 요인인 환경적 요인이란 하가점하층문화 후기에 있었던 급격한 기온 하강을 말한다. 하가점하층문화 후기로 접어들면서 기온이 빠르게 하강하자 삶의 터전에 변화가 생겼나. 농업에 적합하던 땅이 유목에 적합한 땅으로 변했다. 당시 농업을 주로 하던 단군숙신인은 농업에 적합한 요동과 서북한 지역으로 이주했고, 하가점하층문화 북쪽 지역은 북방에서 내려온 유목민이 점령했다.

이와 같은 두 가지 요인에 따라 하가점하층문화 지역에서 동으로 이동한 단군왕검세력이 고인돌문화를 창안했으리라는 것이 필자가 제시하는 새로운 관점이다. 요동과 서북한 지역에서 고인돌이 발생하는 시기와 그 지역에서 정착농경이 발전하기 시작하는 시기가 일치하는데, 그 시기는 마침 하가점하층문화가 붕괴되는 시기와 맞물린다.

한 가지 가능성을 덧붙이면 앞선 시기에 후기홍산문화를 주도하던 맥족(곰 부족)이 석묘계문화를 가지고 일찍부터 요동과 서북한 지역으로 이주했고, 그들이 가지고 있던 석묘계문화가 발전하여 고인돌이 탄생했을 수 있다.

그러한 사실은 요동과 서북한 지역에서 고인돌이 조성되던 무렵의 묘제를 살펴보면 알 수 있다. 당시 청동기를 부장한 특별한 무덤의 주인공과 달리, 토착 지역 사람들은 대부분 처음에는 돌널무덤에 묻히거나 돌무지무덤에 묻힌 예가 여러 곳에서 확인된다.[274]

후기홍산문화의 돌널무덤이 고인돌로 변화

이러한 묘제는 후기홍산문화인의 것이다. 후기홍산문화인이 사용하던 돌널무덤을 외부로 돌출시키고 뚜껑돌을 과장하면 고인돌이 된다.

이러한 점을 모두 상정하고 고인돌의 발생상황을 추정해보자. 고인돌은 기본적으로 후기홍산문화를 주도하던 곰 부족인 맥족과 관련이 있다. 이들이 선주한 요동과 서북한 지역에 후기홍산문화를 계승한 요서의 하가점하층문화인이 들어온다. 단군왕검사회를 주도하던 그들은 이들 지역에서 영향력을 확대하면서 자신들의 권위를 높이고, 영역을 표시하기 위해 대형 고인돌을 창안했을 것이다. 특히 탁자식 고인돌이 밀집한 곳은 요서의 단군왕검사회의 지도층이 이주해온 곳으로 추정할 수 있다. 단군왕검사회에서 요동과 서북한 지역으로 이주한 사람들은 이후 한국사에서 진(辰) 혹은 진(眞)과 관련된 정치체를 주도했다.

지금까지는 이와 같은 관점으로 역사의 흐름을 이해하지 않고 문헌자료와 고인돌사회를 억지로 연결하려니 모순이 발생한 것이다. 단군신화를 인정하자니 고인돌 축조연대와 맞지 않고, 문헌사료를 인정하자니 단군신화의 개국연대를 부정해야 했던 것이다. 또 요서에 고조선이 있었다고 주장하면서 고인돌도 고조선의 표지유물이라고 주장하는 모순을 극복하지 못했던 것이다.

좌 후기홍산문화인 우하량 유지의 돌널무덤 / 우 요동 남단 해성시 석목성 고인돌

동북공정에 대응하기 위해 2005년 역사학자와 고고학자들이 만든 '고조선사연구회'가 연구의 첫 결실로 발표한 『고조선의 역사를 찾아서』(2008)에서 고인돌을 연구하는 하문식은 "고인돌 분포 지역이 고조선 초기의 영토로 인식되는 공간과 일치한다"라고 했다.[275] 그의 주장대로라면 요동과 서북한 지역을 중심으로 길림과 한반도 남부를 포함한 지역에 고조선이 있어야 한다. 그렇다면 당시 진인(辰人)사회 혹은 진번은 어디에 있었을까.

그는 또한 같은 책에서 고인돌이 고조선을 대표하는 표지유물인 비파형동검 분포권과도 거의 일치한다고 했다. 과연 그런가? 난하에서 요하까지 넓은 공간에서 비파형동검은 보이지만 고인돌은 전무한데 그런 표현을 써도 되는가. 그 정도 공간이면 춘추전국시대의 규모가 큰 나라가 들어서고도 남는다. 그 넓은 공간에 비파형동검만 있고 고인돌은 없는데 거의 일치한다고 표현하는 배짱을 도무지 이해할 수 없다.

그러한 모순된 주장을 하고 나서 그는 "고인돌이 요동 쪽에만 분포한다는 사실은 공통 문화 성격을 지닌 고유한 집단이 있었다는 뜻으로, 고조선의 실체를 이해하는 기준이 된다"라고 강조했다.[276] 하문식은 요동 동쪽의 고인돌문화를 공통 문화 성격을 지닌 고유한 집단이 만들었고, 그들이 고조선 주민일 것이라고 하고는 모순되게도 요서 지역도 고조선의 강역에 포함된다고 주장했다.

하문식은 그러한 모순을 해결하기 위해 다음과 같이 설명했다. "요서 지역은 요동 지역과 다르게 야산이나 구릉지가 펼쳐져 있어서 어디를 둘러봐도 큰 돌이 없고 대부분 황토가 쌓여있다. 이런 지질 조건은 1차적으로 고인돌 축조에 많은 영향을 미칠 수밖에 없다. 고인돌을 무덤으로 이용하던 고조선 사람들은 요서 지역에 큰 돌이 없기 때문에 당시의 중심 묘제였던 고인돌을 만들 수 없었다."[277] 하문식은 요서 지역의 고조선 사람들은 그곳의 환경에 맞는 널무덤과 돌널무덤을 주로 사용했다고 설명했다.[278]

하지만 지도를 보면 그의 주장에 문제가 있음을 금방 알아차릴 수 있다. 대릉하를 포함한 요서 지역도 산악과 구릉으로 이어진 지형이다. 돌이 있으니 고인돌을 조성할 의지만 있다면 얼마든지 만들 수 있었다. 현장을 답사해보면 금방 알 수 있다.

분명한 차이를 보이는 요서·요동 문화

청동기시대 요동과 요서 문화를 같은 주민집단이 영위했다고 하기에는 문제점이 많다. 두 지역의 문화는 뚜렷한 차이를 보인다. 2007년 동북아역사재단에서 펴낸 『고조선, 단군, 부여』에서 이청규는 요동 지역에 분포하는 청동기문화와 요서 지역의 청동기문화는 특징적 차이를 나타낸다고 지적하였다. 그에 따르면 요서 지역에서는 청동제 무기나 짐승무늬 장식 청동기가 많이 출토되는 반면, 요동 지역에서는 정착 농업생활을 반영하는 기하학무늬 청동기나 농기구 등이 많이 나온다. 이 때문에 학자들은 대부분 요서와 요동 지역의 주민 집단을 구분해서 이해한다고 지적했다.[279] 요동 지역은 농경문화가 주도적이었고 요서 지역은 농경문화에 유목문화가 가미되었다.

요서 지역의 청동기문화를 연구한 복기대도 두 지역의 문화는 차이가 난다고 했다. 그는 특히 요서 지역 중에서도 비파형동검문화가 가장 많이 출토되는 대릉하·소릉하 유역의 문화를 능하문화로 규정하고 이를 요동문화와 비교했다.

그는 두 문화의 공통점으로

요서 지역 지형도

비파형동검·긴목단지·구리거울·비파형창·화살촉 등을 들었다. 반면에 차이점으로는 대릉하·소릉하 지역에서는 꺾창이나 청동용기와 같은 황하 지역 유형의 기물이나 사람 얼굴과 짐승 얼굴 같은 그 지역 고유의 기물이 출토된다는 점을 들었다. 이러한 차이점은 두 지역의 문화를 구분하는 데 중요한 근거가 된다. 전체적으로 보았을 때 두 지역의 문화는 불가분의 관계를 맺고 있지만, 황하 유역의 문화요소 일부를 흡수 발전시킨 능하문화와 요동 지역의 문화 사이에는 큰 차이점이 있다.[280] 이종욱도 대릉하 유역과 요동 지역에서 출토되는 유물에는 분명한 차이가 있다고 지적한다.[281] 중국학자 임운도 두 지역은 다른 문화권으로 보아야 한다고 했다.

십이대영자 출토 인면문 장식

노노아호산 동쪽에서 활약한 조선

능하문화는 그 서북쪽, 동북에서 서남으로 길게 뻗은 노노아호산 서쪽에 있는 하가점상층문화와 구별된다. 노노아호산은 한국 고대사의 흐름을 분석할 때 매우 중요한 산이다. 노노아호산이 있음으로써 요하 지류인 노합하와 교래하가 서남쪽에서 발원하여 북동으로 흐르다 요하 본류와 합류한다. 요하는 동으로 흐르다가 남으로 물길을 돌려 발해만으로 흘러든다. 노노아호산이 없었다면 요하의 물줄기는 지금과 같이 크게 돌아서 발해만으로 흐르지 않았을 것이다.

이 산의 북서쪽은 단군왕검사회가 주도했던 하가점하층문화의 중심권이

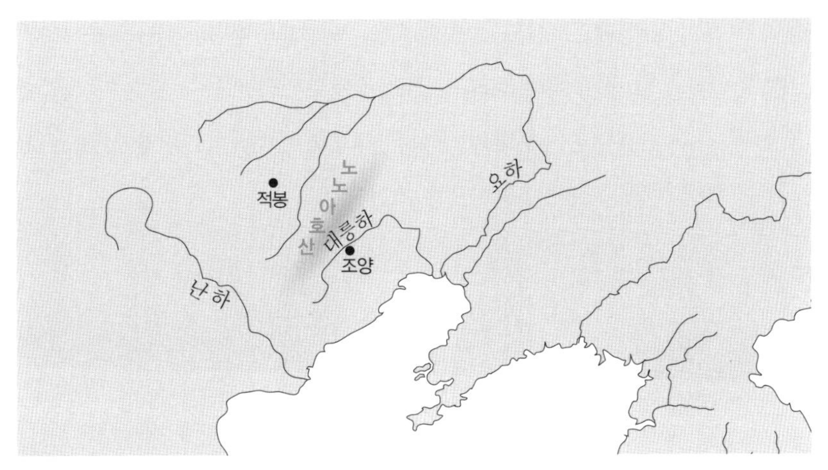

노노아호산의 위치

었다. 이 단군왕검사회는 앞에서 설명한 대로 기원전 14~기원전 13세기 무렵 붕괴된다. 단군왕검사회가 붕괴된 후 이들 지역에는 새로운 문화가 탄생하는데 노노아호산 서북 지역에는 하가점상층문화가, 대릉하·소릉하 지역에는 위영자문화와 능하문화가 탄생한다. 이때 위영자문화는 단군왕검사회가 붕괴되는 시기에서 후조선(기자조선으로 기록된)이 성립되기 전 공백기에 해당하고, 능하문화는 은나라가 망하고 주나라가 성립된 후인 기원전 10세기경을 전후해 발생해서 기원전 4세기 중반 무렵까지 이어진다.[282]

노노아호산 동서 지역의 문화가 다르다는 것은 임운도 동의한다. 그는 여러 기물을 비교·분석한 후 노노아호산 산록 이동 지역은 하가점상층문화에 속하지 않는다는 견해를 제시했다(1980). 적덕방(翟德芳, 자이더팡)도 능하문화 지역과 적봉 지역의 하가점상층문화에는 서로 다른 문화요소가 많다면서 두 지역은 다른 문화권이라고 했다(1998).[283]

그렇다면 두 지역의 문화를 담당한 주체는 누구였을까. 학자들은 대부분 노노아호산 서쪽의 하가점상층문화는 산융 등 유목적 성격을 지닌 집단의 문화로 본다. 반면에 그 산의 동쪽에 있던 위영자문화나 능하문화는 하가점하층민과 동호계 유목민 그리고 중원 쪽에서 이주해온 사람들이 결합한 공동체의 문화이다. 능하문화의 중심은 대릉하 중류인 조양에 있었고, 그 문화를 일군 주체는 『관자』에 나오는 조선이었다.

12

비파형동검은 요서에서 발생해 동쪽으로 확산되었다

비파형동검문화의 주인공은 능하문화인

비파형동검기에 요서와 요동 지역에서 뚜렷한 족적을 남긴 집단은 크게 셋을 들 수 있다. 첫째는 노노아호산 서쪽에서 하가점상층문화를 주도한 산융과 동호, 둘째는 그 산의 동쪽에서 조양을 중심으로 활동한 조선, 셋째는 요하 동쪽에서 활동한 진번이다.

그렇다면 이들 지역을 포함해 길림 지역과 한반도에서도 출토되는 비파형동검은 어떤 정치체가 창안하고 사용했으며 주변으로 확산했을까.

결론부터 말하면 비파형동검은 조양 지역에 중심을 두었던 후조선, 그러니까 『관자』 등 문헌에 나오는 조선 사람들이 만들어 주로 사용했고 주변 지역으로 확산했다. 과연 그런 주장이 타당한지 비파형동검에 관한 학계 일반의 주장을 살펴보자.

먼저 비파형동검이 요동에서 발생해 요서로 확장되었다고 주장하는 학자들이 있다. 대표적 학자로는 북한의 박진욱과 그의 설을 따르는 남한의 윤내현·이종욱·복기대를 들 수 있다.

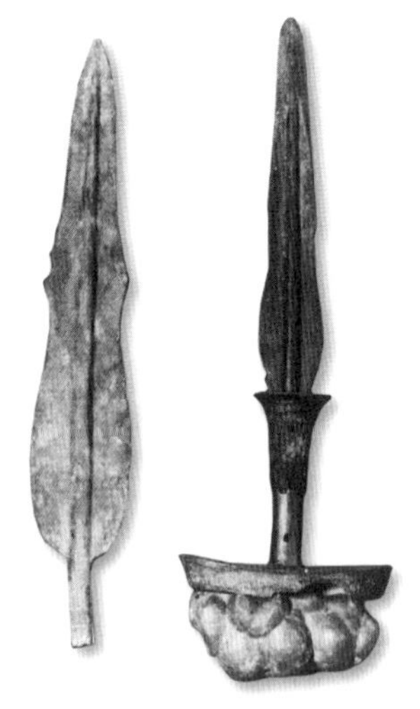

요동 남단의 여대시 강상무덤(왼쪽)과 와룡천 (오른쪽) 출토 비파형동검

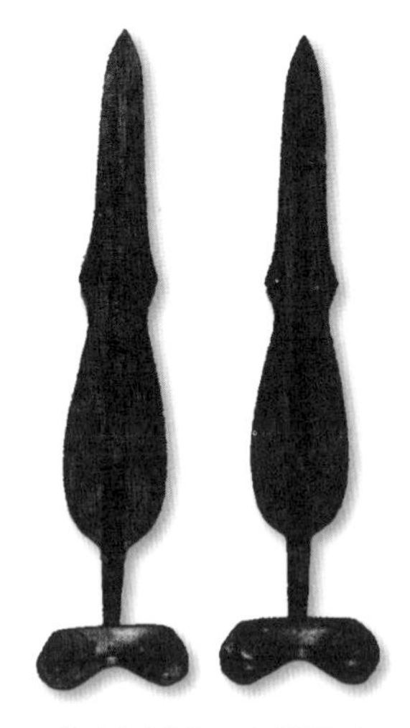

십이대영자 출토 비파형동검

박진욱은 비파형동검을 세 부류로 나눈다. 첫째 부류의 동검은 요동 지역에 있는 쌍방(雙房, 쑤앙팡), 성성초(星星哨, 싱싱사오), 이도하자(二道河子, 얼다오허즈), 리가보(李家堡, 리쟈바오)의 돌널무덤에서 나온 것들로 기원전 12세기경부터 기원전 1000년기 초까지로 본다. 둘째 부류의 동검은 강상(岡上, 강샹), 오금당(烏金塘, 우진탕), 남산근(南山根, 난산건) 101호, 십이대영자등의 무덤에서 나온 것으로 그 시기는 기원전 9세기 중엽부터 기원전 7세기 정도로 비정한다. 셋째 부류의 동검은 정가와자 등지에서 나오는 후기형 비파형동검으로 기원전 7세기에서 5세기에 해당한다고 본다.[284] 박진욱은 첫째 부류의 비파형동검을 쌍방식이라고 불렀는데 쌍방은 요동 남단 보란점시 신금현(新金縣, 신진현)에 있다. 따라서 그의 주장대로라면 비파형동검은 요동 남단에서 발생해 요동과 길림 지역으로 확산되었고 그 후 요서 지역까지 확산되었다.

박진욱의 설을 받아들인 이종욱은 기원전 12세기경 대릉하 유역에는 은의 유민들이 정착하여 정치세력을 형성하고 있었고, 그들이 정착하는 과정

조양시 대릉하와 봉황산

에서 남긴 청동기문화는 고조선과 무관하다고 했다. 반면 그는 요동 지역에는 비파형동검을 사용하는 또 다른 집단이 정치세력을 형성하고 있었는데 그 정치체가 고조선이며, 고조선의 표지유물이 비파형동검이라고 했다.[285]

복기대도 비파형동검의 요동기원설을 지지한다. 그는 그 근거로 요동 지역의 검이 전체 검보다 원시적인 모습을 지닌다는 점과 검과 함께 출토된 다른 기물의 연대가 다른 지역의 그것보다 빠르다는 점을 든다. 따라서 능하문화의 비파형동검은 요동 쪽에서 전래된 것으로 보아야 한다고 했다.[286]

윤내현은 한창균의 주장을 받아들여 기원전 16~기원전 14세기 무렵에 비파형동검문화가 시작되었다고 보았고,[287] 하문식은 고인돌과 마찬가지로 초기 비파형동검의 연대도 기원전 15~기원전 14세기 무렵이라고 했다.[288] 임운도 비파형동검의 '요동기원설'을 지지했다.[289] 요동기원설을 주장하는 학자들은 요서기원설을 주장하는 학자들보다 비파형동검의 발생 시기를 이르게 잡는다.

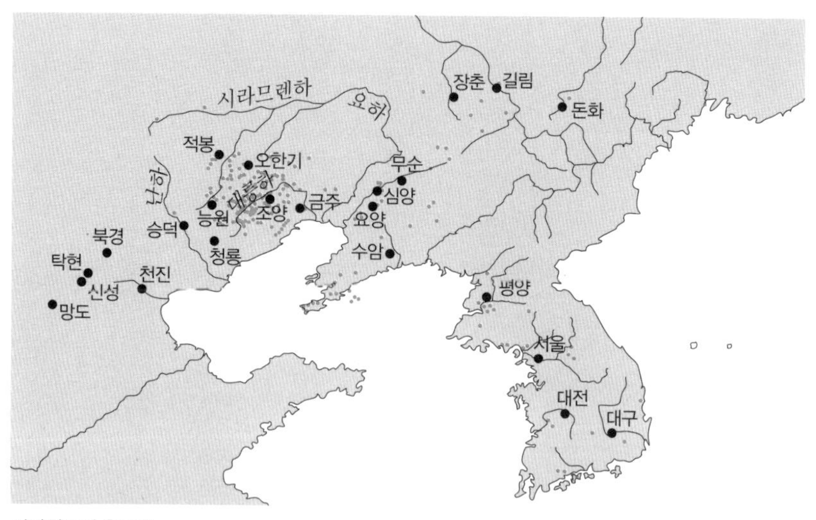

비파형동검 출토지

다음으로 비파형동검은 요서에서 발생해서 요동으로 전파되었다고 보는 학자들의 견해를 보자. 이들은 대체로 물질적 에너지가 서쪽에서 동쪽으로 이동했다는 관점을 가지고 있다. 이 설을 지지하는 학자들 중에는 고고학을 하는 사람들이 많다. 따라서 좀 더 신뢰가 간다. 대표적인 학자로는 김정학·이청규·오강원·이형구·이성주 등을 들 수 있다.

먼저 김정학은 비파형동검의 집중 분포 지역인 대릉하·노합하·요하 하류·난하 유역 중 가장 이른 시기의 유적을 조양의 십이대영자 묘장으로 보고 이 문화를 '조양문화'라고 이름 지었다.[290]

다음으로 오강원은 비파형동검은 요서에서 발생하여 주변 지역의 모사 단계를 거쳐 점차 기술 자체가 확산되었을 것으로 보았다.[291] 이형구는 비파형동검은 요령성 영성현 남산근에서 시작해 조양과 금서 그리고 요동과 한반도로 확산되었다고 했다.[292]

이성주는 비파형동검을 포함한 청동기문화는 요서에서 요동으로 확산되

조양 십이대영자 마을

었다고 보았다. 그는 요동 지역에 최초 단계의 청동기문화가 유입된 시기나 비파형동검 유물복합체의 완성 시기 등을 고려할 때 청동기문화가 서에서 동으로 확산된 것으로 보는 것이 합리적이라고 했다. 그는 중국고고학회 상무이사인 곽대순의 설을 따랐다. 곽대순은 요동 지역에서 비파형동검 유물군이 생산되기 전인 은말주초에 북방의 오르도스식 청동기문화와 중원식 청동기문화가 요서 지역에 들어왔고, 이를 배경으로 요서 지역에 성립된 청동기유물군이 동쪽으로 확산되었다고 했다.[293]

중국학자로 요서기원설을 주장하는 학자로는 곽대순 외에 오은(烏恩, 우엔)과 근풍의(靳楓毅, 진펑이)가 있다. 오은은 비파형동검이 노노아호산 서쪽의 하가점상층문화에서 기원하여 동으로 전파되었다는 '요서기원설'을 제시했다.[294] 근풍의는 각 지역에서 독자적으로 청동기를 생산한 시점이 서에서 동으로 가면서 조금씩 지체되는 것으로 보아 비파형동검도 서에서 동으로 확산되었다고 보아야 한다고 했다.[295]

비파형동검의 발생과 확산에 관한 정설은 아직 없다. 이 때문에 송호정은 비파형동검의 기원지가 요서인지 요동인지는 논의가 필요하다고 했다.[296]

노노아호산 동·서에서 발생한 비파형동검

그렇다면 비파형동검은 언제쯤 생산되기 시작했을까. 요동기원설을 주장하는 북한의 박진욱은 비파형동검의 초기형이 기원전 12세기경에 이미 제작되었다고 했고, 남한의 한창균은 기원전 16~기원전 14세기에 비파형동검문화가 시작되었다고 보았다.

반면에 요서기원설을 주장하는 이청규는 비파형동검 중 가장 이르면서 서쪽에 위치한 것으로 남산근유형을 드는데, 그는 생산 시기를 기원전 9~기원전 8세기경으로 보았다.[297] 남산근은 적봉에서 대릉하 상류인 건평으로 내려오는 길목에 있는 영성에 있다. 유물이 나온 남산근은 낮은 구릉지대로 노노아호산 서쪽에 있다.

오강원도 기원전 9세기 전반에서 중반 무렵에 요서의 서북부에서 비파형동검이 나타나기 시작했으며, 8세기 중반까지도 비파형동검은 요서에서만 나타나고 요동과 한반도에는 그 후에 확산되었다고 했다.[298] 이형구도 비슷한 관점을 가지고 있다.

남산근에서 출토된 비파형동검

그렇다면 비파형동검은 남산근에서 출발하는 것으로 보는 것이 옳을까. 이청규는 남산근유형이 가장 빠르기는 하지만 조양에 있는 십이대영자도 유물 갖춤새의 총체적 모습을 고려할 때

좌 십이대영자 출토 Z자무늬 다뉴경 / 우 황해도 신천에서 출토되었다고 전해지는 비파형동검의 Z자무늬

남산근유형과 비슷한 시기라고 추정했다.[299]

이와 같이 요동기원설을 주장하는 사람들은 비파형동검의 발생 시기를 기원전 12세기 이전으로 판단하고, 요서기원설을 주장하는 학자들은 기원전 9세기 초로 판단한다.

필자는 두 설이 주장하는 고고학적 연대를 정확히 판단할 만한 처지에 있지 않다. 다만 비파형동검이 발생하기 전에 청동기문화의 중심권이 황하 지역과 대륙의 서쪽에 있었다는 것을 고려하고, 요서에 있던 단군왕검사회가 붕괴되고 난 후 비파형동검이 생겼다는 것을 고려하면 요서 지역에서 비파형동검이 생겼다고 보는 것이 옳다고 생각한다.[300]

그렇다면 현재까지의 고고학적 자료를 놓고 볼 때 노노아호산 서쪽의 남산근과 동쪽의 조양 십이대영자 지역에서 비파형동검이 발생했다고 보아도 무방할 듯하다. 하지만 두 지역을 다스린 주체세력은 달랐다. 학자들이 대부분 인정하듯이 남산근 주변은 문헌에 나오는 동호 혹은 산융 세력의 활동무대였다.

그렇다면 십이대영자를 포함한 조양 지역에서는 어떤 세력이 활동했을까. 송호정을 비롯한 일부 한국학자들과 많은 중국학자, 그리고 소수 일본학자는 이 지역의 문화를 주도한 세력을 산융이나 동호로 본다.[301] 하지만 이청규는 고고학적 측면에서 한반도와 마찬가지로 이들 지역의 지배자들이 다뉴기하문경을 대표적 위세품으로 삼았다는 점을 들어 요동-한반도와 관련 있는 족속, 곧 고조선이거나 적어도 고조선이라고 할 수 있는 집단에 대응하는 것으로 추정한다. 서영수도 비슷한 견해를 보였다.[302]

필자는 조양을 중심으로 한 능하문화 지역이 바로 기자조선과 한씨조선으로 이어진 조선의 수도였다고 생각한다. 이곳에서 비롯되어 요동을 거쳐 한반도로 확산된 다뉴조문경도 그러한 정황을 반증하는 자료라고 할 수 있다. 이청규의 설명대로 우두머리의 상징적 지표가 다뉴경이고, 제1급의 다뉴경부장묘가 있는 곳이 중심지였다면,[303] 십이대영자를 포함한 조양 지역은 능하문화의 중심지일 확률이 높다. 십이대영자에서 가장 이른 시기의 Z자무늬 다뉴경과 비파형동검이 출토되었기 때문이다. 그렇다면 대릉하 동쪽의 비파형동검이나 다뉴경은 조양을 중심으로 한 지역에서 전파된 것으로 볼 수 있다.

요서의 비파형동검문화가 요동으로

전기 비파형동검은 대릉하를 고리로 그 서쪽과 요하 동쪽에서 확인된다. 노노아호산 서쪽 남산근에서는 북방 계통의 무기나 중원 계통의 청동용기가 함께 출토된다. 반면에 십이대영자에서는 북방 계통의 동물문 장식이 출토되기는 하지만 다뉴기하문경으로 불리는 독특한 양식의 동경이 출토된다. 이는 만주와 한반도에서 출토된 동경 중 가장 오래된 형식으로 평가되는 Z자무늬 다뉴경이다.[304] 가장 오래된 Z자무늬 다뉴경이 출토된 십이대영자 지역은 남산근유형과 요동에서 나타나는 청동기문화를 공유한 것이다. 그러한 사실은 요서와 요동 물질문화의 중심지가 바로 이곳이었을 가능성을 시사한다.

비파형동검과 다뉴경의 발생과 확산에 주목한 이청규는 기원전 8~기원전 6세기의 고조선은 조양을 중심으로 하고 요하 동쪽에 있는 심양과 그 주변 본계(本溪, 번시) 양가촌(陽家村) 등의 여러 집단과 연결하여 넓은 의미에서 하나의 연맹국가와 같은 '국'의 네트워크를 형성했다고 했다. 그는 고조선과 제나라가 교역했다는 『관자』의 기록은 이러한 고고학적 상황과 맞물리는 것으로 이해했다. 옳은 판단이다. 기원전 8~기원전 6세기의 고조선의 중심은 조양 지역이었다.[305]

십이대영자에서 출토된 비파형동검과 다뉴경의 1차 확산지는 요하 동쪽의 본계 양가촌을 포함하고 있는 태자하(太子河, 타이쯔허) 유역이다. 초기 비파형동검기가 지나고 기원전 6세기경이 되면 지금의 심양을 중심으로 한 지역에 정가와자유형이 탄생한다. 그 후 정가와자유형의 물질문화는 요동 남단으로 확산된다. 그러한 사정은 기원전 5세기대에 이르러 요동 남단에 있던 고인돌 집단의 물질문화가 정가와자유형으로 변동된 것으로 알 수 있다. 이때가 되면 요동 남단의 묘제는 널무덤이나 돌덧널무덤으로 바뀌고, 토기도 검은간토기와 덧띠토기로 바뀐다. 널무덤이나 돌덧널무덤은 요서 지역에서 주로 사용하던 묘제다.

이는 당시 요동 지역 정치·문화의 중심지가 정가와자가 있는 심양 지역이었다는 것을 말한다. 그런데 정가와자유형 비파형동검은 요서 조양 지역의 십이대영자유형 동검문화의 직접적 영향을 받았다. 그렇다면 물질문화의 파동은 대릉하 유역의 조양에서 심양의 정가와자로, 다시 요동 남부 지역으로 흐른 것이 된다.[306]

이때가 바로 『위략』에 기록된 조선후가 다스리는 대고조선 시기다. 그런

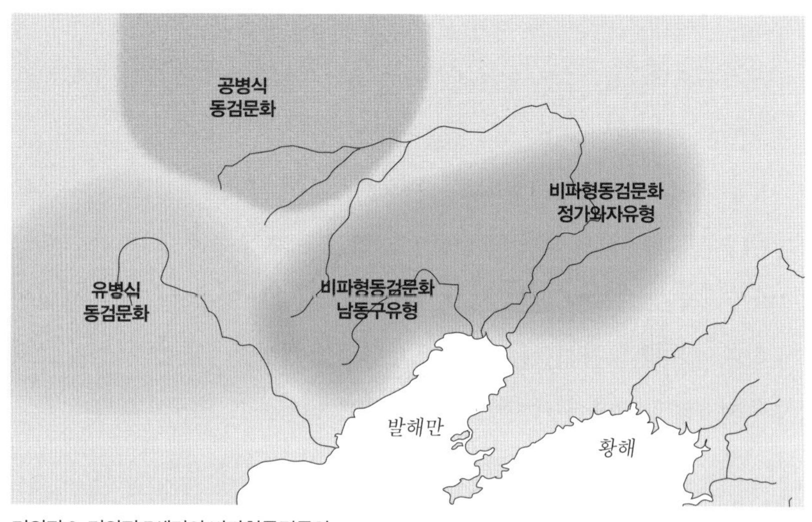

기원전 6~기원전 5세기의 비파형동검문화

데 당시 대고조선은 주변에 있던 진번을 비롯한 군소 예맥인과 느슨한 형태의 연맹왕국을 형성하고 있었다. 그중 조선 다음으로 큰 정치공동체는 진번이었다. 그렇다면 진번은 어디에 있었는가.

앞에서 설명했듯이 진번은 요동 서남단 개주시 부근에 중심을 두고 있었다. 비파형동검문화와 연결해 설명하면 심양을 중심으로 한 정가와자유형의 남단에 있었다. 그곳은 대형 탁자식 고인돌이 분포하는 공간이다.

지금까지 설명한 자료를 근거로 결론을 내려보자. 비파형동검문화는 요서에서 발생해 요동으로 전파된 문화로 이 문화의 주체는 조선인이었으며, 고인돌은 요동 지역에 있던 진인의 문화였다.

이제 독자들은 고인돌과 비파형동검문화의 중심지가 왜 다른지 이해할 수 있을 것이다. 또 필자가 왜 고인돌문화 담당자와 비파형동검문화 담당자를 구별해야 한다고 주장하는지도 이해했을 것이다. 비파형동검은 고인돌이 없는 요서에서 발생해 1차적으로 요동 중부인 무순과 심양 지역으로 전파되었고, 다시 남으로 확산되었는데, 이들 지역에는 대형 탁자식 고인돌이 분포하고 있었다. 고인돌문화인은 비파형동검문화를 창안한 사람들이 아니라 수용한 사람들이었던 것이다.

조양 남쪽 발해만에 인접한 호호도시 동대장자에서 출토된 전국시대의 비파형동검

요동으로 들어온 비파형동검문화는 한반도로 전파된다. 그러한 사정은 대동강 유역에서 출토된 세형동검문화로 알 수 있다. 대릉하 유역에서 그 동쪽으로 요동 일부까지를 직할지로 하고, 그 동쪽에 있던 진번을 포함한 군소 예맥인과 느슨한 형태의 연맹왕국을 형성한 대고조선은 기원전 3세기 초 연나라의 공격을 받고 대동강 유역과 황해도 지역으로 중심을 이동한다. 그 여파로 서북한 지역에는 정가와자유형 비파형동검문화와 연계성이 강한 세형동검문화가 형성된다.[307] 이는 대동강 유역으로 이동한 조선인이 정가와자 지역과 일정한 관계를 맺고 있었음을 의미한다.

Ⅳ

삼한의 정립과 주도세력

4부에서 독자들은 현재 우리가 국호로 사용하고 있는 '대한민국'이 어떤 정치집단의 정체성과 연결되었는지와 삼한은 각기 다른 계통의 정치흐름과 연결되었다는 것을 새롭게 인식하게 될 것이다.

제헌국회에서 대한민국이라는 국호를 채택할 때 대한민국이 계승하려고 했던 정치공동체는 삼한을 염두에 두었을 개연성이 크다. 이때 삼한이 최치원의 삼한관을 염두에 두었다면 별 문제가 없다. 그러나 현재 주류사학계에서 지지하고 있는 한백겸의 삼한정통론을 염두에 두었다면 문제가 크다. 그가 주창한 삼한정통론의 핵심은 '삼한은 한강 유역 이남의 정치체로 그 이북에 있던 고구려와는 상관이 없다'는 것이다. 이 설을 따르게 되면 대한민국의 정통성에 문제가 발생한다. 대한민국은 한강 유역 이남의 삼한(삼한을 계승한 백제·신라·가야)을 통일한 통일신라, 그리고 통일신라를 계승한 고려와 조선을 계승했다고 볼 수 있기 때문이다.

따라서 그와 같은 삼한정통론을 극복하지 못한다면, 앞으로 다가올 통일과정에서 벌어질 역사논쟁과 통일시대 이후 중국과의 역사전쟁에서 반드시 패할 것이다.

왜냐하면 우선 한백겸의 삼한정통론 관점으로 보면, 삼한을 통일한 통일신라는 고구려를 제외한 중부 이남을 통일한 것이 된다. 그런 통일신라를 계승한 것이 현재의 대한민국이라는 관점으로는 북한의 고구려 정통론을 극복할 수 없을 뿐 아니라 통일 후 남북한 주민 모두가 공감할 역사정체성을 확립할 수도 없다.

그리고 한백겸의 삼한정통론과 그것을 지지하는 현재의 삼한관은 동북공정에도 악용되었다. 중국학자들은 고구려를 배제하고 삼한을 통일한 신라를 계승한 대한민국은 고구려와 무관하다는 논리를 편다.

삼한정통론과 같은 맥락에서 주류학계는 삼한을 형성한 주민이 한강 이남 지역에 살던 토착종족이 분화된 것이라는 논리를 편다. 이 논리 또한 동북공정에서 고구려와 대한민국을 분리하는 논거로 활용되었다.

이러한 문제를 일거에 해결할 수 있는 삼한의 정체성을 정립함으로써 새롭고 뚜렷한 삼한관을 제시하기 위해 4부를 구성했다. 4부를 읽고 나면 최치원이 왜 '마한은 고구려, 변한은 백제, 진한은 신라'라고 했는지 이해할 수 있을 것이다. 그의 삼한관은 당대 동아시아 지식인들이 보편적으로 가지고 있던 삼한관으로 한국 고대사의 흐름이 반영된 것이다.

필자는 이에 더하여 삼한정치체의 뿌리가 한민족 초기공동체를 주도한 세 그룹의 지배집단과 관련 있다는 것을 밝힌다. 특히 『신당서』·『구당서』에서 김씨왕들이 지배하던 신라를 왜 '변한(弁韓)의 후예'라고 했는지에 대해 해명한다.

01

삼한일통의 개념은
동북공정에 악용되었다

대한민국이라는 국호의 의미와 뿌리

우리나라는 언제부터 대한민국이라는 국호를 사용했을까. 대한민국이라는 나라 이름에는 어떤 의미가 담겨 있을까. 그리고 대한민국이 계승하려고 한 조상들의 정치공동체는 어떤 모습이었을까. 너무나도 상식적인 질문 같지만 이 질문에 대한 답을 제대로 하기는 그리 쉽지 않다. 왜 그런가. 그것은 한반도 중부 이남에서 활동한 한인(韓人)사회와 삼한에 대한 이해가 부족하기 때문이다.

지금부터 차근차근 그 답을 제시하면서 삼한의 성립과 삼한을 주도한 각 정치 엘리트들의 기원을 알아보자.

먼저 대한민국이라는 국호는 1948년 6월 제헌국회에서 탄생했다. 당시 제헌의원들은 나라 이름을 정하기 위해 여러 명칭을 놓고 토론했지만 결론이 나지 않아 표결을 거쳐 대한민국을 나라 이름으로 정했다. 그 결과 건국헌법 제1조 제1항은 "대한민국은 민주공화국이다"라고 규정했다. 이 조항은 현행 헌법에도 그대로 계승되었다. 당시 표결에 부쳐졌던 이름들은 고려공

화국·조선공화국·한국·대한민국 등이었다.[1]

당시 표결에 부쳐진 이름들은 모두 조상들이 일구었던 역사공동체로, 한민족공동체의 정통성을 계승하고자 하는 염원을 담은 명칭들이다. 고려공화국은 고구려와 고려를 의식한 명칭이었고, 조선공화국은 고조선과 조선을 의식한 명칭이었으며, 한국과 대한민국은 삼한을 의식한 명칭이었다.

당시 제헌의회에 제시되었던 한국 혹은 대한민국이라는 국호는 분명 삼한과 삼한을 계승한 삼국, 그리고 삼국을 통일한 신라를 의식한 명칭이었다. 그런데 3부에서 살펴본 대로 삼한이라는 정치공동체의 명칭에서 '-한(韓)'이라는 명칭은 기원전 10세기 이후 있었던 고조선(한씨조선)과 관련 있다. 춘추전국시대 요서와 요동을 중심으로 활동하던 한씨조선이 기원전 3세기 초 연나라의 공격을 받고 그 중심을 대동강 유역으로 옮김으로써 한반도에 한(韓)계열의 엘리트들이 출현하게 된다.

따라서 한국 혹은 대한민국이라는 국호의 뿌리는 춘추전국시대의 고조선에 닿아있고, 그 고조선을 주도했던 한씨들은 주나라 초에 북경 남쪽에 있던 한국(韓國)과 관련 있다. 그러므로 대한민국의 뿌리는 바로 주나라 초에 중국 동북 지역에서 막강한 영향력을 발휘했던 한국에 닿아있다고 보아야 한다.

그렇다면 대한민국이라는 이름에 담겨 있는 '대한-'의 '한'은 어떤 의미가 있을까.

서영수는 『시경』「한혁편」에 나오는 서주 시기의 한국을 고조선이라고 보고, 당시 고조선의 왕을 한이라 했다고 주장했다. 그는 한(韓)은 '한(汗)'이나 '간(干), 칸'과 같은 용어로 왕과 같은 정치적 대군장을 나타내는 고유어라고 보면서 당시 고조선은 한조선(韓朝鮮)으로 부르는 것이 옳다고 했다.[2]

윤내현도 서주 시기 한국을 고조선이라고 본다. 그는 한국의 제후였던 한후는 고조선의 통치자인데 중국인은 전통적으로 중국의 천자가 천하를 다스려야 한다고 믿었으므로 다른 나라의 통치자들을 중국의 천자에 대한 제후로 표현하였다고 보았다. 따라서 통치자를 뜻하는 고조선의 언어인 한(韓·汗)과 제후를 뜻하는 중국의 표현인 후(侯)가 결합되어 한후(韓侯)로 표기되었다고 보았다.[3]

신채호도 한(韓)은 나라 이름이 아니라 왕이라는 뜻이라고 했으며, 그런 관점에서 삼한은 조선을 셋으로 나누어 통치하던 3대왕(大王)을 가리키는 것이라고 했다.[4]

노태돈은 '한'이란 말의 어원은, 신라 관등인 대아찬과 대사를 금석문에서 각각 '韓阿飡'과 '韓舍'로 표기하기도 하였음에서 알 수 있듯이, '크다'는 뜻을 지닌 '한'이란 말의 소리를 새겨 한자로 '한(韓)'이라 표기한 것으로 이해했다.[5] 그는 '한'이 북방 유목민들이 전통적으로 그 군주의 호칭으로 사용하던 가한(可汗)의 한(汗)과 같은 말이라고 했다. 고구려를 포함한 예·맥·한계의 여러 집단에서 족장과 군장의 칭호는 원래 가(可)·간(干)·한(韓)·한(旱) 등이었고, 이는 한(汗)과 같은 성격의 용어로 여겨진다는 것이다.[6]

문정창이나 김운회도 한(韓)은 크다·임금·천자의 의미를 가진 알타이어족계의 말을 간(干)·한(汗)·한(漢) 등과 같이 한자로 표기한 것이라고 이해했다.[7,8]

이러한 관점을 종합해보면 대한민국이라는 나라 이름의 의미는 '대단히 크고 훌륭하며 주권이 국민에게 있는 나라' 혹은 '대단히 훌륭한 대통령[韓]이 영도하는 민국' 정도가 될 것이다.

삼국은 신라·백제·금관(가야)인가

중국은 동북공정을 통해서 고구려가 중국 동북 지역 역사에 등장한 변경민족정권이라는 논리를 완성했다. 그들이 그러한 주장을 하면서 가장 강조하는 점은 현재 한국은 고구려를 계승하지 않았다는 논리이다. 다시 말하면 고대 중국의 변방민족이 사용하던 '고구려'라는 명칭을 삼한·신라의 계승자인 고려정권이 계승 도용함으로써, (중국) 현대인은 중국 고대 동북 지역에 있던 변방정권에 관해 이해하는 데 많이 혼란스러워하고 잘못된 견해를 갖게 되었다는 것이다.[9]

중국이 제기하는 논리의 핵심에는 두 가지 잘못된 시선이 들어있다. 하나는 현재 한국 땅에 있던 고려는 현재 중국 땅에서 발생한 고구려를 계승한 나라가 아니라는 것이다. 둘은 현재 대한민국은 중부 이남에 있던 삼한과 그것을 계승하고 통합한 통일신라와 통일신라를 계승한 고려와 조선을 계승한 나라라는 관점이다. 다시 말하면 중국사의 범주에 속한 고구려를 한국사의 범주에 속한 삼한·고려·조선족과 혼동해서는 안 된다는 것이다. 이 양자는 역사적 연속성이나 계승성 또는 상관성이 전혀 없다는 것이다.[10]

그들은 다음과 같은 논리로 고려는 고구려를 계승한 나라가 아니라고 주장한다. 고구려 정권이 존재했을 때 이미 사가(史家)들은 고구려를 '구려'·'고려'로 기술하였고, 수·당 시대에는 사가들과 고구려인이 습관적으로 '고구려'를 '고려'로 부르면서 '고려'라는 명칭이 이미 역사책에 나타나기 시작했다는 것이다. 다시 말하면 고려는 고구려 시기에 '고구려의 약칭'으로 사용되던 명칭이었다는 것이다.

그런 고려라는 명칭을 고구려가 멸망한 지 250년이 지나 등장한 한반도의 '왕씨고려(왕건이 세운 고려)'가 도용했다는 것이다. 고려는 왕족의 성씨로 보나 예속된 백성의 구성 실태로 보나 근본적으로 차이가 있으므로 고씨고려와 왕씨고려를 혼동해서는 안 된다는 것이다. 다시 말해 "고씨고려와 왕씨고려 사이에는 250년이라는 간격이 있고, 왕씨고려의 강역은 기본적으로 신라의 강역을 계승했으며, 그 구성원도 대부분 신라인[辰韓, 弁韓]과 백제인[馬韓]으로 한반도 남부의 삼한인(三韓人)이었다"라는 것이다.[11]

그들은 고구려와 고려의 계승관계를 부정하는 논리로 고려가 삼한을 계승한 정치체라는 점을 강조한다. 그들의 그러한 관점은 동북공정 이전에 출간된 역사책에도 이미 반영되어있었다. 동북아역사재단은 중국 역사 교과서의 한국 관련 서술의 문제점을 분석한 연구서인 『중국 역사 교과서의 한국 고대사 서술문제』(2006)를 출간했다. 그 책에 따르면 중국 인민출판사의 대학교재인 『세계사』 1983년판(구판)과 1997년판(신판)을 비교한 결과, 고구려사를 구판에서는 한국사로 봤다가 신판에서는 중국사의 일부로 편입했다. 그뿐만 아니라 신판은 삼국을 고구려·신라·백제가 아닌 신라·백제·금관(가야)으로 규정해 고구려를 한국사에서 완전히 빼버렸다.

삼한은 과연 중부 이남의 토착 종족일까

중국이 고구려를 중국의 지방정권이라고 강변하면서 한국사와는 무관하다고 주장하는 논리를 개발하는 데는 한국 역사학계의 견해도 일정 부분 기여했다. 이게 무슨 말인지 의아하겠지만 분명 그들의 논리에 한국 주류 역사학계의 견해가 스며 있다. 동북공정에 악용되고 있는 한국 역사학계의 견해는 바로 삼한이 한반도 남부에 살던 토착주민들의 정치체라는 주장이다.

이러한 주장은 언제부터 있었을까. 일찍이 정약용은 『아방강역고』 「삼한총고」에서 "열수의 북쪽은 중국과 가까워 문명화가 조금 빠르고 열수의 남쪽 땅은 훨씬 궁벽하고 멀어서 그 우두머리를 함께 추대하여 '한(韓)'이라고 불렀는데, 여기서 한이라는 이름을 얻었다"라고 했다. 그는 한(韓)이 북쪽에서 이주해온 사람들이 아니라 한반도 중부 이남 땅에 살던 사람들이라고 주장한 것이다.[12]

조선 말(1886) 한국에 들어온 선교사이자 교육자 호머 헐버트(Homer Hulbert)는 한인이 남방계라고 주장했다. 그는 한국어를 연구한 뒤 한국어가 우랄알타이어에 속한다고 정의했다. 또 한국어가 인도 남쪽 드라비다 지방의 언어와 공통점이 있다고 주장했다. 『한국사(The History of Korea)』(1905)를 발표하기도 한 그는 우리 민족을 북쪽의 예맥족과 한강 남쪽의 한족(韓族)으로 대별하면서, 삼한의 주민을 남방족으로 이해했다.

이러한 주장은 일본의 나카 미치요(那珂通世)도 했다. 그는 숙신의 남쪽 현토·낙랑 근처에 맥(貊)의 여러 종족이 있고, 남쪽에는 한(韓)의 여러 종족이 있다는 견해를 밝혔다. 또 이마니시 류(今西龍)는 헐버트와 마찬가지로 우리 민족이 예맥과 한(韓)족으로 구성되었다고 보았다.[13]

해방 후 한국 주류 역사학계도 이러한 견해를 수용했다. 그들은 우리 조상의 주요 구성종족을 한반도 북부와 만주 지역의 예맥족과 한반도 남부 지역의 한족으로 분리하여 생각했다.[14] 노태돈은 기본적으로 중부 이남에 살던 토착민은 한족이며, 이들 내에서 다시 지역에 따라 약간 차이가 있어 이를 마한·진한·변한으로 구별해서 삼한이 생겼다고 했다.[15] 그의 제자인 송호정도 같은 견해를 취한다.[16]

역사학계 일부에서는 고조선의 남쪽 경계가 압록강이나 청천강이었다는 인식을 바탕으로 한국 역사의 정통성은 고조선이 아니라 한(삼한)에서 찾아야 한다고 주장하기도 한다.[17] 비슷한 견지에서 김한규는 『요동사』(2004)라는 책에서 만주의 역사는 한국사도 아니고 중국사도 아니라고 주장하기도 했다.

김운회는 『요동사』의 관점을 포함하여 한국의 보수 사학계는 '한국=삼한'이라는 식으로 한국을 파악하는데 이것은 근본적으로 잘못된 판단이며, '신판 삼한정통론'에 가깝다고 비판했다. 그는 신판 삼한정통론인 『요동사』 또한 고구려를 한국의 역사에서 배제하는 논리적 근거를 제공해 중국의 동북공정을 크게 도울 위험성이 있다고 했다.[18] 옳은 지적이다.

안타까운 일은 삼한에 대한 주류학계의 이런 견해가 동북공정에 대응하기 위해 세운 고구려연구재단이나 동북아역사재단에서 발행한 책에도 버젓이 실려 있다는 것이다. 나라에서 막대한 자금을 지원하는 연구재단에서, 그것도 고구려사를 중국사로 편입하려는 시도에 대응하려고 세운 기관에서 그들이 악용하는 논리를 그대로 싣고 있다니 어처구니가 없다. 아마도 그들은 자신들의 주장이 진리라고 생각하는 모양이다.

이러한 상황을 염두에 두고 보면 삼한정치체의 정체성을 밝히는 것은 한국 상고사를 이해하기 위해서도, 중국이 동북공정에서 확정한 논리를 극복하기 위해서도 꼭 필요하다.

중국 문헌에서는 요동 지역을 삼한이라 했다

대한민국이 삼한에 뿌리를 두고 있다는 논리를 긍정한다고 해도 삼한의 뿌리가 한반도가 아니라 중국 동북 지역이라면 이야기는 달라진다. 그런데 그러한 증거자료는 중국인이 쓴 문헌에서 찾을 수 있다. 그렇다면 동북공정을 통해 확보한 그들의 논리는 잘못된 것이다.

『전한서』 한고조 4년(기원전 203) 8월조에는 "북맥·연나라 사람이 와서 날랜 기마병을 보내어 한을 도왔다"라는 기사가 있다. 이 기사에 대해 당나라 초의 학자 안사고는 "맥은 동북방에 있고, 삼한에 속한 것은 모두 맥족이다"라고 했다.[19, 20] 안사고는 삼한인들이 맥인들이고, 중국 동북 지역에서 살았다고 이해하였다.

『수서』 권6을 보면 수나라 양제는 고구려 침공을 '삼한숙청(三韓肅淸)'이라 표현했으며, 한나라 때부터 당나라에 이르기까지의 시문을 모아 당 고종 때 편찬한 『문관사림』 정관연간(627~649)에도 고구려를 '삼한지역'이라고 표현하였다.

당나라 지식인들이 고구려의 기층민을 진한인으로 기록한 자료도 있다.

고구려 보장왕의 손자 고진(高震)의 묘지석을 보면 그의 출신을 "부여의 귀종(貴種)이며 진한(辰韓)의 영족(令族)이었다"라고 했다.[21] 이 표현에는 당시 지식인이 가지고 있던 고구려 주민에 대한 역사인식이 담겨 있다. 인용한 비문은 "고구려의 왕족인 고진은 부여의 혈통을 가진 사람으로 진인을 기층민으로 하는 진한의 영족이었다"라고 해석할 수 있다. 비문을 있는 그대로 "고진은 부여혈통의 고귀한 사람으로 진한, 즉 신라의 영족이었다"라고 해석하면 의미가 통하지 않는다.

아래에서 삼한을 분리하여 설명할 때 언급하겠지만, 고진의 묘비에서 말한 진한은 고구려를 말하는 것이 아니라 고구려 주민들 중 진한 계통이 살고 있었다는 의미이다. 고구려는 진인을 바탕으로 하고 부여계가 주도한 나라였기 때문이다. 그렇다면 고구려를 마한으로 보는 설과 충돌하지 않느냐고 반문할 것이다. 이 또한 해명할 수 있다. 고구려 마한설은 '고구려가 한씨조선 땅에서 발흥한 나라'라는 관점에서 성립된 것이다.

요나라인도 만주 지역이 삼한과 관련 있다는 점을 인식하고 있었다. 그것은 현재 심양 북쪽에 있는 창도현(昌圖縣, 창투현)을 『요사』「지리지」에서 한주(韓州)로 부른 것으로 알 수 있다.[22] 요동 땅인 이곳이 과거 한인들의 땅이었기에 한주라고 명명한 것이다.

마지막으로 조선의 기록이기는 하지만, 청나라 시절 조선의 사절로 갔던 권이진이 쓴 『연행일기초』에도 요동이 삼한인과 관련된 땅이었다는 인식이 보인다. 그 책에서 권이진은 "요동성에 있는 관왕묘에 삼한왕(三韓王) 아무개가 썼다"라는 글귀가 있음을 지적했고, 요동 사람 조대수의 묘비에 (그를) '삼한 사람[三韓人]'이라 칭하고 있다고 했다. 이 또한 과거 요동 땅이 삼한과 관련 있었다는 것을 반증하는 자료이다. 더구나 송나라 때 기록을 보면 앞에서 말한 한주가 삼한의 땅이라고 되어있다.[23]

이러한 내용들로 미루어보아 한강 유역과 그 이남에 있던 삼한인은 이전에 만주를 비롯한 중국 동북 지역에서 활동하던 사람들의 후손이었다는 것을 알 수 있다.

삼한일통은 삼국통일인가 남한통일인가

앞에서 살펴본 것처럼 중국 인민출판사의 대학교재인 『세계사』 1997년판에서는 고구려사를 중국사의 일부로 편입하면서, 삼국을 고구려·신라·백제가 아닌 신라·백제·금관(가야)으로 규정해 고구려를 한국사에서 완전히 빼버렸다.

그들은 한국이 한강 유역 이남에 있던 삼한을 통합한 통일신라 그리고 통일신라를 계승한 고려·조선의 정통성을 계승한 나라라는 논리를 기반으로 그렇게 주장한다. 다시 말하면 신라는 『삼국지』에 기록된 삼한, 즉 충청도와 전라도 지역의 마한=백제, 경상북도의 진한=신라, 그리고 경상남도의 금관(가야)=가야를 통합한 나라라고 주장하는 것이다.

중국인의 그러한 주장은 한국은 삼한에 뿌리를 두고 있다는 삼한정통론을 원용한 결과이기도 하다. 따라서 그들의 그러한 주장을 극복하려면 삼한과 삼국의 계승관계를 논리적으로 설명해야 한다. 그러나 지금까지 학계의 어느 누구도 그러한 계승관계를 명쾌히 논한 사람은 없다. 사실 삼한과 삼국의 계승관계를 논리적으로 설명하기는 쉬운 문제가 아니다.

한국이 삼한을 계승했다는 생각에는 신라가 삼국을 통일하는 과정 혹은 그 직후에 제기된 이데올로기인 삼한일통(三韓一統)론도 일조했다. 2009년에 방송된 드라마 「선덕여왕」을 보면 훗날 선덕여왕이 되는 덕만공주는 '삼한일통'이라는 대업을 제기한다. 덕만공주가 실제로 삼한일통론을 제기했는지는 역사적으로 확인되지 않는다. 다만 통일전쟁이 격화되는 과정에서 이 이데올로기가 제기되었을 가능성은 얼마든지 있다.

문헌상으로 보면 삼한일통 개념은 『삼국유사』에는 「문무왕편」에, 『삼국사기』에는 「신문왕조」에 처음 보인다. 신라가 통일 과정 혹은 통일 직후 삼한일통이라는 개념을 이데올로기화했음을 시사하는 대목이다.

그런데 이때 사용한 삼한개념은 참으로 애매하다. 언뜻 생각하면 삼국통일을 의미한다고 할 수 있지만, 삼한일통이란 개념이 『삼국지』에 나오는 한강 유역과 그 이남 지역에 있던 삼한을 떠올릴 수도 있기 때문이다. 삼한과 삼국이 어떻게 연결되는지에 대한 설명이 없는 상태에서 삼한일통이란 개념이 사용되었기 때문에 더욱 그렇다.

그렇다면 신라는 처음부터 미완의 통일, 즉 고구려를 제외한 가야와 백제를 신라에 통합하는 것을 목표로 했을까. 그렇다고 볼 수는 없다. 그것은 고구려의 계승국임을 표방한 고려의 창업자 왕건도 삼한일통이라는 이데올로기를 활용한 것에서 알 수 있다. 왕건이 후삼국을 재통합한 것을 삼한일통이라고 했을 때 그 삼한에는 고구려가 분명히 포함된다.

그렇다면 우리 학계에서는 삼한일통론을 어떻게 인식했을까. 먼저 노태돈은 삼한일통의식이 태동한 배경을 다음과 같이 설명한다. 신라가 삼국을 통일하는 과정, 특히 대당전쟁과 그에 이은 영역화 과정을 거치면서 삼국의 주민은 동질성을 자각하게 되었고, 그런 자각을 바탕에 둔 삼국 주민을 아우르는 차원의 동족의식이 전면에 제기되었다. 삼한일통의식은 그런 상황에서 삼국 주민 전체를 하나로 통합하기 위한 이데올로기였다. 여기서 삼한은 삼국이며 동시에 삼국이 합쳐져 이루어진 우리나라를 뜻한다.[24] 그는 삼국 말기 수나라, 당나라 사람들이 삼국을 지칭하여 삼한(三韓)이라고 했음을 지적하면서 삼한일통이란 개념의 삼한은 삼국이 분명하다고 했다.[25]

노명호도 노태돈의 견해에 동의한다. 그는 삼한일통, 곧 '삼국 주민이 하나'라는 인식은 신라가 삼국을 통일한 뒤 백제 유민과 고구려 유민을 융합하기 위해 키워낸 이념일 것이라고 했다.[26]

주보돈도 노태돈의 견해에 동의하면서 삼한일통론에서 삼한은 삼국과의 연속선상에서 파악한 것이라고 했다. 그는 그 근거로 최치원이 「상대사시중장」에서 '마한은 고구려, 변한은 백제, 진한은 신라'라고 한 삼한관을 들었다. 그는 「상대사시중장」을 최치원이 작성했으나 신라의 공식적 견해를 나타냈기 때문에 최치원의 견해는 통일신라 당대의 일반적 삼한관으로 보아야 한다고 했다.[27] 김성호도 최치원이 마한은 고구려이고, 변한은 백제이며, 진한은 신라라고 한 것은 당시 나당 양국에서 통용되던 일반 관례였다고 보았다.[28] 필자도 그러한 견해에 동의한다.

최치원의 삼한관을 부정하는 주류사학계

김병곤은 「최치원의 삼한관에 대한 인식과 평가」라는 논문에서 최치원의 삼한관이 이후 한국사에서 어떻게 정리되어왔는지 살펴보았다. 아래는 그의 논문내용을 요약하면서 필자의 견해를 추가한 것이다.

그에 따르면 김부식은 『삼국사기』에서 최치원의 서술을 역사·지리적으로 사실에 가까운 것으로 인정하였고, 일연은 『삼국유사』에서 삼한과 삼국의 관계를 계승적 관계로 이해하며 최치원의 견해를 정설로 받아들였다.[29] 이로 보아 고려시대의 지식인은 최치원의 삼한관을 긍정적으로 수용하였다는 것을 알 수 있다.

그러나 조선조에 들어서면서 상황이 바뀐다. 최치원의 삼한관은 조선 초부터 논쟁에 휩싸인다. 논쟁에 불을 지핀 이는 권근이다. 그는 『동국사략』에서 '최치원이 마한은 고구려이고 변한은 백제라고 한 것은 잘못'이며, '변한이 고구려이고, 마한은 백제'라고 했다. 하지만 국가 차원에서 저술된 『신증동국여지승람』 「경기조」에서는 최치원의 견해를 정설로 인정하면서, "경기·충청·황해도는 마한 구역이고, 전라도는 변한 구역에 속했다"라고 했다. 또 같은 책 「황해도조」에서는 "황해도는 본래 조선과 마한의 옛 영토였는데 나중에 고구려가 점령하였다"라고 하여 마한을 고구려가 계승한 것으로 이해했다.[30]

조선 중기가 되면 현재 주류 사학계가 가지고 있는 통설에 가까운 견해가 제시된다. 한백겸은 『동국지리지』와 『동경잡기』에서 최치원의 견해를 전적으로 부정했다.

그는 『동국지리지』 「삼한전」에서 "동방은 예부터 남북으로 나뉘었으니 한강 일대를 중심으로 그 북은 본래 삼조선의 땅이고, 그 남은 삼한의 땅이었는데, 남은 남대로 북은 북대로 서로 넘나들지 않고 독자적 역사문화를 일구었다"라고 강조했다. 그러면서 그는 한강 이남 지역에 있던 삼한을 다음과 같이 설명했다. "한나라 초 기준이 위만에게 쫓겨 바다를 건너 남의 한지(韓地)인 금마군에 이르러 도읍하고 한왕을 칭하여 마한이 되었고, 진(秦)나라 망명인이 피난하여 후에 한지로 들어오자 한이 동쪽 땅을 떼어주어 진한이 되었으며, 그 남이 변한으로 진한에 속해 따로 거수가 있었다."

같은 책에서 한백겸은 이들 삼한이 이후 어떤 정치체로 발전했는지 다음과 같이 설명했다. "왕망의 신나라 원년 온조가 마한을 멸한 이후 백제를 일으켰고, 전한 선제 오봉 원년에 혁거세가 진한 육부인에 추대되어 신라가 되었다. 변진은 신라 유리왕 18년 수로왕이 가락에 나라를 세우고, 진한의 남쪽에 거하다가 후에 신라에 합했으니 아마도 이것이 변한의 땅일 것이다. 최치원이 처음으로 마한은 고구려이고 변한은 백제라고 일컬은 것이 첫 번째 잘못이고, 권근이 비록 마한이 백제가 되었음을 알았지만 역시 고구려가 변한이 아니었음을 알지 못하여 혼란스럽게 설명하였으니 이것이 두 번째 잘못이다."[31]

이러한 관점을 가진 한백겸은 『동경잡기』에서는 "백제가 마한을 대신하여 왕 노릇을 하고 신라는 변진을 아울러 차지했다. 고구려는 본래 삼한과 함께한 것이 아닌데도, 최치원이 억지로 삼국을 삼한에 나누어 귀속했던바, 진한을 신라로 삼는 것은 올바르지만 변한을 백제로 삼고 마한을 고구려로 삼는 것이 그릇됨을 길게 말할 필요가 없다"라고 하여 마한은 고구려와 상관없고 백제 또한 변한이 아니라고 했다. 이런 한백겸의 견해는 이세구·신경준 등을 지나 유득공·한진서·정약용 등이 정설로 인정하며 현재에 이르고 있다.[32]

마한의 원주지는 고구려가 차지

한백겸이 주장한 것의 핵심은 삼한은 한강 유역 이남의 정치체로 그 이북에 있던 고구려와는 아무 상관이 없다는 것이다. 그리고 한강 유역 이남에 있던 삼한은 백제(마한)·신라(진한)·가야(변한)로 발전했다는 것이다. 이렇게 보면 삼국은 삼한을 계승한 것이 아니다.

그런데도 한국 주류 사학계는 한백겸의 견해를 지지한다. 삼한정통론의 문제점은 그것이 중국학계가 한국의 삼국을 신라·백제·금관(가야)으로 인식하면서 고구려를 한국사에서 완전히 배제하는 논리에 근거를 제시하는 측면이 있다는 것이다.

한백겸의 삼한설을 수용하면 신라가 삼국을 통일할 무렵 혹은 그 직후 제기한 삼한일통론은 개념상 한강 유역 이남의 반쪽 통일을 의미하게 된다. 하지만 당시에 제기된 삼한일통론은 분명 한강 이남의 통일이 아니었다.

따라서 중국의 고구려사 왜곡에 대응하는 차원과 삼한일통론이 삼국을 하나로 아우르려고 한 개념이었다는 것을 확인하기 위해서라도 우리는 삼한과 삼국의 계승관계에 대한 새로운 논거를 마련해야 한다.

그렇다면 삼한과 삼국이 계승관계에 있었다고 주장한 최치원의 삼한관을 긍정적 시각에서 살펴볼 필요가 있다. 그의 삼한관은 신라 당대 지식인이 가지고 있던 삼한관이었을 것이기 때문이다.

최치원은 다른 각도에서 삼한과 삼국의 계승관계를 이해하고 있었음이 분명하다. 그는 삼한과 삼국을 단순한 공간적 계승관계로 본 것이 아니라 삼한정치체의 주도세력이 가지고 있던 문화적·혈맥적 계승관계에 주목했을지 모른다.

앞에서 살펴본 대로 최치원의 삼한관은 고려시대 지식인들에게까지는 큰 거부감 없이 받아들여졌다. 그러던 것이 조선 초 들어 일부 학자가 부정하기 시작하였고, 조선 중기를 고비로 부정하는 견해가 주류를 이루어 오늘에 이르고 있다.

하지만 조선 중기 이후까지도 최치원의 삼한관을 긍정적으로 수용한 학자들도 있었다. 대표적 학자로 이수광을 들 수 있다. 그는 『지봉유설』에서 삼한의 위치 비정에 대한 설이 여럿 있지만, 최치원의 설이 가장 사실에 가깝다고 했다. 그러면서 그는 『신증동국여지승람』에서 제기한 삼한설, 즉 '경기도·충청도·황해도 등을 마한으로, 전라도를 변한으로, 경상도를 진한으로' 본 견해를 지지했다.

다음으로 이익을 들 수 있다. 그는 『성호사설』에서 『후한서』의 기록과 백제가 마한을 병탄한 후 변한까지 복속시켰으므로 변한이 백제가 되었다는 최치원의 견해가 타당하다고 하였다. 또 "마한은 (고조선의) 준왕을 가리키는 것으로 본래 고구려 땅에서 살다가 후에 남쪽으로 달아났으니 고구려를 가리켜 마한의 옛 땅이라 한 것이다"라고 하며 마한이 고구려가 되었다고 한 최치원의 견해가 타당하다고 하였다.[33]

이익의 견해는 제자인 안정복으로 이어진다. 그는 『동사강목』에서 다음과 같이 말했다. "고운(최치원)은 당시 사람인데 마한이 고구려가 아니라는 것을 어찌 몰랐겠는가. 그가 '마한이 고구려이다'라고 한 것은 고구려가 일어난 땅을 가지고 말한 것이 아니라 뒤에 고구려가 마한 동북쪽 땅을 병합한 것을 가지고 말한 것이다. 또 그가 변한이 백제가 되었다고 한 것은 마한이 백제가 아님을 일컫는 것이 아니라 변한의 일부가 백제에 통합되었기 때문에 이렇게 말한 것뿐이다."[34]

이들 중 이수광과 안정복은 "마한은 고구려가 마한 땅의 일부를 차지했다"라는 의미로, 이익은 "한강 이남에 있던 마한의 주체세력인 조선의 마지막 왕 준이 원래 통치하던 조선, 즉 북쪽 강역에 있던 고구려 땅이 옛 마한의 조상들이 살던 땅이었다"라는 의미로 최치원의 견해를 이해했다.

삼국은 삼한의 혈맥과 문화를 계승했다

필자는 이익의 견해에 어느 정도 동의한다. 삼한사를 이해하려면 한민족 초기공동체가 언제 어디에서 형성되었고 그 주도세력이 어디로 확산 혹은 이주했는지 알아야 한다. 한민족 초기공동체의 주역은 한 그룹이 아니다. 시차를 두고 몇 개 엘리트 집단이 한반도로 들어왔다. 이 집단들이 삼한이란 정치체의 주도세력으로 성장했다. 따라서 삼한사는 이주사 관점에서 이해해야 한다. 그리고 그 삼한인의 뿌리와 삼국을 연결해서 이해해야만 고대사의 흐름을 파악할 수 있다.

조선 중기까지도 삼국이 삼한을 계승했다는 관점을 지지하는 학자들이 많았다. 조선 성종 때 노사신 등이 편찬한 『동국여지승람』 「경기조」에서 찬자는 '(최치원의 삼한론은) 최치원이 처음 말한 것이 아니라, 삼국 초기부터 서로 전해오던 말'이라고 했으며, 조선 중기의 학자 조정도 같은 생각을 했다.[35] 이러한 관점이 삼국 초기부터 있었다면 그렇게 생각한 데는 그만한 이유가 있을 것이다.

이익의 말대로 최치원이 "마한이 고구려가 되었다"라고 한 것은 '마한의 주도세력인 고조선의 준왕계가 한강 이남으로 망명해오기 전에 살던 땅에서 고구려가 활동했다'는 것을 의미한다. 최치원이 강조하려 한 것은 '고구려는 한씨조선이 만주와 한반도 북부에서 활동하던 영역에서 일어난 나라'였다는 것이었다.

마찬가지로 백제가 변한이 되었다고 했을 때 변한은 바로 한민족을 이끈 또 다른 주요 세력인 부여계가 백제를 주도했다는 것을 의미한다. 한민족사에서 변한계열은 크게 두 집단이 있다. 하나는 부여계이고, 다른 하나는 신라 김씨왕족계이다. 김해 지역에 있던 변한인도 부여계 변한에 속한다. 필자는 부여족의 기원과 이동에 대한 연구서인 『고깔모자를 쓴 단군』에서 이 설을 제기했다.

마지막으로 진한이 신라가 되었다고 했을 때 진한은 단군신화에 나오는 단군왕검 세력의 정통 맥을 이은 집단으로, 만주와 한반도 전역에 고인돌을 조성하고 돌널무덤을 사용하던 집단이다.

삼한, 즉 진한·마한·변한을 각기 주도한 세력들은 시차를 두고 한반도로 이주했다. 제일 먼저 만주에서 한반도로 들어온 집단은 진한을 이끈 진인(眞人=辰人)이다. 이들은 석묘계문화와 제정일치문화로 한반도를 장식했다. 다음으로 한반도로 들어온 집단은 한씨조선계와 변한계이다. 이들은 기원전 3세기 초 연나라의 공격으로 만주에서 한반도로 이주했다. 그다음으로 들어온 사람들이 부여계 변한인이다.

다음에서는 각각의 주체세력이 한반도로 들어온 순서대로 삼한의 형성사를 간략하게 살펴봄으로써 삼한에 대한 새로운 관점을 제시하겠다.

02

진한은 단군의 맥을 계승한 한민족공동체의 진정한 종가

단군왕검계 진인이 주도한 진한

한마디로 진한이라고 했을 때 진한을 주도한 진인(辰人)은 단군왕검계의 직계후손이다. 2부에서 자세히 설명했듯이 단군왕검계는 요서 지역에서 하가점하층문화를 주도하던 사람들이었는데, 은나라 무정이 영토를 사방으로 확장하던 기원전 13세기경 요동과 서북한 지역으로 이주했다.

중국 문헌에 기원전 10세기 이후 활동한 것으로 기록된 고조선인이 한반도로 들어오기 이전, 한반도에는 단군왕검의 직계후손인 진인이 살고 있었다. 이들은 요동과 서북한을 포함한 한반도에 고인돌과 돌널무덤 그리고 돌무지무덤 계통의 문화를 일구었다. 그와 같은 관점으로 보면 기원전 3세기 초 연나라가 대릉하 지역과 요동 지역에 있던 고조선을 공격하기 전 한반도는 진인사회였다.

연나라의 공격으로 고조선과 요동 지역에 있던 진번이 한반도로 이주하면서부터 한반도는 북쪽의 고조선계사회와 남쪽의 진인계사회가 구별된다. 얼마 후 북쪽의 한씨조선은 진한 교체기에 연나라에서 망명해온 위만에게 나라를 빼앗기고 만다. 그러자 한씨조선의 마지막 왕 준과 궁인들은 해로를 이용해 남쪽으로 이주한다.

북쪽에 한씨조선을 대체한 위만조선이 등장했을 때 남쪽의 정치집단은 대외적으로 진국(辰國)이라 불렀다. 당시 남쪽에 분포했던 소국들이 대부분 진인계 주민들로 구성되었기에 그러한 명칭이 등장한 것이다. 하여 북쪽은 조선, 남쪽은 진국의 남북국시대가 형성되었다.

한동안 남북으로 나뉘었던 위만조선과 진국의 균형은 위만조선의 멸망으로 무너진다. 위만조선 말엽과 그 직후에 위만조선에서 망명하거나 피난해온 주민들이 대거 남으로 유입된다. 『삼국지』나 『후한서』 등은 이들 남하세력이 중부 지역에 있던 세력들 때문에 그곳에 머물지 못하고 경상도 지역으로 이주했다고 기록하였다.

그런데 문헌은 당시 한강 유역과 그 이남에 있던 중부권세력을 진국이라 하지 않고 마한이라고 기록하였다. 이는 진국 또한 위만조선이 멸망하는 혼란기에 붕괴되었음을 의미한다. 진국이 멸망할 때 혹은 그 직전 경상도 지역으로 이주했던 사람들이 진한의 주도세력이 되었다.

진나라 망명객이 진한을 주도했나

기원전 1세기 이래 경주·대구 지역에는 위만조선계 금속문화의 영향이 강하게 나타나는데, 이러한 현상을 고고학계에서는 이들 지역에서 진행되었던 새로운 정치집단의 대두과정으로 이해한다.

그렇다면 이들 지역에 위만조선계 금속문화를 가지고 온 사람들은 누구일까. 문헌에서는 그들을 조선계 유민이라고도 하고 '진(秦)나라의 노역을 피해서 도망쳐온 중국계 유민'이라고도 한다.

우리 측 기록인 『삼국사기』 「혁거세조」에서는 그들을 "이전에 조선의 유민들이 산골에 분산되어 살면서 여섯 마을을 이루고 있었다"라고 하여 사로 6촌 사람들이 고조선계 유민이라고 했고,[36] 중국 측 기록인 『삼국지』 진한조에서는 "진나라에서 노역을 피하여 망명한 사람들이 한(韓)으로 들어오자 한이 동쪽 땅을 나누어주었다. …… 지금 그들을 일러 진한(秦韓)이라고 부르는 이도 있다"라고 하여 진한이 마치 진나라 망명인과 관련 있는 것처럼 전하고 있다.[37]

두 기록이 서로 달라 사로 6촌 혹은 진한사로국의 주체세력에 대해 혼동이 생겼다. 『삼국사기』에서는 사로 6촌을 분명히 고조선 유민이라고 했는데, 최치원을 비롯한 유학자들은 『삼국지』 진한조를 따라 '진한(辰韓)을 마치 진한(秦韓)'인 것처럼 인식했고 아직도 그와 같은 견해에 동의하는 사람들이 많다.

우리 문헌자료만 놓고 보면 '진한(辰韓)을 마치 진한(秦韓)'인 것처럼 처음 인식한 사람은 최치원이다. 최치원은 자신이 작성한 「사사조서양함표」에서 "진한(辰韓)은 진한(秦韓)의 이름을 잘못 쓴 것"이라 했고, 「주청숙위학생환번장」에서는 "신이 엎드려 생각건대 우리나라의 땅은 진한(秦韓)이라 부릅니다"라고 했다.[38]

이러한 견해는 조선시대에도 크게 변하지 않았다. 조선시대 학동들이 서당에 들어가 천자문을 떼고 난 후 배우던 『동몽선습』에도 "진나라에서 노역을 피하여 망명한 사람들이 한으로 들어오자 마한이 동쪽 땅을 나누어주니 이것이 진한이다"라고 했다. 한백겸도 『동국지리지』 「삼한전」에서 "진나라 망명인[秦亡人]이 피난하여 후에 한지로 들어오자 한이 동쪽 땅을 떼어주어 진한이 되었다"라고 하였다.

최치원의 견해에 반대하는 사람도 있었지만 많은 유교 지식인이 '진한을 진나라 망명객이 세운 나라'로 인식하였다. 과연 그랬을까?

위만조선계 유민에 섞여 들어온 진나라 망명인의 후손

진한을 주도한 세력이 누구인가 하는 것은 매우 중요한 문제이다. 그럼에도 아직 그들이 누구인지 합의된 견해는 없다. 『삼국지』에서는 분명히 '진한은 진국의 후예'라고 했다는 점을 고려하면, 같은 책 진한조에 보이는 '진나라 망명인' 기사는 다른 각도에서 보아야 한다.

이현혜는 그 기록은 넓은 의미의 위만조선계 유민이 소백산맥 동쪽으로 이주해 정착하고 이를 계기로 전개되는 경상도 방면의 정치적 변화과정을 반영하는 것이라고 했다.[39] 옳은 지적이다.

그렇다면 『삼국지』 진한조에서 소백산 동쪽으로 들어왔다고 한 진나라 망명인은 진·한 교체기(기원전 2세기 초)가 아니라 위만조선이 멸망할 무렵 혹은 멸망 직후(기원전 2세기 말)에 이들 지역으로 들어온 사람들을 말한다. 한마디로 그들은 위만조선에서 망명해온 사람들이다. 그렇다면 그들의 조상은 언제 진(秦)나라에서 조선으로 망명해왔을까. 그것은 『삼국지』 「동이전」 한전에 인용된 『위략』을 보면 알 수 있다.

『위략』은 "(조선왕) 비가 죽고, 그 아들 준이 왕일 때, 항우 등이 반란을 일으켜 천하가 어지러워지자, 근심과 고통에 빠진 연(燕), 제(齊), 조(趙)의 백성들이 준왕에게 망명해왔다"라고 기록하였다.

최치원과 많은 유교 지식인을 포함해 현대의 주류 사학계 일부까지도 이들 진·한 교체기에 조선으로 망명한 연·제·조 나라 사람들(『삼국지』에서 진망인이라고 표현한)의 후손이 진한의 주도세력으로 성장했다고 보았다. 하지만 현실적으로 보았을 때 그들이 소백산 동쪽에 있던 진한 여러 나라를 주도했다고 볼 근거는 없다.

여러 정황상 진나라 망명인이 경상도 지역으로 들어왔다면 그들은 경주분지를 중심으로 한 사로국으로 들어왔다고 보아야 한다. 최치원이 '진한(辰

韓)은 진한(秦韓)'이라고 했을 때도 진한사로국을 염두에 둔 것이다. 그것은 최치원이 "진한은 본래 연나라 사람이 피난해온 것이므로, 탁수의 이름을 취해 그들이 사는 읍리를 사탁(沙涿)·점탁(漸涿) 등으로 불렀다(『삼국유사』 진한조)"라고 한 것에서 알 수 있다. 사탁과 점탁은 경주 주변에 있던 사로 6촌과 관련된 지명이다.

진나라 망명인은 사로국의 주도세력이 아니다

그렇다면 '진나라 망명인'은 진한 전체가 아니라 사로국을 주도했던 것일까. 아니다. 진나라 망명인의 후손이 사로국의 주도세력이 되었을 가능성은 없다. 그렇게 단정짓는 근거는 다음과 같다.

첫째는 진한이라는 명칭은 진나라와는 관련이 없다. 진한이라는 명칭에서 진(辰)은 진국(辰國)의 진에 대응하고 진번(眞番)의 진(眞)에 대응하는데, 이들은 단군왕검의 직계들이 이동하면서 사용한 공동체의 명칭이다. 실제로 '진나라 망명인' 기사를 전한 『삼국지』「한전」에서도 "진한은 옛 진국이다"라고 하지 않았나.

둘째는 진한사로국의 주체는 박혁거세 집단으로 그들은 위만조선 시기에 충청도 일원에서 활동하던 진국인이거나 『후한서』의 견해, 즉 "삼한은 모두 진국이다"라는 견해를 따른다면 원래부터 진국에 속했던 진인이다.

그렇다면 '진나라에서 온 망명인'과 진한의 관계는 어떻게 설정해야 할까. 우선 '진나라에서 난을 피해왔다'는 그들은 조선의 마지막 왕 준에게 망명한 사람들이다. 그들은 조선이 멸망하고 위만조선이 성립됐을 때 위만조선에 살았다. 따라서 위만조선 말에 한강 이남으로 피난한 사람들 중에 진나라 망명인의 후손이 섞여있었던 것이다.

그들이 남으로 이주한 자세한 기록은 『삼국지』 한조에 인용된 『위략』에 있다. 『위략』에는 "위만조선 말엽에 고조선의 토착세력 출신으로 중앙정부에 참여하여 조선상(朝鮮相)의 관직을 받았던 역계경이 우거왕에게 모종의 건의를 하였으나 무시되자, 자신을 따르는 2,000여 호(戶)와 함께 진국(辰國)으로 망명했다"라고 했다.

이때 역계경과 함께 남으로 망명한 2,000여 호 중 과거 진나라에서 망명한 사람들의 후손이 섞여있었다고 보는 것이 합리적이다. 그들 모두가 진나라 망명인의 후손은 아니었다. 그들이 경주 지역으로 들어와 산곡지간에 나누어 살면서 사로 6촌을 형성했다.

이 때문에 『삼국사기』「혁거세조」에서는 "이전에 조선의 유민들이 산골에 분산되어 살면서 6촌을 이루고 있었다"라고 한 것이다. 『삼국사기』는 위만조선에서 피난 온 사람 모두를 '조선의 유민'이라고 했다.

주보돈은 역계경 무리와 함께 남하한 진나라 망명인도 사실은 진(秦)의 정치적 지배를 받던 조선계로 파악했다. 그 근거로 그는 『삼국지』 진한조에서 그들을 진인이라고 표현하지 않고 진한(秦韓)이라고 한 것을 들었다.[40] 다시 말하면 찬자가 그들을 진인(秦人)이 아니라 '한국에 사는 진인[秦韓]'이라고 했다는 것이다. 주보돈의 견해가 옳다면 경주로 들어온 진나라 사람은 없는 셈이다.

진한 사로 6촌은 고조선계와 진나라 망명인의 촌락

앞에서도 언급했지만 『삼국유사』 진한조에는 최치원의 말을 인용하여 "진한은 본래 연나라 사람이 피난해온 것이므로, 탁수의 이름을 취해 그들이 사는 읍리를 사탁(沙涿)·점탁(漸涿) 등으로 불렀다"라고 기록되어있다. 최치원은 사탁·점탁의 명칭이 연나라 탁수와 관련 있다고 주장했던 것이다.

최치원의 주장이 옳다면 사로 6촌 중에서 사탁·점탁 마을에 살던 사람들은 진나라 망명계이고, 나머지 4개 마을에 살던 사람들은 조선계로 추정할 수 있다.

이때 사탁은 사량(沙梁)의 다른 표기이다. 그것은 『삼국유사』 진한조에서 사탁과 점탁에 대해 설명한 후 "신라 사람의 방언에 탁(涿)의 음을 도(道)라고도 했으므로 지금도 혹은 사량(沙梁)이라고 쓰고 양(梁)을 또한 도(道)라고 읽는다"라고 한 데서 알 수 있다.[41]

그렇다면 사량부는 어디에 있었는가. 『삼국사기』에 따르면 이곳은 사로 6촌 중 하나인 돌산고허촌이었다. 서기 32년 6촌을 6부로 개편하면서 사량부가 되었으며 그 촌장은 최씨 성을 하사받았다. 그러니까 경주 최씨의 최초 근거지인 셈이다. 그러나 『삼국유사』에서는 소벌공이 정씨 성을 하사받았다고 하여 혼란을 야기하고 있다. 현재는 일반적으로 『삼국사기』의 설을 따른다.

「영일냉수리신라비」와 「울진봉평신라비」, 「울주천전리각석」 등의 금석문을 보면 사로국 초기에 최씨 혹은 정씨의 근거지였던 사탁부는 중고기에는 김씨왕족의 근거지가 된다. 금석문에는 사탁(沙涿)을 사탁(沙喙)으로 기록했고, 그 내용을 살펴보면 당시 김씨왕족은 사탁부에 속해 있었으며 내물왕계는 탁부에 속해 있었다.[42]

그렇다면 점탁(漸涿)은 어디인가? 사로 6촌인 무산대수촌을 6부로 개칭하면서 점량부(漸梁部)라 하였는데, 이 점량부를 점탁부, 모량부로도 불렀다. 경주 손씨의 근거지다.

따라서 최치원의 견해를 존중하면 사로 6촌 중 사탁, 사량부 최씨와 점탁, 즉 모량부 손씨는 진나라 망명인으로 과거 연나라 지역에서 살다가 이주해온 사람들의 후손이라고 할 수 있다.

하지만 최치원의 주장을 액면 그대로 따르는 것도 문제가 있다. 근거가 미약하기 때문이다. 조상들이 살던 고향에 있던 강의 이름[涿水]을 따서 이주지의 명칭을 삼았다면, 경주 지역에 있던 강 이름을 탁수라 해야지 지명에 강의 머리글자(涿)만 넣었다는 것은 관례상 드문 일이다. 가령 평양이란 지명은 중국 중원 지역을 필두로 요서와 요동 그리고 북한의 평양에 이르기까지 그 지명 자체가 이동하고 있다.

당나라 유학파이자 친당적 사고를 하던 최치원이 당에 체류하는 시기에 자신이 마치 중원인의 후손인 양 하려는 의도로 그러한 논리를 개발했을 수도 있다. 최치원 자신이 그런 논리를 펴면서 자기 가문이 과거 연나라에서 이주해온 집안이라고 생각했고, 그러한 인식을 당나라 주변인에게 인지시키려고 했을 수도 있다.

최치원의 견해가 옳든 그르든 진한사로국에는 위만조선이 망할 무렵 마한을 거쳐 진한 지역으로 내려온 피난민이 있었음은 틀림없다. 그들 중에는 과거 진나라에서 망명해온 사람들의 후손도 섞여있었으며, 그들이 사로 6촌을 형성하였고 혁거세를 지도자로 추대했다.

박혁거세는 진인의 정통 맥을 이었다

그렇다면 사로 6촌장이 추대하여 지도자로 옹립한 박혁거세는 어떤 세력이었을까. 박혁거세의 출신에 대한 정보가 미약한 현실에서 그를 이해하는 것은 진한사나 신라사뿐 아니라 한국사를 이해하는 데 매우 중요하다.

2부에서 설명했지만, 박혁거세 집단은 두 가지 측면에서 그 뿌리를 추측해볼 수 있다. 하나는 경주 지역으로 조선의 피난민이 들어오기 전부터 살면서 고인돌과 돌널무덤을 축조하던 세력을 고려해보는 것이다. 둘은 위만조선 말엽에 충청도 지역에 있던 진국의 주도세력이 경주 지역으로 들어왔을 가능성을 추정해보는 것이다.

필자는 이들 중 후자그룹에 속하는 사람들 가운데 박혁거세 집단이 있었다고 본다. 그 단서는 『삼국지』 「한전」에 "진한은 옛날의 진국이다"라고 한 데서 찾을 수 있다. 이 경우 박혁거세를 알려면 충청도 지역에 중심을 두었던 진국을 알아야 한다.

박혁거세 집단은 위만조선 말엽에 있었던 정치파동으로 진국연맹이 붕괴될 때 신천지를 찾아 경상도 지역으로 이동한 진국인 중 경주 지역으로 이주한 사람들이다. 당시 진국을 주도하던 사람들이 위만조선이 멸망할 무렵 경상도 지역으로 이주했다는 것은 다음과 같은 사실로 추론할 수 있다.

위만조선이 붕괴되고 난 후 충청도와 전라도를 중심으로 한 중부권의 세력을 마한이라고 불렀다. 그 마한은 충청권에 중심을 두고 있던 진국을 계승했다. 진국연맹체의 수장을 진왕이라 했는데 마한이 진국을 계승한 이후에도 마한의 수장을 진왕이라고 불렀다. 그런데 역사 기록을 보면 마한을 이끌던 진왕은 이전 진국을 주도하던 충청도 지역에서 나오지 않았다.

이는 진국을 주도하던 진왕과 마한을 주도하던 진왕은 명칭은 같지만, 그 세력은 달랐다는 것을 말한다. 중부권을 주도하던 세력이 진인에서 마한인으로 바뀐 것이다. 그때 기득권을 상실한 일부 진국의 수장층이 경상도 지역으로 이주했다. 그들 중 박혁거세 집단도 포함되어있었다. 고대사회에서 기득권을 상실한 권력자들이 다른 곳으로 이주하는 일은 허다했다.

진국의 수장층이 경상도 지역으로 이주했음은 그들의 무덤에서 나온 청동의기를 표현한 암각화가 진국의 영역인 경상도 지역에 주로 분포한다는 사실로 알 수 있다. 경상도 지역에만 주로 보이는 암각화는 진국의 문화를 가진 사람들이 대거 경상도 지역으로 이주했음을 의미한다. 이들 진국인이 진한 여러 나라의 주도층으로 부상했다. 그래서 『삼국지』에서는 '진한은 진국의 후예'라고 한 것이다.

이들 진국의 유민들이 경상도 지역으로 이주한 후 영남 지역에서는 널무덤과 세형동검유물군이 새롭게 출현한다. 이를 두고 많은 학자(최병현, 1990;

박순발, 1995; 임영진, 1995; 이현혜, 1984)는 이들 유물이 고조선에서 내려와 산골에 흩어져 산 유민들과 관련이 있다고 설명한다.[43] 하지만 이들 문화를 가지고 영남 지역으로 들어온 세력 중에는 진국에서 이주해온 사람도 많았고, 특히 경상도 지역으로 이주해온 사람들 중에는 박혁거세 집단도 있었다.

이들 중 경주 지역으로 들어온 사람들이 진한사로국의 중심세력으로 성장한다. 당시 위만조선에서 내려온 사람들은 6촌을 형성하면서 사로국의 중심세력으로 성장했지만 왕권은 획득하지 못했다. 왕권은 그들과 비슷한 시기에 경주분지로 들어온 박씨 집단에 돌아갔다.

그렇다면 진국에서 이주해온 박씨 집단은 어디에 살았으며, 문헌자료로 보았을 때 경주분지에서 강력한 세력을 형성했던 6촌의 촌장은 무슨 연유로 자신들이 왕권에 나서지 않고 박혁거세를 옹립했을까.

왜 혁거세가 왕이 되었는가

이 문제는 두 가지 관점으로 접근하면서 풀어야 한다. 하나는 당시 경주 지역으로 들어온 세력들의 힘의 균형을 살펴보는 것이고, 둘은 당시 한강 이남의 정치적 역학관계를 살펴보는 것이다.

먼저 당시 사로 지역에 있던 세력들의 힘의 균형문제를 살펴보자. 앞에서 보았듯이 사로 6촌을 이룬 조선 유민들 중 사탁(사량)과 점탁(모량)촌은 진나라 시기에 서북한으로 이주했던 사람들의 후예가 살고 있었다. 다만 그들이 연나라계인지 난하 동쪽 지역에 살던 조선계 유민인지는 확인할 수 없다. 그리고 알천양산촌을 비롯한 나머지 4촌은 조선계 유민이 틀림없다.

따라서 진나라 망명인의 후손들은 상대적으로 열세에 있었다고 할 수 있다. 그러나 이것은 단순한 비교이고 실제로는 진나라 망명인의 후손들이 점유했던 돌산고허촌(사탁·사량·사훼)은 다른 촌에 비해 막강한 힘을 가지고 있었던 것으로 추정된다.

알천양산촌과 돌산고허촌은 경주분지의 중심축을 이룬다. 알천양산촌은 현재의 경주 시가지를 차지하고 있었고, 돌산고허촌은 서남산에서 울주군 천전리 암각화가 그려진 곳까지 너른 들판을 차지하고 있었다. 신라 관련 금석문을 보면 이들 지역은 탁부와 사탁부로 불렸는데, 김씨왕족은 이들 지역에 살고 있었다.

그렇다면 박혁거세는 어디에서 살았을까. 그것은 박혁거세신화에 등장하는 탄강 무대로 짐작할 수 있다. 『삼국사기』와 『삼국유사』에 기록된 혁거세의 탄강지는 '양산 아래 나정'이다. 혁거세는 알천양산촌에 속한 촌에서 태어났다. 따라서 진국에서 이주해온 박혁거세 집단은 양산 주변에 살았을 것으로 추정할 수 있다.

북으로는 오릉 지역, 서남쪽으로는 창림사지 부근까지가 박씨 집단의 거주지였다. 박혁거세가 태어난 나정, 왕이 되어 통치하던 궁성이 있던 창림사지[金城],[44] 죽어서 묻힌 오릉, 그들의 신단(神壇)으로 추정되는 게눈바위의 태양(박바위)신단 등은 그들이 이 지역에 연고를 두고 활동했음을 방증하는 자료다. 쉽게 말하면 박혁거세 집단은 알천양산촌과 돌산고허촌의 경계지대에서 살았다.

그런데 박혁거세를 옹립하는 과정을 전하는 이야기를 보면 흥미로운 점을 발견할 수 있다. 『삼국사기』 시조혁거세거서간조에서는 "고허촌장 소벌공(蘇伐公)이 양산 기슭을 바라보니 나정 곁의 숲 사이에 말이 꿇어앉아 울고 있었다. 다가가서 보자 홀연히 사라져 보이지 않고 큰 알만 하나 있었다. 알을 가르자 그 속에서 한 어린아이가 나오므로 거두어 길렀다"라고 하였다.

반면에 『삼국유사』에서는 "육부의 조상들이 자제들을 데리고 알천의 언덕 위에 모여 군주를 세우자는 논의를 하고는 높은 곳에 올라가 남쪽을 바라보니, 양산 아래 나정 곁에 신령스러운 기운이 전광과 같이 땅에 비치더니

흰 말 한 마리가 꿇어앉아 절하는 형상을 하고 있었다. 그곳을 찾아가 살펴 보았더니 보랏빛 알 한 개가 있었는데, 그 알을 깨어보니 사내아이가 나왔는데 모양이 단정하고 아름다웠다. 그를 혁거세왕이라 이름하였다"라고 했다.

『삼국사기』에서는 마치 혁거세를 돌산고허촌장인 소벌공이 발견하여 거두어 기른 것처럼 기술하였고, 『삼국유사』에서는 알천 언덕에서 알천양산촌장이 주도한 회합에서 박혁거세라는 인물을 발견하여 추대한 것처럼 기술하였다.

왜 그와 같이 전승이 서로 다를까. 그것은 신화를 전승하는 과정에 두 집단의 의견이 가미되었기 때문일 것이다. 사로국이 성립될 당시 주도권이 누구에게 있었느냐 하는 자존심 문제이기도 했다. 박혁거세 집단의 거주지가 두 지역의 경계에 있었던 것도 하나의 배경으로 작용했다.

조선계가 추대한 박씨 집단

이제 박혁거세가 추대되는 정황을 추론해보자. 당시 알천양산촌은 이씨들이 장악하고 있었고, 돌산고허촌은 최씨 혹은 정씨들이 장악하고 있었다.

두 세력 중 어느 쪽이 혁거세를 추대하는 데 주도적 역할을 했을까. 필자는 『삼국유사』 전승기록의 손을 들어주고 싶다. 그렇게 하는 데는 그럴 만한 이유가 두 가지 있다. 하나는 양산 나정 자체가 알천양산촌에 속했다는 것이고, 둘은 알천양산촌장이 고조선계였다는 점이다.

박혁거세 집단이 진국에서 이주해온 진인 계통이란 점을 고려하면 고조선계였던 알천양산촌 사람들과는 문화·혈맥적으로 친연성이 있었다. 그들의 문화적 고리는 혁거세를 박혁거세로 부른 것에도 나타난다. 『삼국유사』에서 "사내아이는 알에서 나왔는데 알은 박과 같았다. 향인(鄕人)들이 박을 박(朴)이라 하므로 그로써 성(姓)을 박(朴)이라 하였다"라고 했다. 태양과 알과 박을 연결하여 박(朴)씨라는 성이 탄생하게 된 배경을 설명한 것이다.

2부에서 필자는 혁거세와 알영이 처음 머물던 궁실인 현 창림사지 뒤 봉우리의 게눈바위 알터를 '해를 품은 구렁이 신단'으로 이해하면서 그것이 박씨 집단의 종교시설이라고 했다. 그런데 알천양산촌장인 알평이 하늘에서 내려온 곳 또한 '표암봉', 즉 '박바위'였다. 이는 무엇을 말하는가. 알천양산촌민이나 혁거세 집단 모두 태양을 숭배했고, 태양과 박을 상징적으로 연결하여 이해했으며, 문화적 뿌리가 같았다는 것이다.

이러한 정황을 놓고 신화 속에서 박혁거세가 등장하는 상황을 추론해보자. 공간적으로 혁거세는 알천양산촌에서 살았다. 그런 혁거세가 알천양산촌장이 주도한 6촌장 회의에서 왕으로 추대된다. 다시 말하면 혁거세는 6촌을 주도하던 조선계 유민인 알평세력이 힘을 실어주었기에 왕이 될 수 있었다. 알평이 혁거세를 민 것은 두 집단이 문화·혈맥적으로 친연성이 있었기 때문으로 볼 수 있다. 『삼국유사』에서 "신라인들이 중흥부(양산촌, 급량부)를 어머니로 생각했다"라고 한 것도 그들이 사로국을 탄생시키는 데 모태 역할을 했기 때문이다.

그렇다면 그와 같은 이유만으로 혁거세를 왕으로 추대했을까. 그렇지 않다. 당시 6촌의 촌장이 모두 성군의 자질을 가진 성인이 아닌 바에야 자신이 취할 수 있는 권력을 남에게 주었을 리는 없다. 그들이 그렇게 할 수밖에 없었던 것은 당시 삼한 지역의 정치적 역학구조 때문이다.

『삼국지』「한전」을 보면 "진나라 피난민들이 한국으로 내려오자 마한은 그들의 동쪽 땅, 즉 소백산 동쪽 지역을 분할해주었다"라고 했다.[45] 이것이 무슨 말인가. 당시 소백산 동쪽 지역은 마한의 영향력 아래 있었다는 것을 말한다. 마한의 배려 아래 경주 지역으로 들어온 진나라 유민(사실은 고조선계 유민 속에 포함된)인 사로 6촌 세력은 마한의 눈치를 보는 처지에 있었다. 당시 마한의 진왕은 삼한의 맹주였다(『후한서』「동이열전」).

사로국이 성립되기 전 진한은 마한에 신속하면서 조공을 바치고 있었다. 그러한 사정은 『삼국사기』 혁거세 38년조를 보면 알 수 있다. 혁거세는 신하 호공(瓠公)을 마한에 사신으로 보내는데, 마한 왕은 호공을 보고 다음과 같이 꾸짖었다. "진한과 변한 두 나라는 우리의 속국인데 근년에 공물을 보내지 않으니, 큰 나라를 섬기는 예의가 이와 같은가?" 그러자 호공은 "이제 진한도 박혁거세 왕이 탄생함으로써 이전과 달라졌다"라고 대응한다. 이에 마한 왕은 크게 화를 낸다.

이어서 마한 왕이 크게 화를 낸 이유를 다음과 같이 적었다. "이보다 앞서 중국 사람들이 진나라의 난리를 괴로워하여 그중 동쪽으로 오는 사람들이 많았는데, 그 다수가 마한 동쪽에 터를 잡고 진한 사람들과 더불어 섞여 살았다. 그 이후 진한이 점점 번성해진 까닭에 마한이 그것을 꺼려서 책망한 것이다." 마한은 진한에 포함된 진나라 망명인들이 정치적으로 성장하는 것을 꺼려했던 것이다.

그러한 정치역학 구조 때문에 6촌장은 당시 마한세력과 대립하지 않으면서도 새로운 나라를 세울 방안을 찾았던 것이다. 그 묘안으로 생각해낸 것이 마한 지역에서 마한 이전에 주도권을 쥐고 있던 진국 지도층 후손인 혁거세를 추대하는 것이었다. 사로 6촌장은 진국 계통의 진인인 혁거세를 왕으로 추대함으로써 마한과의 불필요한 마찰을 피하려고 한 것이다.

혁거세를 선택한 것은 당시 사로 지역 주민 구성상으로 보나 삼한의 정치적 상황으로 볼 때 불가피한 일이었다.

진한은 진국을 계승한 한국인의 종가

그동안 학계에서는 진한의 정체성에 대해 다양한 견해를 제시해왔다. 그럴 수밖에 없었던 것은 초기 한민족공동체의 형성과 흐름을 제대로 파악하지 못했기 때문이다.

진한의 정체성은 필자가 앞에서 제시한 관점으로 이해하면 쉽게 수긍이 간다. 건국신화인 단군신화를 기점으로 초기 한민족공동체의 형성과 흐름상 진한은 가장 앞선 흐름의 종착지에 해당한다. 쉽게 말하면 종가(宗家)인 셈이다.

종가의 흐름을 간단하게 정리해보자. 후기홍산문화를 주도하던 곰 부족과 중원에서 이주한 환웅(공공족)세력이 요서 지역에서 결합하여 하가점하층문화를 일구었다. 그 문화를 주도한 사람들이 바로 단군왕검(단군숙신)이다. 진인은 이들에게서 비롯되었다.

이들이 은나라 무정기인 기원전 13세기에 요동과 서북한 지역으로 이주했고, 그 후 은나라가 망하고 등장한 요서 지역의 조선(기자조선에서 한씨조선으로 이행)이 기원전 3세기 초 연나라의 공격을 받아 서북한 지역으로 들어온다. 그러자 평양과 구월산 지역에서 활동하던 진인은 중부 이남 지역으로 밀린다.

이들 중부 이남의 진인은 평양의 고조선이 망하고 들어선 위만조선시기에 진국이라는 소국연맹체를 결성한다. 이때가 되어서야 비로소 한반도에는 처음으로 한민족공동체를 형성한 두 엘리트 집단이 남북으로 포진하게 된다. 북쪽은 제정일치보다는 권력과 무력을 중시하는 문화를 가진 고조선계가, 남쪽은 여전히 단군왕검사회의 전통을 이은 진인이 제정일치문화를 고수하면서 공동체를 이끌었다.

남북으로 나뉘었던 위만조선과 진국의 정치질서는 위만조선이 한나라의 공격을 받으면서 붕괴된다. 한나라가 공격해오자 위만조선은 처음에는 강력하게 대처했지만, 이내 중심을 잃고 혼란에 빠진다. 이때 위만조선의 주민 일부가 남으로 내려온다.

그 대표 세력이 위만조선에서 조선상이라는 벼슬을 하던 역계경이다. 그

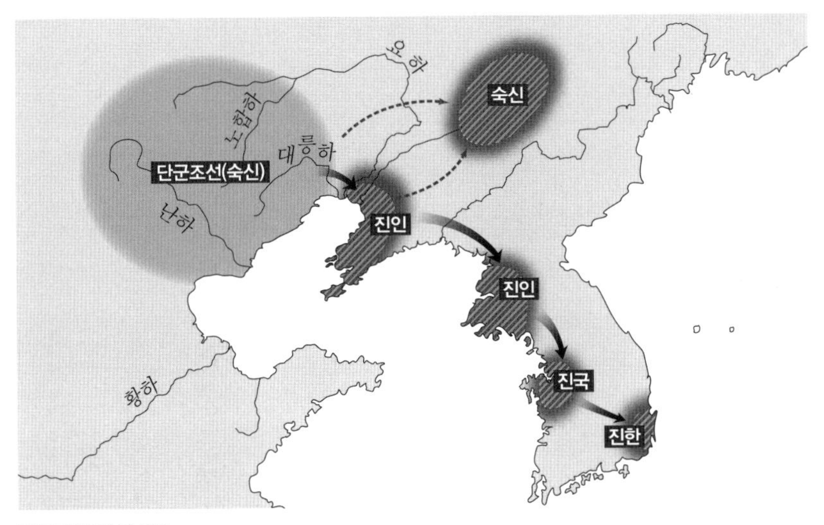

진한인(진인)의 이주

는 2,000여 호의 주민을 이끌고 남하한다. 마한은 그들을 소백산 동쪽으로 가도록 했고, 그들의 주력은 경주 지역으로 들어온다.

역계경 무리를 포함한 조선계 유민이 남으로 대거 유입되기 직전 남쪽에 있던 진국도 구심점을 잃는다. 당시 진국을 주도했던 일부 지도자 그룹이 경상도 지역으로 유입되었는데, 그들 중 사로국의 중심으로 부상한 세력이 박혁거세 집단이다. 진인의 종가가 경주로 들어온 것이다.

이와 같이 도도히 흐른 역사의 물줄기를 시차를 두고 이해하면 진한을 주도한 이들이 누구인지 알 수 있다. 삼한 중 진한은 진인과 진국인이 사는 사회에 위만조선계 조선인이 유입되어 공동체를 이룬 사회였다. 조선계 유민 중 진한교체기에 조선으로 피난한 일부 진나라 망명인의 후손이 섞여있었으나 그들은 진한의 주도층으로 성장하지는 못했다. 다만 사로국에서 어느 정도 영향력 있는 세력으로 부상했을 뿐이다. 따라서 이제는 '진한(辰韓)은 진한(秦韓)이다'라는 말은 사용하지 말아야 한다.

03

변한을 알아야 한국사가 보인다

이병도도 오해한 변한

당나라 재상인 두우(杜佑)가 편찬한 『통전』은 "신라의 선조는 본시 진한종족인데, 그 나라는 백제·고구려 두 나라 동남쪽에 있으며, 동쪽으로는 큰 바다에 임하였다"라고 했다. 이에 대해 이병도는 "신라가 진한의 후예인 것처럼 말한 것은 『양서』 이래로 잘못 전한 것을 이은 것이다. 『신당서』·『구당서』에는 분명히 신라는 변한(弁韓)의 후예라고 했다"라고 비판했다.[46] 이병도는 신라가 변한의 후예라고 이해한 것이다. 실제로 『신당서』·『구당서』「신라전」에는 "신라국은 본디 변한의 후예이다(新羅國, 本弁韓之苗裔也 / 新羅, 弁韓苗裔也)"라고 기록되어있다.

신라가 변한의 후예라는 이병도의 견해를 어떻게 받아들여야 하는가. 진정 신라가 변한의 후예인가. 그렇다면 진한과 신라의 관계는 어떻게 설정해야 하는가. 가야를 포함한 낙동강 서쪽에 있던 변한과의 관계는 또 어떻게 풀어야 하나.

『신당서』·『구당서』에 명백히 기록된 이 문제를 학자들은 왜 아직까지 해명하지 않았을까. 현재까지 역사학을 공부했거나 역사를 연구한 학자들 중 이 문제를 명쾌하게 해명한 학자는 하나도 없다. 그만큼 한국고대사에 대한 이해가 부족하다는 것이다.

결국 한민족 초기공동체의 흐름에 대한 해명 없이 한국사 연구가 진행되고 있는 것이니 얼마나 한심한 일인가. 역사학계는 뿌리에 대한 깊은 통찰 없이 줄기와 잎에 대해 설명하고 있다. 모순 아닌가. 한국사라는 나무를 잘 설명할 수 없다는 이야기다.

우리는 중·고등학교를 다니면서 분명히 '신라는 진한을 계승'했다고 배웠고, 변한은 김해나 고령을 중심으로 한 가야를 말한다고 배웠다. 그런데 이병도나 『신당서』·『구당서』는 왜 '신라를 변한의 후예'라고 했을까.

이러한 의문을 해결하려면 먼저 변한(弁韓)이라는 명칭의 의미를 분명히 이해해야 한다. 왜 변한이라는 이름의 공동체가 생겼겠는가. 그것은 문화사적 관점에서 해명해야 한다. 변한이라고 했을 때 변(弁)은 고깔모자를 말한다. 따라서 변한은 고고학자 김병모가 지적했듯이 '고깔모자를 쓰는 사람들'과 관련해 생긴 명칭이다.[47] 그뿐만 아니라 우리가 알고 있는 가야 지역을 지칭하던 변진(弁辰)이라는 집단의 명칭에 있는 변(弁)도 고깔모자를 쓰는 문화에서 발생한 명칭이다. 공동체를 부르는 이름에 고깔 '변(弁)'자를 쓴 것은 그 공동체에 고깔을 쓰는 풍속이 있었던 데 연유한 것이다.[48]

문헌자료에 보이는 변한

다음으로 변한과 관련된 문헌자료들을 살펴볼 필요가 있다. 먼저 『신당서』와 『구당서』 「신라전」은 "그 나라(신라)는 한나라 때의 낙랑 땅에 있었다"라고 전하고 있다. 이는 신라를 주도하던 변한인들이 한나라 때 낙랑에 거주했다는 것을 말한다.

그리고 『삼국유사』 「변한백제조」는 "『신당서』와 『구당서』에는 변한의 후손들이 낙랑 땅에 있었다고 하고, 『후한서』에는 변한은 남쪽에 있고, 마한은 서쪽에 있고, 진한은 동쪽에 있다고 했으며, 최치원은 변한이 백제라 했다. …… 『당서』에 변한의 후손들이 낙랑 땅에 있었다고 함은 온조왕의 계통이 동명에서 나온 까닭으로 그렇게 말했을 뿐이다"라고 했다.

일연은 신라를 수도하던 사람들이 과거 낙랑 땅에 있었다고 한 『신당서』와 『구당서』의 기록을 백제와 연결해 이해하였다. 그는 변한 사람들과 백제인의 기원이 같다는 최치원의 주장을 그렇게 이해한 것이다. 일연은 부여계 변한과 신라 김씨왕계 변한이 있다는 것을 몰라서 그렇게 이해했지만, 최치원이 "백제는 변한이다"라고 한 논리를 받아들였다. 그러한 인식을 토대로 보면 백제의 선조인 동명도 변한인이다. 그리고 동명은 부여에서 나왔으므로 부여 또한 변한이다.

상식적으로 한국사를 이해하는 사람들은 백제와 동명, 더 나아가 부여가 변한이라는 견해를 받아들이지 못할 것이다. 그러나 필자의 연구에 따르면 그러한 인식은 잘못된 것이 아니다.

하지만 이병도는 "최치원의 망발(妄發)을 근사하다고 한 김부식의 견해 또한 비평할 거리도 되지 못한다"라고 하면서 최치원과 김부식이 "백제는 변한이다"라고 한 견해를 강하게 비판했다.[49] 그러나 진실을 알고 나면 이병도가 더 무식했다는 것을 알 수 있다.

이병도가 최치원의 주장을 받아들이지 못한 것은 삼한과 삼국의 계승관계를 제대로 이해하지 못했기 때문이다. 특히 이병도는 변한의 실체에 대해 혼란스러워했다. 그럴 수밖에 없었던 것은 『신당서』·『구당서』 「신라전」을 인정하는 동시에 최치원·일연의 견해를 인정하면 모순이 생긴다고 생각했기 때문이다. 이를 인정할 경우 변한은 평양에도 있었고, 그 변한의 후예가 신라도 세우고 백제도 세웠으며 부여와도 관련 있는 것이 되기 때문이다.

이러한 주장에 동의할 수 있는가. 아마도 동의할 수 없을 것이다. 우리가 지금까지 알고 있는 역사지식으로는 설명되지 않기 때문이다. 하지만 『신당서』·『구당서』나 최치원의 견해나 모두 옳다.

중국 동북 지역에 변한이 있었다

그렇다면 무엇이 문제인가? 문제의 핵심은 우리 역사에 등장하는 변한의 실체를 제대로 이해하지 못한 것이다. 상식적인 역사지식이 있는 사람들은 변한이라고 하면 후에 가야라고 불린 동남쪽의 정치집단만 생각한다. 그런 상식의 눈으로 볼때 평양에도 변한이 있었다고 하고, 만주 요령성의 개주시(한나라 때 번한현)에 변한의 옛 서울이 있었다고 하면 어리둥절해한다.[50]

앞에서도 변한이라 불린 집단에 대해 설명했지만, 변한을 알려면 먼저 문화사, 특히 복식사의 관점에서 이해해야 한다. 쉽게 말해 그들은 동북아 지역에서 '고깔모자를 쓰는 풍습이 있는 집단'이었다. 동북아 지역의 주민들이 고깔모자를 쓰기 전에 천산과 그 너머의 중앙아시아, 더 멀리는 터키고원에 살던 사람들이 먼저 고깔모자를 썼다.

문명사의 관점으로 보았을 때 고깔모자는 유라시아대륙의 범아리안계 주민이 썼다. 아리안계 주민 중에서도 중앙아시아에 기원을 둔 동부 이란계 주민(스키타이·사르마트·사카)과 같은 이란계 언어를 사용하는 킴메르인, 그리고 프리기아인이 썼다.[51]

이들 중 변한과 관련 있는 사람들은 천산 동·서 지역에 살던 사카족과 기원전 7세기 초에 터키고원에서 살던 프리기아인 중 동쪽으로 이주한 사람이다.

필자는 『고깔모자를 쓴 단군』에서 '부여족의 핵심 엘리트는 천산을 넘어 동으로 진출한 프리기아인'임을 밝힌 바 있다. 『실크로드를 달려온 신라왕

프리기아의 모자를 쓰고 있는 돌론, 1세기 대리석 부조

족』에서는 '천산 동서를 넘나들던 사카족 중에서 동으로 진출한 사람들이 신라 김씨왕족과 관련 있음'을 밝혔다.

기원전 7세기 초 킴메르인의 공격을 받고 수도가 초토화되어 한동안 도시기능을 완전히 상실할 정도로 멸망한 프리기아인 중 동으로 망명길에 나선 사람들이 있었다. 이들 중 동으로 계속 이주한 이들은 기원전 7세기 중엽 난하 지역에서 동호(東胡) 무리 중 하나로 활동했다. 일반적으로 호(胡)는 서쪽에서 활동하던 호인(胡人)을 가리킨다. 그들이 동쪽으로 이주하여 활동했기에 동호라고 부른 것이다.

2009년 7월 18일 KBS 프로그램 「역사추적」에서는 몽골에 분포한 인골을 조사한 결과를 방영했다. 그 내용을 보면 서몽골에는 유럽인 유전자가 섞인 혼혈인종, 중앙몽골에는 몽골인종, 동몽골에는 다시 유럽인 유전자가 섞인 혼혈인종의 유골이 분포한다. 그러한 결과는 바로 앞에서 설명한 호와 동호의 관계를 설명할 수 있는 인골학 자료이다.

스페인 바르셀로나 자치대학교 연구팀이 프랑스·몽골 학자들과 함께 2005~2007년 몽골 알타이산맥에서 발굴한 전사의 유골을 조사한 결과, 기원전 7~2세기 철기시대 유골에는 유럽인과 아시아인 DNA가 거의 5대 5의 비율로 섞여있었다.[52]

이러한 결과는 철기시대 천산과 알타이산 지역에는 동·서양인이 혼혈된 사람들이 많이 살았음을 말한다. 따라서 필자가 사카족이나 프리기아인 중 동으로 이동한 사람들과 한민족의 변한 계통 주민이 관련 있다고 할 때, 그들이 온전한 아리안계 유럽인이라고 생각하면 안 된다.

프리기아인, 그러니까 부여의 조상들이 난하 지역에 들어온 흔적은 문헌 자료로도 확인할 수 있다. 『관자』·『염철론』·『국어』·『사기』·『주서』 등에 나오는 이지(離支)·영지(令支)·불령지(弗令支) 등은 바로 프리기아인과 관련된 정치집단에 붙여진 명칭이다. 그들은 중국 동북 지역에 정착하면서 새로운 종교와 앞선 무기를 바탕으로 이들 지역의 새로운 강자로 부상했다.

난하 지역에서 활동하던 영지(=이지=불령지)에 주목한 신채호는 "기원전 6~기원전 5세기경에 불리지(弗離支)라는 사람이 조선의 군사를 거느리고 지금의 직예(直隸, 즈리)(현 북경과 하북성 일대)·산서·산동 등지를 정복하고, 대현(代縣, 다이현) 부근에 나라를 세우고 자기 이름을 따서 나라 이름을 불리지국이라 하니, 『주서』의 불령지(弗令支)와 『사기』의 이지가 다 불리지국을 가리킨 것이다"라고 했다.[53]

신채호는 '불리지'를 특정 인물로 보는 잘못을 범했지만, 그가 지적한 불

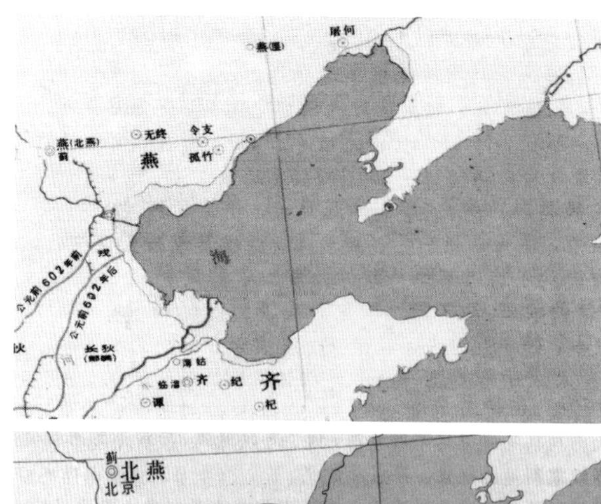

『중국고대역사지도집』에 수록된 춘추시대(위)와 춘추전국시대(아래) 지도. 춘추시대에는 발해가 '海(해)'로 표기되었으나 춘추전국시대 지도에는 '渤海(발해)'로 표기되었다.

리지는 곧 영지, 즉 불령지로 프리기아인의 정치체를 한족이 음사해서 기록한 명칭이다.[54]

신채호는 또한 같은 책에서 발해(渤海)의 발도 음이 '불'로, '불리지'가 준 이름이라고 했다. 그렇다. '발'·'불'은 '프리-(부리-)'를 음사한 것이다.

신채호는 발해를 영지(=불령지)인과 관련된 명칭으로 이해하였다. 옳은 판단이다. 중국 요령성교육출판사(1990)에서 발행한 『중국고대역사지도집』을 보면 춘추시대의 지도에는 발해 지역을 '해(海)'로 표기했다가, 춘추전국시대의 지도에는 '발해(渤海)'로 표기하였다. 부여족으로 동호인 프리기아인이 이곳에서 활동하고 난 뒤 발해라는 명칭이 생겼음을 알 수 있다. 문헌상으로도 춘추시대 이전에는 이곳을 발해라 하지 않았다. 따라서 춘추시대부터 중국 동북 지역에서 세력을 확대한 부여족의 활동영역에 있던 중국 동북해 지역을 중국인이 '부여인이 살고 있는 바다'라는 뜻으로 발해라고 부른 것이다.

1999년에 길림성 사회과학원 고구려연구중심에서 발표한 글을 보면 "부여 조상들의 원주지는 발해의 바닷가였다"라고 했다.[55] 이들이 바로 고깔모자를 쓰던 부여변한의 조상들이다.

발해 바닷가에서 동북으로, 동으로 밀려난 변한부여

그렇다면 난하 지역으로 들어왔던 부여족이 어째서 북만주 지역에서 발흥하게 되었을까?

이들 발해 바닷가에 살던 부여인(불령지=이지=영지)은 제나라 환공의 공격을 받고 북으로 혹은 동으로 이주한다. 춘추시대가 시작될 무렵 난하 상류 지역에는 강력한 세력을 자랑하는 산융이 있었다. 산융은 이미 기원전 8세기에 지금의 산동 임치 부근까지 내려가 제나라를 공격할 정도로 강성했다. 동으로 이동해 난하 지역에 정착했던 부여인(=영지)도 이들 산융에 포함된 동호였다.

산융은 기원전 664년에는 연나라를 정벌한다. 그러자 연나라는 제나라에 구원을 요청했고, 제나라 환공은 이에 응해서 기원전 663년 산융을 공격한다. 제 환공의 공격을 받은 산융은 세력이 상당히 위축된다. 이어서 기원전 660년 환공은 다시 고죽국과 영지를 공격한다.[56]

당시 산융의 세력권에 포함되었던 동호인 부여인(불령지=이지=영지)은 이때 북으로 혹은 동으로 이주했다. 북으로 이주한 이들은 후에 고리국을 세웠고 그곳에서 태어난 동명이 남하하여 부여를 세운다.

그런데 『삼국지』 「부여전」은 "나라의 늙은이들이 스스로 옛날에 망명인이었다고 말한다"라고 했다. 또 같은 책에 "부여왕이 그(예맥의 땅) 속에 있어 스스로 '망명해온 자'라 했는데 까닭이 있는 것 같다"라고도 했다. 부여 왕족이 예맥의 땅으로 들어온 망명객의 후손이라는 것이다.

부여 왕족이 망명인의 후손이라는 이 기록을 두고 그들이 어디에서 망명했느냐 하는 논쟁이 있다. 대체로 부여의 왕족은 부여를 개국한 동명왕이 탄생한 고리국에서 망명했다고 본다. 그러나 중국학자 변종맹(卞宗孟, 볜종멍)은 '부여의 통치민족은 흉노에게 패한 호맥(胡貊)'이라고 주장한다.[57]

필자는 조금 다른 관점으로 이 기사를 이해했다. 중국 고대 문헌을 보면 망명한 사람에 대한 기사를 쓸 때, 바로 이웃한 집단에서 망명해왔을 경우에는 망명했다는 기사를 잘 쓰지 않는다. 왜냐하면 이웃에서 망명한 집단이 새로운 정치공동체를 세우는 것은 고대사에서 일반적 현상이었기 때문이다.

망명했다는 내용의 기사를 썼다는 것은 좀 더 색다른 이유가 있다는 뜻이다. 부여의 통치 집단에 대한 망명 기사가 바로 그런 경우다. 그들은 좀 더 먼 곳에서 온 망명인들의 후손이었던 것이다. 예맥의 땅으로 들어온 부여의 왕족은 사실 난하 지역으로 들어왔던 호(胡)인들, 그러니까 동호 중 이들 지역(발해 바닷가)에 정착했던 프리기아 계통 망명객의 후예였다. 이들이 제나라 환공의 공격으로 북으로 밀려났다가 남북을 오가며 활동했고, 그들의 후예가 고리국을 탄생시켰다. 그리고 고리국 구성원 가운데 남으로 내려온 동명이 부여를 탄생시켰다.

변한부여인의 남하와 불례구야(프리기아) 변한

부여에서 나온 주몽이 고구려를 건국하고, 주몽의 아들 혹은 부여왕 해부루의 자손인 우태와 소서노 사이에서 태어난 온조가 백제를 건국한다. 따라서 최치원이 "백제는 변한이다"라고 한 것은 이러한 역사적 맥락에서 이해하면 쉽게 수긍이 간다.

백제(변한)와 가야(변한)는 동일한 부여계를 바탕으로 한다. 단 가야(변한) 세력에는 진인의 피가 섞여있고, 백제(변한)에는 맥(貊)인들의 피가 섞여 있다. 그리고 두 집단이 한반도에 이주한 시기 또한 다르다. 가야(변한)가 먼저 들어오고, 백제(변한)가 나중에 들어왔다.

이러한 주장에 대해서도 독자들은 의아할 것이다. 하지만 변한가야야말로 프리기아 부여인과 관련이 있다. 그것은 해석이 어렵기로 유명한 『삼국지』 한조에 보이는 '불례구야(不例拘邪)'로 설명할 수 있다.

이 구절이 나오는 원문은 "마한은 서쪽에 있다. …… 진왕이 월지국에서 다스린다. 신지를 더욱 우대하여[臣智或加優呼] 신운견지보안야축지분신리아불례구야진지렴(臣雲遣支報安邪踧支濆臣離兒不例拘邪秦支廉)이라는 호칭으로 부른다"이다.[58]

위 기록에서 신지를 우대하여 부른 칭호는 마한의 진왕으로부터 우호를 받고 있는 4개국 수장에게 붙여진 호칭이라고도 하고,[59] '삼한의 족장들 중 중국이나 중국 군현에 확실하게 알려진 부족국의 족장에게 우호를 가한 사례를 말하는 것'이라고도 한다.[60]

이병도 같은 대학자도 '일찍이 이 구절은 과거부터 해석이 어려운 문장'이라고 했다. 그러면서 그는 위 문장을 '신운견지보, 안야축지, 분신리아불례, 구야진지렴'으로 끊어 읽었다. 그러면서 견지, 축지, 불례, 진지렴 등은 소국의 관호에 불과하다고 했다.

어쨌든 이병도는 필자가 문제 삼고 있는 '분신리아불례구야진지렴'을 '분신리아불례'와 '구야진지렴'으로 끊어 읽었다. 그러고는 분신리아불례의 분신은 신분(臣濆)을 잘못 표기한 것이며, 리아는 활아(活兒)를 잘못 기록한 것으로 마한 신분활(臣濆活[兒])국의 거수를 칭한 것이라고 했다. 또 불례는 곧 변진의 번예(樊濊)와 같은 말이라고 했다.[61] 이병도의 끊어 읽기는 대부분의

학자들이 따르고 있다.[62]

그러나 이병도의 끊어 읽기는 잘못되었다. 위 구절은 '신운견지보 안야축지 분신리아 불례구야진지렴'으로 끊어 읽어야 한다. 그 이유는 첫째, 이병도나 정중환처럼 '분신리아국의 불례'로 끊어 읽어서 그 나라가 신분활국에 해당하며, '불례'는 같은 책 변진조에 보이는 관호인 번예(樊濊)와 통한다고 한 주장에 문제가 있기 때문이다.[63] 무슨 말이냐 하면 같은 책 「변진전」을 보면 번예는 변진의 관호 중 신지와 험측 다음의 서열에 있던 그룹의 호칭으로, 아주 작은 공동체의 리더에 붙인 것이었다. 그런 위치에 있던 분신리아국이 마한 54개국과 변진 12국을 대표하는 공동체였을 리 없다. 그런 신분활국을 마한의 진왕이 특별히 우대했다는 것은 모순이다.

또 '분신리아불례'로 끊고 이를 '분신리아'의 불례로 해석한 것이 옳다면, 분신리아라는 나라가 있어야 하는데, 마한의 신분활국 말고는 음이 비슷한 나라가 없다. 따라서 리아는 나라 이름으로 보기 어렵다. 그렇다면 '리아' 자체를 우호(優呼)로 붙인 것으로 보아야 하지 않을까.

따라서 『삼국지』 「한전」의 위 구절은 다른 방식으로 끊어 읽어야 한다. 처음에 등장하는 나라의 우호를 '신운국의 견지보'로 끊어 읽는 것이 옳다면 다음과 같이 생각해볼 수 있다.

신운국은 마한의 한 나라로 신운신국(臣雲新國)을 말한다. 신운신국에서 신(新)을 생략하고 불렀다는 것을 알 수 있다. 그렇다면 '신분리아(濆臣離兒)'로 끊어 읽고 이를 '분신국의 리아'로 보면 어떨까. 분신은 이병도의 견해대로 마한의 한 나라인 '臣濆活國'의 '신분'을 '분신'으로 표기했을 것으로 추정할 수 있기 때문이다.

이렇게 보면 앞의 신운신국과 마찬가지로 그 나라를 우호해서 부를 때 앞의 두 글자만 사용한 경우가 된다. 그리고 두 번째 등장하는 안야국은 원래 두 글자로 구성된 나라였다.

이렇게 끊어 읽고 보면 마지막 문장은 '불례구야진지렴'이 되는데 이 구절은 '프리기아(불례구야)의 신지렴'으로 해석할 수 있다. 정중환이 "진지(秦支)를 신지(臣智)·진지(辰知) 등과 같은 말로 보고 구야진지렴을 가야신치님(加耶臣智廉=가야국의 족장님)"으로 해석한 것을 따르면,[64] '불례구야진지렴'은 '프리기아의 신지님'이란 의미로 '가야(가야는 '프리기아'에서 '-기아'의 음사표기이다)국의 존자님'이란 뜻이 된다. 또한 '불례구야'의 중고한자음은 [pǐu-lǐi-ku-a]로 프리기아의 음사표기임을 알 수 있다.[65]

결론을 말하면, 지금까지 『삼국지』「한전」에 나오는 "신운견지보안야축지분신리아불례구야진지렴(臣雲遣支報安邪踧支濆臣離兒不例拘邪秦支廉)"을 '신운견지보, 안야축지, 분신리아불례, 구야진지렴'으로 끊어서 해석하는 것은 잘못이다. 이 문장의 끊어 읽기가 어려웠던 것은 '프리기아'가 부여계와 관련될 뿐만 아니라 가야와 관련 있다는 사실을 전혀 눈치 채지 못했기 때문이다. 이들 중 제일 먼저 한반도로 이주한 사람들이 만든 공동체는 바로 삼한에 보이는 '-비리(卑離)·가야(伽耶)' 등의 소국 이름을 남긴 집단이다. 따라서 『삼국지』「한전」의 위 문장은 "臣雲遣支報/安邪踧支/濆臣離兒/不例拘邪秦支廉"으로 끊어서 해석해야 한다.[66]

난하에서 동으로 이동한 변한부여 숙신국의 주도권 장악

하지만 오해하면 안 된다. 사실 이들 불례구야인은 북만주 지역에 부여라는 나라를 세운 뒤 한반도로 유입된 부여인의 후예가 아니다. 그렇다면 그들은 어떤 경로를 거쳐 한반도 남부로 이주했을까?

그들은 제나라 환공이 난하와 그 북쪽에서 활동하던 산융을 공격할 때 요동 지역으로 이주한 부여계의 후손이다. 요동 지역으로 들어온 변한부여인은 그곳에 있던 숙신계 진인과 섞여 살게 된다.

프리기아의 오시리스인 아티스(Attis)상. 고깔모자를 쓰고 있다.

난하 주변으로 들어왔던 변한부여인이 요동에 있던 숙신인 사회로 이주한 흔적은 『산해경』「해외서경」에서 확인할 수 있다. 본문은 "肅愼之國在白民之北, 有樹名曰雄常, 先入伐帝, 于此取之"이다. 이 구절 또한 해석하기 어렵다. 이 구절에서 가장 주목할 것은 벌제와 웅상수이다. 여기서 벌제는 변한부여(=프리기아)를 이르고 웅상수는 숙신계 진인이 살던 공간에 있던 신단수다.

필자는 위 구절을 다음과 같이 해석했다. "숙신국은 백민국의 북쪽에 있다. 그 나라에는 웅상이라는 신성한 나무가 있다. (그런데 그곳에) 먼저 들어온 프리기아 왕 혹은 프리기아인이 신목인 웅상을 차지했다(다시 말하면 그곳의 지도자가 되었다)."[67]

이렇게 해석하고 보면 이 문장이 쉽게 이해되는데도 이러한 역사적 사실을 이해할 수 없었던 많은 사람이 이 구절을 심히 왜곡해서 해석해왔다. 그들은 문장을 수정하고 의역까지 했지만 그것조차 정황상 의미가 통하지 않거나 역사적·논리적으로 말이 되지 않는다. 이 구절에 대한 한·중 학계의 번역문을 아래에 싣는다. 얼마나 억지번역을 하였는지 알 수 있다.

① 정재서(한국학자): "숙신국은 백민국의 북쪽에 있다. 이름을 웅상이라고 하는 나무가 있는데 성인이 대를 이어 즉위하게 되면 이 나무에서 옷을 만들어 입었다."[68]

② 안호상(초대 문교부장관): "숙신국은 백민국에 있다. 그 북쪽에 나무가 있는데 이름을 웅이라 한다. 늘 앞서는 8대의 임금들이 여기서 이를 취해갔다."[69]

③ 『진서』(당나라 때 저작) : "숙신국에 나무가 있는데 그 이름은 낙상(雒常)이다. 중국에서 성자가 대신 일어서는 일이 있으면 이 나무에 가죽이 생기는데 의복을 해 입을 만하다."[70]

④ 나몽산(羅夢山, 뤄멍샨, 중국학자): "숙신국은 백민국의 북쪽에 있다. 그곳에 특정한 나무가 자라는데 이름을 웅상이라고 한다. 만약 나라 안에 밝고 성스러운 천자가 대를 이어 서면 그 나무에서 문득 연한 껍질이 생겨서 나라 사람들이 그것을 취해다가 의복을 해 입는다. 왜냐하면 그곳 사람들은 평상시에 의복을 입지 않기 때문이다."[71]

⑤ 양범(楊帆, 양판, 중국학자): "백민국 북변에 숙신국이 있다. 숙신국에는 웅상이라고 부르는 나무가 있다. 중국에서 폭군을 대신해서 성인(황제)이 나타날 때마다, (숙신 사람들은) 모두 이곳(웅상수가 있는 곳)에 와서 웅상수 껍질로 옷을 만들어 입었다."[72]

⑥ 마창의(馬昌儀, 마창이, 중국학자) : "숙신국은 『회남자』의 해외 36국 중 하나로 그 백성은 숙신 사람이다. 그 나라 사람들은 산골에 사는데, 의복은 없다. 평상시에는 돼지를 잡아서 그 가죽을 몸에 걸친다. 겨울에는 몸에 기름을 두껍게 발라서 추위를 이긴다. 그곳에 웅상이라는 나무가 자라는데, 전설에 따르면 그 나무는 덕에 감응하는 신통한 능력이 있어서, 성스러운 황제가 다스릴 때 그 나무에서 나는 껍질로 옷을 해 입는다고 한다."[73]

이들은 모두 '선입벌제(先入伐帝)'란 말을 제대로 해석하지 못하고 자의적으로 해석하였다. 중국학자들은 대부분 '중국에서 성인 황제가 출현하면'이라고 해석했고, 나몽산은 '중국에서 성인이 출세하면'이 아니라 '숙신국 내에서 성인 황제가 출현하면'으로 해석했다. 한국학자인 정재서는 중국의 저명한 신화학자인 원가가 1950년 출간한 책 『산해경교주』에서의 해석을 따라 번역했고, 안호상은 '선입대제(先入代帝)'로 해석하였으나 그 대상이 애매하다.

많은 사람이 해석상 오류를 범한 것은 '선입벌제'와 '웅상'에 대한 몰이해 때문이다. 선입벌제의 벌제를 숙신 지역으로 이주한 프리기아 혹은 프리지아를 음사한 것으로 보면 쉽게 해결된다.

웅상수는 단군신화의 신단수인데, 아직 정사로 인정받지는 못하지만 『한단고기』 여러 곳에서도 웅상(雄常)을 언급하였다. 『한단고기』에서는 웅상을 환웅과 관련된 소도의 신성한 나무이자 환웅을 나타내는 나무로 인식하고 있다.[74]

여기서 우리가 주목할 것은 웅상을 말하는 『한단고기』에 포함된 책들이 진서라면 『산해경』의 웅상수는 우리 역사를 푸는 데 매우 중요한 단서가 된다는 사실이다. 『산해경』에 따르면 웅상수가 숙신국에 있었다는 것이 되는데, 그 웅상수가 환웅을 나타내는 나무였다면 환웅을 숭배하는 신앙이 숙신국에 전해지고 있었다는 이야기가 된다. 그렇다면 단군왕검시대의 건국신화를 바탕으로 성립된 단군신화는 숙신계 진인에게 전달되고 있었다는 것이 된다.

혹 『한단고기』가 진서가 아니라 해도 『한단고기』를 편집한 사람은 이미 『산해경』에 나오는 웅상수에 주목하고 그것을 환웅과 연결했다는 점에 주목해야 한다.

숙신계 진인과 변한부여의 연합체인 진번국

어쨌든 지금 다루는 벌제는 숙신국으로 이주한 변한부여인(프리기아인으로 후에 성립된 부여 계통 통치자의 조상)을 말한다. 이들 변한부여인이 숙신국으로 들어가 새로운 지도자 그룹으로 부상한 사실을 『산해경』은 "먼저 들어온 변한부여인[伐帝]이 그곳에 있던 지도자를 상징하는 웅상수를 차지했다. 다시

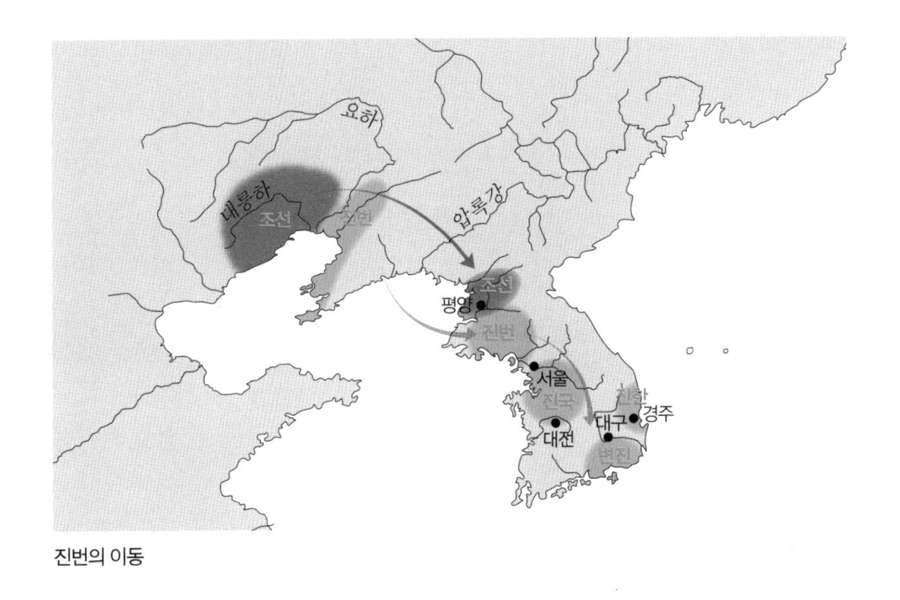

진번의 이동

말하면 지도자가 되었다"라고 전한 것이다.

두 세력이 합쳐져 만들어진 공동체가 곧 후대의 문헌에 보이는 진번(眞番)이다. 이때 진번은 숙신계 진인과 변한부여인이 합쳐서 이룬 공동체를 나타내는 말이다. 진번은 숙신계 진인에서 진(眞)을, 변한부여에서 번(番)을 따서 만든 공동체 이름이다. 이 때문에 『흠정만주원류고』에서는 "『한서』「지리지」의 요동 번한현(番汗縣, 지금의 개주시) 지역은 변한(卞韓=弁韓)의 고도(古都)이다"라고 한 것이다.

요동에 있던 이들 진번인은 후에 요서 대릉하 지역에서 팽창해온 고조선과 느슨한 형태의 연맹국을 형성한다. 그러다가 기원전 3세기 초 연나라의 공격으로 고조선이 1,000리의 땅을 상실할 때 고조선과 함께 황해도 지역으로 들어온다.

물론 당시 정치파동 때 고조선계와 진번계 주민 중 일부는 한강 이남까지 이주하기도 했을 것이다. 그 후 고조선이 위만에게 나라를 빼앗기고 준왕을 비롯한 일부 궁인과 신하들이 남하할 때도 진번의 일부 주민이 한강 이남으로 이주했을 것이다. 그러다가 결정적으로 남부 지역에 변한이라는 정치공동체가 탄생한 것은 위만조선이 멸망하는 과정에서 남으로 이주한 진번인들이 경상남도 지역에 대거 포진했기 때문이다.

변진은 진인과 변인의 공동체

『삼국지』 변진조는 이들(진번)을 '변진'으로 기록하였다. 이는 진번을 도치해서 부른 것이다. 평화를 화평이라고 말하는 것과 같은 이치다. 천관우도 『사기』에 보이는 '조선·진번(朝鮮·眞番)' 가운데, '진번(북진번)'은 요하 하류를 중심으로 분포되었던 진·변한(辰·弁韓)족의 합칭이라고 했다.[75] 앞에서 진번이라는 공동체가 숙신계 진인과 변한부여인의 연합체라고 했는데, 변진은 변한부여인과 진인이 섞여 사는 공동체를 이르는 말이다.

삼한사를 전공한 이현혜는 "『삼국지』의 진한과 변진의 실체를 검토하는 과정에서 기본적으로 제시되는 의문은 진한과 변진의 구분기준이 어디에 근거한 것인가"라고 반문했다. 진한과 변한을 구분하는 기준을 모르겠다는 말이다. 또한 그는 『삼국지』「한전」은 변진은 진한과 잡거한다고 하여 진·변한은 지역적인 경계에 따라 구분되는 존재가 아님을 명시하고 있다고도 했다.[76] 초기단계에서 진한과 변진은 지역적으로 명확히 구분된 것이 아니었다는 말이다.

또한 『삼국지』「변진전」은 "(변진) 역시 성곽이 있으며, 의복과 거처는 진한과 같다. 언어와 법과 풍속은 서로 유사하나 귀신에 제사하는 것은 다르다"라고 했다. 이러한 기록에 대해서도 학자들은 혼란스러워한다. 진한과 변진을 어떤 기준으로 구분했는지 이해되지 않기 때문이다.

일반적으로 변한에 대해서는 변·진한이 혈연을 달리하지만 종족 구성을

6세기 전반 고구려 개마총 벽화. 왼쪽 아래에 고깔모자를 쓴 사람이 보인다.

같이한다거나, 삼한이동설의 입장에 따라 진한에서 분화된 것으로 파악하거나, 가락국기에 전하는 9간을 세형동검계 문화를 기반으로 하면서 우수한 청동기문화와 초기 철기문화 등 북방의 부단한 선진문화의 충격 속에 지배기반을 확산했던 집단이라고 한다.[77]

이와 같이 변한에 대한 견해가 다양하다는 것은 그 실체를 정확히 파악할 수 없다는 말과 같다. 그러나 필자가 전개해온 관점으로 진한과 변한을 이해하면 그들의 실체에 쉽게 접근할 수 있다. 진한과 변진이 잡거했다고 한 것은 다음과 같은 상황이 반영된 것이다.

기본적으로 진인이 살고 있던 경상도 지역에 진국의 유민이 들어와 진한 소국공동체를 성립했고, 진번인 역시 진인이 살고 있던 지역에 들어와 변진으로 불리며 소국공동체를 성립했다. 이들은 초기에 뚜렷한 경계 없이 잡거했다. 제사를 제외한 그들의 문화가 대부분 유사한 것은 기본적으로 진인의 문화를 기반으로 했기 때문이다. 제사습속이 다른 것은 진인의 제사습속

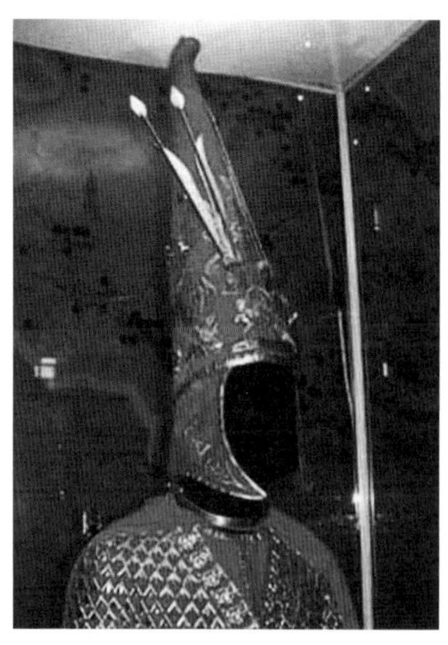
카자흐스탄 수도 알마타 동쪽 50킬로미터에 있는 사카족 무덤(기원전 5~기원전 4세기)에서 출토된 고깔모자

과 변진인을 주도하던 변한부여인의 제사습속이 달랐기 때문이다. 단군왕검계 건국신화와 부여계 건국신화가 다른 것은 그들의 출신배경이 달랐기 때문이다. 그 결과 제사풍속에 차이가 생겼다.

따라서 기존 학자들의 견해 중에서 '변한과 진한이 외부에서 보아 크게 구별된 종족이 아니라고 추정'한 이형우나,[78] "(변한을) 변진이라 한 데에서 유추되듯이 크게 진한의 한 일파였을 것으로 추정된다"라고 한 주본돈의 견해가 진실에 가장 가깝다. 천관우 또한 양자가 밀착된 집단이라고 했다.[79] 필자의 주장처럼 변진은 진번세력을 도치해서 부른 것으로 진인의 사회에 변한부여인이 섞여 살던 공동체였다.

이제 변한부여인의 흐름을 정리해보자. 천산을 넘어온 그들은 처음에 난하 하류 유역에 정착했다. 그러다가 제나라 환공의 공격을 받고 북과 동으로 이동한다. 동으로 이동한 사람들은 요동의 숙신국으로 들어가 진번국을 만들어 주도했고, 진번은 연나라의 공격을 받자 황해도 지역으로 이동했다. 그 후 위만조선이 망할 무렵 진번은 경상도 지역으로 이주하여 변진세력이 된다. 그 대표적 세력이 바로 불례구야국(후에 금관가야)이다.

북으로 이동했던 사람들은 후에 요하 북쪽에 고리국을 세웠다. 그곳에서 태어난 동명이 남하하여 부여를 세우고, 부여 계통의 주민이 남하하여 고구려와 백제를 세웠다.

따라서 변진 지역의 가야계 변한인과 백제계 변한인은 넓은 의미로 보았을 때 동일한 종족에 문화적 기반이 같은 집단으로 이해할 수 있다.

또 다른 변한인 사카족이 신라를 주도했다

한국 고대사에는 부여계 변한과 다른 계통의 변한이 또 있다. 바로 신라 김씨왕족이 그들이다. 앞에서도 언급했듯이 『신당서』·『구당서』에서 '신라는 변한의 후예'라고 했다.

필자가 『실크로드를 달려온 신라왕족』에서 밝혔듯이 신라 김씨왕족은 천산 주변의 사카족과 혈맥적으로 닿아있다. 문헌이나 암각화, 고고학 자료를 검토해보면 사카족은 천산을 중심으로 그 동서 지역을 오가며 활동했음이 확인된다. 천산 동쪽에서 활동하던 사카인 중 일부는 계속 동으로 이동하여 내몽고 음산 지역을 거쳐 요서 지역으로 들어왔다. 그들은 스키타이문화가 오르도스 지역으로 전파되는 기원전 7~기원전 3세기경에 동으로 이동한 것으로 추정할 수 있다. 그들 또한 동북 지역에서 동호로 불리던 세력 중 하나였다. 그들에 관한 흔적이 『일주서』나 『산해경』에 보인다.

『산해경』「해내경」에는 '조선과 이웃한 천독(天毒)'이 나오는데, 진(晋)나라의 곽박은 천독을 '천축국으로 부처가 태어난 나라'라고 했다. 그러면서 그는 사카족인 천독인이 조선과 이웃했을 리 없다면서 이 기록은 잘못되었다고 했다. 이러한 관점은 그 후 학자들에게 이어졌다.

필자는 그러한 생각이 잘못되었다고 본다. 당시는 동호에 대한 명확한 정보가 없었을 뿐 아니라 근년에 발굴된 고고학 자료를 활용할 수 없었기 때문에 지금까지는 사카족이 스키타이문화가 동진할 때 동으로 이주했다는 추정을 할 수 없었다.

또한 진(晋)나라 무제 함령(275~279) 초에 전국시대 위(魏)나라 왕의 무덤

좌 천산 동쪽의 사카족 암각화인 신강호도벽현강가석문자(新疆呼圖壁縣康家石門子). 고깔형 모자를 쓰고 있다 / 우 천산 동쪽의 합밀에서 출토된 사카족 유물인 사슴장식 거울

속에서 발굴된 책인 『일주서』「왕회편」에는 요동 지역에 '발인(發人)과 녹인(鹿人)'이 살았다는 기록이 있다. 이때 발인은 『관자』에 나오는 '발·조선'의 발(發)과 같은 집단으로 앞에서 말한 변한부여인을 가리키고, 녹인(鹿人)은 천산 주변에서 동쪽으로 이주한 사카족으로 추정된다.

『자치통감』에서는 전기 부여의 왕성이 녹산(鹿山)에 있었다고 했다. 왜 부여인은 도성이 있는 산을 녹산이라고 했을까? 어쩌면 그들이 난하 동쪽에 머물 때 그들과 이웃하던 사카족의 문화를 흡수했기 때문일 수도 있다.

20세기 들어 발굴되기 시작한 사카족 무덤에서 황금으로 만든 사슴상과 사슴을 부착한 청동거울 등이 발견되면서 사슴이 사카족의 토템이라는 의견이 제기되고 있다.

국립중앙박물관에서 마련한 '스키타이 황금전'(1991) 도록에서는 "동카자흐스탄의 자이산호수 남쪽에 있는 황금 쿠르간에서 출토된 황금으로 만든 사슴장식은 사카족이 만든 것으로, 그들은 자신들을 사슴인[鹿人]이라 불렀을 것"이라고 했다.[80] 또 미술사학자 권영필도 천산 동쪽의 합밀(哈密, 하미)

지역에서 출토된 사슴이 장식된 거울을 사카족의 것이라고 했다.[81]

신라왕족은 변한인인 사카족

천산 동서를 오가며 활동하던 사카족인 녹인(鹿人)들이 신라 김씨왕족과 혈맥적으로 닿아있을 가능성은 선덕여왕 때의 고승 자장스님이 남겨놓은 일화에서도 찾아볼 수 있다. 자장스님은 당나라로 유학을 떠나 산서성에 있는 청량산(淸凉山, 칭량산, 지금의 오대산)으로 가 문수대성에게 지극한 기도를 올린다. 그러자 문수보살이 감응하여 자장스님에게 전했다는 말이 『삼국유사』 황룡사9층탑조에 다음과 같이 전한다. "너희 국왕은 인도의 찰리종족의 왕인데 이미 불기(佛記)를 받았으므로 남다른 인연이 있으며, 동이(東夷) 공공(共工)의 족속과는 같지가 않다……."[82]

당나라 장회태자묘에 그려진 고깔모자를 쓴 신라 사신(고구려 사신이라는 설도 있다)

좌 고깔 모양의 모자(혹은 두건)를 쓴 신라 토우 / 우 자작나무 껍질로 만든 관모(경주 천마총 출토)

문수보살은 신라왕족이 인도의 찰리종족, 즉 사카족이라고 말하고 있다. 사카족과 신라왕족의 관계를 긍정적으로 검토해볼 대목이다. 단순히 불교적 권위를 이용하여 왕권을 강화하려는 정치적 술책으로만 볼 일이 아니다. 신라 김씨왕족이 권력을 장악하고 난 후 사카족의 무덤양식을 모방했다든지, 왕족이 쓰던 금관이 사카족의 붉은색 고깔모자에 장식된 황금장식과 같다든지, 사카족과 같이 황금을 애호했다든지, 신라 금관의 입식에 사슴뿔을 사용했다든지, 그들이 쓴 신성한 고깔모자인 피변(皮弁)을 사슴가죽으로 만들었다든지 하는 것을 우연으로 무시해서는 안 된다.

『북사』「이웅(李雄)전」을 보면 신라 사신은 피변을 쓰고 수나라를 방문했다. 당시 신라 사신이 피변을 쓰고 수나라 조정에 도착하자, 이웅이라는 관리가 신라 사신이 쓰고 있는 관의 유래에 대해 조롱하듯이 묻는다. 그러자 신라 사신은 '피변(皮弁)의 유상(遺像)인데 어찌 대국 군자가 피변을 모르는가'라고 응대하는 장면이 있다.[83] 6세기 말에서 7세기 초까지도 신라인들은 피변을 쓰는 구습을 답습하고 있었던 것이다. 당나라 장회태자묘에 보이는 신라 사신의 모습에서 신라인들의 피변을 볼 수 있다.

신라인들이 고깔모자를 즐겨 썼음은 고분에서 출토된 토우에서도 확인된다. 신라 토우에 묘사된 남성의 두상은 대부분 머리 윗부분이 뾰족하게

표현되어있다. 고깔을 쓴 것처럼 길게 올린 것은 고깔(弁) 모양의 두건을 쓴 모습이다.[84]

김일제도 사카족이다

문무왕비문을 비롯해 여러 비문에 자신들의 조상이라고 기록된 한나라의 제후였던 제천투후 김일제 또한 사카족이란 점에 주목할 필요가 있다. 김일제의 아버지 휴도왕은 흉노세력에 편입된 사카족이다. 그를 휴도왕이라고 부른 것은 그가 부처와 동성인 석가족, 즉 사카족의 왕이었기 때문이다.[85]

간략하게 설명하면 『위략』에서는 부처를 부도(浮屠)라고 표기했다. 그런데 『삼보통감록』에서는 김일제의 아버지 휴도(休屠)왕을 포도(蒲圖)왕으로 표기하였다.[86] 백과사전에는 '부도(浮屠)가 곧 포도(蒲圖)이고 부처'라고 하였다.[87] 휴도와 포도와 부도가 부처를 표기하는 다른 방식인 것을 알 수 있다.

신라 금령총 기마인물형 토기에 표현된 고깔모자

일연이 인용한 중국 문헌인 『삼보통감록』에는 요동성에 있던 삼중토탑(三重土塔)이 한나라 때의 것이라면서 다음과 같이 설명하고 있다. "옛날 한나라 때 있었던 것입니다. 그 이름은 포도왕(蒲圖王)-본시 휴도왕(休屠王)이라고 씌었는데

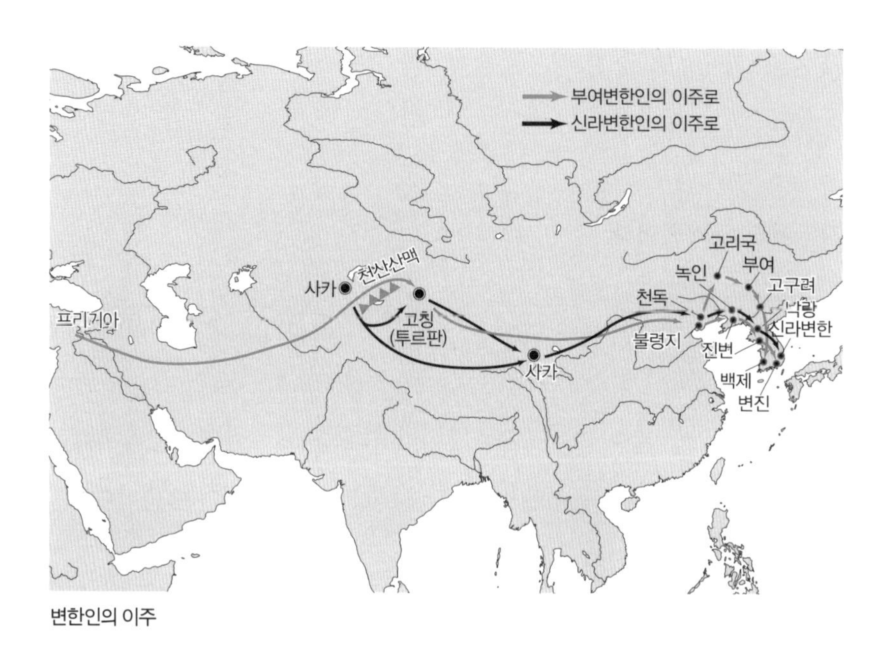

변한인의 이주

제천(祭天)하는 금인(金人)이다-이라 합니다."[88] 휴도가 바로 포도이고 불탑을 의미한다는 것이다. 이는 휴도가 포도로 부처를 말한다는 것과 같다. 이러한 사실은 휴도왕이 석가족(사카족)의 왕으로 부처를 모시던 왕이었다는 것을 말한다. 이는 김일제가 신라 김씨왕족의 조상이라면 그들은 사카족과 혈맥이 닿아있다는 것을 뜻한다.

이와 같이 문헌이나 고고학적 정황으로 보아 신라 김씨왕족은 고깔모자를 쓰는 또 다른 한인, 즉 변한인이었다는 것을 알 수 있다.

필자가 지금까지 설명한 것을 바탕으로 신라를 이해하면 진한사로국을 이끌던 박씨 신라에서 고깔모자를 쓰던 김씨가 이끄는 변한 신라로 바뀐 것이다. 이러한 사실을 알고 나면 왜 문헌에서 신라를 진한이라고도 하고 변한이라고도 했는지 알 수 있다.[89]

04

동북 지역에서 가장 강력했던 마한

마한은 『위략』에 기록된 고조선세력

이제 삼한 중 가장 강성했던 마한에 대해 알아보자. 마한은 한강 이남 지역 한인공동체로는 종가인 셈이다. 마한의 뿌리는 한민족사의 큰 흐름 중 두 번째 흐름을 주도한 종가의 맥을 잇고 있었다.

『삼국유사』 마한조를 보면, "『위지』에 이런 말이 있다. 위만이 조선을 치니 조선왕 준은 궁인과 좌우에서 모시는 가까운 신하를 거느리고 바다를 건너갔다. 남쪽으로 가 한(韓)의 땅에 이르러 나라를 세우고 마한이라 했다. 최치원은 마한은 고구려라 했다"라고 설명하였다.

마한의 뿌리는 고조선왕 준과 그 세력임을 분명히 명기하였다. 다시 말하면 마한은 고조선세력을 기반으로 해서 성립된 나라다. 그렇다면 최치원은 왜 마한은 고구려라고 했을까?

최치원이 마한을 고구려라고 한 것은 고구려가 마한인의 후예라는 의미가 아니라 마한의 근원인 준왕이 다스리던 고조선의 땅을 차지했다는 의미다. 그래서 『신증동국여지승람』 권지41 황해도조에는, "본래는 고조선마한의 옛 땅으로 후에 고구려의 영토가 되었다"라고 한 것이다. 조선 중기의 이익도 『성호사설』에서 "마한은 기준을 가리키는 것으로 본래 고구려 땅에서 살다가 후에 남쪽으로 달아났으니 고구려를 가리켜 마한의 옛 땅이라 한 것"이라고 하여 최치원의 손을 들어주었다.[90]

『신증동국여지승람』이나 이익은 최치원이 "마한은 고구려이다"라고 한 것을 정치체를 계승했다는 의미가 아니라 그 땅을 차지했다는 의미로 파악하였다. 이때 마한은 『관자』나 『위략』에 등장하는 고조선과 맥이 닿아있다. 한강 이남에 있던 마한을 남마한이라고 한다면, 북쪽에 있던 고조선을 북마한이라고 할 수 있다.

『삼국지』「한전」에 인용된 『위략』에는 북마한이라는 개념을 설정할 근거가 있다. 그곳에는 "(조선왕) 준의 아들과 친척으로서 나라(고조선)에 남아있던 사람들도 한(韓)이라는 성씨를 따라 쓰게 되었다"라고 기록되어있다.[91] 이들 고조선에 남아있으면서 한씨 성을 사용했던 사람들을 후에 마한인이라고 칭했다.

북마한(북쪽에 있던 한씨조선)은 단군왕검사회가 붕괴되고 난 후 164년의 공백기를 거치고 요서 지역에서 다시 일어난 고조선을 말한다. 다시 말하면 그들은 단군왕검사회가 은나라 무정 8년에 붕괴되어 요동과 서북한 지역으로 이주한 후 요서 지역에서 일어난 정치체인 조선의 후예이다. 조선은 단군왕검사회의 잔여 백성과 은나라가 망했을 때 요서 지역으로 이주한 은나라 유민이 참여하여 만들었다.

그 후 8세기 중후반이 되면 진(晉)나라의 공격을 받고 멸망한 북경 남쪽 고한 지역에 있던 한국(韓國)인이 조선으로 이주하여 주도권을 장악한다. 당시 조선은 대릉하 중류 지역을 중심으로 영역을 확장하고 있었다. 이들이 주도하던 사회가 바로 한씨조선이다. 이들은 기원전 4세기가 되면 중국에서 조선후라고 부를 정도의 세력을 가진 나라로 성장한다. 이때 대고조선은 요

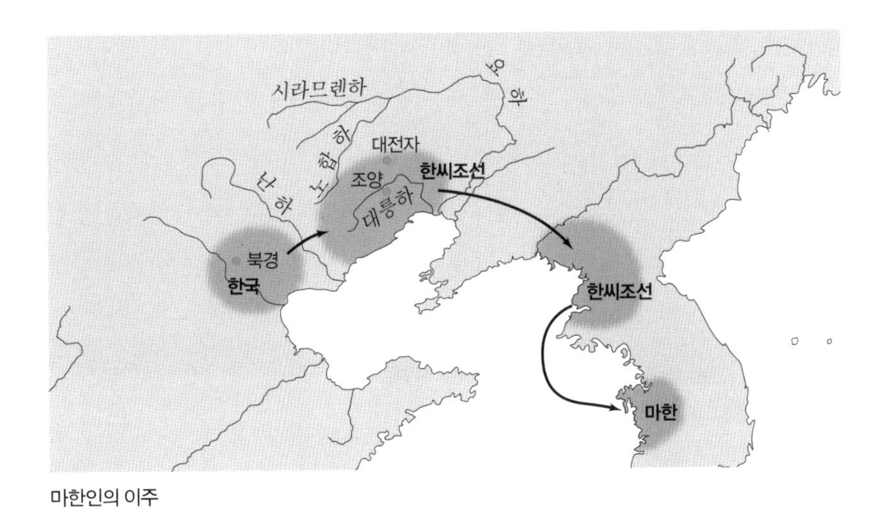

마한인의 이주

서와 요동을 아우르는 강력한 국가로 동북 지역 최고의 강자였다.

이 대고조선을 주도한 사람들이 한국인이었고, 그들 때문에 남한 지역에 한이라는 명칭이 생겼으며, 준왕과 피를 나눈 사람들이 한씨 성을 칭했다.

요서와 요동에서 맹활약을 하던 대고조선은 연나라와 충돌(진개파동)했고, 급기야 한반도의 대동강 유역으로 중심을 옮긴다. 한반도 북부로 중심을 옮긴 한씨조선은 얼마 후 연나라 유민인 위만의 공격을 받고 한강 이남 지역으로 이주하여 나라를 세웠는데 그것이 곧 마한이다.

천관우는 기원전 3세기 초엽에 연나라의 공격을 피해 대동강 유역으로 들어왔던 조선을 마한족으로 표현했다.[92] 옳은 판단이다.

마한인과 고구려인의 정체성 차이

마한인과 고구려는 정체성에서 차이가 난다. 삼국의 지배층에 관한 신화를 보면 그들은 각각 독자적인 기원신화를 가지고 있었다. 그것은 그들의 출신

배경이 고조선 계통과 차이난다는 것을 의미한다.

실제로 단군신화에서는 천신인 환웅이 하늘에서 신단수를 타고 지상으로 강림하여 지상에서 신정(神政, 신시)을 펼치는 구조다. 그러나 삼국, 특히 고구려와 백제는 부여를 세운 동명 계통이다. 동명은 태양의 광명이 신성한 여인의 몸에 내려 잉태된 신령스러운 인물이다. 고구려의 주몽 또한 비슷한 신화구조를 갖는다. 이들 신화는 단군신화와 구조가 다르다.

그리고 신라를 개국한 박혁거세와 김알지의 신화는 부여신화와 단군신화가 절충된 구조다. 혁거세는 하늘에서 내려온 천마가 가져온 알(=태양)에서 태어났고, 김알지는 신단수[神木, 계림 숲 속의 나무]에 매달린 금궤에서 태어났다.

이와 같이 고조선과 다른 신화구조를 가지고 있던 삼국의 지배층은 노태돈이 지적했듯이 고조선을 계승했다는 의식이 약했다. 노태돈은 단군에 대한 계승의식은 옛 고조선 지역의 일부 사람들 사이에서 민간신앙 형태로 이어져 내려왔을 뿐이라고 지적했다. 그러한 사정은 고려시대까지 이어지다가 고려 후기에 몽골과 항쟁하는 과정에서 단군과 고조선에 대한 재인식을 불러왔다. 노태돈의 분석에 따르면 강대한 외적과 30여 년에 걸친 항쟁을 치르는 동안, 고려인들은 삼국의 유민의식이 허망하다는 것을 느꼈고, '우리'를 재인식하는 고양된 민족의식이 싹트면서 단군이 새롭게 재인식되었다고 한다.[93] 옳은 분석이다.

단군신화는 진인 계통의 주민들이 계승하였다. 노태돈이 "단군에 대한 계승의식은 옛 고조선 지역의 일부 사람들 사이에 전해져 내려왔다"라고 했을 때, 일부 지역이란 바로 구월산을 중심으로 하는 황해도 지역을 가리킨다. 이 지역은 고인돌을 만든 단군왕검계의 후예인 진인이 살던 곳이며, 대고조선이 평양 지역으로 옮겨왔을 때 함께 들어온 진번인이 머물던 공간이다.

사실 삼국은 넓은 의미에서 변한인이 주도했다. 고구려의 주몽, 백제의 온조, 신라의 김알지는 모두 변한인의 혈맥을 계승했다. 따라서 최치원이 "마한은 고구려이다"라고 했을 때 그것은 혈맥을 계승했다는 것이 아니라 강역을 계승했다는 것으로 이해해야 한다.

남마한조차 형식상 고조선을 계승했다고 볼 수 있지만, 준왕을 따라 이주한 고조선 주민은 소수에 불과했다. 당시 준왕을 따라 이주한 조선인은 좌우 궁인과 그를 가까이서 모시던 신하들뿐이었다.

따라서 마한이라는 명칭을 사용했지만 마한연맹체를 구성한 사람들은 대부분 진국연맹체에 소속되었던 진인 계통, 진개파동 때나 위만파동 때 먼저 남하한 조선인(한씨조선인으로 남쪽 지방에 한(韓)이란 명칭이 생기게 한 주민들)과 진번 계통의 사람들이 훨씬 많았다. 이 때문에 마한에 속한 연맹국의 명칭에는 여래비리국(如來卑離國) 등 '-비리국'이라고 불린 소국이 많다. 이는 변한계가 주도하던 소국이다.

고구려 태조왕이 마한인을 거느리고 현도성을 공격했다

이러한 이유로 북마한에서 일어나 마한의 강역을 차지하고 개국한 고구려에는 마한의 잔여세력, 즉 남마한으로 이주한 준왕 계통의 사람들이 활동하고 있었다.

『삼국사기』「고구려본기」 태조왕조에는 다음과 같은 기사가 나온다. "태조대왕 69년(121) 12월 왕이 마한과 예맥의 1만여 기를 거느리고 현도성을 포위 공격하였다." 당시 현도성 공격은 부여 군사 2만이 고구려군의 후방을 공격하는 바람에 실패했다. 1차 공격에 실패한 고구려는 다음 해 가을, 다시 마한의 병력을 동원하여 요동을 공격했다.

고구려가 후한을 공격하는 데 마한이 동원된 것이다. 그러자 『삼국사기』

편찬자들은 “마한은 백제 온조왕 27년에 멸망하였는데, 지금 고구려왕과 함께 군사행동을 하였다고 하면, 멸망하였다가 다시 일어난 것인가?” 하고 의문을 제기한다. 이해가 가지 않은 것이다.

그것은 그들 또한 정체성이 다른 사람들이 고구려와 고조선을 건국했다는 사실을 이해할 수 없었기 때문이다. 당시 태조왕과 함께 현도성 공격에 참여한 마한은 고구려에 살고 있던 한씨조선의 후예들로, 그들은 어느 정도 독자적인 세력을 형성하고 있었다.

이러한 사실을 이해하지 못했던 이병도 또한 위 기사를 “고구려와 마한은 남북으로 격절한 관계였기 때문에 오전인 것 같다”라고 했다. 무언가 잘못 알고 전해진 기사라는 것이다. 반면에 신채호와 천관우는 이 기사를 보고 ‘마한이 남북 양쪽에 있었다는 이른바 남마한·북마한설’을 주장했다.

노태돈은 이 기사를 그대로 따를 경우 마한은 당시 고구려국에 포괄되어 있었거나 인접한 지역에 존재한 것이 된다고 지적했다. 그러면서 그는 2세기 전반 고구려 휘하의 마한에 대한 기사는 무엇인가에서 연유했을 테니, 이를 착오였다며 간단히 의미를 부정하는 것도 문제라고 했다.[94] 이 기사를 정확히 이해할 순 없지만 그렇다고 무시할 수도 없다는 것이다.

박대제는 이 기사에 나오는 마한 기병을 두고 백제에 멸망한 한반도의 마한 잔여민이 북으로 옮겨간 것이라며 ‘마한유민설’을 제기했다.[95] 이는 어림없는 주장이다.

그렇지만 이 기사를 정확히 이해한 학자도 있다. 김성호는 태조대왕 69년 기록이 『후한서』「안제기」 건광원년(121) 12월조와 연광원년(122) 2월조를 그대로 옮겨 쓴 것이므로 잘못 전해질 수 없다는 점을 지적했다. 그리고 이 시기에는 남쪽의 마한은 멸망하여 존재하지 않았기 때문에 이 기록에 보이는 마한은 고구려 지역에 살고 있던 한씨조선의 후예와 맥족의 결합세력인 마한을 이르는 말이라고 했다.[96] 고조선 지역에 남아있던 한씨조선의 후예가 자신들의 정체성을 유지하며 활동하고 있었고, 그들을 고구려나 후한에서는 마한인으로 이해했다는 것이다.

그런데 더 나아가 고구려인 자체를 마한인으로 인식한 기록도 있다. 645년 요동 방면에 투입된 고구려 중앙군 15만 명의 사령관이었던 고연수와 고혜진이 안시성 외곽 전투에서 패배한 뒤 당군에 항복했다. 그러자 당태종은 그들에게 벼슬을 내리는 조서에서 "고연수, 고혜진은 마한추장(馬韓酋長)으로서……(『전당문』 권7)"라고 표현했다. 노태돈은 이를 고구려마한설을 입증할 정황자료라고 했다.[97]

그리고 발해가 거란의 기습 공격으로 멸망하자 발해 부흥운동의 일환으로 압록강 중류 유역에서는 정안국이 일어났다. 정안국과 관련한 기록에도 마한이 등장한다. 『송사』 권491, 「열전」 제250 정안국조는 '정안국은 본래 마한의 혈통'이라고 했다. 송나라 태종이 정안국에 내린 칙서에도 "경은 마한의 땅을 차지하였다(卿奄有馬韓之地)"라고 했다. 정안국이 있던 지역을 마한 땅으로 이해한 것이다. 이때 마한이란 표현은 과거 한씨조선의 강역이었다는 의미로 이해해야 한다.

만주 지역을 한인들의 땅으로 이해한 중국 기록은 또 있다. 현재의 요령성 북쪽에 있는 창도현은 고구려 때 막힐부로 원래 부여의 땅이었던 것을 고구려가 흡수한 곳이다(『신당서』). 『요사』에 따르면 이곳은 고구려가 멸망한 후 발해가 계승했던 곳인데, 요나라 때 이름을 한주(韓州)로 바꾸었다.[98] '한인들의 땅'이란 의미를 담아 한주라고 지었을 것이다.

이와 같이 고구려나 부여 관련 기록에 마한이 여러 번 등장한다. 이때 마한은 한강 이남에 있던 마한이 아님은 분명하다. 이들 기록에 등장한 마한을 어떻게 이해해야 할지 정리해보자.

우선 넓게 보면 고구려는 과거 한씨조선인 북마한에서 일어났다. 그들은 한씨조선의 잔여민들이 살고 있던 공간에서 부여계 지도층과 맥족을 중심으로 한 정치공동체였다. 고구려 태조왕 기사에서 마한 기병은 바로 한씨조선의 잔여세력이고, 당태종이 고연수와 고혜진을 마한추장이라고 지칭한 것은 고구려가 한씨조선의 땅에서 발흥해 그 영역을 차지했기 때문이다. 발해 유민이 세운 '정안국'을 두고 송태종이 '마한 땅을 차지하였다'고 한 것도 같은 맥락으로 이해하면 된다.

우리는 여기서 최치원이 "마한은 고구려이다"라고 한 것이 당나라 태종이 가지고 있던 고구려에 대한 인식과 같다는 것을 알 수 있다. 그가 그렇게 말한 것은 고구려가 마한의 정체성을 계승했다는 의미가 아니라 그 강역을 차지했다는 의미였다. 또 최치원이 그렇게 생각한 것은 그만의 생각이 아니라 기원전 7세기경 당나라 지식인이 가지고 있던 생각의 연장선상에 있는 것이다. 따라서 마한은 고구려라는 말이 결코 잘못된 표현이 아니다.

한강 이남의 한사회는 언제부터

그렇다면 한이란 정치체는 언제 남한 지역에서 탄생했을까? 주보돈은 "고조선의 준왕이 남하한 곳이 한지(韓地)이고, 그곳에 정착하여 비로소 한왕(韓王)이라 했다"라고 한 『삼국지』 한조에 인용된 『위략』의 내용으로 볼 때, 준왕이 남천하기 전에 이미 남쪽에는 한이라 불리는 실체가 있었음은 의심할 여지가 없다고 했다. 그는 북쪽에서 대고조선이 연나라와 대결할 즈음 남쪽에도 한이란 종족 혹은 어떤 정치체가 존재했을 것이라고 했다.[99]

박순발도 준왕이 남쪽으로 도망쳐온 기원전 2세기 초 이전에 남한 지방은 이미 '한'으로 불렸다고 했다.[100] 반면에 이병도는 한은 준왕이 남하함에 따라 비로소 남쪽에서 칭해지기 시작했다고 했다.[101]

이와 같이 학자들의 의견은 두 갈래로 나뉜다. 한쪽은 준왕 남천 이전에 이미 한부족이 있었거나 한이라 불린 세력이 있었다고 보았고, 다른 쪽은 준왕의 남천으로 한이란 명칭이 생겼다고 보았다.

그러나 남한 지역의 한에 관해서는 다음과 같이 정리하는 것이 옳다. 남한 지역에 한인이 등장한 것은 기원전 3세기 초이고 한이라는 정치체가 공식적으로 등장한 것은 준왕이 남천한 때부터이다. 그렇게 판단하는 이유는 한인이 바로 대고조선을 주도한 고조선과 관련된 사람들이기 때문이다.

요령성 지역에 있던 대고조선인이 남한 지역으로 들어오기 시작한 것은 기원전 3세기 초 연나라의 공격으로 그 중심지를 대동강 유역으로 옮길 때이다. 한씨조선인 대고조선이 대동강 유역으로 들어올 때 일부 주민은 남한 지역까지 내려왔다. 그들이 이 지역에 정착한 최초의 한인이다.

고고학적으로 그들은 한강 이남에 덧띠토기문화와 세형동검문화를 이식했다. 그들은 고조선이라는 선진 지역에서 내려왔기에 남한 지역에 새로운 활력을 불어넣었다.[102] 박순발은 한사회의 문화적 배경이 요령 지방에 근거를 두고 있던 고조선세력이라고 했다. 옳은 말이다. 한인들은 바로 고조선계 유민이었던 것이다. 따라서 그가 광의로 보았을 때 마한이 형성된 시점을 기원전 300년경으로 잡은 것 또한 옳다.[103]

하지만 주보돈이나 박순발이 주장하는 것처럼 기원전 2세기 이전에 그들을 '한'이라고 불렀는지는 알 수 없다. 당시 그들을 한 혹은 한인으로 불렀다는 기록은 어디에도 없다. 이 때문에 최성락은 마한을 기원전 300년까지 올려보는 것은 문제가 있으며, 준왕 남천을 기점으로 한사회를 설정해야 하지 않느냐고 반문한다.[104]

그렇다면 한강 유역 이남을 한이라고 부르기 시작한 것은 언제부터일까? 필자의 생각으로는 요령성에 살던 대고조선 주민이 한반도로 들어올 때 이들 지역까지 남하했던 한인들은 잠재적 한인으로 진인이 살고 있던 남한사회에서 섞여 살았다. 그러다가 남한 지역을 한(韓)과 관련된 정치체로 부르기 시작한 것은 준왕이 남쪽으로 피신해 스스로 (마)한왕이라 칭하면서부터이다.

이때부터 남한사회에 한이라 불리는 정치체가 성립되었다. 하지만 한 소국들도 위만조선 시기에는 진국에 소속된 소국에 불과했다. 위만조선 시기에 북쪽에는 조선, 남쪽에는 진국연맹체가 있었고 진국은 진왕이 다스렸다는 사실이 여러 사서에서 확인되고 있다.

그 후 마한이라는 정치체가 부상하는 것은 진국이 붕괴되던 기원전 2세기 말부터다. 진국이 붕괴되고 진인 계통의 주도세력이 소백산맥을 넘어 경상도 지역, 즉 진한 지역으로 이주하자 진국연맹체에 속했던 (마)한 계통의 국가들이 권력의 중심으로 부상했다.

이때 부상한 마한 세력들은 삼한사를 연구한 이현혜의 표현대로 상당부분 기원전 3~기원전 2세기 이래 선주정치집단을 기반으로 성립되었다.[105] 다시 말하면 기원전 3세기 초 연나라의 공격으로 위만조선이 등장하는 과정에서 한강 이남 지역으로 남하했던 한인들이 마한 소국 형성의 주체세력으로 부상했다.

위만조선이 멸망할 무렵부터 한강 유역을 포함한 중서부 지역에서 금강 이남을 아우르는 마한연맹체가 등장한다. 한인들이 주도하던 마한사회조차 진인을 무시할 순 없었다. 이 때문에 마한의 왕 또한 진국의 왕을 부르던 호칭인 진왕을 자신의 칭호로 사용한 것이다.

삼한을 주도했던 우두머리 한, 마한

위만조선이 멸망할 무렵 전면에 등장한 마한은 삼한 중에서 가장 강력한 세력을 형성하고 있었다. 『삼국지』 변진조를 보면 "그 열두 나라는 '진왕'에 속하는데 '진왕'은 항상 '마한' 사람이 하여 대대로 잇는다"라고 하였다.

『삼국지』 「한전」을 보면 "진나라 피난민들이 한국으로 내려오자 마한은 그들의 동쪽 땅, 즉 소백산 동쪽 지역을 분할해주었다"라고 했다.[106] 이것은 당시 소백산 동쪽 지역은 마한의 영향력 아래 있었다는 것을 말한다. 마한의 배려 아래 경주 지역으로 들어온 진나라 유민(사실은 고조선계 유민 속에 포함된)인 사로 6촌 세력은 마한의 눈치를 보는 처지에 있었다. 그런 사정을 『후한서』 「동이열전」은 "마한의 진왕이 삼한의 맹주였다"라고 전한다.

그러나 마한의 권위는 진한사로국에 박혁거세가 등장하면서 약화되기 시작한다. 사로국이 성립되기 전 진한은 마한에 신속하면서 조공을 바치고 있었다. 그러한 사정은 『삼국사기』 혁거세조를 보면 알 수 있다. 혁거세는 호공을 마한에 사신으로 보냈는데, 마한왕은 호공을 다음과 같이 꾸짖는다. "진한과 변한 두 나라는 우리의 속국인데 근년에 공물을 보내지 않으니, 큰 나라를 섬기는 예의가 이와 같은가?" 그러자 호공은 "이제 진한도 박혁거세왕이 탄생함으로써 이전과 달라졌다"라고 대응한다. 이에 마한왕은 크게 화를 낸다. 화를 냈지만 변화된 상황을 어찌할 수 없었던 마한왕은 호공을 순순히 돌려보낸다.

이 기록은 마한과 진한의 관계에 변화가 일기 시작했음을 알려주는 것이다. 마한의 권위가 약화되는 계기는 정치적이라기보다는 경제적 요인이 크게 작용했다. 철기문화가 서북한 지역에서 경상도 지역으로 유입되기 이전까지는 마한 지역이 청동제 무기나 의기류, 공구류의 제작과 보급에서 주도권을 장악하고 있었다. 그로써 물질적 우위를 점할 수 있었고, 그 물질적 기반을 토대로 정치적 영향력을 발휘할 수 있었다. 예나 지금이나 국력에는 정치적 리더십 못지않게 경제력이 중요하다.

마한의 리더십은 경주, 김해 등지에서 제작되는 철기가 관심 있는 교역품으로 등장하면서 약화되었다. 철제품을 중심으로 새로운 교역관계가 조성된 것이다. 진한과 마한왕의 관계 기사는 청동기문화의 청산과 철기문화의 수용이라는 전환과정에서 청동기문화권 단계의 영도권을 상실해가는 것을 보여준다.[107]

이동하는 인류 속에서 민족의 뿌리를 찾다

최근에 밝혀지고 있는 유전학적 연구에 따르면 전 세계에 퍼져 살고 있는 현생인류는 약 5만 년 전에 중동부 아프리카를 출발한 사람들의 후손이라고 한다. 처음 출발한 한 무리는 인도를 거쳐 동남아시아로 이동했고 이들이 북방으로 이주해 멀리는 남미대륙까지 도달했다. 또 다른 한 무리는 중동 지역을 거쳐 서쪽으로 혹은 동으로 이동하여 유라시아대륙으로 확산되었고 이들의 후손 또한 남미대륙까지 이동했다.

초기 인류만 특정 지역에서 전 세계로 이동한 것이 아니다. 인류의 이동사는 끊임없이 반복되었다. 인류가 이동한 이유는 쉬운 말로 먹고살기 위해서다. 먹이를 채집하던 여인은 열매를 찾아, 사냥꾼은 사냥감을 찾아 기후가 급변하면 생존을 위해 이동했다. 특정 공간에서 정치적 파동이 일어날 때마다 생존에 위협을 느낀 사람들은 주변 지역으로 떠났다. 인디언이 먼저 차지하고 있던 아메리카대륙을 유럽인이 점령하기 시작해서 완전히 장악하는 데 걸린 시간도 그리 오래 걸리지 않았다.

중국의 왕대유 같은 이는 인디언이라는 말이 '은지인(殷地人),' 즉 은나라 사람을 가리킨다고 주장한다. 그는 아메리카대륙의 문화유산을 조사해서 중국과 관련된 문화 흔적을 많이 발견했다. 중국의 역사 파동 때마다 사람들이 중남미대륙까지 퍼져나갔음을 말한다.

특히 선사시대에서 초기 역사시대에 이르는 과정에는 수많은 종족이 이리저리 이동하면서 이합집산하던 때라고 할 수 있다. 문화사의 관점에서 보면 중국의 황하문명에는 천산 너머의 세계에서 이동해온 문화가 상당한 영향을 미쳤다는 것을 알 수 있고, 내몽고 동부와 요령성 서부에서 발원한 신석기문화가 서남으로 진행해 중원문화를 풍요롭게 한 흔적도 확인된다.

이러한 정황을 고려하면 상고시대를 조망하면서 그 역사와 문화를 일정한 공간에 갇힌 것으로 파악하면 역사적 진실에 다가서기 어렵다는 것을 알 수 있다. 하여 필자는 오랜 기간 한민족공동체가 형성된 초기사를 연구하면서 유라시아문명이 어떤 리듬을 타고, 어떤 파동을 그리며 움직였나 연구했다. 파동 치는 문명의 교류와 흐름 속에서 활동하면서 한민족 초기공동체를 형성한 엘리트 문화인이 누구인지 찾아냈고, 그들이 이동하면서 만든 역사 흐름을 추적함으로써 한민족 초기공동체의 형성사를 완성할 수 있었다.

한국 고대사는 이주사다

한민족이 형성되는 초기의 역사는 이주사라 해도 지나친 말이 아니다. 우리가 상식적으로 알고 있는 초기 정치체의 거의 모든 창업자는 외부에서 이주해온 사람들이었다. 기원전 24세기경 단군왕검사회에 이념을 제공한 환웅, 기원전 10세기경 개국한 고조선의 기자와 기자 이후 유입된 한씨, 부여의 동명, 고구려의 주몽, 백제의 온조, 신라의 박혁거세와 김씨왕족, 가야의 수로 등은 모두 외부에서 이주해온 사람들이다.

필자는 이들 이주세력들의 원주지와 이동과정, 각 그룹이 가지고 있는 문화적 특성 등을 파악하면서 상고사를 완성했다. 이 책은 그런 일련의 연구 작업 중 초기 한국사의 흐름을 일관성 있게 정리한 것이다. 4부로 구성해서 삼한의 정체성을 파악하는 것으로 마무리했다.

하지만 삼한을 설명하면서 삼한과 삼국의 연결고리를 해명했으니 삼국의 성립까지 미약하나마 마무리한 셈이다. 그렇게 글을 마무리한 것은 삼국에 대해서는 이미 연구가 많이 진행되어 필자가 크게 덧붙이기보다는 삼국의 태동을 보는 시각에 변화를 주는 선에서 마무리하려고 했기 때문이다. 다시 말하면 고구려와 백제의 왕족은 부여변한 계통이라는 것, 신라는 박씨의 진한으로 출발해서 김씨의 변한으로 계승되었다는 점을 설명하는 것으로 만족했다.

따라서 책을 마무리하면서 다시 각 부에 대해 요약하기보다는 필자가 이 책에서 독자들에게 전하고 싶은 핵심 내용을 적어보려 한다.

진한사로국은 진국을 계승한 한국인의 종가

역사에 조금이라도 관심이 있는 지식인은 다 알고 있듯이, 그동안 학계에서는 진한, 그중에서도 진한사로국의 정체성에 대해 다양한 견해를 제시해왔다. 그럴 수밖에 없었던 것은 초기 한민족공동체의 형성과 흐름을 제대로 파악하기가 무척 어려웠기 때문이다.

진한의 정체성은 필자가 제시한 새로운 관점으로 이해하면 쉽게 수긍이 간다. 단군신화를 기점으로 초기 한민족공동체의 형성과 흐름상 진한은 가장 앞선 흐름의 종착지에 해당한다. 쉽게 말하면 종가(宗家)인 셈이다.

간략하게 그 종가의 흐름(진인)과 종가를 뒤따라 들어온 흐름(조선인)을 정리해보자. 단군왕검시대는 기원전 24세기 무렵 요서 지역 하가점하층문화를 기반으로 형성되었다. 상당한 문화역량을 발휘하며 잘 운영되던 단군왕검사회는 기원전 15세기경 온도가 갑자기 내려가자 일차적 위기를 맞는다. 이 무렵 농업경제를 기반으로 하던 단군왕검사회의 구성원 중 상당수는 농업에 적합한 요동과 서북한 지역으로 이주했다.

얼마 후 은나라 무정왕은 안정된 국내 정치를 기반으로 주변 종족들을 대대적으로 정벌한다. 그 여파는 중국 동북 지역 정치지형도에도 큰 영향을 미친다. 무정의 공격을 받은 호인과 융적이 동으로 밀려들었다. 그 파동은 마치 훈족이 서쪽으로 밀려가 로마가 멸망에 이르게 한 것과 유사했다. 밀려드는 이방인으로 단군왕검사회는 붕괴되고 그들의 주력은 요동과 서북한 지역으로 이동한다.

요서 지역에 있던 단군왕검사회의 주력이 요동과 서북한 지역으로 이주하면서 그곳에는 대형 탁자식 고인돌을 축조하는 고인돌사회가 형성된다. 이들이 필자가 말하는 진인이다.

고인돌문화를 일군 주민들이 남부로 확장되면서 한반도 전역에 진인문화권이 형성된다. 이것이 초기 한민족공동체가 요서에서 발생해 요동을 거쳐 한반도로 확산되는 일차 흐름이다. 일차 흐름을 주도한 진인은 제정일치적 공동체 혹은 나라를 이끌었다. 고인돌과 돌널무덤을 주로 하고 돌무지무덤을 사용하던 이들 문화의 뿌리는 요서 지역의 홍산문화에 닿아있다.

단군왕검에서 비롯된 진인의 흐름이 한바탕 확산된 뒤를 따라 또 다른 큰 흐름이 흘렀다. 바로 기원전 10세기를 전후해서 대릉하 유역에서 발흥한 (고)조선이다. 이 (고)조선은 『관자』나 『위략』 등의 문헌에 등장하는 조선을 말한다.

문헌에 등장하는 고조선은 대릉하 상류 지역으로 들어온 기자를 포함한 은나라 유민들과 그곳에 있던 단군왕검사회인들이 함께하는 정치체로 출발했다. 그러나 얼마 후 고조선의 주체는 북경 남쪽 고안 지역에 있던 한국인의 대거 유입으로 변경된다. 한국의 한씨들이 고조선 정권을 장악한 것이다.

이들 조선은 대릉하 중류인 조양을 중심으로 성장하여 요동의 일부까지 확대된다. 그들이 대고조선이 되어 중국 문헌에 조선후로 등장할 무렵인 기원전 4세기경 요동의 동부와 남부 지역에는 진번이라는 정치체가 있었고, 진번은 고조선과 느슨한 형태의 연맹체를 형성하고 있었다.

그 후 기원전 3세기 초 연나라는 장수 진개를 보내 고조선을 공격한다. 이때 고조선은 진개의 공격을 막아내지 못해 자신들이 관할하던 땅(1,000여 리)을 대부분 내주고 대동강 유역으로 중심을 옮긴다.

이때가 되어서야 비로소 한반도에는 처음으로 한민족공동체를 형성한 두 엘리트 집단이 남북으로 포진하게 된다. 북쪽은 제정일치보다는 권력과 무력을 중시하는 문화를 가진 고조선계가, 남쪽은 여전히 단군왕검사회의 전통을 이은 진인이 제정일치문화를 고수하면서 공동체를 이끌었다.

얼마 후 북쪽의 고조선은 진·한이 교체되는 혼란기에 연나라에서 망명한 위만에게 정권을 탈취당한다. 나라를 빼앗긴 고조선의 마지막 왕 준은 일부 신하들과 따르는 무리를 데리고 금강 유역으로 남하한다. 이것이 남한에 한(韓)이란 명칭과 제정분리문화가 등장하는 계기가 된다.

고조선이 멸망하고 북쪽에 위만조선이 서자 한강 유역을 포함한 남부 지역에는 진국이 성립된다. 이때 남쪽의 진국은 한강 유역과 충청권 일대를 포함한 중부권의 연맹국가였거나(『삼국지』의 견해), 남부 지역 전역이 포함된 연맹국가였다(『후한서』의 견해).

남북으로 나뉘었던 위만조선과 진국의 정치질서는 위만조선이 한나라의 공격을 받으면서 붕괴된다. 한나라가 공격해오자 위만조선은 처음에는 강력하게 잘 대처했지만, 이내 중심을 잃고 혼란에 빠진다. 이때 위만조선의 주민 중 일부가 남으로 피난을 떠난다.

그 대표 세력이 위만조선에서 조선상이라는 벼슬을 하던 역계경이 이끌고 남하한 2,000여 호이다. 이들이 처음 한국으로 내려오자 마한은 그들을 소백산 동쪽으로 가도록 했고, 그들의 주력은 경주 지역으로 들어온다.

역계경 무리를 포함한 조선계 유민이 남으로 대거 유입되기 직전 남쪽에 있던 진국도 구심점을 잃는다. 이들 가운데 일부 지도자 그룹이 경상도 지역으로 유입되었는데, 그들 중 사로국의 중심으로 부상한 세력이 박혁거세 집단이다.

이와 같이 도도히 흐르는 역사의 물줄기를 시차를 두고 이해하면 진한을 주도한 이들이 누구인지 알 수 있다. 위만조선의 조선계 유민이 경상도 지역으로 들어오기 전 이 지역은 이미 진국연맹체의 영향권 아래 있던 진인의 사회였다.

삼한 중 진한은 진인과 진국인이 사는 사회에 위만조선계 조선인이 유입되어 공동체를 이룬 사회였다. 조선계 유민 중 진한교체기에 조선으로 피난한 일부 진(秦)나라 망명인의 후손이 섞여있었으나 그들은 진한의 주도층으로 성장하지는 못했다. 다만 사로국에서 어느 정도 영향력 있는 세력으로 부상했을 뿐이다.

고구려정통론을 극복할 신라정통론

역사의 파동을 잘 관찰해보면 역사에도 일정한 리듬이 있다는 것을 발견할 수 있다. 이제 머지않아 통일의 기운이 몰아칠 것이다. 통일과정과 통일 직후 한민족공동체는 크게 보아 3대 통합과제를 잘 수행해야 한다. 첫째는 이데올로기를 통합하는 과제이고, 둘째는 경제를 통합하는 과제이며, 셋째는 역사, 특히 정체성을 통합하는 과제이다.

그중 객관적 사실을 통한 역사통합이야말로 70여 년 동안 다른 역사관을 가지고 떨어져 살던 남북한 주민을 하나로 묶어줄 가장 중요한 끈이 될 것이다. 작금에 벌어지고 있는 근현대사 논쟁이 통일 후에도 계속된다면,

그 논쟁은 남북한 주민을 하나로 통합하기보다는 더 격렬한 역사논쟁을 일으키고 통합을 방해할 공산이 크다.

통일 후 남북한 주민을 하나로 묶을 수 있는 역사통합을 하려면 한민족이 어떻게 형성되었는지, 형성과정에서 남북한 주민은 어떤 정체성을 계승했는지, 민족형성기에 다중적으로 참여했던 집단이 남북의 역사형성과정에 어떤 형태로 참여했는지 밝힐 필요가 있다. 그런 객관적 사실을 바탕으로 남북한 모두가 크게 보아 하나의 역사문화공동체의 후손이라는 사실을 자각할 때 비로소 통일한국의 구성원들은 통합된 역사의식을 가지고 통일한국을 반석 위에 올리는 데 서로 합심하게 될 것이다.

2부에서 필자는 진인의 눈으로 한국사를 보아야 한다고 강조했다. 진한사로국이 신라로 발전했고 그 신라가 (미완이기는 했지만) 삼국을 통일했으며 현재 한민족공동체의 기반을 마련했다. 그렇다면 삼한 중에서 진한이 한국사의 정통 맥을 이었다고 말할 수 있다. 진한사로국은 진인과 조선계 유민이 힘을 합해 권력을 창출한 집단이라는 점에서 더욱 그렇다. 다시 말하면 신라는 위만조선에서 망명한 사람들인 여섯 촌락의 촌장이 진인인 박혁거세를 왕으로 추대하여 만든 나라였다.

따라서 초기 신라를 주도한 두 집단은 한민족 초기공동체를 이끌던 핵심세력의 후예라고 말할 수 있다. 이런 관점으로 신라를 이해하면 신라가 한민족의 정통 맥을 계승한 집단이란 것을 알 수 있다.

북한은 아직도 고구려정통론을 주장한다. 하지만 역사의 도도한 흐름을 있는 그대로 보면 신라로 한민족의 정통 맥이 흘렀다는 것을 알 수 있다. 곧 펼쳐질 통일과정에서 고구려정통론과 신라정통론은 논란의 중심에 서게 될 것이다. 필자가 새롭게 제기한 신라정통론이 통일과정에서 역사통합을 이루는 데 중요한 역할을 할 것으로 기대한다. 지금까지 어느 누구도 필자와 같은 관점에서 신라정통론을 제기하지 않았다.

현재로서는 필자가 제기한 신라정통론이 고구려정통론을 극복할 유일한 논리라고 할 수 있다. 왜냐하면 역사의 도도한 흐름으로 보았을 때는 그 흐름이 동남으로 흘러 신라로 이어졌지만, 삼한이 형성되는 과정의 흐름을 살펴보면 고구려가 있던 지역은 진한인의 역사무대이기도, 마한인의 역사무대이기도, 변한인의 역사무대이기도 했기 때문이다.

삼한일통과 삼국통일

신라정통론을 주창하면서도 고구려정통론을 극복하고 남북한 주민을 하나로 묶을 수 있는 역사통합을 이루어낼 수 있다. 그러기 위해서는 삼한이 형성되는 흐름과 삼한과 삼국의 관계를 잘 파악해야 한다. 앞에서 제시한 삼한과 삼국의 관계를 이해하고 보면, 초기 한국사를 주도한 세 그룹이 한국을 이끌어왔다는 것을 알 수 있다.

한국사가 흘러온 리듬에는 마침 한민족이 사랑하고 애용하던 삼태극의 원리가 숨어있다. 하나인 한민족공동체에 삼한과 삼국의 기운이 서로 어울리며 자기 색깔을 내면서도 하나의 물결을 이루어오고 있다. '셋이면서 하나이고 하나이면서 셋'인 삼태극의 원리가 작동하는 것이다.[1]

해방 이후 우리 역사는 남북으로 갈리고, 동서로 갈리면서 '하나 속에서 셋'이 크게 작동하던 시간을 한동안 보냈다. 이제 동서의 대립 에너지는 서서히 약화되고, 남북 또한 통합의 기운이 높아지고 있다. '셋이 작동하던 흐름에서 하나'로 뭉치는 시기가 도래하고 있다. 삼한일통의 통합시대가 도래하고 있는 것이다.

삼한이 성립된 흐름과 삼국이 성립된 흐름을 간략하게 요약해보자. 삼한은 한민족을 형성하는 초기과정의 영향력 있는 세 집단의 정체성을 계승했다. 진한은 단군왕검사회 → 요동과 서북한의 진인(요동 숙신, 요동·서북한의 탁자식 고인돌사회) → 충청도 지역의 진국 → 경상도 지역의 진한으로 이어졌다. 마한은 기원전 10세기경 요서 지역에서 태동한 기자조선 → 한씨조선(비파형동검문화) → 평양조선 → 중부지역 마한으로 이어졌다.

변한에는 부여변한과 신라김씨계 변한이 있다. 난하 하류에 등장한 부여변한 중 요동으로 이동한 사람들은 요동 지역에 있던 진번의 번[弁] → 황해노 지역의 진번의 번 → 경남 지역의 변진 가야로 이어졌다. 또 난하에서 북으로 이동한 부여변한은 부여 → 고구려 → 백제로 이어지며 공동체를 이끌었다. 그리고 신라 김씨계 변한은 신라변한으로 가야계 변한과 함께 삼국을 통일하여 현재 대한민국의 초석을 마련했다.

4부에서 지적했듯이 삼국은 삼한을 계승하는 측면이 강하다. 요동에서는 고구려가, 한강 유역에서는 백제가, 경상도에서는 신라가, 김해 지역에서는 가야가 일어난다. 이들 중 고구려는 마한의 조상들이 살던 고조선 땅에서, 백제는 부여변한의 정통성을 가지고 마한 땅에서, 신라는 진국의 후예인 진한사로국을 근간으로 하여 경상도를 무대로 성장한다. 그리고 부여변한의 한 갈래인 가야는 김해 지역에서 성장한다.

따라서 신라가 삼국통일을 하면서 제기한 '삼한일통' 구호는 마한인의 조상들이 살던 땅에서 일어난 고구려, 부여변한의 정체성을 가진 백제, 진한사로국에서 김씨계 변한이 주도하던 신라를 하나로 통합하자는 이념으로 이해할 수 있다. 그러한 관점에서 삼한일통은 삼국통일을 의미했다.

필자가 새롭게 정립한 삼한관을 수용하게 되면 현재 역사학계에서 상당한 지지를 받고 있는 삼한정통론도 논리적으로 비판할 수 있을 뿐만 아니라, 동북공정에 대응하면 고구려뿐 아니라 이전의 요동과 요서 지역에 대한 역사연고권을 새롭게 주장할 수 있다. 이뿐만 아니라 앞으로 전개될 통일된 조국이 중국과 역사전쟁을 하는 과정에도 큰 힘이 될 것이다.

통일을 바라보며

지금까지 살펴보았듯이 우리 민족은 형성 초기에 개방성을 지닌 민족으로서 다양한 종족과 어울려 살면서 중국 동북지역의 정치·문화를 주도했다. 그러다가 우리 역사가 반도의 역사로 전락한 뒤부터는 다소 배타적·자기중심적 집단으로 변했다.

이제 개방적인 세계사의 중심 무대에서 우리 민족이 나름대로 역할을 하기 위해서라도 과거 역사가 대륙의 서북에서 동남쪽으로 흐르는 흐름의 역사였다는 사실을 깨달아야 한다. 그 도도한 역사의 흐름 속에서 우리 민족이 나름대로 주도적 역할을 했다는 사실도 자각할 필요가 있다. 그러한 역사의 흐름을 보는 눈이 뜨일 때 우리는 미래의 역사가 나아갈 방향도 짐작할 수 있다.

역사는 흐른다. 흐르는 역사에 잘 편승하는 집단은 흥하고 그렇지 못하는 집단은 망한다. 북한이 위기에 처한 것도 세계사의 흐름에 역행하면서 우리 민족이 최고라는 의식에 집착했기 때문이다.

이제 역사의 에너지는 과거와 반대 방향으로 흐르기 시작했다. 대륙의 동남쪽에서 서북쪽으로 흐르기 시작한 것이다. 이러한 문명사적 전환기를 맞아 단군 이래 최고의 기회가 남한에서 잉태되고 있다. 앞으로 이루어질 통일한국은 동북아시대의 주도국으로 부상할 가능성이 있다. 현재와 같은 속도로 기온이 상승하면 중국 동북3성과 연해주 지역은 머지않아 동북아 최고의 문명권으로 부상할 것이고, 그 혜택을 통일한국이 누릴 수 있을 것이기 때문이다. 과거 홍산문화가 그랬던 것처럼!

필자가 새롭게 정리한 상고사의 흐름을 이해한 독자들이 앞으로 펼쳐질 통일시대와 동북아시대에 대한 새로운 비전을 가질 수 있기를 바라며 글을 마치려고 한다. 이 책을 읽어준 독자들에게 감사드린다.

들어가는 글

1) 우실하, 『동북공정의 선행 작업들과 중국의 국가전략』, 울력, 2004, 134쪽.
2) 우실하, 『동북공정의 선행 작업들과 중국의 국가전략』, 울력, 2004, 142쪽.
3) 유이징 찬, 『중국문화사(中國文化史)』 상, 상해고적출판사, 2002, 21쪽. 蚩尤, 共工, 戰禍最酷.
4) 여기서 진인이라는 개념은 필자가 새로 규정한 것으로, 초기 한민족사에 등장하는 숙신(肅愼), 진번(眞番), 진국(辰國), 진한(辰韓), 변진(弁辰) 등에 등장하는 진과 관련된 주민을 이른다.
5) 정형진, 『천년왕국 수시아나에서 온 환웅』, 일빛, 2006.

I. 제5문명 요하문명과 한민족

1) 자오춘칭·친원성, 조영현 옮김, 『문명의 새벽』, 시공사, 2003, 74쪽.
2) X자 형으로 이루어진 염색체의 잘록한 부분에 동원체가 있는데 이 동원체의 위치에 따라 염색체를 O형, L형, P형, I형 등으로 분류한다. 이 염색체 유형을 분석해보면 특정 집단이 과거 어떤 지역의 집단과 친연성이 있는지 확인할 수 있다.
3) 이홍규, 『바이칼에서 찾는 우리 민족의 기원』, 정신세계원, 2006, 94쪽.
4) 이종호, 『과학으로 찾은 고조선』, 글로연, 2008, 323~324쪽.
5) 김태경, "적석총, 석관묘, 빗살무늬 토기… 이 '낯익은 유물'의 주인공은 누구?", 「오마이뉴스」, 2004. 10. 10.
6) 조빈복, 최무장 옮김, 『중국동북신석기문화』, 일조각, 1999, 275쪽.
7) 곽대순, 『용출요하원(龍出遼河源)』, 백화문예출판사, 2001, 159쪽.
8) 전백찬, 『선진사(先秦史)』, 북경대학출판사, 1999, 65쪽.
9) 정형진, 『천년왕국 수시아나에서 온 환웅』, 일빛, 2006, 93쪽.
10) 용산문화는 황하 중·하류 지역의 신석기문화다. 기원전 4500~기원전 2500년경까지 이어진 앙소문화를 이어서 형성된 문화로 기원전 2500~기원전 1500년경까지의 문화를 이른다. 앙소문화는 채색도자기를 특징으로 하는 반면 용산문화는 흑색도자기를 특징으로 한다. 하나라와 단군왕검사회에 대응하는 시기의 문화다.
11) 곽대순, 『용출요하원(龍出遼河源)』, 백화문예출판사, 2001, 160쪽.
12) 자오춘칭·친원성, 조영현 옮김, 『문명의 새벽』, 시공사, 2003, 155쪽.
13) 자오춘칭·친원성, 조영현 옮김, 『문명의 새벽』, 시공사, 2003, 49쪽.
14) 이욕, 『중국고대미술사(中國古代美術史)』, 요령미술출판사, 2000, 206쪽. 용의 확산은 대략 기원전 6000년에서 기원전 4000(3000)년 사이에 일어난 것으로 본다(葫蘆島市楊家洼).

15) 요령성문물고고연구소 편, 『우하량홍산문화유지여 옥기정수(牛河梁紅山文化遺址與 玉器精粹)』, 문물출판사, 1997, 46쪽(소병기).
16) 소병기, 「상징중화적요령중대문화사적(象徵中華的遼寧重大文化史迹)」, 요령성문물고고연구소 편, 『요령중대문화사적(遼寧重大文化史迹)』, 요령미술출판사, 1990, 1쪽.
17) 정형진, 『천년왕국 수시아나에서 온 환웅』, 일빛, 2006.
18) 항춘송, 『적봉고대예술(赤峰古代藝術)』, 내몽고대학출판사, 1999, 9쪽.
19) 이종호, 『과학으로 찾은 고조선』, 글로연, 2008, 323쪽.
20) 자오춘칭 · 친원성, 조영현 옮김, 『문명의 새벽』, 시공사, 2003, 153쪽.
21) 요령성문물고고연구소 편, 『우하량홍산문화유지여 옥기정수(牛河梁紅山文化遺址與 玉器精粹)』, 문물출판사, 1997, 46쪽.
22) 요령성문물고고연구소 편, 『우하량홍산문화유지여 옥기정수(牛河梁紅山文化遺址與 玉器精粹)』, 문물출판사, 1997, 46쪽. 웅룡(熊龍)에 관한 견해는 곽대순의 『저룡여웅룡(猪龍與熊龍)』(1996)과 손수도의 『홍산문화적웅신(紅山文化的熊神)』, 『중국문물세계(中國文物世界)』(1997) 참고.
23) 곽대순, 『용출요하원(龍出遼河源)』, 백화문예출판사, 2001, 60쪽.
24) 곽대순, 『용출요하원(龍出遼河源)』, 백화문예출판사, 2001, 60쪽.
25) 정형진, 『바람 타고 흐른 고대문화의 비밀』, 소나무, 2011, 198~216쪽.
26) 곽대순, 『용출요하원(龍出遼河源)』, 백화문예출판사, 2001, 124~126쪽.
27) 아리엘 골란, 정석배 옮김, 『선사시대가 남긴 세계의 모든 문양』, 푸른역사, 2005, 340쪽.
28) 『Dictionary of Symbols』, Penguin Books, 1996, 'Tortoise'; 김영균 · 김태은, 『탯줄코드』, 민속원, 2008, 350쪽에서 재인용.
29) 엽서헌, 『웅도등 : 중국조선신화탐원(熊图腾 : 中国祖先神话探源)』, 상해화보출판사, 2007.
30) 엽서헌, 『웅도등 : 중국조선신화탐원(熊图腾 : 中国祖先神话探源)』, 상해화보출판사, 2007.
31) 이종호, 『과학으로 찾은 고조선』, 글로연, 2008, 165쪽.
32) "中동북부-한반도, 고조선 영역 확인", 「동아닷컴」 2008. 3. 10.
33) 이중톈, 김택규 옮김, 『이중톈 중국사』 1, 글항아리, 2013, 134~137쪽.
34) 조법종, 「동북공정 속에 그려진 고조선」, 동북아역사재단 편, 『고조선, 단군, 부여』, 2007, 65~67쪽.
35) 정수일, 『고대문명교류사』, 사계절, 2001, 93~94쪽.
36) 심백강, 『황하에서 한라까지』, 참좋은세상, 2007, 140쪽.
37) 심백강, 『황하에서 한라까지』, 참좋은세상, 2007, 159쪽.

II. 진인의 눈으로 한국사를 보아야 한다

1) 송호정, 『단군 만들어진 신화』, 산처럼, 2004, 64쪽.
2) 이종욱, 「잘못 만들어진 신라사 어떻게 극복할 것인가」, 국제어문학회 엮음, 『신라의 재발견』, 국학자료원, 2013, 18쪽.

3) 박성수, 『단군기행』, 교문사, 1988, 118쪽.

4) 일연, 이재호 옮김, 『삼국유사』 1, 솔, 1997, 239쪽.

5) 구자성, 『상고사를 찾아서』, 이엘씨미디어, 2007, 401쪽.

6) 신동주, "日 신도, 신라 천일창 왕자에 의해 시작됐다", 「세계일보」, 2012. 8. 1.

7) 이진희, 『한국과 일본문화』, 을유문화사, 1988, 23~24쪽.

8) "신라 천일창 왕자가 일본 신도(神道)의 시초", 「동아닷컴」, 2012. 7. 31.

9) 홍윤기, "홍윤기의 역사기행 일본 속의 한류를 찾아서-日 신사의 바탕은 단군 섬긴 신라 '곰의 신단'", 「세계일보」, 2007. 1. 10.

10) 구자성, 『상고사를 찾아서』, 이엘씨미디어, 2007, 392쪽.

11) 김부식, 이병도 역주, 『삼국사기』 「신라본기」, 을유문화사, 1996, 17쪽, 각주 1.

12) 이병선, 『일본고대지명연구』, 아세아문화사, 1996, 71쪽.

13) 지명에 쓰인 hara(原)는 글자 그대로의 뜻, 즉 벌[原]과 성읍을 뜻하는 hara, '峰嶺'을 뜻하는 hara 세 가지가 있다. 이병선, 『일본고대지명연구』, 아세아문화사, 1996, 527쪽.

14) 김부식, 이병도 역주, 『삼국사기』 「신라본기」, 을유문화사, 1996, 17쪽, 각주 1.

15) 이병선, 『일본고대지명연구』, 아세아문화사, 1996, 73쪽.

16) 이현혜, 『삼한사회형성과정연구』, 일조각, 1997, 70쪽.

17) 『삼국지』 「동이전」 한조, "辰韓在馬韓之東 其耆老傳世 自言古之亡人避秦役來適韓國 馬韓割其東界之地與之."

18) 주보돈, 「진·변한의 성립과 전개」, 『진·변한사연구』, 계명대학교 한국학연구원, 2002, 41쪽.

19) 김병모, 『김병모의 고고학 여행』 1, 고래실, 2006, 43쪽.

20) 『삼국사기』 혁거세 38년조에 "前此 中國之人 苦秦亂東來者衆 多處馬韓東 與辰韓雜居 至是寖盛故馬韓忌之 有責焉"이라고 하였다.

21) 『삼국사기』 「신라본기」, 혁거세즉위조, "先時 朝鮮遺民 分居山谷之間爲六村."

22) 『삼국지』 「동이전」 한조에 인용된 『위략』.

23) 국립중앙박물관, 『한국고대국가의 형성』, 1998, 16쪽.

24) 한영우, 『다시 찾는 우리역사』, 경세원, 1997, 73쪽.

25) 이형우, 「진·변한 諸國의 위치와 존재양태」, 『진·변한사연구』, 계명대학교 한국학연구원, 2002, 78쪽.

26) 이종욱, 『건국신화』, 휴머니스트, 2004, 107쪽.

27) 이현혜, 『삼한사회형성과정연구』, 일조각, 1997, 74쪽.

28) 주보돈, 「진·변한의 성립과 전개」, 『진·변한사연구』, 계명대학교 한국학연구원, 2002, 40쪽.

29) 『삼국지』 「동이전」 한조, "辰韓在馬韓之東 其耆老傳世 自言古之亡人避秦役來適韓國 馬韓割其東界之地與之."

30) 『후한서』 「동이전」 한조, "韓有三種, 一曰馬韓, 二曰辰韓, 三曰弁辰 …… 皆古之辰國也."

31) 이현혜, 『삼한사회형성과정연구』, 일조각, 1997, 62쪽.

32) 『삼국사기』 혁거세왕 38년조, "馬韓王讓瓠公曰 辰卞二韓 爲我屬國 比年不輸職貢 事大之禮 其若是乎."

33) 이현혜, 『삼한사회형성과정연구』, 일조각, 1997, 108쪽. 그러나 필자는 고허촌보다는 혁거세가 탄생해서 자라고 죽은 공간인 양산(楊山)이 국읍이었을 것으로 판단한다.

34) 최준식, 『최준식의 한국 종교사 바로 보기』, 한울아카데미, 2009, 45쪽.

35) 이종욱, 『건국신화』, 휴머니스트, 2004, 20쪽, 23쪽.

36) 이때 고조선은 기원전 10세기 이후에 요서 지역에서 발흥한 조선을 말한다.

37) 임범식, 『필사본 화랑세기를 통해 본 화랑기원사』, 혜안, 2003, 133쪽.

38) 임범식, 『필사본 화랑세기를 통해 본 화랑기원사』, 혜안, 2003, 133~134쪽, 각주 147.

39) 최광식, 『한국고대의 토착신앙과 불교』, 고려대학교출판부, 1997, 90쪽.

40) 김부식, 이병도 역주, 『삼국사기』 「신라본기」, 을유문화사, 18쪽.

41) 일연, 이재호 옮김, 『삼국유사』 1, 솔, 1997, 110~111쪽.

42) 두동면 지역은 신라 사로 6촌의 하나인 돌산고허촌의 땅이었다. 신라 제3대 유리이사금 때 6부의 이름을 고쳤는데, 이때 고허촌을 사량부라 하였다. 두동면은 이 사량부에 속했다. 신라 때 이름인 마등오도 이 지역에 속한 땅으로 본다. 강길부, 『땅이름 울산사랑』 울주군 편, 정도, 2002, 35쪽.

43) 이현혜, 『삼한사회형성과정연구』, 일조각, 1997, 75쪽.

44) 최광식, 『한국고대의 토착신앙과 불교』, 고려대학교출판부, 1997, 86쪽.

45) 이현혜, 『삼한사회형성과정연구』, 일조각, 1997, 139쪽.

46) 이현혜, 『삼한사회형성과정연구』, 일조각, 1997, 159쪽.

47) 이형우, 「진·변한 諸國의 위치와 존재양태」, 『진·변한사연구』, 계명대학교 한국학연구원, 2002, 78쪽.

48) 이병선, 『일본고대지명연구』, 아세아문화사, 1996, 165~166쪽.

49) 하신, 홍의 옮김, 『신의 기원』, 동문선, 1999, 172쪽.

50) 이병선, 『일본고대지명연구』, 아세아문화사, 1996, 174쪽.

51) 일연, 이재호 옮김, 『삼국유사』 신라시조 혁거세왕, 솔, 1997.

52) 이병선, 『일본고대지명연구』, 아세아문화사, 1996, 176~177쪽.

53) 김선자, 『동북아 곰 신화와 중화주의 신화론 비판』, 동북아역사재단, 2009, 201~202쪽.

54) 황패강, 『한국신화의 연구』, 새문사, 2006, 21쪽.

55) 김광일, 「한국신화의 정신분석학적 연구」, 『한국문화인류학』 2권 1호, 1967.

56) 주보돈, 「진·변한의 성립과 전개」, 『진·변한사연구』, 계명대학교 한국학연구원, 2002, 18~21쪽.

57) 주보돈, 「진·변한의 성립과 전개」, 『진·변한사연구』, 계명대학교 한국학연구원, 2002, 18~19쪽.

58) 주보돈, 「진·변한의 성립과 전개」, 『진·변한사연구』, 계명대학교 한국학연구원, 2002, 20쪽.

59) 문정창, 『한국고대사』 상, 백문당, 1979, 50쪽.

60) 주보돈, 「진·변한의 성립과 전개」, 『진·변한사연구』, 계명대학교 한국학연구원, 2002, 46쪽.

61) 주보돈, 「진·변한의 성립과 전개」, 『진·변한사연구』, 계명대학교 한국학연구원, 2002, 56쪽.

62) 노중국, 「진·변한의 정치·사회구조와 그 운영」, 『진·변한사연구』, 계명대학교 한국학연구원, 2002, 277~278쪽.

63) 권오영, 「삼한의 '국'에 대한 연구」, 서울대학교 박사학위논문, 1996, 42쪽.

64) 『국사대사전』(이홍식 편저, 민중서관, 1997, 1529쪽)에 보면, 안정복은 『동사강목』 「고이진번고(考異眞番考)」에서 진번의 진(眞)은 숙신의 신(愼)에서 나오고, 후세의 여진의 진(眞)은 진번의 진(眞)을 따른 것이라 했다. 중국학자인 손진기도 "숙신(肅愼)이란 명칭은 순(舜)·우(禹) 때에 벌써 보이기 시작하여 상·주를 거치면서 끊임없이 역사서에 보이다가 전국·진·한 때에는 진번(眞番)이라 칭해졌다"라고 했다(손진기, 임동석 옮김, 『동북민족원류』, 동문선, 1992, 317쪽).

65) "辰韓在馬韓之東 其耆老傳世, 自言古之亡人避秦役來適韓國, 馬韓割其東界地與之."

66) 주보돈, 「진·변한의 성립과 전개」, 『진·변한사연구』, 계명대학교 한국학연구원, 2002, 49쪽.

67) 이현혜, 『삼한사회형성과정연구』, 일조각, 1997, 99쪽.

68) 이현혜, 『삼한사회형성과정연구』, 일조각, 1997, 99~100쪽.

69) 『삼국지』 권30, 「위지동이전」 진한조, "名樂浪人爲阿殘 東方人名我爲阿 謂樂浪人本其殘餘人."

70) 『삼국지』 「동이전」 한조에 인용된 『위략』에 "否死 其子準立二十餘年而陣項起 天下大亂 燕齊趙民愁苦 稍稍亡往準 準乃置之於西方"이라고 되어있다.

71) 정중환, 「사로육촌과 육촌인의 출자에 대하여」, 『진단학보』 17·18, 1962, 427쪽.

72) 김병모, 『김병모의 고고학 여행』 2, 고래실, 2006, 224쪽.

73) 윤내현·박선희·하문식, 『고조선의 강역을 밝힌다』, 지식산업사, 2006, 56~57쪽. 유민(遺民)은 망하여 없어진 나라의 백성이고 유민(流民)은 고향을 떠나 낯선 땅을 떠돌아다니는 백성이다.

74) 이현혜, 『삼한사회형성과정연구』, 일조각, 1997, 100쪽.

75) 이현혜, 『삼한사회형성과정연구』, 일조각, 1997, 25쪽.

76) 김권구, 『청동기시대 영남 지역의 농경사회』, 학연문화사, 2005, 195~196쪽.

77) 이현혜, 『삼한사회형성과정연구』, 일조각, 1997, 13쪽.

78) 이하우, 「검파형암각화의 양식변화와 기능성 변형」, 제6회 대가야학술대회 발표논문, 2008.

79) 이현혜, 『삼한사회형성과정연구』, 일조각, 1997, 88쪽.

80) 이성주, 『청동기·철기시대 사회변동론』, 학연문화사, 2008, 196~197쪽.

81) 박순발·이도학 외, 「전기 마한의 시·공간적 위치에 대하여」, 『마한사연구』, 충남대학교출판부, 1998, 27~28쪽.

82) 이현혜, 『삼한사회형성과정연구』, 일조각, 1997, 7쪽.

83) 이성주, 『청동기·철기시대 사회변동론』, 학연문화사, 2008, 169쪽.

84) 박순발·이도학 외, 「전기 마한의 시·공간적 위치에 대하여」, 『마한사연구』, 충남대학교출판부, 1998, 20쪽.

85) 이성주, 『청동기·철기시대 사회변동론』, 학연문화사, 2008, 169쪽.

86) 이희준, 「초기 진·변한에 대한 고고학적 논의」, 『진·변한사연구』, 계명대학교 한국학연구원,

2002, 127쪽.

87) 주보돈, 「진 · 변한의 성립과 전개」, 『진 · 변한사연구』, 계명대학교 한국학연구원, 2002, 53쪽.

88) 주보돈, 「진 · 변한의 성립과 전개」, 『진 · 변한사연구』, 계명대학교 한국학연구원, 2002, 52쪽.

89) 주보돈, 「진 · 변한의 성립과 전개」, 『진 · 변한사연구』, 계명대학교 한국학연구원, 2002, 54쪽.

90) 이현혜, 『삼한사회형성과정연구』, 일조각, 1997, 10쪽.

91) 조희승, 「고구려사연구와 관련하여 제기되는 몇 가지 문제에 대하여」, 고구려연구재단 편, 『북한의 최근 고구려사 연구』, 2004, 24쪽.

92) 이현혜, 『삼한사회형성과정연구』, 일조각, 1997, 47쪽.

93) "眞番傍辰(衆)國, 欲上書見天子, 又擁閼不通."

94) "初, 右渠未破時 朝鮮相歷谿卿以諫右渠不用, 東之辰國."

95) 『한서』 「조선전」에도 "眞番辰國 眞番辰國 欲上書見天子 雍閼不通[師古曰 辰謂辰韓也"라고 되어있다.

96) 최연중, 『세계통사(世界通史)』, 인민출판사, 1997, 437쪽.

97) 하종대, "고조선-고구려는 한국사", 「동아닷컴」, 2007. 5. 29에서 재인용.

98) 주보돈, 「진 · 변한의 성립과 전개」, 『진 · 변한사연구』, 계명대학교 한국학연구원, 2002, 51쪽.

99) 이현혜, 『삼한사회형성과정연구』, 일조각, 1997, 36쪽.

100) 주보돈, 「진 · 변한의 성립과 전개」, 『진 · 변한사연구』, 계명대학교 한국학연구원, 2002, 51쪽.

101) 천관우, 「나의 한국사 연구」, 이기백 편, 『한국사시민강좌』 제2집, 일조각, 1988, 145쪽.

102) 정중환, 「진국 · 삼한 및 가라의 명칭고」, 『부산대학교 10주년 기념 논문집』, 1956, 15~16쪽.

103) 박순발 · 이도학 외, 「종합토론」, 『마한사연구』, 충남대학교출판부, 1998, 230쪽.

104) 박순발 · 이도학 외, 「종합토론」, 『마한사연구』, 충남대학교출판부, 1998, 230쪽.

105) 이병도, 「목지국의 위치와 그 지리」, 『한국고대사연구』, 박영사, 1976, 244쪽.

106) 김정배, 「준왕 및 진국과 삼한정통론의 제문제」, 『한국고대의 국가기원과 형성』, 고려대학교출판부, 1985, 256~257쪽; 이현혜, 『삼한사회형성과정연구』, 일조각, 1997, 10쪽, 36쪽에서 재인용.

107) 윤내현, 「목지국과 월지국」, 『한국사의 이해』 고대 · 고고 1, 신서원, 1995.

108) 정형진, 『천년왕국 수시아나에서 온 환웅』, 일빛, 2006 참고.

109) 좌구명, 『춘추좌전』 소공 29년조, "有烈山氏之子曰柱, 爲稷, 自夏以上祀之."

110) 왕영연 · 왕지준, 『서안반파박물관(西安半坡博物館)』, 삼진출판사, 2003, 26항.

111) 강의화 주편, 『중화문화독본(中華文化讀本)』, 상해인민출판사, 2004, 34쪽, 36쪽.

112) 장광직, 윤내현 옮김, 『상문명』, 민음사, 1988, 425쪽.

113) 장광직, 윤내현 옮김, 『상문명』, 민음사, 1988, 196쪽.

114) 김두진, 「단군고기의 이해방향」, 이기백 편, 『단군신화논집』, 새문사, 1990, 144쪽.

115) 이성주, 『청동기 · 철기시대 사회변동론』, 학연문화사, 2008, 196~197쪽.

116) 이현혜, 『삼한사회형성과정연구』, 일조각, 1997, 32쪽.

117) 박순발 · 이도학 외, 「전기 마한의 시 · 공간적 위치에 대하여」, 『마한사연구』, 충남대학교출판부,

1998, 19~27쪽.

118) 김원룡, 「심양정가와자 청동기시대 부장품」, 『동방학』 6, 1976, 10쪽.

119) 오강원, 「동북아시아의 청동기문화와 요령 그리고 한반도」, 동북아역사재단 편, 『만주 그 땅, 사람 그리고 역사』, 2007, 45쪽.

120) 이성주, 『청동기 · 철기시대 사회변동론』, 학연문화사, 2008, 171~172쪽.

121) 이성주, 『청동기 · 철기시대 사회변동론』, 학연문화사, 2008, 199쪽.

122) 박순발 · 이도학 외, 「전기 마한의 시 · 공간적 위치에 대하여」, 『마한사연구』, 충남대학교출판부, 1998, 18~19쪽.

123) 이성주, 『청동기 · 철기시대 사회변동론』, 학연문화사, 2008, 260~261쪽.

124) 동북아역사재단 편, 『고조선, 단군, 부여』, 2007, 42~43쪽.

125) 천관우, 「나의 한국사 연구」, 이기백 편, 『한국사시민강좌』 제2집, 일조각, 1988, 144쪽.

126) 이청규, 「청동기를 통해 본 고조선과 주변사회」, 고조선사연구회 · 동북아역사재단 편, 『고조선의 역사를 찾아서』, 학연문화사, 2007, 101쪽.

127) 이현혜, 『삼한사회형성과정연구』, 일조각, 1997, 167쪽.

128) 『사기』 「조선열전」, "眞番旁衆國(辰國) 欲上書見天子 又擁閼不通."

129) 이현혜, 『삼한사회형성과정연구』, 일조각, 1997, 58쪽.

130) 박순발 · 이도학 외, 「전기 마한의 시 · 공간적 위치에 대하여」, 『마한사연구』, 충남대학교출판부, 1998, 15쪽.

131) 송호정, 『단군 만들어진 신화』, 산처럼, 2004, 105쪽.

132) 정수일, 『한국 속의 세계』, 창작과비평사, 2009, 42쪽.

133) 김병모, 『김병모의 고고학 여행』 2, 고래실, 2006, 39쪽.

134) 이성주, 『청동기 · 철기시대 사회변동론』, 학연문화사, 2008, 76~77쪽.

135) 김권구, 『청동기시대 영남 지역의 농경사회』, 학연문화사, 2005, 224쪽.

136) 이성주, 『청동기 · 철기시대 사회변동론』, 학연문화사, 2008, 202쪽.

137) 윤내현 · 박선희 · 하문식, 『고조선의 강역을 밝힌다』, 지식산업사, 2006, 202쪽, 250쪽, 258쪽.

138) 윤내현 · 박선희 · 하문식, 『고조선의 강역을 밝힌다』, 지식산업사, 2006, 203쪽.

139) 허옥림, 『요동반도석붕(遼東半島石棚)』, 요령과학기술출판사, 1994, 215쪽.

140) 하문식, 「고조선 사람들이 잠든 고인돌과 동굴무덤」, 고조선사연구회 · 동북아역사재단 편, 『고조선의 역사를 찾아서』, 학연문화사, 2007, 125쪽.

141) 송호정, 『단군 만들어진 신화』, 산처럼, 2004, 90쪽.

142) 동북아역사재단 편, 『고조선, 단군, 부여』, 2007, 53쪽.

143) 석광준, 「로암리 고인돌에 대하여」, 『고조선연구』 1, 1993, 6~7쪽; 윤내현 · 박선희 · 하문식, 『고조선의 강역을 밝힌다』, 지식산업사, 2006, 207쪽, 208쪽에서 재인용.

144) 동북아역사재단 편, 『고조선, 단군, 부여』, 2007, 42쪽.

145) 김병모, 『김병모의 고고학 여행』 2, 고래실, 2006, 33쪽, 39쪽, 52쪽.

146) 김운회, 『대쥬신을 찾아서』 1, 해냄, 2006, 35쪽.

147) 박순발·이도학 외, 「전기 마한의 시·공간적 위치에 대하여」, 『마한사연구』, 충남대학교출판부, 1998, 14쪽.

148) 송호정, 『단군 만들어진 신화』, 산처럼, 2004, 94쪽.

149) 송호정, 『단군 만들어진 신화』, 산처럼, 2004, 96쪽.

150) 윤내현·박선희·하문식, 『고조선의 강역을 밝힌다』, 지식산업사, 2006, 206쪽.

151) 허옥림, 『요동반도석붕(遼東半島石棚)』, 요령과학기술출판사, 1994, 66~69쪽; 윤내현·박선희·하문식, 『고조선의 강역을 밝힌다』, 지식산업사, 2006, 236쪽에서 재인용.

152) 윤내현·박선희·하문식, 『고조선의 강역을 밝힌다』, 지식산업사, 2006, 237쪽.

153) 정수일, 『한국 속의 세계』, 창작과비평사, 2009, 43쪽.

154) 송호정, 『단군 만들어진 신화』, 산처럼, 2004, 105쪽.

155) 윤내현·박선희·하문식, 『고조선의 강역을 밝힌다』, 지식산업사, 2006, 106쪽.

156) 윤내현, 「고조선 중심지 변천」, 『한국고대사신론』, 일지사, 1994, 331~357쪽; 윤내현·박선희·하문식, 『고조선의 강역을 밝힌다』, 지식산업사, 2006, 28쪽에서 재인용.

157) 이병도, 「목지국의 위치와 그 지리」, 『한국고대사연구』, 박영사, 1981, 23~26쪽.

158) 김정배 편저, 『한국고대사입문』 1, 신서원, 2006, 119쪽(안나미).

159) 김정배, 「고조선연구의 현황과 과제」, 단군학회 편, 『단군학연구』 제9호, 2003, 22쪽.

160) 동북아역사재단 편, 『고조선, 단군, 부여』, 2007, 42쪽.

161) 송호정, 『단군 만들어진 신화』, 산처럼, 2004, 78쪽.

162) 동북아역사재단 편, 『고조선, 단군, 부여』, 2007, 42쪽.

163) 심백강, 『황하에서 한라까지』, 참좋은세상, 2007, 198~199쪽.

164) 허옥림, 최무장 옮김, 『요동반도 고인돌』, 백산자료원, 2010, 203~207쪽.

165) 이병도, 「목지국의 위치와 그 지리」, 『한국고대사연구』, 박영사, 1981, 23~26쪽.

166) 김정배, 「고조선연구의 현황과 과제」, 단군학회 편, 『단군학연구』 제9호, 2003, 22쪽.

167) 정한덕, 「미송리형토기의 생성」, 1990.

168) 하문식, 「고조선 사람들이 잠든 고인돌과 동굴무덤」, 고조선사연구회·동북아역사재단 편, 『고조선의 역사를 찾아서』, 학연문화사, 2007, 173~174쪽.

169) 동북아역사재단 편, 『고조선, 단군, 부여』, 2007, 42쪽.

170) 송호정, 『단군 만들어진 신화』, 산처럼, 2004, 95쪽.

171) 동북아역사재단 편, 『고조선, 단군, 부여』, 2007, 41쪽.

172) 리지린, 『고조선연구』, 백산자료원, 1997, 153쪽.

173) 권모, 임동석 역주, 『설원』 하, 동문선, 1997, 590쪽.

174) 이병도, 「목지국의 위치와 그 지리」, 『한국고대사연구』, 박영사, 1992; 이정재, 『동북아의 곰문화와 곰신화』, 민속원, 1997, 203쪽에서 재인용.

175) 『산해경』 「해내서경」, "貊國在漢水東北, 地近於燕, 滅之"; 위안리, 최성은 옮김, 『도작문화로 본,

한국문화의 기원과 발전』, 민속원, 2005, 45~46쪽에서 재인용. 위안리는 자신의 책 49쪽에서 『시경』「한혁편」의 한후가 지배한 맥국이 한민족과 관련 있을 것이라고 했다.

176) 리지린, 『고조선연구』, 백산자료원, 1997, 158~159쪽.

177) 신용하, 「한(韓, 朝鮮)민족의 형성과 단군에 대한 사회사적 고찰」, 단군학회 엮음, 『단군과 고조선 연구』, 지식산업사, 2005, 400쪽.

178) 이병선, 『일본고대지명연구』, 아세아문화사, 1996, 128쪽.

179) 이병도, 『한국사대관』, 1972, 10쪽.

180) 하문식, 「고조선 사람들이 잠든 고인돌과 동굴무덤」, 고조선사연구회 · 동북아역사재단 편, 『고조선의 역사를 찾아서』, 학연문화사, 2007, 120~121쪽.

181) 박창범, 『하늘에 새긴 우리 역사』, 김영사, 2002, 94쪽.

182) 송호정, 『단군 만들어진 신화』, 산처럼, 2004, 105쪽.

183) 주보돈, 「진 · 변한의 성립과 전개」, 『진 · 변한사연구』, 계명대학교 한국학연구원, 2002, 27~28쪽.

184) 박순발 · 이도학 외, 「전기 마한의 시 · 공간적 위치에 대하여」, 『마한사연구』, 충남대학교출판부, 1998, 15쪽.

185) 하문식, 「고조선 사람들이 잠든 고인돌과 동굴무덤」, 고조선사연구회 · 동북아역사재단 편, 『고조선의 역사를 찾아서』, 학연문화사, 2007, 146쪽.

186) 윤내현 · 박선희 · 하문식, 『고조선의 강역을 밝힌다』, 지식산업사, 2006, 232~234쪽.

187) 박순발 · 이도학 외, 「전기 마한의 시 · 공간적 위치에 대하여」, 『마한사연구』, 충남대학교출판부, 1998, 13쪽.

188) 이승휴, 김경수 역주, 『제왕운기』, 역락, 1999, 136쪽.

189) 동북아역사재단 편, 『고조선, 단군, 부여』, 2007, 54~55쪽.

190) 이종호, 『과학으로 찾은 고조선』, 글로연, 2008, 310~311쪽.

191) 고깔모자를 쓰는 사람들을 이해하는 것은 한민족 초기공동체를 형성한 사람들이 누구인지 파악하는 데 매우 중요한 요소다. 그들은 유라시아 문명사에 분명히 독자적 흔적을 드러내는 집단이다. 일반적으로 변한(弁韓)이라고 부르는 집단은 '고깔모자를 쓰는 한인'을 한자로 표현한 것이다. 『신당서』 · 『구당서』에서 '신라는 변한의 후예'라고 분명히 지적했음에도 사학계에서 그 비밀을 밝히지 못한 것은 김씨왕족이 유라시아 문명사에 등장하는 '고깔모자를 쓰는 집단'이었다는 것을 간과했기 때문이다. 뒤에서 자세히 다룬다.

192) 이성주, 『청동기 · 철기시대 사회변동론』, 학연문화사, 2008, 166~167쪽.

193) 이종욱, 『고조선사연구』, 일조각, 1993.

194) 일연, 이재호 옮김, 『삼국유사』 1, 솔, 1997, 34쪽.

195) 이종호, 『과학으로 찾은 고조선』, 글로연, 2008. 165쪽.

196) 강의화 주편, 『중화문화독본(中華文化讀本)』, 상해인민출판사, 2004, 35쪽.

197) 강의화 주편, 『중화문화독본(中華文化讀本)』, 상해인민출판사, 2004, 36쪽.

198) 유이징 찬, 『중국문화사(中國文化史)』 상, 상해고적출판사, 2002, 21쪽.

199) 유안, 천문훈·이석호 옮김, 『회남자』, 세계사, 1999, 67쪽.

200) 『열자』 탕문; 선정규, 『중국신화연구』, 고려원, 1996, 80쪽에서 재인용.

201) 왕충, 이주행 옮김, 『논형』, 소나무, 1996, 449~452쪽. 왕충은 이 이야기가 아주 오래전 기록이라고 세간에 알려졌지만 자신이 보기에는 그 말들이 도대체 이치에 맞지 않는다면서 허황된 이야기라고 보았다.

202) 선정규, 『중국신화연구』, 고려원, 1996, 306쪽.

203) 선정규, 『중국신화연구』, 고려원, 1996, 305쪽.

204) 유이징 찬, 『중국문화사(中國文化史)』 상, 상해고적출판사, 2002, 62쪽. 『예기』 제법, "共工氏之霸九州也, 其子曰后土, 能平九州, 故祀以爲社."(按共工氏時, 洪水之禍最酷, 后土能平九州, 當亦專長于治水者)

205) 유이징 찬, 『중국문화사(中國文化史)』 상, 상해고적출판사, 2002, 21쪽. 水處十六, 陸處十三.

206) 강의화 주편, 『중화문화독본(中華文化讀本)』, 상해인민출판사, 2004, 37쪽.

207) 웨난, 유소영·심규호 옮김, 『천년의 학술현안』, 일빛, 2003, 209~212쪽.

208) 정수일, 『고대문명교류사』, 사계절, 2002, 108쪽.

209) 정형진, 『천년왕국 수시아나에서 온 환웅』, 일빛, 2006, 278~279쪽.

210) 웨난, 유소영·심규호 옮김, 『천년의 학술현안』, 일빛, 2003, 213쪽.

211) 심백강, 『황하에서 한라까지』, 참좋은세상, 2007, 98쪽. 쑨원, 『삼민주의』, '민족주의 제1장' 참조.

212) 웨난, 유소영·심규호 옮김, 『천년의 학술현안』, 일빛, 2003, 209~212쪽.

213) 정형진, 『천년왕국 수시아나에서 온 환웅』, 일빛, 2006, 280~282쪽.

214) 정형진, 『천년왕국 수시아나에서 온 환웅』, 일빛, 2006, 286쪽.

215) 유이징 찬, 『중국문화사(中國文化史)』 상, 상해고적출판사, 2002, 62쪽. 『예기』 제법, "共工氏之霸九州也, 其子曰后土, 能平九州, 故祀以爲社."(按共工氏時, 洪水之禍最酷, 后土能平九州, 當亦專長于治水者)

216) 유이징 찬, 『중국문화사(中國文化史)』 상, 상해고적출판사, 2002, 62쪽.

217) "鴻水滔天, 鯀竊帝之食壤, 而湮洪水."

218) 유이징 찬, 『중국문화사(中國文化史)』 상, 상해고적출판사, 2002, 65쪽.

219) 웨난, 유소영·심규호 옮김, 『천년의 학술현안』, 일빛, 2003, 136~137쪽.

220) 『사기』 초세가, "共工爲亂, 帝嚳使重黎誅之而不盡."

221) 정범진 외 옮김, 『사기 본기』, 까치, 2001, 14쪽.

222) 권덕주 역해, 『서경』, 혜원출판사, 1995, 24쪽.

223) 선정규, 『중국신화연구』, 고려원, 1996, 318쪽.

224) 권덕주 역해, 『서경』, 혜원출판사, 1995, 35쪽.

225) 한비, 김원중 옮김, 『한비자』, 현암사, 2003, 398쪽. 『한비자』 외저설 우상편.

226) 『순자』 성상편, "禹有功, 抑下鴻, 辟除民害, 逐共工." "우는 홍수를 막고 백성의 해를 제거하며 공공을 쫓아내는 공적이 있다"고 한 데서 알 수 있다.

227) 왕대유, 임동석 옮김, 『용·봉 문화원류』, 동문선, 1994, 202쪽. "故龔城在檀州燕樂縣界, 故老傳云舜流共工幽州, 居此城."

228) 밀운현지편찬위원회, 『밀운현지(密云縣志)』, 북경출판사, 1998, 568쪽. 『괄지지집교(括地志輯校)』의 내용이 『大明一統志』, 淸光緒, 『順天府志』 都有記載.

229) 밀운현지편찬위원회, 『밀운현지(密云縣志)』, 북경출판사, 1998.

230) 이종호, 『과학으로 찾은 고조선』, 글로연, 2008, 289~290쪽.

231) 곽대순·장성덕, 『동북문화여유연문명(東北文化與幽燕文明)』, 강소교육출판사, 2005, 27쪽; 서영수, 「고조선의 발전과정과 강역의 변동」, 고조선사연구회·동북아역사재단, 『고조선의 역사를 찾아서』, 학연문화사, 2007, 26쪽에서 재인용.

232) 송호정, 『단군 만들어진 신화』, 산처럼, 2004, 70~71쪽.

233) 서영수, 「고조선의 발전과정과 강역의 변동」, 고조선사연구회·동북아역사재단, 『고조선의 역사를 찾아서』, 학연문화사, 2007, 52쪽, 각주 16.

234) 복기대, 『요서지역의 청동기시대 연구』, 백산자료원, 2002.

235) 한창균, 「고조선의 성립배경과 발전단계시론」, 『국사관논총』 33, 1992; 서영수, 「고조선연구의 성과와 문제점」, 『한민족 북방관계사의 회고와 전망』, 백산학회 창립 40주년기념 학술대회, 2006, 8쪽에서 재인용.

236) 서영수, 「고조선연구의 성과와 문제점」, 『한민족 북방관계사의 회고와 전망』, 백산학회 창립 40주년기념 학술대회, 2006, 10~11쪽.

237) 이종욱, 『건국신화』, 휴머니스트, 2004, 83쪽.

238) 서영수, 「고조선의 발전과정과 강역의 변동」, 고조선사연구회·동북아역사재단, 『고조선의 역사를 찾아서』, 학연문화사, 2007, 27~30쪽.

239) 필자가 여기서 단군조선을 단군숙신이라고 표기한 것은 한국사의 흐름을 시간 순으로 파악하려면 기원전 10세기 전후에 요서 지역에 있었던 것으로 추정되는 조선이라는 정치체 이전에 하가점하층기에 있었던 정치체를 숙신으로 보아야 하기 때문이다. 필자의 책, 『천년왕국 수시아나에서 온 환웅』 참고.

240) 김성호, 『씨성으로 본 한일민족의 기원』, 푸른숲, 2002, 69쪽.

241) 이성규, 「중국 고문헌에 나타난 동이관」, 『동북아시아 선사 및 고대사 연구의 방향』, 학연문화사, 2004, 17~18쪽.

242) 심백강, 『황하에서 한라까지』, 참좋은세상, 2007, 222쪽.

243) 강인숙, 「단군의 출생지에 대하여」, 이형규 편, 『단군과 고조선』, 살림터, 1999, 282~292쪽.

244) 송호정, 「우리 민족 최초의 국가 고조선」, 동북아역사재단 편, 『만주 그 땅, 사람 그리고 역사』, 2007, 48쪽.

245) 박준형, 「단군 사실을 전하는 기록들」, 동북아역사재단 편, 『고조선, 단군, 부여』, 2007, 102쪽.

246) 박준형, 「단군 사실을 전하는 기록들」, 동북아역사재단 편, 『고조선, 단군, 부여』, 2007, 102~103쪽.

247) 김정학, 『한국상고사연구』, 범우사, 1990, 18쪽.

248) 조인성, 「국수주의사학과 현대의 한국사학」, 이기백 편, 『한국사 시민강좌』 제20집, 일조각, 1997, 8쪽.

249) 이종욱, 『고조선사연구』, 일조각, 1993, 50~51쪽.

250) 김운회, 『대쥬신을 찾아서』 1, 해냄, 2006, 104쪽.

251) 박준형, 「단군 사실을 전하는 기록들」, 동북아역사재단 편, 『고조선, 단군, 부여』, 2007, 97쪽.

252) 박준형, 「단군 사실을 전하는 기록들」, 동북아역사재단 편, 『고조선, 단군, 부여』, 2007, 97쪽.

253) 일연, 『삼국유사』 고조선조. "魏書云, 乃王二千載有檀君王儉.立都阿斯達. 開國號朝鮮. 與高同時."

254) 리지린, 『고조선연구』, 백산자료원, 1997, 103~104쪽.

255) 김병룡, 「단군의 건국사실을 전한 『위서』」, (북한)사회과학원 고고학연구소, 『고조선문제연구 논문집』, 1977, 69쪽.

256) 윤내현, 『고조선 연구』, 일지사, 1999, 310쪽.

257) 김병룡, 「단군의 건국사실을 전한 『위서』」, (북한)사회과학원 고고학연구소, 『고조선문제연구 논문집』, 1977, 66쪽.

258) 김병룡, 「단군의 건국사실을 전한 『위서』」, (북한)사회과학원 고고학연구소, 『고조선문제연구 논문집』, 1977, 67쪽. 문정창은 『고조선사연구』에서 "고구려 국초에 단조부터 그 당시에 이르기까지의 사실을 100여 권에 수록하여 그 이름을 유기라 하였다. 그러나 이 유기는 보전되지 못했는데 그 이유는 동천왕 18년(244) 위나라 장군 관구검이 환도산성을 함락하여 모든 전적을 탈취해갔기 때문이다. 63쪽.

259) 『삼국지』 「부여전」의 경우 '관구검의 동방 침공 때 현도 태수가 부여의 수도를 직접 방문한 적이 있는데 그때 수집한 정보를 바탕으로 기술했다'고 보기도 한다(노태돈).

260) 방선주, 「단군기년의 고찰」, 이기백 편, 『단군신화논집』, 새문사, 1990, 174쪽.

261) 由堯舜至於湯伍百有餘歲 …… 由湯至於文王伍百有餘歲 由文王至於孔子伍百有餘歲 由孔子而來至於今百有餘歲(盡心 第七); 방선주, 「단군기년의 고찰」, 이기백 편, 『단군신화논집』, 새문사, 1990, 174쪽에서 재인용.

262) 박준형, 「단군 사실을 전하는 기록들」, 동북아역사재단 편, 『고조선, 단군, 부여』, 2007, 97쪽, 100쪽.

263) 박준형, 「단군 사실을 전하는 기록들」, 동북아역사재단 편, 『고조선, 단군, 부여』, 2007, 101쪽.

264) 김영균 · 김태은, 『탯줄코드』, 민속원, 2008, 88쪽.

265) 이병도, 「목지국의 위치와 그 지리」, 『한국고대사연구』, 박영사, 1979, 31쪽; 김운회, 『대쥬신을 찾아서』 2, 해냄, 2006, 251쪽에서 재인용.

266) 예컨대 『삼국유사』 권1 진평왕조, 권2 찬기파랑가조의 표훈대사 이야기 등.

267) 조흥윤, 『巫』, 민족사, 1997, 303~304쪽.

268) 조흥윤, 『巫』, 민족사, 1997, 304쪽.

269) 조흥윤, 『巫』, 민족사, 1997, 278쪽.

270) 이필영, 「북아시아 샤머니즘과 한국무의 비교연구」, 『백산학보』 25, 1979, 20~22쪽.

271) 조홍윤, 『巫』, 민족사, 1997, 279쪽.

272) 조홍윤, 『巫』, 민족사, 1997, 280쪽.

273) 김운회, 『대쥬신을 찾아서』 1, 해냄, 2006, 206쪽.

274) 김운회, 『대쥬신을 찾아서』 1, 해냄, 2006, 261쪽.

275) 최남선, 「불함문화론」; 이홍규, 『바이칼에서 찾는 우리 민족의 기원』, 정신세계원, 2005, 37쪽, 51쪽에서 재인용.

276) 왕대유, 『삼황오제시대(三皇伍帝時代)』, 중국사회출판사, 2000, 45쪽. "'古'旣是圭表壇台的'古.'"

277) 왕대유, 『삼황오제시대(三皇伍帝時代)』, 중국사회출판사, 2000, 11쪽. "伏羲首創建木(扶木)爲天表, 名'中.'"

278) 왕대유, 『중화용종문화(中華龍種文化)』, 중국사회출판사, 2000, 206쪽.

279) 강우방, 『한국미술, 그 분출하는 생명력』, 월간미술, 2001, 156쪽.

280) 왕대유, 『삼황오제시대(三皇伍帝時代)』, 중국사회출판사, 2000, 92쪽. 왕대유가 말하는 난주 윤중의 부주산은 아마도 공공족의 이동로에 있던 부주산일 것이다. 부주산은 원래 천산 지역을 가리킨다. 뒤에서 부주산을 따로 다룬다. 건목(建木)과 척목(尺木)은 동일하다.

281) 왕대유, 『중화용종문화(中華龍種文化)』, 중국사회출판사, 2000, 206쪽. 왕대유도 '공'자 옆에 있는 인물을 무(巫)로 본다.

282) 『삼국지』 한조, 김성구 발췌번역, 『중국정사조선열국전』, 동문선, 1996, 109쪽.

283) 악대운 등 주편, 『과문화대화(跨文化對話)』, 상해문화출판사, 2001, 101쪽.

284) 김운회, 『대쥬신을 찾아서』 1, 해냄, 2006, 258쪽.

285) 박준형, 「단군 사실을 전하는 기록들」, 동북아역사재단 편, 『고조선, 단군, 부여』, 2007, 93쪽.

286) 노태돈, 『한국고대사의 이론과 쟁점』, 집문당, 2009, 156쪽.

287) 박준형, 「단군 사실을 전하는 기록들」, 동북아역사재단 편, 『고조선, 단군, 부여』, 2007, 93쪽.

288) 『삼국지』 한조, "便以石厭其頭, 欲其褊, 今辰韓人皆褊頭."

289) 권주현, 「진·변한인의 생활과 문화」, 계명대학교 한국학연구원, 2002, 323쪽.

290) "가야인은 성형수술을 했다", KBS 역사스페셜, 1999. 6. 5 방영.

291) "멕시코서 '외계인' 두개골 대거 발견?" 「헤럴드경제」 인터넷판, 2012. 12. 20.

292) 앤드류 콜린스, 오정학 옮김, 『금지된 신의 문명』 2, 사람과 사람, 2000, 100쪽.

293) 왕홍력 편주, 『고전석원(古篆釋源)』, 심양 요령미술출판사, 1997, 3쪽, 1062쪽.

294) 최몽룡, 『고고학에의 접근』, 신서원, 1991, 31쪽.

295) 이기환, "이기환의 흔적의 역사-성형에 빠진 동이족, 죽음을 무릅쓰고……", 「경향신문」 2012. 8. 15.

296) 조지프 캠벨, 홍윤희 옮김, 『신화의 이미지』, 살림, 2006, 165쪽.

297) 한영우, 『한국의 문화 전통』, 을유신서 23, 1988, 92쪽.

298) 한스 크리스티안 후프, 이민수 옮김, 『역사의 비밀』, 오늘의책, 2000, 226쪽.

299) 이종호, 『로마제국의 정복자 아틸라는 한민족』, 백산자료원, 2003, 226쪽, 238쪽.
300) 임종업, "신라왕 두개골은 새 모양", 「한겨레신문」, 2006. 12. 14.
301) 아리엘 골란, 정석배 옮김, 『선사시대가 남긴 세계의 모든 문양』, 푸른역사, 2005, 180~181쪽.
302) 아리엘 골란, 정석배 옮김, 『선사시대가 남긴 세계의 모든 문양』, 푸른역사, 2005, 180쪽.
303) 정형진, 『천년왕국 수시아나에서 온 환웅』, 일빛, 2006, 5장 참조.
304) 박용숙, 『한국미술의 기원』, 예경, 1996, 193쪽.
305) 박순발·이도학 외, 「전기 마한의 시·공간적 위치에 대하여」, 『마한사연구』, 충남대학교출판부, 1998, 12쪽.
306) 이현혜, 『삼한사회형성과정연구』, 일조각, 1997, 156~157쪽.
307) 이현혜, 『삼한사회형성과정연구』, 일조각, 1997, 114쪽.
308) 동북아역사재단 편, 『고조선, 단군, 부여』, 2007, 55쪽.
309) 동북아역사재단 편, 『고조선, 단군, 부여』, 2007, 55쪽.
310) 김병모, 「한민족의 구성」, 『한민족공영체』 창간호, 1993, 24쪽; 조흥윤, 『巫』, 민족사, 256쪽에서 재인용.
311) 이현혜, 『삼한사회형성과정연구』, 일조각, 1997, 117쪽.
312) 이현혜, 『삼한사회형성과정연구』, 일조각, 1997, 14~15쪽.
313) 이현혜, 『삼한사회형성과정연구』, 일조각, 1997, 29쪽.
314) 이현혜, 『삼한사회형성과정연구』, 일조각, 1997, 27~28쪽.
315) 이현혜, 『삼한사회형성과정연구』, 일조각, 1997, 30쪽.
316) 이현혜, 『삼한사회형성과정연구』, 일조각, 1997, 118쪽.
317) 이현혜, 『삼한사회형성과정연구』, 일조각, 1997, 118쪽.
318) 이현혜, 『삼한사회형성과정연구』, 일조각, 1997, 127~128쪽.

III. 단군숙신과 고조선을 구분해야 한다

1) 이성주, 『청동기·철기시대 사회변동론』, 학연문화사, 2008, 166~167쪽.
2) 이덕일·김병기, 『고조선은 대륙의 지배자였다』, 역사의 아침, 2006, 18쪽.
3) 이종호, 『과학으로 찾은 고조선』, 글로연, 2008, 164쪽.
4) 김성호, 『씨성으로 본 한일민족의 기원』, 푸른숲, 2002, 125쪽.
5) 이종호, 『과학으로 찾은 고조선』, 글로연, 2008, 344쪽.
6) 이종호, 『과학으로 찾은 고조선』, 글로연, 2008, 339~340쪽.
7) 송호정, 『단군, 만들어진 신화』, 산처럼, 2004, 16쪽.
8) 송호정, 『단군, 만들어진 신화』, 산처럼, 2004, 18쪽.
9) 『죽서기년』, 평왕 14년(기원전 757) 晉人滅韓.
10) 『죽서기년』, 순왕 25년 肅愼氏來朝貢弓矢.
11) 웨난, 유소영·심규호 옮김, 『천년의 학술현안』, 일빛, 2003, 130~134쪽.

12) 『죽서기년』, 무왕 15년 肅愼來賓; 성왕 9년 肅愼氏來朝王使榮伯錫肅愼之命.

13) 서병국, 『동이족과 부여의 역사』, 혜안, 2001, 11~16쪽.

14) 윤내현, 「중국문헌에 나타난 고조선 인식」, 『한국사론』 14, 국사편찬위원회, 1985, 134쪽.

15) 송호정, 「고조선이란 무엇을 말하는가」, 동북아역사재단 편, 『고조선, 단군, 부여』, 2007, 17쪽.

16) 송호정, 「우리 민족 최초의 국가 고조선」, 동북아역사재단 편, 『만주 그 땅, 사람 그리고 역사』, 2005, 47~48쪽.

17) 오강원, 「선사와 역사가 만나는 곳, 고조선」, 동북아역사재단 편, 『고조선, 단군, 부여』, 2007, 23~25쪽.

18) 이종욱, 『고조선사연구』, 일조각, 1993, 92~93쪽.

19) 서영수, 「고조선연구의 성과와 문제점」, 『한민족 북방관계사의 회고와 전망』, 백산학회 창립 40주년기념 학술대회, 2006, 11~12쪽, 27~30쪽.

20) 이종욱, 『고조선사연구』, 일조각, 1993, 50쪽.

21) 이승휴, 김경수 역주, 『제왕운기』, 역락, 1999, 136쪽.

22) 임석재, 『한국구전설화』 3 황해도편, 평민사, 1998, 230~231쪽.

23) 진순신, 권순만 외 옮김, 『중국의 역사』 1, 한길사, 1996, 21~22쪽.

24) 복기대, 『요서지역의 청동기시대 문화연구』, 백산자료원, 2002, 88~90쪽.

25) 복기대, 『요서지역의 청동기시대 문화연구』, 백산자료원, 2002, 74쪽, 93쪽.

26) 복기대, 『요서지역의 청동기시대 문화연구』, 백산자료원, 2002, 76~77쪽.

27) 복기대, 『요서지역의 청동기시대 문화연구』, 백산자료원, 2002, 78쪽.

28) 복기대, 『요서지역의 청동기시대 문화연구』, 백산자료원, 2002, 83쪽.

29) 이성주, 『청동기·철기시대 사회변동론』, 학연문화사, 2008, 246쪽.

30) 복기대, 『요서지역의 청동기시대 문화연구』, 백산자료원, 2002, 91쪽.

31) 복기대, 『요서지역의 청동기시대 문화연구』, 백산자료원, 2002, 99쪽.

32) 조빈복, 최무장 옮김, 『중국동북신석기문화』, 집문당, 1996, 275쪽.

33) 송호정, 『단군 만들어진 신화』, 산처럼, 2004, 68쪽.

34) 강인숙, 「단군신화」, 서영대 편, 『북한학계의 단군신화 연구』, 백산자료원, 1995, 547~548쪽.

35) 최영식, 「단군신화의 시대적 배경」, 단군학회 엮음, 『남북학자들이 함께 쓴 단군과 고조선 연구』, 지식산업사, 2005, 557쪽.

36) 강의화 주편, 『중화문화독본(中華文化讀本)』, 상해인민출판사, 2004, 34쪽, 36쪽.

37) 이성주, 『청동기·철기시대 사회변동론』, 학연문화사, 2008, 186쪽.

38) 김정학, 『한국상고사연구』, 범우사, 1990, 153쪽.

39) 城内有居住房址和宫殿遺址.

40) 『사기』 「하본기」, "令天子之國以外伍百里甸服."

41) 곽대순, 『용출요하원』, 백화문예출판사, 2001, 44쪽.

42) 한창균, 「고조선의 성립배경과 발전단계시론」, 『국사관논총』 33, 1992.

43) 서영수, 「고조선의 발전과정과 강역의 변동」, 고조선사연구회 · 동북아역사재단, 『고조선의 역사를 찾아서』, 학연문화사, 2007, 26쪽.

44) 복기대, 『요서지역의 청동기시대 문화연구』, 백산자료원, 2002.

45) 심백강, "고조선은 중국 내몽고자치구에 있었다", 「신동아」, 2006. 10, 275~276쪽.

46) 장광직, 윤내현 옮김, 『상문명』, 민음사, 1989, 366~404쪽; 윤내현 · 박선희 · 하문식, 『고조선의 강역을 밝힌다』, 지식산업사, 2006, 62쪽에서 재인용.

47) 복기대, 『요서지역의 청동기시대 문화연구』, 백산자료원, 2002, 69쪽.

48) 송호정, 『단군 만들어진 신화』, 산처럼, 2004, 67쪽.

49) 이형구, 「한국민족문화의 시베리아 기원설에 대한 재고」, 『동방학지』 69, 1990, 12쪽.

50) 이종욱, 『고조선사연구』, 일조각, 1993, 64쪽.

51) 송호정, 『단군 만들어진 신화』, 산처럼, 2004, 67쪽.

52) 장광직, 윤내현 옮김, 『상문명』, 민음사, 1989, 372쪽.

53) 복기대, 『요서지역의 청동기시대 문화연구』, 백산자료원, 2002, 49쪽.

54) 이종호, 『과학으로 찾은 고조선』, 글로연, 2008, 289~290쪽.

55) 심백강, 『황하에서 한라까지』, 참좋은세상, 2007, 245쪽.

56) 소병기, 「요서고문화고성고국」, 『문물』 8, 문물출판사, 1986; 서영수, 「고조선연구의 성과와 문제점」, 『한민족 북방관계사의 회고와 전망』, 백산학회 창립 40주년기념 학술대회, 2006, 9쪽에서 재인용.

57) 곽대순 · 장성덕, 『동북문화여유연문명』, 강소교육출판사, 2005; 서영수, 「고조선연구의 성과와 문제점」, 『한민족 북방관계사의 회고와 전망』, 백산학회 창립 40주년기념 학술대회, 2006, 9쪽에서 재인용.

58) 이종호, 『과학으로 찾은 고조선』, 글로연, 2008, 289쪽.

59) 이종호, 『과학으로 찾은 고조선』, 글로연, 2008, 285~287쪽.

60) 웨난, 유소영 · 심규호 옮김, 『천년의 학술현안』, 일빛, 2003, 컬러화보 설명.

61) 복기대, 『요서지역의 청동기시대 문화연구』, 백산자료원, 2002, 72쪽.

62) 이성주, 『청동기 · 철기시대 사회변동론』, 학연문화사, 2008, 186쪽, 각주 5.

63) 한영우, 『한국의 문화전통』, 을유문화사, 1998, 87~91쪽.

64) 송호정, 「고조선 사람들은 어떤 사람들이었을까」, 동북아역사재단 편, 『고조선, 단군, 부여』, 2007, 42~43쪽.

65) 『사기』 「조선열전」, 自始全燕時 嘗略屬眞番 · 朝鮮, 爲置吏, 築鄣塞.

66) 김성구 발췌번역, 『사기색은』; 『중국정사조선열국전』 24(如淳云: 燕嘗略二國以屬己也. 應劭云: 玄菟本眞番國).

67) 최남선, 「불함문화론」; 이홍규, 『바이칼에서 찾는 우리 민족의 기원』, 정신세계원, 2005, 45쪽에서 재인용.

68) 황기덕, 「비파형단검문화와 미송리유형」, 『조선고고연구』, 사회과학출판사, 1991, 2쪽; 도서출판

민족문화, 영인본.

69) 자세한 내용은 정형진, 『고깔모자를 쓴 단군』, 백산자료원, 2003, 316~337쪽 참고.

70) 정재서 역주, 『산해경』, 민음사, 1993, 327쪽.

71) 정형진, 『실크로드를 달려온 신라왕족』, 일빛, 2005 참고.

72) 정형진, 『고깔모자를 쓴 단군』, 백산자료원, 2003, 417~423쪽 참고.

73) 이홍식 편저, 『국사대사전』, 민중서관, 1997, 1529쪽.

74) 손진기, 임동석 옮김, 『동북민족원류』, 동문선, 1992, 317쪽; 손진기·간지경, 「한진번군고(漢眞番郡考)」, 『흑룡강문물총간(黑龍江文物叢刊)』, 1984년 3기에 발표.

75) 윤내현, 『고조선 연구』, 일지사, 1999, 525쪽.

76) 이도학, 『새로 쓰는 백제사』, 푸른역사, 1997, 472쪽.

77) 김성호, 『씨성으로 본 한일민족의 기원』, 푸른숲, 2002, 117쪽.

78) 윤내현, 『고조선 연구』, 일지사, 1999, 497쪽.

79) 정형진, 『고깔모자를 쓴 단군』, 백산자료원, 2003 참고. 발해는 부여인의 바다였다.

80) 김향, 「발해국의 일부 민족 문제에 대하여」; 김운회, 『대쥬신을 찾아서』 1, 해냄, 2006, 243쪽에서 재인용.

81) 윤내현, 『고조선 연구』, 일지사, 1999, 497~498쪽.

82) 이홍식 편저, 『국사대사전』, 민중서관, 1997, 1528쪽.

83) 신채호, 『주해조선상고사』, 단재신채호기념사업회, 1994; 김운회, 『대쥬신을 찾아서』 2, 해냄, 2006, 252쪽에서 재인용.

84) 김부식, 이병도 역주, 『삼국사기』 하, 을유문화사, 1997, 487쪽 각주 6.

85) 정약용, 『아방강역고』, 「변진고」; 김운회, 『대쥬신을 찾아서』 2, 해냄, 2006, 248쪽에서 재인용.

86) 김운회, 『대쥬신을 찾아서』 1, 해냄, 2006, 212쪽, 248쪽.

87) 한규철, 「숙신·읍루연구」, 백산학회 편, 『고조선·부여사 연구』, 백산자료원, 1995, 133~134쪽.

88) 한규철, 「숙신·읍루연구」, 백산학회 편, 『고조선·부여사 연구』, 백산자료원, 1995, 234~235쪽.

89) 신채호, 『조선상고사』, 일신서적출판사, 1988, 58쪽.

90) 리지린, 『고조선연구』, 과학원출판사, 1963, 34쪽.

91) 김정학, 「문헌 및 고고학적 고찰」, 『한국사론』 14, 국사편찬위원회, 1985, 36~38쪽.

92) 한규철, 「숙신·읍루연구」, 백산학회 편, 『고조선·부여사 연구』, 백산자료원, 1995, 157쪽, 166쪽.

93) 최남선, 「계고차존(稽古箚存)」, 『청춘』 제14호, 1919년 6월호, 2쪽.

94) 한규철, 「숙신·읍루연구」, 백산학회 편, 『고조선·부여사 연구』, 백산자료원, 1995, 168~169쪽.

95) 김운회, 『대쥬신을 찾아서』 1, 해냄, 2006, 184쪽.

96) 김정배 편저, 『한국고대사입문』 1, 신서원, 2006, 36쪽.

97) 송호정, 「고조선이란 무엇을 말하는가」, 동북아역사재단 편, 『고조선, 단군, 부여』, 2007, 19쪽.

98) 서병국, 『동이족과 부여의 역사』, 혜안, 2001, 15~16쪽.

99) 심백강, 『황하에서 한라까지』, 참좋은세상, 2007, 168~169쪽.

100) 송호정, 「고조선이란 무엇을 말하는가」, 동북아역사재단 편, 『고조선, 단군, 부여』, 2007, 17~18쪽.

101) 신채호, 『주해조선상고사』, 단재신채호기념사업회, 1994, 104쪽; 김운회, 『대쥬신을 찾아서』 2, 해냄, 2006, 249쪽에서 재인용.

102) 안호상, 「나라 이름 조선에 대한 고찰」, 『아세아연구』 Ⅷ-2, 1965; 김운회, 『대쥬신을 찾아서』 1, 해냄, 2006, 185쪽에서 재인용.

103) 김운회, 『대쥬신을 찾아서』 1, 해냄, 2006, 185쪽.

104) 조법종, 「동북공정 속에 그려진 고조선」, 동북아역사재단 편, 『고조선, 단군, 부여』, 2007, 62~63쪽.

105) 조법종, 「동북공정 속에 그려진 고조선」, 동북아역사재단 편, 『고조선, 단군, 부여』, 2007, 67쪽. 『사기』 「오제본기」에서 언급된 내용은 동방 청주 지역에 우이가 거하며, 그곳은 해가 뜨는 곳으로 볕이 잘 들고 밝은 땅(陽明之谷)이라는 의미이다(湯谷扶桑十日神話).

106) 송호정, 「고조선이란 무엇을 말하는가」, 동북아역사재단 편, 『고조선, 단군, 부여』, 2007, 17~18쪽.

107) 송호정, 「고조선이란 무엇을 말하는가」, 동북아역사재단 편, 『고조선, 단군, 부여』, 2007, 18쪽.

108) 조법종, 「동북공정 속에 그려진 고조선」, 동북아역사재단 편, 『고조선, 단군, 부여』, 2007, 65쪽.

109) 왕대유, 『삼황오제시대(三皇伍帝時代)』 상, 중국사회출판사, 2000, 163항 [그림 161].

110) 김대성 엮음, 『금문의 비밀』, 컬쳐라인, 2002, 151쪽.

111) 서영수, 「고조선의 발전과정과 강역의 변동」, 고조선사연구회 · 동북아역사재단, 『고조선의 역사를 찾아서』, 학연문화사, 2007, 35쪽.

112) 이형구, 「대릉하유역의 은말주초 청동기문화와 기자 및 기자조선」, 『한국상고사학보』 5, 한국상고사학회, 1991, 10쪽.

113) 이종호, 『과학으로 찾은 고조선』, 글로연, 2008, 377쪽.

114) 이종욱, 『고조선사연구』, 일조각, 1993, 49쪽.

115) 노태돈, 「왜 고조선인가」, 동북아역사재단 편, 『고조선, 단군, 부여』, 2007, 15쪽.

116) 송호정, 「우리 민족 최초의 국가 고조선」, 동북아역사재단 편, 『만주 그 땅, 사람 그리고 역사』, 2005, 50~51쪽.

117) 조법종, 「동북공정 속에 그려진 고조선」, 동북아역사재단 편, 『고조선, 단군, 부여』, 2007, 67~68쪽.

118) 송호정, 「우리 민족 최초의 국가 고조선」, 동북아역사재단 편, 『만주 그 땅, 사람 그리고 역사』, 2005, 51쪽.

119) 조희승, 「고구려사연구와 관련하여 제기되는 몇 가지 문제에 대하여」, 고구려연구재단 편, 『북한의 최근 고구려사 연구』, 2004, 10~12쪽.

120) 북한 사회과학원 역사연구소 등, 『조선전사』, 과학백과사전출판사, 1991; 이종호, 『과학으로 찾은 고조선』, 글로연, 2008, 364~365쪽에서 재인용.

121) 신채호, 박기봉 옮김, 『조선상고사』, 비봉출판사, 2006, 102쪽.

122) 이종욱, 『고조선사연구』, 일조각, 1993, 84쪽.

123) 송호정, 『한국 고대사 속의 고조선사』, 푸른역사, 2003; 이종호, 『과학으로 찾은 고조선』, 글로연, 2008, 368쪽에서 재인용.

124) 최광식, 「동북공정 이후 중국의 한국 고대사 인식」, 제43회 국사편찬위원회한국사학술회의, 『동북공정 전후 중국의 고대사 인식』, 국사편찬위원회, 2008; 이종호, 『과학으로 찾은 고조선』, 글로연, 2008, 374쪽에서 재인용.

125) 이종욱, 『고조선사연구』, 일조각, 1993, 84쪽.

126) 이형구, 「대릉하유역의 은말주초 청동기문화와 기자 및 기자조선」, 『한국상고사학보』 5, 한국상고사학회, 1991, 33쪽.

127) 윤내현·박선희·하문식, 『고조선의 강역을 밝힌다』, 지식산업사, 2006, 48~53쪽.

128) 심백강, 『황하에서 한라까지』, 참좋은세상, 2007, 210쪽.

129) 김두진, 「단군신화의 문화사적 접근」, 『한국사학』 11, 1990, 20~23쪽.

130) 이종욱, 『고조선사연구』, 일조각, 1993, 59쪽 각주 73.

131) 이종욱, 『고조선사연구』, 일조각, 1993, 92쪽.

132) 한규철, 「숙신·읍루연구」, 백산학회 편, 『고조선·부여사 연구』, 백산자료원, 1995, 168~169쪽.

133) 종암, 이영옥 옮김, 「조선(북한)의 기자릉과 단군릉」, 고구려연구재단 편, 『중국의 동북변강연구』, 2004.

134) 경철화, 박창배 옮김, 『중국인이 쓴 고구려사』 상, 고구려연구재단, 2004, 85쪽.

135) 시노하라 히로카타, 「중국학계의 고조선 부여 인식」, 제43회 국사편찬위원회한국사학술회의, 『동북공정 전후 중국의 한국고대사 인식』, 국사편찬위원회, 2008; 이종호, 『과학으로 찾은 고조선』, 글로연, 2008, 373쪽에서 재인용.

136) 곽대순 외, 『동북문화와 유연문화』, 동북아역사재단, 2008; 이종호, 『과학으로 찾은 고조선』, 글로연, 2008, 370쪽에서 재인용.

137) 시노하라 히로카타, 「중국학계의 고조선 부여 인식」, 제43회 국사편찬위원회한국사학술회의, 『동북공정 전후 중국의 한국고대사 인식』, 국사편찬위원회, 2008; 이종호, 『과학으로 찾은 고조선』, 글로연, 2008, 373쪽에서 재인용.

138) 윤내현, 『상주사』, 민음사, 1988, 26쪽.

139) 김영수 주편, 『고대 동북아시아의 민족과 문화』, 여강출판사, 1994, 37쪽.

140) 윤내현, 『상주사』, 민음사, 1988, 29~31쪽.

141) 김영수 주편, 『고대 동북아시아의 민족과 문화』, 여강출판사, 1994, 36쪽.

142) 이형구, 「대릉하유역의 은말주초 청동기문화와 기자 및 기자조선」, 『한국상고사학보』 5, 한국상고사학회, 1991, 12쪽.

143) 이욕, 『중국고대미술사』, 요령미술출판사, 2000, 448쪽.

144) 이종호, 『과학으로 찾은 고조선』, 글로연, 2008, 337쪽.

145) 장광직, 윤내현 옮김, 『상문명』, 민음사, 1989, 373쪽.

146) 한규철, 「숙신·읍루연구」, 백산학회 편, 『고조선·부여사 연구』, 백산자료원, 1995, 168~169쪽.

147) 이종호, 『과학으로 찾은 고조선』, 글로연, 2008, 385~386쪽.

148) 맹고탁력, 이영옥 옮김, 「고죽국석론(孤竹國釋論)」, 고구려연구재단 편, 『중국의 동북변강연구』,

2004, 139~140쪽. 土默特二旗.『錦州府志』.

149) 맹고탁력, 이영옥 옮김,「고죽국석론(孤竹國釋論)」, 고구려연구재단 편,『중국의 동북변강연구』, 2004, 139쪽.

150) 이형구,「대릉하유역의 은말주초 청동기문화와 기자 및 기자조선」,『한국상고사학보』 5, 한국상고사학회, 1991, 19쪽, 23쪽.

151) 신채호, 박기봉 옮김,『조선상고사』, 비봉출판사, 2006, 109쪽.

152) 이종호,『과학으로 찾은 고조선』, 글로연, 2008, 384쪽.

153)『한서』「지리지」 낙랑군 '조선'; 윤내현·박선희·하문식,『고조선의 강역을 밝힌다』, 지식산업사, 2006, 52쪽.

154) 윤내현·박선희·하문식,『고조선의 강역을 밝힌다』, 지식산업사, 2006, 46쪽.

155) 윤내현·박선희·하문식,『고조선의 강역을 밝힌다』, 지식산업사, 2006, 52쪽.

156) 맹고탁력, 이영옥 옮김,「고죽국석론(孤竹國釋論)」, 고구려연구재단 편,『중국의 동북변강연구』, 2004, 140쪽.

157) 맹고탁력, 이영옥 옮김,「고죽국석론(孤竹國釋論)」, 고구려연구재단 편,『중국의 동북변강연구』, 2004, 141쪽.

158) 맹고탁력, 이영옥 옮김,「고죽국석론(孤竹國釋論)」, 고구려연구재단 편,『중국의 동북변강연구』, 2004, 145쪽.

159) 장광직, 윤내현 옮김,『상문명』, 민음사, 1989, 435쪽.

160) 송호정,『한국 고대사 속의 고조선사』, 푸른역사, 2003, 76~78쪽.

161) 왕웨이, 박점옥 옮김,『손에 잡히는 중국역사의 수수께끼』, 대산, 2001; 이종호,『과학으로 찾은 고조선』, 글로연, 2008, 151쪽에서 재인용.

162) 장광직, 윤내현 옮김,『상문명』, 민음사, 1989, 391쪽. 凌源縣 海島營子, 喀左縣 北洞村.

163) 장광직, 윤내현 옮김,『상문명』, 민음사, 1989, 320쪽.

164) 장광직, 윤내현 옮김,『상문명』, 민음사, 1989, 318쪽.

165) 무정시대에 토방, 공방과 전쟁을 수행하기 위하여 7월부터 9월까지 38일간 계속하여 모두 2만 3,000여 명을 징집한 기록이 보인다. 윤내현,『상주사』, 민음사, 1988, 52쪽.

166) 경철화, 박창배 옮김,『중국인이 쓴 고구려사』 상, 고구려연구재단, 2004, 85쪽.

167) 시노하라 히로카타,「중국학계의 고조선 부여 인식」, 제43회 국사편찬위원회한국사학술회의,『동북공정 전후 중국의 한국고대사 인식』, 국사편찬위원회, 2008; 이종호,『과학으로 찾은 고조선』, 글로연, 2008, 373쪽에서 재인용.

168) 송호정,『한국 고대사 속의 고조선사』, 푸른역사, 2003, 74쪽.

169) 윤내현,『고조선 연구』, 일지사, 1999, 437쪽.

170) 정형진,『고깔모자를 쓴 단군』, 백산자료원, 2003, 85쪽 참고.

171) 문정창,『고조선사연구』, 한뿌리, 1993, 52쪽. "孤竹 春秋後 乃爲朝鮮之有也. 此朝鮮 最强盛時."

172) 천관우,『고조선·삼한사연구』, 일조각, 1989, 10~13쪽.

173) 최광식, 「동북공정 이후 중국의 한국 고대사 인식」, 제43회 국사편찬위원회한국사학술회의, 『동북공정 전후 중국의 고대사 인식』, 국사편찬위원회, 2008; 이종호, 『과학으로 찾은 고조선』, 글로연, 2008, 374쪽에서 재인용.

174) 이종호, 『과학으로 찾은 고조선』, 글로연, 2008, 384쪽.

175) 양가빈, 「기자조선고(箕子朝鮮考)」, 『사학휘간(史學彙刊)』 10, 중국문화대학, 민국 69(1980), 1~31쪽; 윤내현, 「기자신고」, 『한국고대사신론』, 일지사, 1989, 184쪽에서 재인용.

176) 김정배, 「고조선연구의 현황과 과제」, 단군학회 편, 『단군학연구』 제9호, 2003, 15쪽.

177) 이병도, 『한국고대사연구』, 박영사, 1981, 31쪽.

178) ① 昔周宣王(時), 亦有韓侯, 其國也燕近, 故詩云普彼韓城, 燕師所完, ② 其後韓西亦姓韓, 爲衛滿所伐, 遷居海中.

179) 이병도, 『한국고대사연구』, 박영사, 1981, 48쪽.

180) 윤내현, 「기자신고」, 『한국고대사신론』, 일지사, 1989, 189쪽; 윤내현, 『고조선 연구』, 일지사, 1999, 435쪽에서 재인용.

181) 윤내현, 「기자신고」, 『한국고대사신론』, 일지사, 1989, 227쪽. 아래에 인용한 고안현의 글을 보면 그는 환숙이 진나라 목후의 아들이라고 했다.

182) 윤내현, 『고조선 연구』, 일지사, 1999, 437쪽.

183) 정형진, 『천년왕국 수시아나에서 온 환웅』, 일빛, 2006, 78쪽 참고.

184) 『潛夫論箋校正』 志氏姓 第三十伍 '其後韓西亦姓韓'의 注: 按韓西蓋即朝鮮. "朝"誤爲"韓"; "西"即"鮮"之轉, 故尚書大傳以"西方"爲"鮮方."

185) 정범진 외 옮김, 『사기세가』 하, '韓世家', 까치, 1994, 381쪽.

186) 한치윤, 정선옥 옮김, 『해동역사』, 민족문화추진회, 1996, 31쪽.

187) 리지린, 『고조선연구』, 백산자료원, 1997, 264쪽.

188) 리지린, 『고조선연구』, 백산자료원, 1997, 264쪽.

189) 윤내현, 『고조선 연구』, 일지사, 1999, 435쪽.

190) 김상기, 「한 · 예 · 맥 이동고」, 『동방사론총』, 서울대학교출판부, 1986, 359쪽.

191) 서영수, 「고조선연구의 성과와 문제점」, 『한민족 북방관계사의 회고와 전망』, 백산학회 창립 40주년기념 학술대회, 2006, 14쪽.

192) 서영수, 「고조선의 발전과정과 강역의 변동」, 고조선사연구회 · 동북아역사재단, 『고조선의 역사를 찾아서』, 학연문화사, 2007, 53쪽 각주 27.

193) 서영수, 「고조선의 발전과정과 강역의 변동」, 고조선사연구회 · 동북아역사재단, 『고조선의 역사를 찾아서』, 학연문화사, 2007, 37쪽.

194) 서영수, 「고조선의 발전과정과 강역의 변동」, 고조선사연구회 · 동북아역사재단, 『고조선의 역사를 찾아서』, 학연문화사, 2007, 38쪽.

195) 서영수, 「고조선의 발전과정과 강역의 변동」, 고조선사연구회 · 동북아역사재단, 『고조선의 역사를 찾아서』, 학연문화사, 2007, 40쪽.

196) 서병국, 『동이족과 부여의 역사』, 혜안, 2001, 116쪽.

197) 고조우, 『독사방여기요』 권54 한성현조 고한성 주, "縣南十八里 周韓侯國也 後入於晋 春秋韓武子 事晋獻公 封於韓原蓋邑於此."; 김상기, 「한·예·맥 이동고」, 『동방사론총』, 서울대학교출판부, 1986에서 재인용.

198) 노태돈, 『한국고대사의 이론과 쟁점』, 집문당, 2009, 137쪽.

199) 「韓奕篇詩序」의 鄭箋, "韓姬姓之國也 後爲晋所滅 故大夫韓氏 以爲邑名焉"; 김상기, 「한·예·맥 이동고」, 『동방사론총』, 서울대학교출판부, 1986, 35쪽에서 재인용.

200) 정형진, 『천년왕국 수시아나에서 온 환웅』, 일빛, 2006, 87쪽 참고.

201) 리지린, 『고조선연구』, 백산자료원, 1997년, 155쪽.

202) 심백강, 『황하에서 한라까지』, 참좋은세상, 2007, 3쪽.

203) 김상기, 「한·예·맥 이동고」, 『동방사론총』, 서울대학교출판부, 1986, 368쪽.

204) 김상기, 「한·예·맥 이동고」, 『동방사론총』, 서울대학교출판부, 1986, 364~365쪽; 이성규, 「선진 문헌에 보이는 '동이'의 성격」, 한국고대사연구소 편, 『한국고대사논총』 1, 재단법인 가락국사적개발연구원, 1991, 102쪽; 김상기, 「한·예·맥이동고」, 『사해』 창간호, 1948, 5쪽; 『한국사론』 14, 128쪽.

205) 노태돈, 『한국고대사의 이론과 쟁점』, 집문당, 2009, 137쪽; 김정학, 「중국문명에 나타난 동이족」, 『한국사』 23, 1978, 117~121쪽; 신용하, 「한국민족의 기원과 형성」, 『한국민족의 형성과 민족사회학』, 지식산업사, 2000, 21~31쪽.

206) 노태돈, 『한국고대사의 이론과 쟁점』, 집문당, 2009, 138쪽 각주 13.

207) "한·중 역사전쟁-고구려는 중국사인가?", 「KBS 일요스페셜」 2003. 10. 12.

208) 이상진·황송문 옮김, 『시경』, 자유문고, 1994. 453~455쪽.

209) 『수경주』 권13 탑수조, "漯水又东南径良乡县之北界, 历梁山南, 高梁水出焉"; "是所謂奕奕梁山者矣 …… 今以水經注爲定." 김상기에 따르면 한치윤(『해동역사』 권3 삼한편)도 고염무의 설을 지지했다고 한다(『동방사총론』, 364쪽). 고염무는 '한의 땅이 북쪽 멀리 있다(韓土 在北陲之遠也)'고 했다(『동방사총론』, 356쪽). 이 양산은 현재 북경시 서쪽에 있는 석경산구의 석경산(石景山)에 해당한다. 조림(作者單位西城區史志辦), 「西海拾趣」.

210) 김학주 옮김, 『시경』, 명문당, 1988, 482쪽. 책에 강영이 「시보의」를 찬한 것으로 되어있으나, 「시보의」는 강병장의 저술이다.

211) 김상기, 「한·예·맥 이동고」, 『동방사론총』, 서울대학교출판부, 1986, 365쪽.

212) 『사기색은』, 좌씨전운 "邗'晉'應'韓, 武之穆", 是武王之子, 故詩稱"韓侯出祖", 是有韓而先滅.

213) 왕아헌 등 주편, 「역사시기고금지명대조표(歷史時期古今地名對照表)」, 『중국고대역사지도집(中國古代歷史地圖集)』 부록, 요령교육출판사, 1990, 60쪽.

214) 김운회, 『대쥬신을 찾아서』 2, 해냄, 2006, 252쪽.

215) 왕대유, 임동석 옮김, 『용봉문화원류』, 동문선, 1994, 202쪽.

216) 리지린, 『고조선연구』, 백산자료원, 1997, 158쪽.

217) 더 자세한 풀이는 정형진, 『천년왕국 수시아나에서 온 환웅』, 일빛, 2006, 99~103쪽 참고.

218) 윤내현, 『상주사』, 민음사, 1988, 155쪽.

219) 『죽서기년』, 평왕 14년(기원전 757) 晉人滅韓.

220) 한영우, 『한국의 문화전통』, 을유문화사, 1998, 89쪽, 91쪽.

221) 이종욱, 『고조선사연구』, 일조각, 1993, 74쪽.

222) 한규철, 「숙신·읍루연구」, 백산학회 편, 『고조선·부여사 연구』, 백산자료원, 1995, 167~168쪽.

223) 윤내현·박선희·하문식, 『고조선의 강역을 밝힌다』, 지식산업사, 2006, 22쪽, 27쪽.

224) 윤내현, 「기자국·위만조선·한사군의 위치」, 『한국고대사신론』, 일지사, 1994, 368~378쪽, 393~395쪽.

225) 송호정, 「고조선이란 무엇을 말하는가」, 동북아역사재단 편, 『고조선, 단군, 부여』, 2007, 17~18쪽.

226) 안호상, 「나라 이름 조선에 대한 고찰」, 『아세아연구』 Ⅷ-2, 1965; 김운회, 『대쥬신을 찾아서』 1, 해냄, 2006, 185쪽에서 재인용.

227) 심백강, 『황하에서 한라까지』, 참좋은세상, 2007, 219~220쪽.

228) 심백강, 『황하에서 한라까지』, 참좋은세상, 2007, 221쪽.

229) 아리엘 골란, 정석배 옮김, 『선사시대가 남긴 세계의 모든 문양』, 푸른역사, 2005, 218쪽.

230) 임병태, 「고고학상으로 본 예맥」, 『한국고대사논총』 1, 1990.

231) 서영수, 「고조선의 발전과정과 강역의 변동」, 고조선사연구회·동북아역사재단, 『고조선의 역사를 찾아서』, 학연문화사, 2007, 53쪽 각주 22.

232) 심백강, 『황하에서 한라까지』, 참좋은세상, 2007, 221쪽.

233) 조빈복, 최무장 옮김, 『중국동북신석기문화』, 집문당, 1996, 275쪽.

234) 복기대, 『요서지역의 청동기시대 문화연구』, 백산자료원, 2002, 90~91쪽, 167쪽.

235) 심백강, "고조선은 중국 내몽고자치구에 있었다", 「신동아」, 2006. 10, 280쪽.

236) 복기대, 『요서지역의 청동기시대 문화연구』, 백산자료원, 2002, 92쪽에서 재인용.

237) 송호정, 「고조선 사람들은 어떤 사람들이었을까」, 동북아역사재단 편, 『고조선, 단군, 부여』, 2007, 42~43쪽.

238) 自始全燕時 嘗略屬眞番·朝鮮, 爲置吏, 築鄣塞; 『사기』 조선열전.

239) 『사기색은』, 如淳云: 燕嘗略二國以屬己也. 應劭云: 玄菟本眞番國; 김성구 발췌번역, 『중국정사 조선열국전』, 동문선, 1996, 24쪽에서 재인용.

240) 이노우에 히데오, 김기섭 편역, 「중국문헌에 나타난 조선·한·왜에 대하여」, 『고대 한일관계사의 이해-왜』, 이론과실천, 1994, 29~30쪽.

241) 송호정, 『단군 만들어진 신화』, 산처럼, 2004, 73~74쪽.

242) 노태돈, 「고조선 중심지의 변천에 대한 연구」, 『한국사론』 23, 1990, 42~53쪽.

243) 송호정, 『한국 고대사 속의 고조선사』, 푸른역사, 2003, 76쪽.

244) 송호정, 『단군 만들어진 신화』, 산처럼, 2004, 82쪽.

245) 맹고탁력, 이영옥 옮김, 「고죽국석론(孤竹國釋論)」, 동북아역사재단 편, 『중국의 동북변강연

구』, 2004, 155쪽.

246) 송호정, 『한국 고대사 속의 고조선사』, 푸른역사, 2003, 85쪽.

247) 김성숙, 「산융 · 동호와 초기 선비족의 민족관계 소고」, 『고조선단군학』 18, 고조선단군학회, 2008.

248) 『춘추』 齊人伐山戎, 『관자』 封禪編, 齊桓公 "北伐山戎過孤竹"; 복기대, 『요서지역의 청동기시대 문화연구』, 백산자료원, 2002, 174~175쪽에서 재인용.

249) 문정창, 『고조선사연구』, 한뿌리, 1993, 52쪽. "孤竹 春秋後 乃爲朝鮮之有也. 此朝鮮 最强盛時."

250) 황병란, 『중국고대사』, 1958, 102쪽; 김운회, 『대쥬신을 찾아서』 2, 해냄, 2006, 188쪽에서 재인용.

251) 스기야마 마사아키, 『유목민이 본 세계사』, 학민사, 2000, 119~124쪽; 김운회, 『대쥬신을 찾아서』 2, 해냄, 2006, 190쪽에서 재인용.

252) 서병국, 『동이족과 부여의 역사』, 혜안, 2001, 123쪽.

253) 据 『使记 · 匈奴列传 · 索隐』 引服虔曰: 东胡, 乌桓之先, 后为鲜卑, 在匈奴东, 故曰东胡. 东汉人服虔说: "山戎是乌桓的祖先."

254) 정수일, 『실크로드학』, 창작과비평사, 2002, 181~185쪽.

255) 윤내현, 「중국문헌에 나타난 고조선 인식」, 『한국사론』 14, 국사편찬위원회, 1985, 151쪽. 『한서』 「지리지」 하 현토군, "應召曰, 故眞番 · 朝鮮胡國", 『삼국지』 「위서 오환선비동이전」, 고구려조, "今胡猶名此城爲幘溝漊. 溝漊者, 句麗名城也", 『한서』 「지리지」 하, 현토군 고구려조에도 "應召曰, 故句麗胡"라고 하였다.

256) 『삼국지』 「위서 오환선비동이전」 예조, "漢武帝伐滅朝鮮, 分其地爲四郡. 自是之後, 胡 · 漢稍別."

257) 왕국이, 「신석기시대여청동시대적고고문화개술(新石器時代與青銅時代的考古文化概術)」, 무진개 주편, 『신락문화논문집(新樂文化論文集)』, 심양신락유지박물관, 2000, 285쪽.

258) 김성구 발췌번역, 『중국정사조선열전』, 동문선, 1996, 106쪽, 「삼국지 한전 위략」.

259) 윤내현, 『상주사』, 민음사, 1988, 298쪽.

260) 이기환, "코리안루트를 찾아서-천자를 칭한 조선", 「경향신문」 2008. 5. 23.

261) 『한국사론』 13, 한국의 고고학 Ⅱ · 하, 국사편찬위원회, 1986, 404쪽, 원주 1; 천관우, 「기자고(箕子攷)」, 『동방학지』 제15집, 1~72쪽.

262) 윤내현 · 박선희 · 하문식, 『고조선의 강역을 밝힌다』, 지식산업사, 2006, 50쪽.

263) 서영수, 「고조선연구의 성과와 문제점」, 『한민족 북방관계사의 회고와 전망』, 백산학회 창립 40주년기념 학술대회, 2006, 19~21쪽.

264) 박순발, 「전기 마한의 시 · 공간적 위치에 대하여」, 『마한사연구』, 충남대학교출판부, 1998, 18쪽.

265) 서영수, 「고조선연구의 성과와 문제점」, 『한민족 북방관계사의 회고와 전망』, 백산학회 창립 40주년기념 학술대회, 2006, 21쪽.

266) 송호정, 「고조선 사람들은 어떤 사람들이었을까」, 동북아역사재단 편, 『고조선 · 단군 · 부여』 2007, 42~43쪽.

267) 박순발·이도학 외, 「전기 마한의 시·공간적 위치에 대하여」, 『마한사연구』, 충남대학교출판부, 1998, 15쪽.

268) 송호정, 「우리 민족 최초의 국가 고조선」, 동북아역사재단 편, 『만주 그 땅, 사람 그리고 역사』, 2005, 57~58쪽.

269) 오강원, 「고조선은 언제 어디에 있었을까」, 동북아역사재단 편, 『고조선, 단군, 부여』, 2007, 32쪽.

270) 이청규, 「고조선 사람들은 어떻게 살았을까」, 동북아역사재단 편, 『고조선, 단군, 부여』, 2007, 51쪽.

271) 오강원, 「고조선은 언제 어디에 있었을까」, 동북아역사재단 편, 『고조선, 단군, 부여』, 2007, 32~34쪽.

272) 서영수, 「고조선의 발전과정과 강역의 변동」, 고조선사연구회·동북아역사재단, 『고조선의 역사를 찾아서』, 학연문화사, 2007, 46~47쪽.

273) 박순발·이도학 외, 「전기 마한의 시·공간적 위치에 대하여」, 『마한사연구』, 충남대학교출판부, 1998, 13쪽.

274) 이청규, 「고조선 사람들은 어떻게 살았을까」, 동북아역사재단 편, 『고조선, 단군, 부여』, 2007, 52~53쪽.

275) 고조선역사연구회, 『고조선의 역사를 찾아서』, 학연문화사, 2008, 120쪽.

276) 고조선역사연구회, 『고조선의 역사를 찾아서』, 학연문화사, 2008, 120~176쪽; 금동근, "中 동북부-한반도, 고조선 영역 확인", 「동아닷컴」, 2008. 3. 10.

277) 윤내현·박선희·하문식, 『고조선의 강역을 밝힌다』, 지식산업사, 2006, 248쪽.

278) 윤내현·박선희·하문식, 『고조선의 강역을 밝힌다』, 지식산업사, 2006, 248쪽.

279) 송호정, 「고조선 사람들은 어떤 사람들이었을까」, 동북아역사재단 편, 『고조선, 단군, 부여』, 2007, 37쪽.

280) 복기대, 『요서지역의 청동기시대 문화연구』, 백산자료원, 2002, 260~261쪽. 요서지역의 청동기 문화를 연구한 복기대는 기원전 9세기 중엽부터 전국 중기까지 대릉하·소릉하 유역에서 벌어진 문화를 능하문화라고 규정했다.

281) 이종욱, 『고조선사연구』, 일조각, 1993, 80쪽.

282) 복기대, 『요서지역의 청동기시대 문화연구』, 백산자료원, 2002, 219쪽, 263쪽.

283) 복기대, 『요서지역의 청동기시대 문화연구』, 백산자료원, 2002, 102~103쪽.

284) 이종욱, 『고조선사연구』, 일조각, 1993, 81쪽.

285) 이종욱, 『고조선사연구』, 일조각, 1993, 80~82쪽.

286) 복기대, 『요서지역의 청동기시대 문화연구』, 백산자료원, 2002, 257쪽.

287) 한창균, 「고조선의 성립배경과 발전단계시론」, 『국사관논총』 33, 1992, 10쪽; 윤내현·박선희·하문식, 『고조선의 강역을 밝힌다』, 지식산업사, 2006, 64쪽에서 재인용.

288) 윤내현·박선희·하문식, 『고조선의 강역을 밝힌다』, 지식산업사, 2006, 232쪽.

289) 복기대, 『요서지역의 청동기시대 문화연구』, 백산자료원, 2002, 102쪽.

290) 복기대, 『요서지역의 청동기시대 문화연구』, 백산자료원, 2002, 222쪽(김정학, 1992).

291) 오강원, 「풀어야 할 과제들」, 동북아역사재단 편, 『고조선, 단군, 부여』, 2007, 76쪽.

292) 이기환, "코리안루트를 찾아서-랴오허 동서쪽의 적석총", 「경향신문」, 2007. 12. 8 참조.

293) 이성주, 『청동기 · 철기시대 사회변동론』, 학연문화사, 2008, 189쪽(곽대순, 1993).

294) 복기대, 『요서지역의 청동기시대 문화연구』, 백산자료원, 2002, 102쪽(오은, 1978).

295) 이성주, 『청동기 · 철기시대 사회변동론』, 학연문화사, 2008, 193쪽(근풍의, 1982).

296) 송호정, 「우리 민족 최초의 국가 고조선」, 동북아역사재단 편, 『만주 그 땅, 사람 그리고 역사』, 2005, 53쪽.

297) 이청규, 「청동기를 통해 본 고조선과 주변사회」, 고조선사연구회 · 동북아역사재단, 『고조선의 역사를 찾아서』, 학연문화사, 2007, 71쪽.

298) 오강원, 「동북아시아의 청동기문화와 요령 그리고 한반도」, 동북아역사재단 편, 『만주 그 땅, 사람 그리고 역사』, 2005, 42~44쪽.

299) 이청규, 「청동기를 통해 본 고조선과 주변사회」, 고조선사연구회 · 동북아역사재단, 『고조선의 역사를 찾아서』, 학연문화사, 2007, 71쪽.

300) 필자도 『고깔모자를 쓴 단군』(2003)에서 요동기원설을 지지했다. 그 주장을 이 책에서 수정한다.

301) 복기대, 『요서지역의 청동기시대 문화연구』, 백산자료원, 2002, 219~220쪽; 이청규, 「청동기를 통해 본 고조선과 주변사회」, 고조선사연구회 · 동북아역사재단, 『고조선의 역사를 찾아서』, 학연문화사, 2007, 61쪽에서 재인용.

302) 이청규, 「청동기를 통해 본 고조선과 주변사회」, 고조선사연구회 · 동북아역사재단, 『고조선의 역사를 찾아서』, 학연문화사, 2007, 92쪽.

303) 이청규, 「청동기를 통해 본 고조선과 주변사회」, 고조선사연구회 · 동북아역사재단, 『고조선의 역사를 찾아서』, 학연문화사, 2007, 60쪽.

304) 이청규, 「청동기를 통해 본 고조선과 주변사회」, 고조선사연구회 · 동북아역사재단, 『고조선의 역사를 찾아서』, 학연문화사, 2007, 64~67쪽.

305) 이청규, 「청동기를 통해 본 고조선과 주변사회」, 고조선사연구회 · 동북아역사재단, 『고조선의 역사를 찾아서』, 학연문화사, 2007, 93쪽.

306) 오강원, 「선사와 역사가 만나는 곳, 고조선」, 동북아역사재단 편, 『고조선, 단군, 부여』, 2007, 26쪽.

307) 오강원, 「선사와 역사가 만나는 곳, 고조선」, 동북아역사재단 편, 『고조선, 단군, 부여』, 2007, 27쪽.

IV. 삼한의 정립과 주도세력

1) 이영록, 『우리 헌법의 탄생』, 서해문집, 2006.

2) 서영수, 「고조선의 발전과정과 강역의 변동」, 고조선사연구회 · 동북아역사재단, 『고조선의 역사를 찾아서』, 학연문화사, 2007, 36~38쪽.

3) 윤내현, 『고조선 연구』, 일지사, 1999, 437쪽.

4) 신채호, 박기봉 옮김, 『조선상고사』, 비봉출판사, 2006, 117~118쪽, 137쪽.

5) 노태돈, 『한국고대사의 이론과 쟁점』, 집문당, 2009, 138쪽.

6) 노태돈, 『한국고대사의 이론과 쟁점』, 집문당, 2009, 176쪽.

7) 문정창, 『한국고대사』 상, 백문당, 1979, 91쪽.

8) 김운회, 『대쥬신을 찾아서』 2, 해냄, 2006, 262쪽.

9) "한·중 역사전쟁-고구려는 중국사인가?", 「KBS 일요스페셜」 2003. 10. 12.

10) 윤휘탁, 『신중화주의』, 푸른역사, 2006, 304쪽.

11) 윤휘탁, 「현대중국의 변강·민족인식과 "동북공정"」, 『역사비평』 65, 2003년 겨울.

12) 김운회, 『대쥬신을 찾아서』 2, 해냄, 2006, 246쪽.

13) 김정배 편저, 『한국고대사입문』 1, 신서원, 2006, 20~21쪽에서 나카 미치요(那珂通世)의 견해(1894)를 재인용.

14) 송호정, 『한국 고대사 속의 고조선사』, 푸른역사, 2003, 162쪽.

15) 노태돈, 『한국고대사의 이론과 쟁점』, 집문당, 2009, 138쪽.

16) 송호정, 「고조선 사람들은 어떤 사람들이었을까」, 동북아역사재단 편, 『고조선, 단군, 부여』, 2007, 42쪽.

17) 윤내현·박선희·하문식, 『고조선의 강역을 밝힌다』, 지식산업사, 2006, 18~19쪽.

18) 김운회, 『대쥬신을 찾아서』 2, 해냄, 2006, 242~244쪽.

19) 김운회, 『대쥬신을 찾아서』 1, 해냄, 2006, 213쪽.

20) 정약용, 『강역고』 「조선고」, "師古曰貉在東北方 三韓之屬皆貉類也."; 김영수 주편, 『고대 동북아시아의 민족과 문화』, 여강출판사, 1994, 45쪽에서 재인용.

21) 이도학, 『새로 쓰는 백제사』, 푸른역사, 1997, 472쪽에서 인용문 전재.

22) 김운회, 『대쥬신을 찾아서』 1, 해냄, 2006, 235쪽.

23) 증공량, 『무경총요』 권16, 「북번지리」; 김운회, 『대쥬신을 찾아서』 1, 해냄, 2006, 213쪽에서 재인용.

24) 노태돈, 『한국고대사의 이론과 쟁점』, 집문당, 2009, 183쪽.

25) 노태돈, 『한국고대사의 이론과 쟁점』, 집문당, 2009, 150쪽.

26) 노명호, 『고려국가와 집단의식』, 서울대출판문화원, 2009; 허미경, "원나라 압제속 뿌리내린 삼한일통 '우리 고려'", 「한겨레닷컴」, 2009. 11. 14.에서 재인용.

27) 주보돈, 「진·변한의 성립과 전개」, 『진·변한사연구』, 계명대학교 한국학연구원, 2002, 25쪽.

28) 김성호, 『씨성으로 본 한일민족의 기원』, 푸른숲, 2002, 230쪽.

29) 김병곤, 「최치원의 삼한관에 대한 인식과 평가」, 『한국고대사연구』 제40권, 한국고대사학회, 2005, 220쪽.

30) 김병곤, 「최치원의 삼한관에 대한 인식과 평가」, 『한국고대사연구』 제40권, 한국고대사학회, 2005, 240~242쪽.

31) 김병곤, 「최치원의 삼한관에 대한 인식과 평가」, 『한국고대사연구』 제40권, 한국고대사학회, 2005, 242~243쪽.

32) 김병곤, 「최치원의 삼한관에 대한 인식과 평가」, 『한국고대사연구』 제40권, 한국고대사학회, 2005, 243쪽, 250쪽.

33) 김병곤, 「최치원의 삼한관에 대한 인식과 평가」, 『한국고대사연구』 제40권, 한국고대사학회, 2005, 244쪽.

34) 김병곤, 「최치원의 삼한관에 대한 인식과 평가」, 『한국고대사연구』 제40권, 한국고대사학회, 2005, 246쪽.

35) 김병곤, 「최치원의 삼한관에 대한 인식과 평가」, 『한국고대사연구』 제40권, 한국고대사학회, 2005, 241~242쪽.

36) "先時 朝鮮遺民分居山谷之間 爲六村."

37) "今有名之爲秦韓者."

38) 김병곤, 「최치원의 삼한관에 대한 인식과 평가」, 『한국고대사연구』 제40권, 한국고대사학회, 2005, 226쪽. "謝賜詔書兩函表·奏請宿衛學生還蕃狀."

39) 이현혜, 『삼한사회형성과정연구』, 일조각, 1997, 199~200쪽.

40) 주보돈, 「진·변한의 성립과 전개」, 『진·변한사연구』, 계명대학교 한국학연구원, 2002, 41쪽.

41) 일연, 이재호 옮김, 『삼국유사』 1, 솔, 1997, 105쪽.

42) 이문기, 「신라 중고의 육부에 관한 일고찰: 골품제와 관련하여」, 『역사교육논집』 1, 1980.

43) 이성주, 『청동기·철기시대 사회변동론』, 학연문화사, 2008, 174쪽.

44) 창림사지는 박혁거세와 알영부인이 13세까지 성장한 곳으로 알려져 있다. 일부에서는 창림사지가 박혁거세가 왕이 되어 통치하던 금성이 있던 곳으로 추정하기도 한다(이종욱, 『신라국가형성사연구』, 일조각, 1987).

45) 『삼국지』 「동이전」 한조, "辰韓在馬韓之東 其耆老傳世 自言古之亡人避秦役來適韓國 馬韓割其東界之地與之."

46) 김부식, 이병도 옮김, 『삼국사기』 하, 을유문화사, 1997, 204쪽.

47) 김병모, 『금관의 비밀』, 푸른역사, 2001, 51쪽.

48) 고대 복식을 연구한 김미자는 우리나라 관모 중 가장 기본 형태는 변형모(弁形帽)이며 이 쓰개가 스키타이계임을 나타낸다고 했다. 이 변형모를 가리키는 기록에는 절풍(折風), 소골(蘇骨), 변(弁)이 있다. 김미자, 「고구려 고분벽화를 통해 본 고구려 복식에 관한 연구」, 고구려연구회 편, 『고구려 고분벽화』, 학연문화사, 1997, 511쪽.

49) 김부식, 이병도 역주, 『삼국사기』 「잡지」 제3 지리 1 신라, 을유문화사, 1997, 204쪽.

50) 『흠정만주원류고』에서 "『한서』 「지리지」의 요동 번한현(지금의 개평 등지) 지역은 변한(卞韓)의 고도(古都)이다"라고 하였다.

51) 르네 그루쎄, 김호동 옮김, 『유라시아 유목제국사』, 사계절, 43쪽, 56쪽.

52) 송혜민, "2000년 전 동·서양인 사이서 태어난 혼혈 유골 발견", 「서울신문」, 2012. 11. 17.

53) 신채호, 『조선상고사』, 일신서적출판사, 1998, 64~65쪽.

54) 정형진, 『고깔모자를 쓴 단군』, 백산자료원, 2003 참조.

55) 강경구, 『고구려의 건국과 시조숭배』, 학연문화사, 2001, 52쪽.

56) 송호정, 『한국 고대사 속의 고조선사』, 푸른역사, 2003, 83쪽.

57) 변종맹, 『동북지사적인식(東北之史的認識)』, 61쪽; 손진기, 『동북민족원류』, 동문선, 1992, 234쪽에서 재인용.

58) 김성구 발췌번역, 『중국정사조선열국전』, 동문선, 1996, 104~105쪽.

59) 노중국, 「진·변한의 정치·사회구조와 그 운영」, 『진·변한사연구』, 계명대학교 한국학연구원, 2002, 287쪽.

60) 정중환, 『가라사연구』, 혜안, 2000, 297~298쪽.

61) 이병도, 「삼한문제의 신고찰(3)-진국급삼한고」, 『진단학보』 4, 진단학회, 1936.

62) 「『삼국지』 권30 「위서동이전」 한조 원문·역주」, 『진·변한사연구』, 계명대학교 한국학연구원, 2002, 411쪽.

63) 정중환, 『가라사연구』, 혜안, 2000, 297~298쪽.

64) 정중환, 『가라사연구』, 혜안, 2000, 73쪽.

65) 정형진, 『고깔모자를 쓴 단군』, 백산자료원, 2003, 235쪽.

66) 정형진, 『고깔모자를 쓴 단군』, 백산자료원, 2003 참고.

67) 정형진, 『고깔모자를 쓴 단군』, 백산자료원, 2003, 316~321쪽 참고.

68) 정재서 역주, 『산해경』, 민음사, 1993, 241~242쪽.

69) 임승국 번역·주해, 『한단고기』, 정신세계사, 1999, 201쪽.

70) 임승국 번역·주해, 『한단고기』, 정신세계사, 1999, 82쪽.

71) 나몽산 편역, 「해외서경(海外西經)」, 『산해경(山海經)』, 종교문화출판사, 1998, 255쪽.

72) 양범 주역, 「해외서경(海外西經)」, 『산해경(山海經)』, 안휘인민출판사, 1999, 319쪽.

73) 마창의, 『고본산해경도설(古本山海經圖說)』, 산동화보출판사, 2001, 451쪽.

74) 임승국 번역·주해, 『한단고기』, 정신세계사, 1999, 81쪽, 158쪽, 198쪽.

75) 천관우, 「나의 한국사 연구」, 이기백 편, 『한국사시민강좌』 제2집, 일조각, 1988, 144쪽.

76) 이현혜, 『삼한사회형성과정연구』, 일조각, 1997, 176~177쪽.

77) 이형우, 「진·변한 제국(諸國)의 위치와 존재양태」, 『진·변한사연구』, 계명대학교 한국학연구원, 2002, 83쪽.

78) 이형우, 「진·변한 제국(諸國)의 위치와 존재양태」, 『진·변한사연구』, 계명대학교 한국학연구원, 2002, 83쪽.

79) 주보돈, 「진·변한의 성립과 전개」, 『진·변한사연구』, 계명대학교 한국학연구원, 2002, 57쪽.

80) 국립중앙박물관, 『스키타이 황금』, 1991, 164쪽.

81) 권영필, 『렌투스 양식의 미술』 하, 사계절, 2002, 177쪽.

82) 『삼국유사』 권3 제4 탑상편 황룡사9층탑. "汝國王是天竺刹利種王 五受佛記 故別有因緣 不同東夷共工之族."

83) 『북사(北史)』 권74 「이웅전(李雄傳)」의 내용; 노태돈, 『예빈도에 보인 고구려』, 서울대학교출판부, 2003, 23쪽에서 재인용.

84) 권주현, 「진·변한인의 생활과 문화」, 『진·변한사연구』, 계명대학교 한국학연구원, 2002, 302~

303쪽.

85) 필자는 『실크로드를 달려온 신라왕족』(일빛, 2005)에서 이에 대해 자세히 논증했다.

86) 일연, 이재호 옮김, 『삼국유사』, 솔, 1997, 「탑상편」 요동성의 아육왕탑조, 20쪽.

87) Encyber 두산세계대백과사전에서 인용.

88) 일연, 이재호 옮김, 『삼국유사』 2, 솔, 1997, 「탑상편」 요동성의 아육왕탑조, 20쪽.

89) 정형진, 『실크로드를 달려온 신라왕족』, 일빛, 2005 참고.

90) 김병곤, 「최치원의 삼한관에 대한 인식과 평가」, 『한국고대사연구』 제40권, 한국고대사학회, 2005, 244쪽.

91) 김성구 발췌번역, 『중국정사조선열국전』, 동문선, 1996, 105~106쪽. 「삼국지 한전」.

92) 천관우, 「나의 한국사 연구」, 이기백 편, 『한국사시민강좌』 제2집, 일조각, 1988, 144쪽.

93) 노태돈, 「단군은 우리에게 어떤 존재인가」, 동북아역사재단 편, 『고조선, 단군, 부여』, 2007, 87쪽.

94) 노태돈, 『한국고대사의 이론과 쟁점』, 집문당, 2009, 139쪽.

95) 노태돈, 『한국고대사의 이론과 쟁점』, 집문당, 2009, 139쪽.

96) 김성호, 『씨성으로 본 한일민족의 기원』, 푸른숲, 2002, 150~151쪽; 『후한서』 권115, 「고구려전」, "建光元年秋 宮遂率馬韓濊貊數千騎 圍玄菟."

97) 노태돈, 『한국고대사의 이론과 쟁점』, 집문당, 2009, 140쪽.

98) 『요사(遼史)』 「지리지(地理志)」, "韓州 …… 高麗置鄚頡府 都督鄚·高二州 渤海因之"; 김운회, 『대쥬신을 찾아서』 1, 해냄, 2006, 212쪽에서 재인용.

99) 주보돈, 「진·변한의 성립과 전개」, 『진·변한사연구』, 계명대학교 한국학연구원, 2002, 37쪽.

100) 박순발, 「전기 마한의 시·공간적 위치에 대하여」, 『마한사연구』, 충남대학교출판부, 1998, 32~33쪽.

101) 이병도, 『한국고대사연구』, 박영사, 1976, 250쪽.

102) 박순발, 「전기 마한의 시·공간적 위치에 대하여」, 『마한사연구』, 충남대학교출판부, 1998, 19~20쪽.

103) 박순발, 「전기 마한의 시·공간적 위치에 대하여」, 『마한사연구』, 충남대학교출판부, 1998, 32~33쪽.

104) 박순발, 「전기 마한의 시·공간적 위치에 대하여」, 『마한사연구』, 충남대학교출판부, 1998, 46쪽.

105) 이현혜, 『삼한사회형성과정연구』, 일조각, 1997, 40쪽.

106) 『삼국지』 「동이전」 한조, "辰韓在馬韓之東 其耆老傳世 自言古之亡人避秦役來適韓國 馬韓割其東界之地與之."

107) 이현혜, 『삼한사회형성과정연구』, 일조각, 1997, 44쪽.

맺는 글

1) 『한서』 「율력지」는 "태극원기는 셋을 함유하면서 하나가 된다(太極元氣, 函三爲一)"라고 했다.

참고문헌

단행본

강길부, 『땅이름 울산사랑』 울주군 편, 정도, 2002.
강우방, 『한국미술, 그 분출하는 생명력』, 월간미술, 2001.
경철화, 박창배 옮김, 『중국인이 쓴 고구려사』 상, 고구려연구재단, 2004.
고조선역사연구회, 『고조선의 역사를 찾아서』, 학연문화사, 2008.
곽대순 외, 『동북문화와 유연문화』, 동북아역사재단.
구자성, 『상고사를 찾아서』, 이엘씨미디어, 2007.
국립중앙박물관, 『스키타이 황금』, 1991.
국립중앙박물관, 『한국고대국가의 형성』, 1998.
국제어문학회 엮음, 『신라의 재발견』, 국학자료원, 2013.
권덕주 역해, 『서경』, 혜원출판사, 1995.
권모, 임동석 역주, 『설원』, 동문선, 1997.
권영필, 『렌투스 양식의 미술』하, 사계절, 2002.
김권구, 『청동기시대 영남 지역의 농경사회』, 학연문화사, 2005.
김대성 엮음, 『금문의 비밀』, 컬처라인, 2002.
김병모, 『금관의 비밀』, 푸른역사, 2001.
김병모, 『김병모의 고고학 여행』, 고래실, 2006.
김부식, 이병도 역주, 『삼국사기』, 을유문화사, 1996.
김선자, 『동북아 곰 신화와 중화주의 신화론 비판』, 동북아역사재단, 2009.
김성구 발췌번역, 『중국정사조선열국전』, 동문선, 1996.
김성호, 『씨성으로 본 한일민족의 기원』, 푸른숲, 2002.
김영균·김태은, 『탯줄코드』, 민속원, 2008.
김영수 주편, 『고대 동북아시아의 민족과 문화』, 여강출판사.
김운회, 『대쥬신을 찾아서』, 해냄, 2006.
김정배 편저, 『한국고대사입문』, 신서원, 2006.
김정학, 『한국상고사연구』, 범우사, 1990.
김학주 옮김, 『시경』, 명문당, 1988.
노명호, 『고려국가와 집단의식』, 서울대출판문화원, 2009.
E. A. 노브고라도바, 정석배 옮김, 『몽고의 선사시대』, 학연문화사, 1995.
노태돈, 『예빈도에 보인 고구려』, 서울대학교출판부, 2003.

노태돈, 『한국고대사의 이론과 쟁점』, 집문당, 2009.
동북아역사재단 편, 『고조선, 단군, 부여』, 2007.
르네 그루쎄, 김호동 옮김, 『유라시아 유목제국사』, 사계절.
리지린, 『고조선연구』, 백산자료원, 1997.
마대정, 이영옥 옮김, 『중국의 동북변강연구』, 고구려연구재단, 2004.
문정창, 『고조선사연구』, 한뿌리, 1993.
문정창, 『한국고대사』, 백문당, 1979.
박성수, 『단군기행』, 교문사, 1988.
박순발·이도학 외, 『마한사연구』, 충남대학교출판부, 1998.
박용숙, 『한국미술의 기원』, 도서출판 예경, 1996.
박창범, 『하늘에 새긴 우리 역사』, 김영사, 2002.
복기대, 『요서지역의 청동기시대 문화연구』, 백산자료원, 2002.
북한 사회과학원 역사연구소 등, 『조선전사』, 과학백과사전출판사, 1991.
사마천, 정범진 외 옮김, 『사기 본기』, 까치, 2001.
서병국, 『동이족과 부여의 역사』, 혜안, 2001.
선정규, 『중국신화연구』, 고려원, 1996.
손진기, 임동석 옮김, 『동북민족원류』, 동문선, 1992.
송호정, 『단군 만들어진 신화』, 산처럼, 2004.
송호정, 『한국 고대사 속의 고조선사』, 푸른역사, 2003.
스기야마 마사아키, 『유목민이 본 세계사』, 학민사, 2000.
신채호, 『조선상고사』, 일신서적출판사, 1998.
신채호, 『주해조선상고사』, 단재신채호기념사업회, 1994.
신채호, 박기봉 옮김, 『조선상고사』, 비봉출판사, 2006.
심백강, 『황하에서 한라까지』, 참좋은세상, 2007.
아리엘 골란, 정석배 옮김, 『선사시대가 남긴 세계의 모든 문양』, 푸른역사, 2005.
앤드류 콜린스, 오정학 옮김, 『금지된 신의 문명』, 사람과 사람, 2000.
왕대유, 임동석 옮김, 『용봉문화원류』, 동문선, 1994.
왕웨이, 박점옥 옮김, 『손에 잡히는 중국역사의 수수께끼』, 대산.
왕충, 이주행 옮김, 『논형』, 소나무, 1996.
우실하, 『동북공정의 선행 작업들과 중국의 국가전략』, 울력, 2004.
웨난, 유소영·심규호 옮김, 『천년의 학술현안』, 일빛, 2003.
위안리, 최성은 옮김, 『도작문화로 본 한국문화의 기원과 발전』, 민속원, 2005.
유안, 천문훈·이석호 옮김, 『회남자』, 세계사, 1999.
윤내현, 『고조선 연구』, 일지사, 1999.
윤내현, 『상주사』, 민음사, 1988.

윤내현·박선희·하문식, 『고조선의 강역을 밝힌다』, 지식산업사, 2006.
윤휘탁, 『신중화주의』, 푸른역사, 2006.
이노우에 히데오, 김기섭 편역, 『고대 한일관계사 의 이해-왜』, 이론과실천, 1994.
이덕일·김병기, 『고조선은 대륙의 지배자였다』, 역사의 아침, 2006.
이도학, 『새로 쓰는 백제사』, 푸른역사, 1997.
이병도, 『한국고대사연구』, 박영사, 1981.
이병도, 『한국사대관』, 1972.
이병선, 『일본고대지명연구』, 아세아문화사, 1996.
이상진·황송문 옮김, 『시경』, 자유문고, 1994.
이성주, 『청동기·철기시대 사회변동론』, 학연문화사, 2008.
이승휴, 김경수 역주, 『제왕운기』, 역락, 1999.
이영록, 『우리 헌법의 탄생』, 서해문집, 2006.
이정재, 『동북아의 곰문화와 곰신화』, 민속원, 1997.
이종욱, 『건국신화』, 휴머니스트, 2004.
이종욱, 『고조선사연구』, 일조각, 1993.
이종욱, 『신라국가형성사연구』, 일조각, 1987.
이종호, 『과학으로 찾은 고조선』, 글로연, 2008.
이종호, 『로마제국의 정복자 아틸라는 한민족』, 백산자료원, 2003.
이중톈, 김택규 옮김, 『이중톈 중국사』, 글항아리, 2013.
이진희, 『한국과 일본문화』, 을유문화사, 1988.
이현혜, 『삼한사회형성과정연구』, 일조각, 1997.
이형구, 『한국고대문화의 기원』, 까치, 1991.
이홍규, 『바이칼에서 찾는 우리 민족의 기원』, 정신세계원, 2006.
이홍식 편저, 『국사대사전』, 민중서관, 1997.
일연, 이재호 옮김, 『삼국유사』, 솔, 1997.
임범식, 『필사본 화랑세기를 통해 본 화랑기원사』, 혜안, 2003.
임석재, 『한국구전설화』, 평민사, 1998.
임승국 번역·주해, 『한단고기』, 정신세계사, 1999.
자오춘칭·친원성, 조영현 옮김, 『문명의 새벽』, 시공사, 2003.
장광직, 윤내현 옮김, 『상문명』, 민음사, 1989.
정범진 외 옮김, 『사기세가』, 까치, 1994.
정수일, 『고대문명교류사』, 사계절, 2001.
정수일, 『실크로드학』, 창작과비평사, 2002.
정수일, 『한국 속의 세계』, 창작과비평사, 2009.
정중환, 『가라사연구』, 혜안, 2000.

정형진, 『고깔모자를 쓴 단군』, 백산자료원, 2003.
정형진, 『바람 타고 흐른 고대문화의 비밀』, 소나무, 2011.
정형진, 『실크로드를 달려온 신라왕족』, 일빛, 2005.
정형진, 『천년왕국 수시아나에서 온 환웅』, 일빛, 2006.
조빈복, 최무장 옮김, 『중국동북신석기문화』, 일조각, 1999.
조선기술발전사편찬위원회, 『조선기술발전사』, 백산자료원, 1997.
조지프 캠벨, 홍윤희 옮김, 『신화의 이미지』, 살림, 2006.
조흥윤, 『巫』, 민족사, 1997.
진순신, 권순만 외 옮김, 『중국의 역사』, 한길사, 1996.
천관우, 『고조선·삼한사연구』, 일조각, 1989.
최광식, 『한국고대의 토착신앙과 불교』, 고려대학교출판부, 1997.
최몽룡, 『고고학에의 접근』, 신서원, 1991.
최준식, 『최준식의 한국 종교사 바로 보기』, 한울아카데미, 2009.
하신, 홍의 옮김, 『신의 기원』, 동문선, 1999.
한비, 『한비자』, 김원중 옮김, 현암사, 2003.
한스 크리스티안 후프, 이민수 옮김, 『역사의 비밀』, 오늘의책, 2000.
한영우, 『다시 찾는 우리역사』, 경세원, 1997.
한영우, 『한국의 문화전통』, 을유문화사, 1998.
허옥림, 최무장 옮김, 『요동반도 고인돌』, 백산자료원, 2010.
황병란, 『중국고대사』, 1958.
황패강, 『한국신화의 연구』, 새문사, 2006.

국외도서

Bernard Andreae et al, *Odysseus: Mythos und Erinnerung*, Verlag Phillip, 2000
Rachel Storm, *Die Enzyklopädie der Östlichen Mythologie*, Edition XXL, 2000.
Werner Horwath et al, *Der mensch in der Geschichte – Höhlenmenschen, Krieger und Pharaonen: Vorgeschichte und frühe Hochkunturen*, ADAC Verlag, 1999.
姜義華 主編, 『中華文化讀本』, 上海人民出版社, 2004.
郭大順, 『龍出遼河源』, 百花文藝出版社, 2001.
郭大順·張星德, 『東北文化與幽燕文明』, 江蘇教育出版社, 2005.
羅夢山 編譯, 『山海經』, 宗教文化出版社, 1998.
馬昌儀, 『古本山海經圖說』, 山東畵報出版社, 2001.
牟作武, 『中國古文字的起源』, 上海人民出版社, 2000.
密云縣志編纂委員會, 『密云縣志』, 北京出版社, 1998.
樂黛云 等 主編, 『跨文化對話』, 上海文化出版社, 2001.

楊帆 注譯, 『山海經』, 安徽人民出版社, 1999.
王大有, 『三皇伍帝時代』, 中國社會出版社, 2000.
王大有, 『上古中華文明』, 中國社會出版社, 2000.
王大有, 『中華龍種文化』, 中國社會出版社, 2000.
王雅軒 等 主編, 「歷史時期古今地名對照表」, 『中國古代歷史地圖集』 附錄, 遼寧教育出版社, 1990.
王穎娟·王志俊, 『西安半坡博物館』, 三秦出版社, 2003.
王弘力 編注, 『古篆釋源』, 瀋陽-遼寧美術出版社, 1997.
遼寧省文物考古研究所 編, 『遼寧重大文化史迹』, 遼寧美術出版社, 1990.
遼寧省文物考古研究所 編, 『牛河梁紅山文化遺址與 玉器精粹』, 文物出版社, 1997.
柳詒徵 撰, 『中國文化史』, 上海古籍出版社, 2002.
李浴, 『中國古代美術史』, 遼寧美術出版社, 2000.
翦伯贊, 『先秦史』, 北京大學出版社, 1999.
崔连仲, 『世界通史』, 人民出版社, 1997.
項春松, 『赤峰古代藝術』, 內蒙古大學出版社, 1999.
許玉林, 『遼東半島石棚』, 遼寧科學技術出版社, 1994.
叶舒宪, 『熊图腾 : 中国祖先神话探源』, 上海画报出版社, 2007.

논문

강인숙, 「단군신화」, 서영대 편, 『북한학계의 단군신화 연구』, 백산자료원, 1995.
강인숙, 「단군의 출생지에 대하여」, 이형규 편, 『단군과 고조선』, 살림터, 1999.
권오영, 「삼한의 '국'에 대한 연구」, 서울대학교 박사학위논문, 1996.
권주현, 「진·변한인의 생활과 문화」, 『진·변한사연구』, 계명대학교 한국학연구원, 2002.
김광일, 「한국신화의 정신분석학적 연구」, 『한국문화인류학』 2권 1호, 1967.
김두진, 「단군고기의 이해방향」, 이기백 편, 『단군신화논집』, 새문사, 1990.
김두진, 「단군신화의 문화사적 접근」, 『한국사학』 11, 1990.
김미자, 「고구려 고분벽화를 통해 본 고구려 복식에 관한 연구」, 고구려연구회 편, 『고구려 고분벽화』, 학연문화사, 1997.
김병곤, 「최치원의 삼한관에 대한 인식과 평가」, 『한국고대사연구』 제40권, 한국고대사학회, 2005.
김병룡, 「단군의 건국사실을 전한 『위서』」, (북한)사회과학원 고고학연구소, 『고조선문제연구 논문집』, 1977.
김상기, 「한·예·맥 이동고」, 『동방사론총』, 서울대학교출판부, 1986.
김성숙, 「산융·동호와 초기 선비족의 민족관계 소고」, 『고조선단군학』 18, 고조선단군학회, 2008.
김원룡, 「심양정가와자 청동기시대 부장품」, 『동방학』 6, 1976.
김정배, 「고조선연구의 현황과 과제」, 단군학회 편, 『단군학연구』 9, 2003.
김정배, 「준왕 및 진국과 삼한정통론의 제문제」, 『한국고대의 국가기원과 형성』, 고려대학교출판부,

1985.
김정학,「문헌 및 고고학적 고찰」,『한국사론』 14, 국사편찬위원회, 1985.
김정학,「중국문명에 나타난 동이족」,『한국사』 23, 1978.
노중국,「진·변한의 정치·사회구조와 그 운영」,『진·변한사연구』, 계명대학교 한국학연구원, 2002.
노태돈,「고조선 중심지의 변천에 대한 연구」,『한국사론』 23, 1990.
맹고탁력, 이영옥 옮김,「고죽국석론(孤竹國釋論)」, 고구려연구재단 편,『중국의 동북변강연구』, 2004.
박순발·이도학 외,「전기 마한의 시·공간적 위치에 대하여」,『마한사연구』, 충남대학교출판부, 1998.
방선주,「단군기년의 고찰」, 이기백 편,『단군신화논집』, 새문사, 1990.
서영수,「고조선연구의 성과와 문제점」,『한민족 북방관계사의 회고와 전망』, 백산학회 창립 40주년 기념 학술대회, 2006.
서영수,「고조선의 발전과정과 강역의 변동」, 고조선사연구회·동북아역사재단,『고조선의 역사를 찾아서』, 학연문화사, 2007.
석광준,「로암리 고인돌에 대하여」,『고조선연구』 1, 1993.
송호정,「고조선 사람들은 어떤 사람들이었을까」, 동북아역사재단 편,『고조선·단군·부여』, 2007.
송호정,「우리 민족 최초의 국가 고조선」, 동북아역사재단 편,『만주 그 땅, 사람 그리고 역사』, 2005.
시노하라 히로카타,「중국학계의 고조선 부여 인식」, 제43회 국사편찬위원회한국사학술회의,『동북공정 전후 중국의 한국고대사 인식』, 국사편찬위원회, 2008.
신용하,「한(韓, 朝鮮)민족의 형성과 단군에 대한 사회사적 고찰」, 단군학회 엮음,『단군과 고조선 연구』, 지식산업사, 2005.
신용하,「한국민족의 기원과 형성」,『한국민족의 형성과 민족사회학』, 지식산업사, 2000.
안호상,「나라 이름 조선에 대한 고찰」,『아세아연구』 Ⅷ-2, 1965.
오강원,「동북아시아의 청동기문화와 요령 그리고 한반도」, 동북아역사재단 편,『만주 그 땅, 사람 그리고 역사』, 2005.
윤내현,「고조선 중심지 변천」,『한국고대사신론』, 일지사, 1994.
윤내현,「기자국·위만조선·한사군의 위치」,『한국고대사신론』, 일지사, 1994.
윤내현,「기자신고」,『한국고대사신론』, 일지사, 1989.
윤내현,「목지국과 월지국」,『한국사의 이해』 고대·고고 1, 신서원, 1995.
윤내현,「중국문헌에 나타난 고조선 인식」,『한국사론』 14, 국사편찬위원회, 1985.
윤휘탁,「현대중국의 변강·민족인식과 "동북공정"」,『역사비평』 65, 2003.
이문기,「신라 중고의 육부에 관한 일고찰: 골품제와 관련하여」,『역사교육논집』 1, 1980.
이병도,「목지국의 위치와 그 지리」,『한국고대사연구』, 박영사, 1981.
이병도,「삼한문제의 신고찰(3)-진국급삼한고」,『진단학보』 4, 진단학회, 1936.
이성규,「선진 문헌에 보이는 '동이'의 성격」, 한국고대사연구소 편,『한국고대사논총』 1, 재단법인 가락국사적개발연구원, 1991.
이성규,「중국 고문헌에 나타난 동이관」,『동북아시아 선사 및 고대사 연구의 방향』, 학연문화사,

2004.
이청규,「청동기를 통해 본 고조선과 주변사회」, 고조선사연구회·동북아역사재단 편,『고조선의 역사를 찾아서』, 학연문화사, 2007.
이필영,「북아시아 샤머니즘과 한국무의 비교연구」,『백산학보』 25, 1979.
이하우,「검파형암각화의 양식변화와 기능성 변형」, 제6회 대가야학술대회 발표논문, 2008.
이형구,「대릉하유역의 은말주초 청동기문화와 기자 및 기자조선」,『한국상고사학보』 5, 한국상고사학회, 1991.
이형구,「한국민족문화의 시베리아 기원설에 대한 재고」,『동방학지』 69, 1990.
이형우,「진·변한 諸國의 위치와 존재양태」,『진·변한사연구』, 계명대학교 한국학연구원, 2002.
이희준,「초기 진·변한에 대한 고고학적 논의」,『진·변한사연구』, 계명대학교 한국학연구원, 2002.
임병태,「고고학상으로 본 예맥」,『한국고대사논총』 1, 1990.
정중환,「사로육촌과 육촌인의 출자에 대하여」,『진단학보』 17·18, 1962.
정중환,「진국·삼한 및 가라의 명칭고」,『부산대학교 10주년 기념 논문집』, 1956.
정한덕,「미송리형토기의 생성」, 1990.
조인성,「국수주의사학과 현대의 한국사학」, 이기백 편,『한국사시민강좌』 제20집, 일조각, 1997.
조희승,「고구려사연구와 관련하여 제기되는 몇 가지 문제에 대하여」, 고구려연구재단 편,『북한의 최근 고구려사 연구』, 2004.
종암, 이영옥 옮김,「조선(북한)의 기자릉과 단군릉」, 고구려연구재단 편,『중국의 동북변강연구』, 2004.
주보돈,「진·변한의 성립과 전개」,『진·변한사연구』, 계명대학교 한국학연구원, 2002.
천관우,「나의 한국사 연구」, 이기백 편,『한국사시민강좌』 제2집, 일조각, 1988.
최광식,「동북공정 이후 중국의 한국 고대사 인식」, 제43회 국사편찬위원회한국사학술회의,『동북공정 전후 중국의 고대사 인식』, 국사편찬위원회, 2008.
최영식,「단군신화의 시대적 배경」, 단군학회 엮음,『남북학자들이 함께 쓴 단군과 고조선 연구』, 지식산업사, 2005.
하문식,「고조선 사람들이 잠든 고인돌과 동굴무덤」, 고조선사연구회·동북아역사재단 편,『고조선의 역사를 찾아서』, 학연문화사, 2007.
한규철,「숙신·읍루연구」, 백산학회 편,『고조선·부여사 연구』, 백산자료원, 1995.
한창균,「고조선의 성립배경과 발전단계시론」,『국사관논총』 33, 1992.
황기덕,「비파형단검문화와 미송리유형」,『조선고고연구』, 사회과학출판사, 1991.
蘇秉琦,「遼西古文化古城古國」,『文物』 8, 文物出版社, 1986.
梁嘉彬,「箕子朝鮮考」,『史學彙刊』 10, 中國文化大學, 1980.
王菊尒,「新石器時代與青銅時代的考古文化概術」, 武振凱 主編,『新樂文化論文集』, 沈陽新樂遺址博物館, 2000.

도판 출처

28쪽 遼寧省文物考古研究所 編, 『牛河梁紅山文化遺址與 玉器精粹』, 文物出版社, 1997.

29쪽 姚安·王桂荃 編著, 『天壇』, 北京美術撮影出版社, 2004.

33쪽(우측 하단) 국립문화재연구소 제공

49쪽 遼寧省文物考古研究所 編著, 『遼寧重大文化史迹』, 遼寧美術出版社, 1990.

53쪽 遼寧省文物考古研究所 編著, 『遼寧重大文化史迹』, 遼寧美術出版社, 1990.

54쪽 ⓒ조강제

59쪽 ⓒ정형진

68쪽 ⓒ정형진

72쪽 ⓒ정형진

73쪽 ⓒ정형진

74쪽(좌측) 동북아역사재단 제공

74쪽(우측) E. A. 노브고라도바, 정석배 옮김, 『몽고의 선사시대』, 학연문화사, 1995.

90쪽 ⓒ정형진

93쪽 ⓒ정형진

94쪽 ⓒ정형진

96쪽(상단) ⓒ정형진

96쪽(하단) 하신, 홍희 옮김, 『신의 기원』, 동문선, 1990.

98쪽 ⓒ정형진

100쪽 ⓒ정형진

101쪽(상단) Rachel Storm, *Die Enzyklopädie der Östlichen Mythologie*, Edition XXL, 2000.

101쪽(하단) 조지프 캠벨, 홍윤희 옮김, 『신화의 이미지』, 살림, 2006.

113쪽 OPEN 국립중앙박물관이 창작한 저작물을 공공누리 제1유형에 따라 이용.

114쪽(청동의기) OPEN 국립중앙박물관이 창작한 저작물을 공공누리 제1유형에 따라 이용.

115쪽 ⓒ정형진

116쪽 OPEN 국립중앙박물관이 창작한 저작물을 공공누리 제1유형에 따라 이용.

127쪽 ⓒ정형진

128쪽 왕대유, 임동석 옮김, 『용봉문화원류』, 동문선, 1994.

138쪽 ⓒ민족21

150쪽 조선기술발전사편찬위원회, 『조선기술발전사』(원시·고대편), 백산자료원, 1997.

158쪽 ⓒ정형진

165쪽	王穎娟·王志俊,『西安半坡博物館』, 三秦出版社, 2003.
168쪽(모두)	林少雄,『洪荒燧影』, 甘肅教育出版社, 1999.
172쪽	ⓒ정형진
174쪽	ⓒ정형진
191쪽	牟作武,『中國古文字的起源』, 上海人民出版社, 2000.
199쪽	부산대학교박물관 제공
200쪽	OPEN 국립중앙박물관이 창작한 저작물을 공공누리 제1유형에 따라 이용.
201쪽	앤드류 콜린스, 오정학 옮김,『금지된 신의 문명』 2, 사람과 사람, 2000.
202쪽	王弘力 編注,『古篆釋源』, 瀋陽-遼寧美術出版社, 1997.
207쪽	왕대유, 임동석 옮김,『용봉문화원류』, 동문선, 1994.
232쪽	대종교총본사 제공
252쪽	ⓒ정형진
253쪽	ⓒ정형진
281쪽	王大有,『上古中華文明』, 中國社會出版社, 2000.
282쪽	Werner Horwath et al, *Der mensch in der Geschichte – Höhlenmenschen, Krieger und Pharaonen: Vorgeschichte und frühe Hochkunturen*, ADAC Verlag, 1999.
284쪽	정형진,『천년왕국 수시아나에서 온 환웅』, 일빛, 2006.
311쪽	ⓒ정형진
312쪽	ⓒ정형진
326쪽	ⓒ정형진
327쪽	ⓒ정형진
339쪽	왕대유, 임동석 옮김,『용봉문화원류』, 동문선, 1994.
353쪽	ⓒ정형진
367쪽(우측)	ⓒ정형진
374쪽(좌측)	이형구,『한국고대문화의 기원』, 까치, 1991.
374쪽(우측)	복기대,『요서지역의 청동기시대 문화연구』, 백산자료원, 2002.
375쪽	ⓒ정형진
377쪽	ⓒ정형진
379쪽(우측)	OPEN 국립중앙박물관이 창작한 저작물을 공공누리 제1유형에 따라 이용.
422쪽	Bernard Andreae et al, *Odysseus: Mythos und Erinnerung*, Verlag Phillip, 2000.
424쪽	王雅軒 等 主編,『中國古代歷史地圖集』, 遼寧教育出版社, 1990.
435쪽	홍선표,『고대 동아시아의 말그림』, 한국마사회박물관, 2001.
440쪽(모두)	ⓒ정형진
441쪽	OPEN 국립중앙박물관이 창작한 저작물을 공공누리 제1유형에 따라 이용.

찾아보기

ㄱ

ㅅ

ㅇ

ㅈ

ㅊ

한반도는 진인의 땅이었다

1판 1쇄 발행 2014년 5월 9일
1판 2쇄 발행 2014년 7월 10일

지은이 정형진

발행인 양원석
편집장 송명주
책임편집 최일규
교정교열 이상희
북디자인 디자인아이엠
표제 캘리그라피 이규복
해외저작권 황지현, 지소연
제작 문태일, 김수진
영업마케팅 김경만, 정재만, 곽희은, 임충진, 장현기, 김민수, 임우열,
송기현, 우지연, 정미진, 윤선미, 이선미, 최경민

펴낸 곳 ㈜알에이치코리아
주소 서울시 금천구 가산디지털2로 53, 20층(가산동, 한라시그마밸리)
편집문의 02-6443-8851 **구입문의** 02-6443-8838
홈페이지 http://rhk.co.kr
등록 2004년 1월 15일 제2-3726호

ISBN 978-89-255-5250-7 (03910)